빌드
창조의 과정

애플의 시대를 연 '아이팟의 아버지'가 말하는 창조의 본질

빌드
창조의 과정

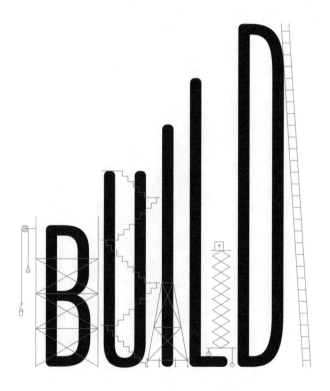

토니 퍼델 지음 | 엄성수 옮김

비즈니스북스

옮긴이 | **엄성수**

경희대 영문과 졸업 후 집필 활동을 하고 있으며 다년간 출판사에서 편집자로 근무하였다. 현재 번역에이전시 엔터스코리아에서 출판 기획 및 전문 번역가로 활동하고 있다. 역서로는 《하트 오브 비즈니스》,《상상이 현실이 되는 순간》,《우리의 뇌는 어떻게 배우는가》,《창조하는 뇌》,《승리하는 습관》,《최강의 단식》등이 있다.

일러두기

본문에는 저자가 내용과 관련해서 참조하여 보면 좋을 부분을 표시해 두었습니다. 이 표시를 편의상 아래와 같이 표기하였습니다.
예) 제4부 제2장 '해보기 전에는 알 수 없는 것들' 참조 → 제4.2장 '해보기 전에는 알 수 없는 것들' 참조

빌드(BUILD) 창조의 과정

1판 1쇄 발행   2024년 11월 12일
1판 3쇄 발행   2024년 12월 4일

지은이 | 토니 퍼델
옮긴이 | 엄성수
발행인 | 홍영태
편집인 | 김미란
발행처 | (주)비즈니스북스
등 록 | 제2000-000225호(2000년 2월 28일)
주 소 | 03991 서울시 마포구 월드컵북로6길 3 이노베이스빌딩 7층
전 화 | (02)338-9449
팩 스 | (02)338-6543
대표메일 | bb@businessbooks.co.kr
홈페이지 | http://www.businessbooks.co.kr
블로그 | http://blog.naver.com/biz_books
페이스북 | thebizbooks
ISBN 979-11-6254-395-5   03320

이 책을 나의 첫 멘토인

할머니, 할아버지, 어머니 그리고 아버지께 바칩니다.

CONTENTS

제6부 최고경영자가 되어라

경험 많고 믿을 만한 내 멘토들 가운데 상당수는 이미 세상을 떠났다.

   몇 년 전 나는 주변 사람들을 한번 쭉 둘러보던 중, 문득 그 사실을 깨달았다. 내가 수많은 질문 공세를 퍼부어댔던 사람들, 밤늦게 전화해도 그 말을 다 받아주던 사람들 그리고 내가 회사를 차리고 제품을 개발하고 이사회 준비를 하는 데 도움을 주거나 그냥 더 나은 사람이 되는 데 도움을 준 현명하고 참을성 있는 사람들 중 상당수는 이미 세상을 떠났다는 사실을 말이다. 몇몇 사람들은 너무 일찍.

   그리고 이제는 내가 그 질문 공세에 시달리는 사람이 되어 있었다. 그리고 그 질문들은 과거에 내가 묻고 또 물었던 그 질문들이었다. 사실 내가 물었던 것보다는 좀 더 기초적인 질문들이었지만, 어쨌든 스타트업에 대한 질문들이 많았다. 직장을 그만두어야 할지 말지, 어떤 직장으로 이직을 해야 하는지, 이 아이디어가 괜찮은지 어떻게 알 수 있는지, 디자인에 대해 어떻게 생각해야 하는지, 실패에는 어떻게 대처해야 하는지 그리고 창업은 언제 어떻게 해야 하는지 등등.

그리고 정말 신기하게도 나는 그 답들을 알고 있었다. 전해줄 조언도 많았다. 모두 30년 넘게 함께 일해온 뛰어난 팀들과 놀라운 멘토들로부터 배운 것이었으며 작은 스타트업과 글로벌 기업에서 몇 억 명의 사람들이 매일 사용하는 제품을 만들면서 배운 것이었다. 그래서 만일 당신이 내게 한밤중에 전화를 해 어떻게 기업 문화를 훼손시키거나 마케팅을 망치지 않으면서 기업을 발전시킬 수 있는지 묻는다면, 나는 당신에게 이런저런 통찰력들, 이런저런 비법 및 팁들 그리고 심지어 이런저런 원칙들까지 알려줄 수 있다.

그러나 나는 그러지 않을 것이다. 부디 한밤중에 전화는 하지 말아 달라. 나는 숙면의 가치에 대해 잘 알고 있으니까.

그냥 이 책을 읽어라.

이 책 속에는 내가 졸업생들과 CEO들, 임원들, 인턴들 또는 비즈니스 세계에서 힘들게 자신의 길을 헤쳐 나가며 경력을 쌓고자 노력 중인 모든 사람에게 매일 해주었던 조언들이 담겨 있다.

그런데 이 조언들은 하나같이 구식이며 그래서 또 비정통적이다. 실리콘밸리에서 재창조reinvention 내지 파괴는 마치 종교와도 같다. 다시 말해 낡은 사고방식을 타파하고 새로운 사고방식을 제시하지 못하는 걸 죄악시한다. 그러나 어떤 것들은 타파할 수가 없다. 당신이 무엇을 만들려 하고 있든, 어디에 살고 있든, 나이가 몇 살이든, 부유하든 그렇지 않든 인간의 본성은 변치 않기 때문이다. 그리고 지난 30년 넘는 세월 동안 나는 인간이 자신의 잠재력을 십분 발휘하려면, 또 파괴할 필요가 있는 것들을 파괴하려면 그리고 또 자기 나름대로 비정통적인 길을 가려면 어떻게 해야 하는지를 봐왔다.

그래서 이제 이렇게 그 길을 가는 법에 대한 글을 쓰려 한다. 몇 번이고 어려운 일을 해내는 걸 보아온 리더십 스타일에 대해. 내 멘토들과 스티브 잡스Steve Jobs는 어떻게 해냈는지에 대해. 그리고 나는 어떻게 해냈는지에 대해. 평지풍파를 일으키는 말썽꾼이 되는 것에 대해.

이는 만들 가치가 있는 뭔가를 만드는 유일한 길에 대한 이야기가 아니라, 그저 내가 걸었던 길에 대한 이야기다. 그리고 모든 사람을 위한 이야기도 아니다. 나는 지금 가장 최신의 현대적인 조직 이론을 말하려는 것도, 일주일에 이틀씩만 일하고 조기 은퇴하라는 얘기를 하려는 것도 아니다.

이 세상은 그저 그런 평범한 물건들을 만드는 그저 그런 평범한 기업들로 넘쳐나지만, 나는 평생 최고를 지향하는 제품들과 사람들을 쫓아다녔다. 그리고 또 믿을 수 없을 만큼 운이 좋아서, 이 세상에 자신의 '흔적'을 남겼던 가장 뛰어나면서도 대담하며 열정적인 사람들로부터 많은 걸 배웠다.

나는 누구나 그런 기회를 가져야 한다고 믿는다.

내가 이 책을 쓴 이유도 바로 그 때문이다. 뭔가 의미 있는 일을 하려는 사람들에게는 멘토나 코치가 필요하다. 이미 그 뭔가를 봤고 해낸 사람, 그리고 또 가장 힘든 순간들에 당신에게 희망과 도움을 줄 수 있는 사람 말이다. 훌륭한 멘토들은 당신에게 답을 주지 않는다. 대신 당신의 문제를 새로운 관점에서 볼 수 있게 도와준다. 또한 힘들게 얻은 자신의 지혜를 전수하여 당신 스스로 해결책을 찾아낼 수 있게 해준다.

도움이 필요한 사람은 비단 실리콘밸리의 첨단기술 기업가뿐만이 아니다. 이 책은 뭔가 새로운 걸 만들고 싶어 하는 사람들, 최고를 추구하는 사람들, 이 멋진 세상 위에서 자신의 소중한 시간을 허비하고 싶지 않은 사람들을 위한 책이다.

앞으로 위대한 제품을 만드는 것에 대해 많은 이야기를 할 텐데, 그 제품이 꼭 첨단기술 제품에 한정되진 않는다는 사실을 짚고 넘어가야겠다. 당신이 만드는 것이면 뭐든 좋다. 새로운 서비스, 새로운 매장, 새로운 종류의 재활용품 처리 공장도 좋다. 그리고 설사 아직 무언가를 만들 준비가 되어 있지 않다고 해도 이 책에서 전하는 조언들은 여전히 당신에게 의미가 있을 것이다. 때론 무얼 할 건지를 생각해내는 게 첫걸음일 수도 있으니까. 아니면 눈여겨보던 회사에 들어가거나 되고 싶은 사람이 되거나 함께 뭔가를 만들 팀을 구축하는 게 첫걸음일지 모른다.

나는 아직 죽지도 않았으므로 이 책은 전기나 자서전이 되진 않을 것이다. 그보다는 이 책을 언제든 당신을 도울 수 있는 멘토로, 일종의 '조언 백과사전'으로 삼아주길 바란다.

당신이 만일 위키피디아Wikipedia가 나오기 전 시대를 기억할 정도의 나이라면, 어린 시절 책꽂이에 또는 도서관 깊은 곳에 꽂혀 있던 백과사전들이 안겨주던 기쁨을 기억할 것이다. 백과사전은 뭔가 궁금한 게 있을 때 꺼내보기도 하지만 때론 그냥 펼쳐 책 읽듯 읽기도 한다. 그렇게 꼼꼼히 다 읽든 건너뛰며 읽든 끝까지 읽어 내려가다 보면 세상의 온갖 잡다한 지식들을 다 알게 된다. 나는 당신이 이 책을 백과사전 읽듯이 읽기를 바란다. 다음과 같이 여러 방식으로 말이다.

- 처음부터 끝까지 꼼꼼히 다 읽어봐도 좋다.

- 차례를 훑어보면서 당신이 겪고 있는 현재의 위기에 도움이 되는 내용, 가장 관심 가는 조언과 이야기들을 찾아봐도 좋다. 개인적으로나 조직적으로 아니면 경쟁을 하다 보면, 위기는 늘 있는 법이니까 말이다.
- 위키피디아를 이용할 때 궁금한 말들을 클릭해 참조하듯, 이 책 여기저기에 흩어져 있는 '참조'를 따라가 봐도 좋다. 어떤 주제든 좀 더 깊이 파고들어 그 내용이 어디까지 이어지는지 따라가 보라.

요즘 나오는 경영서들을 보면 마치 모든 내용을 무조건 300쪽 안에 집어넣어야 한다고 약속이라도 한 듯하다. 그런데 다양한 주제와 관련해 도움이 되는 다양한 조언들을 찾다 보면 300쪽짜리 책을 수십 권 읽어야 하는 경우도 생긴다. 그래서 나는 여러분이 그런 수고를 하지 않도록 이 책에 유용한 정보들만 모아놓기로 했다. 그리고 각 장에는 그간 내가 몸담았던 직장들에서 알게 된 교훈들, 많은 멘토와 코치, 매니저, 동료들을 통해 얻게 된 조언과 이야기들이 담겨 있다. 당연히 그간 저지른 수없이 많은 실수들도 들어 있다.

내 경험에서 우러난 조언이 담겨 있기에 이 책의 내용 대부분은 나의 사회생활 경력을 반영하고 있다. 대학을 나온 뒤 들어간 첫 직장에서부터 현재의 나에 이르기까지의 커리어 전부 말이다. 모든 단계에서 그리고 모든 실패에서 나는 여러 가지를 배웠다. 내 삶에 처음부터 아이팟iPod이 있지는 않았다는 얘기다.

그러나 이 책은 오직 나에 대한 책이 아니다. 나 혼자서 만든 것은 단 한 개도 없기 때문이다. 나는 아이팟과 아이폰, 네스트 학습형 온도 조절기Nest Learning Thermostat 그리고 네스트 프로젝트Nest Project를 만든 '팀'에 속한 사람들 중 하나였을 뿐이다. 나는 그 팀에 속해 있었지 절대 나 혼자 있지 않았다. 이 책은 그간 내가 배운 것들, 특히 아주 어렵게 배운 교훈들에 대한 기록이다.

하지만 내가 전하고자 하는 교훈들을 제대로 이해하려면 아마 나에 대한 사전 지식이 조금은 있어야 할 것 같다. 간단히 내 소개를 하자면 다음과 같다.

1969년

평범한 시작: 내가 태어났다. 그리고 초등학교 입학 전부터 이사를 다니기 시작했다. 아버지는 리바이스Levi's의 판매사원이었고, 그래서 우리는 늘 다음 청바지 금광을 찾아 여행을 해야 했다. 그래서 나는 15년 사이에 12번이나 학교를 옮겨야 했다.

1978-1979년

스타트업 1호: 달걀들. 초등학교 3학년 때 나는 동네를 돌아다니며 달걀을 팔았다. 나는 한동안 그 장사를 했는데, 아주 실속 있는 장사였다. 달걀을 양계장에서 싸게 구입해 남동생과 함께 우리의 파란색 짐수레에 가득 실은 뒤, 매일 아침 이웃집들을 돌기만 하면 됐다. 그 덕에 나는 부모님들이 이렇게 써라 저렇게 써라 간섭할 수 없는 용돈을 마련했다. 태어나서 처음 진정한 자유를 맛본 것이다. 그 장사를 계속했다면 얼마나 큰돈을 벌 수 있었을지 그건 아무도 모른다.

1980년

필생의 일을 찾았다. 때는 초등학교 5학년 여름이었다. 천직을 찾기 딱 좋은 때였다. 나는 '프로그래밍' 수업을 들었다. 당시만 해도 '프로그래밍'이라고 하면 작은 카드들 위에 연필로 빈칸을 채워넣으면 그 결과가 종이에 인쇄되어 나오는 걸 뜻하던 때였다. 심지어 모니터도 없었다. 그래도 내게 그 프로그래밍 세계는 생전 본 적이 없는 마법 같은 세계였다.

1981년

첫사랑. 애플 II 플러스 Apple II+.(애플에서 1977년에 만든 최초의 일체형 개인용 컴퓨터가 애플 II이고, 그 업그레이드 버전이 애플 II 플러스다. —옮긴이). 8비트에, 극찬을 받은 초록색의 멋진 12인치 모니터에, 아름다운 갈색 키보드.

나는 믿을 수 없을 만큼 멋지고 믿을 수 없을 만큼 비싼 그 기계를 꼭 가져야 했다. 할아버지는 나와 거래를 하셨다. 내가 골프 캐디 일을 해서 얼마를 벌든 그만큼의 돈을 보태주시겠다고. 그래서 나는 그런 식으로 애플 II 플러스를 살 수 있는 돈이 마련될 때까지 죽어라 일했다.

나는 그렇게 산 그 컴퓨터를 애지중지했다. 그 컴퓨터는 나의 식지 않는 열정이요, 생명줄이었다. 열두 살 때까지 나는 전형적인 교우관계는 포기하고 살았다. 나는 다음 해면 다시 이사를 갈 거라는 걸 알고 있었고, 그래서 애플 컴퓨터를 통해서만 친구들과의 교우관계를 이어갔다. 인터넷도 없고 이메일도 없던 시절이었지만, 300보드 baud(정보 전송 속도 단위 —옮긴이)의 모뎀과 디지털 게시판(그 당시의 용어로는 BBS, 즉 Bulletin Board System)은 있었다. 나는 어떤 학교를 다니든 컴퓨터에 미친 괴짜들을 발견했고, 우리는 애플 컴퓨터를 통해 서로 연락하며 지냈다. 우리는 그렇게 프로그래밍을 독학했고, 그 실력으로 전화 회사들을 해킹해 무료로 장거리 전화를 걸어 분당 1~2달러의 요금을 절약했다.

1986년

스타트업 2호: 퀄러티 컴퓨터즈 Quality Computers. 고등학교 3학년 때 300보드 모뎀을 통해 서로 연락을 주고받았던 한 친구가 퀄러티 컴퓨터즈라는 회사를 창업했다. 나도 곧 그 회사에 합류했다. 그 회사는 통신판매 회사로, 우리는 그 친구네 집 지하실에서 애플 II 컴퓨터 하드웨어와 DRAM 칩, 소프트웨어 등을 재판매했다. 우리는 또 우리만의 소프트웨어도 개발했다. 우리가 판매하던 보드들은 업그레이드하거나 확장하기가 복잡했고 사용법도 어려웠는데, 우리가 그 모든 걸 단순화시켜주는 소프트웨어를 개발한 것이다.

영업하기 편한 800 전화번호를 사용하고 창고를 확보하고 잡지 광고를 내고 직원도 채용하는 등, 고등학생들이 차린 회사는 그야말로 어엿한 회사로 변모했다. 10년 후, 그 친구는 그 회사를 200만 달러를 받고 팔았다. 그러나 나는 그렇게 되기 오래전에 회사를 떠났다. 뭔가를 파는 것도 좋았지만, 만드는 게 더 좋았기 때문이다.

1989년

스타트업 3호: ASIC 엔터프라이지스ASIC Enterprises. ASIC는 Applications Specific Integrated Circuit(응용 주문형 집적회로)의 줄임말이다. 스무 살 무렵 나는 기업명이나 제품 이름 짓는 일에 경험이 많지 않았다. 그러나 애정은 많았다. 1980년대 말에 애지중지하던 나의 애플 II가 수명을 다해가고 있었다. 속도가 너무 느렸다. 그래서 나는 친구 한 명과 함께 그 컴퓨터를 구하기로 마음먹었다. 우리는 처리 속도가 더 빠른 새로운 프로세서 65816을 개발했다. 사실 당시 나는 프로세서 제작 방법을 몰랐다. 그래서 그 작업에 착수한 직후 대학을 다니며 처음으로 프로세서 디자인 강좌를 들었다. 어쨌든 우리는 컴퓨터 칩들을 만들어냈고, 그 칩들의 처리 속도는 그 당시의 칩들보다 여덟 배나 빠른 33메가헤르츠MHz(컴퓨터 CPU 속도 단위 —옮긴이)였다. 그래서 그중 일부는 애플 측에 판매하기도 했다. 이후 애플은 새로운 애플 II 모델 제작을 중단했다.

1990년

스타트업 4호: 컨스트럭티브 인스트루먼츠 Constructive Instruments. 나는 미시건대학교의 내 지도 교수와 함께 팀을 이뤄 아이들을 위한 멀티미디어 편집기 제작에 착수했다. 나는 그 일에 내 모든 걸 던져 밤낮없이 일을 했고, 언제든 연락만 오면 일할 수 있게 늘 비상 대기를 하곤 했다. 그리고 의사나 마약 거래업자들이나 삐삐를 지니고 다니던 그 시절에 삐삐를 갖고 다녔다. 다른 친구들은 종종 '퍼넬 그 친구 어딘가 잘못된 거 아니야?'라고 묻곤 했다. 어째서 파티에도 안 가고 술도 안 마시고 허구한 날 혼자 지하실에서 처박혀 컴퓨터와 씨름을 하고 있느냐는 얘기였다.

졸업할 무렵, 컨스트럭티브 인스트루먼츠에는 직원들도 몇 명 있었다. 어디 그뿐인가, 사무실도, 제품도, 판매 파트너들도 있었다. 당시 나는 스물한 살 먹은 최고경영자였다. 나는 그 사업에 워낙 많은 노력을 기울였던지라, 끝내 성공하지 못한 게 믿을 수 없을 정도였다.

1991년

제너럴 매직 General Magic**의 진단 소프트웨어 엔지니어.** 나는 제대로 된 스타트업을 만들고 운영하는 법을 배워야 했다. 그래서 그 분야에서 가장 뛰어난 사람들한테 배우기로 마음먹고 실리콘밸리에서 가장 비밀스러우면서도 흥미로운 기업들 중 한 곳에 취업했다. 그 기업에는 천재들이 많아, 그건 내게 일생일대의 기회였다.

그 기업에서 우리는 역사상 가장 놀라운 개인 통신 및 엔터테인먼트 장치를 개발하고자 했다. 나는 젖 먹던 힘까지 다 짜내가며 열심히 일했다. 우리는 세상을 변화시킬 계획이었다. 실패할 수가 없었다.

1994년

제너럴 매직의 소프트웨어 및 하드웨어 수석 엔지니어. 우리는 실패했다.

1995년

필립스Philips**의 최고기술경영자**CTO. 나는 제너럴 매직의 협력업체들 중 하나였던 필립스와 무엇이 잘못됐는지에 대해 논의하기 시작했다. 그러면서 그들에게 아이디어를 하나 냈다. 고객층을 바꾸고, 기존 소프트웨어와 하드웨어를 그대로 사용하며, 모든 걸 단순화, 단순화 또 단순화하자는 아이디어였다.

필립스는 나를 채용해 비즈니스맨들을 위한 포켓용 PC를 개발하기로 했다. 그렇게 해서 나는 스물다섯이라는 나이에 필립스의 최고기술경영자가 되었다. 대학 졸업 후 들어간 두 번째 직장이었다.

1997-1998년

필립스 벨로 PDA(휴대용 정보 단말기)와 니노 PDA 출시. 대성공이었다.

1997-1998년

우리는 제대로 팔지 못했다.

1998년

필립스 전략 및 벤처 그룹. 나는 필립스의 벤처 캐피털 부서로 자리를 옮겼다. 그리고 그 세계에서 내가 할 수 있는 일들이 무엇인지 배우기 시작했다. 그러나 내 머릿속에선 계속 포켓용 PC 버그가 맴돌고 있었다. 어쩌면 애초부터 내가 고객층을 잘못 설정한 걸 수도 있었다. 비즈니스맨들을 위한 PC는 만들 필요가 없었는지도 모른다. 그보다는 모든 사람을 위한 뮤직 플레이어를 만드는 게 나을 듯했다.

1999년

리얼네트웍스RealNetworks. 나는 적절한 팀과 적절한 기술 그리고 적절한 비전을 가지고 디지털 뮤직 플레이어를 만들 생각이었다.

1999년, 6주 후

그만두다. 나는 회사를 그만두었고, 곧바로 내가 실수를 했다는 사실을 걸 깨달았다.

1999년

스타트업 5호: 퓨즈 시스템즈 Fuse Systems. 오, 망할! 내가 직접 해야겠다.

2000년

닷컴 버블 발생. 하룻밤 새에 자금이 씨가 말랐다. 나는 80차례나 벤처 캐피털 회사들의 문을 두드렸다. 아무 소용없었다. 나는 내 회사를 살리기 위해 안간힘을 썼다.

2001년

애플의 부름을 받다. 처음에는 그저 컨설팅을 해주면서 퓨즈 시스템즈를 살리는 데 필요한 돈을 조달할 생각이었다. 그러다가 아예 내 팀을 이끌고 애플에 합류했다.

2001년, 10개월 후

첫 번째 아이팟을 출시하다. 대성공이었다.

2001-2006년

아이팟 부문 부사장VP. 18세대에 걸친 아이팟 출시 끝에 우리는 마침내 문제 해결책들을 찾아냈다.

2007-2010년

아이팟 부문 수석 부사장SVP **그리고 아이폰.** 아이팟 이후 우리는 아이폰을 개발했다. 내 팀이 그 아이폰 운영 및 제조에 필요한 하드웨어와 기본 소프트웨어를 제작했다. 그런 뒤 두 가지 버전을 더 출시했다. 그런 다음 나는 퇴사했다.

2010년

휴식을 취하다. 가정에만 충실하려 했다. 해외로 나갔다. 일도 실리콘 밸리도 최대한 멀리했다.

2010년

스타트업 6호: 네스트 랩스 Nest Labs. 맷 로저스Matt Rogers와 나는 미국 켈리포니아주 팰로앨토Palo Alto(실리콘밸리가 있는 미국 캘리포니아 서부 도시—옮긴이)의 한 차고 안에서 네스트Nest를 창업했다. 우리는 역사상 가장 섹시하지 못한 제품인 온도 조절기에 대변혁을 일으키고자 했다. 베일에 쌓인 우리의 새 스타트업이 무얼 만들려 하는지 얘기했을 때 사람들의 그 놀란 표정이란! 여러분도 그 표정을 봤어야 하는데.

2011년

네스트 학습형 온도 조절기 출시. 대성공이었다. 그리고 오, 이런! 사람들이 그걸 샀다.

2013년

네스트 연기/일산화탄소 감지기 Nest Protect Smoke/CO Detector **출시.** 우리는 새로운 생태계를 만들기 시작했다. 자기 자신은 물론 그 안에 사는 사람들을 돌보는 사려 깊은 가정이라는 생태계 말이다.

2014년

구글, 32억 달러에 네스트 인수. 우리의 하드웨어에 구글의 소프트웨어와 인프라, 그 결합이 놀라운 결과를 만들어내게 된다.

2015-2016년

구글, 알파벳 설립. 나는 그만두었다. 네스트는 구글에서 떨어져 나와 알파벳Alphabet(구글 그룹의 지주회사—옮긴이)에 편입됐고, 그 결과 우리는 기존의 계획을 급격하게 바꿔야 했다. 얼마 후 구글은 네스트를 매각하기로 했다. 우리는 그런 조건으로 구글과 계약한 게 아니었다. 극도로 실망한 나는 결국 모든 걸 그만두었다.

2010년-현재

퓨처 쉐이프 Future Shape. 구글 네스트를 떠난 뒤, 나는 2010년 이후 해온 자문 및 투자 일에 전념했다. 지금 우리는 약 200개 스타트업들을 상대로 풀타임 멘토링 및 지원 업무를 하고 있다.

내 삶은 믿을 수 없는 성공 뒤에 바로 뼈아픈 좌절이 뒤따르는 등, 늘 성공과 실패 사이에서 심한 널뛰기를 해왔다. 그리고 실패할 때마다 모든 걸 처음부터 다시 시작했고, 그 과정에서 배운 지식들을 가지고 완전히 새로운 뭔가를 시도했으며, 또 완전히 새로운 사람이 되었다.

가장 최근 버전의 나는 멘토이자 코치이자 투자자이며 희한하게도 지금은 또 작가다. 그러나 이 마지막 직업은 지난 10여 년간 함께 일해온 (스파링도 함께해온) 뛰어난 작가 디나 로빈스키Dina Lovinsky의 도움이 없었다면 불가능했다. 그녀가 없었다면 내 허접한 이야기는 결코 책으로 나오지 못했을 것이다. 젊고 자신만만하며 대담한 로빈스키는 네스트 초창기 시절부터 나와 함께하며 모든 걸 지켜봤고, 그러면서 내가 만일 책을 쓴다면 어떤 내용을 어떻게 쓸지 먼저 파악했다.

지금쯤이면 여러분도 눈치챘겠지만, 나는 정말 형편없는 작가다. 물론 소프트웨어는 개발할 수 있지만 책을 쓰는 건? 그건 내 분야가 아니다. 내 머리는 그간 무작위로 쌓아온 많은 교훈들로 무장되어 있었지만 책에는 첫 페이지부터 대체 무슨 말을 써야 좋을지 알 수가 없었다. 하지만 컴퓨터 프로세서도 그렇고 뮤직 플레이어도 그렇고 스마트폰도 그렇고, 처음에는 다 어떻게 만들어야 하는지 전혀 알지 못했었는데, 결국 그런

대로 잘 만들어내지 않았던가.

이 책 속에 들어 있는 조언들은 결코 완전하지 않지만 일단 그 조언들을 통해 시작은 할 수 있을 것이다. 나는 지금도 매일 뭔가를 배우고 있고 내 생각들을 바꾸고 있다. 여러분도 뭔가를 배우기 위해 이 책을 선택하지 않았는가. 지금까지 내가 배워온 모든 교훈이 담긴 이 책이 부디 여러분에게 도움이 되기를 바란다.

제1부

당신 자신을 만들어라

나는 아이폰을 만들기 위해 두 번의 도전을 했다.

두 번째 도전에 대해선 모르는 사람이 없을 것이다. 그건 성공한 도전이었으니까. 그러나 첫 번째 도전에 대해선 아는 사람이 거의 없다.

1989년 애플 직원으로 뛰어난 지적 능력을 갖고 있던 선각자 마크 포랫Marc Porat은 이런 그림을 그렸다.

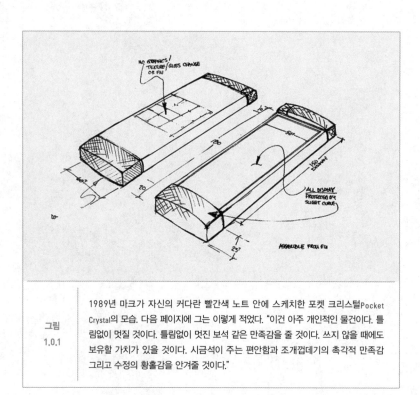

그림
1.0.1

1989년 마크가 자신의 커다란 빨간색 노트 안에 스케치한 포켓 크리스털Pocket Crystal의 모습. 다음 페이지에 그는 이렇게 적었다. "이건 아주 개인적인 물건이다. 틀림없이 멋질 것이다. 틀림없이 멋진 보석 같은 만족감을 줄 것이다. 쓰지 않을 때에도 보유할 가치가 있을 것이다. 시금석이 주는 편안함과 조개껍데기의 촉각적 만족감 그리고 수정의 황홀감을 안겨줄 것이다."

포켓 크리스털은 휴대폰과 팩스기가 합쳐진 터치스크린 방식의 멋진 휴대용 컴퓨터로, 이것 하나면 어디서든 게임을 하고 영화를 보고 비행기 표도 살 수 있었다.

시대를 앞서간 이 말도 안 되는 제품은 다시 말하지만 1989년에 구상되었다는 사실 때문에 더 말도 안 됐다. 1989년이면 아직 인터넷도 존재하지 않았고, 모바일 게임을 하려면 닌텐도 게임기를 들고 친구 집에 찾아가야 했으며, 아무도 휴대폰을 가지고 있지 않던(아니 심지어 휴대폰의 필요성조차 이해하지 못하던) 때였다. 도처에 공중전화가 있고 모두가 삐삐를 갖고 있는데, 뭣 때문에 군이 커다란 플라스틱 벽돌 같은 걸 들고 다닌단 말인가? 그러나 마크는 애플에 근무했던 두 천재 빌 앳킨슨Bill Atkinson, 앤디 허츠펠트Andy Hertzfeld 와 함께 새로운 미래를 만들어낼 회사를 설립했다. 그들은 그 회사를 제너럴 매직이라 불렀다.* 나는 그 이야기를 《맥위크 매거진》MacWeek Magazine 의 '맥 더 나이프'Mac The Knife 소문 섹션에서 읽었으며, 바로 그 무렵 내가 신생 기업을 운영하는 방법에 대해 사실상 아는 게 하나도 없다는 걸 깨달았다.

나는 고등학교와 대학교 시절에 컴퓨터 관련 회사 몇 개를 설립했지만, 대학교 2학년 이후로는 컨스트럭티브 인스트루먼츠에만 전념했었다. 나는 그 회사를 내 지도 교수 중 한 분이었던 엘리엇 솔로웨이Elliot Soloway 와 공동 설립했다. 그는 교육 공학 분야의 권위자로, 우리는 함께 아이들을 위한 편집 프로그램을 만들었다. 우리는 제품도 하나 만들고 직원들

---

* 이 회사에 대해 좀 더 알고 싶다면, 그리고 가장 참담한 수준의 실패를 목격하고 싶다면, 그리고 그런 일을 겪어도 세상이 끝나지 않는다는 걸 보고 싶다면, 〈제너럴 매직 무비〉General Magic Movie를 시청할 것을 권한다. 그 영화에서 젊은 시절의 내 모습을 보게 될 텐데, 제발 헤어스타일에 대해선 아무것도 묻지 말아 달라.

도 뽑고 사무실도 마련하는 등 꽤 선전했다. 그러나 나는 여전히 S 코퍼레이션S-Corporation(주주 자격에 제한이 있는 주식회사—옮긴이)과 C 코퍼레이션C-Corporation(주주 자격에 제한이 없는 주식회사—옮긴이)의 차이를 알기 위해 도서관을 들락거리고 있었다. 그야말로 초짜 중에 초짜였던 것이다. 그런 데다 물어볼 만한 사람도 없었다. 그 당시에는 비공식적인 회의 기회도, Y 콤비네이터Y Combinator(스타트업 육성 기업—옮긴이) 같은 기업도 없었다. 이후 7년간 구글도 존재하지 않았다.

제너럴 매직에서의 시간들은 내가 알고 싶어했던 모든 걸 배울 수 있는 기회였다. 또한 나의 영웅들, 즉 애플의 개인용 컴퓨터 리자Lisa와 매킨토시Macintosh를 만든 두 천재와 함께 일할 수 있는 기회이기도 했다. 제너럴 매직은 또 나의 진정한 첫 직장이었으며, 두 천재 앤디 허츠펠트와 빌 앳킨슨이 그랬던 것처럼 이 세상을 변화시킬 나의 첫 기회였다.

갓 대학을 졸업했거나 사회생활을 시작한 사람들과 얘기를 해보면 그들 역시 '기회'를 갈구한다. 자기 자신이 세상에 영향을 미칠 기회, 뭔가 위대한 걸 만들기 위한 길을 닦는 사람이 될 기회 말이다. 그러나 대부분의 사람은 대학을 졸업하는 순간, 대학에서 가르쳐주지 않고 가르쳐줄 수도 없는 모든 것들 때문에 큰 낭패를 겪는다. 어떻게 조직 내에서 성공할지, 어떻게 놀라운 제품을 만들어낼지, 또 어떻게 관리자들을 상대하고 궁극적으로 스스로 관리자가 될지 하는 것이 바로 그것이다. 당신이 학교에서 얼마나 많은 지식을 배우든, 대학 밖 세상을 헤쳐 나가려면, 그리고 또 뭔가 의미 있는 걸 만들어내려면 박사 학위 취득 노력과 맞먹는 노력을 해야 한다. 다시 말해 생각을 행동에 옮기면서, 시행착오를 겪으며 배워야 하는 것이다.

그리고 바로 그런 이유로 거의 모든 대학 졸업생과 기업가 그리고 몽

상가들이 내게 다음과 같은 질문을 던지곤 한다.

"어떤 직업을 찾아야 할까요?"

"어떤 종류의 회사에서 일해야 할까요?"

"인맥은 어떻게 구축해야 할까요?"

사람들은 종종 이런 가정을 한다. 젊은 시절에 적절한 직장을 잡으면 그다음 단계의 성공도 보장된다고, 대학 졸업 후 처음 들어가는 직장은 바로 두 번째 직장과 세 번째 직장으로 연결되며, 사회생활 각 단계에서 우리는 필연적인 성공들을 통해 더 위로 올라가게 된다는 가정 말이다.

나 역시 그렇게 생각했다. 나는 제너럴 매직이 인류 역사상 가장 큰 영향력을 가진 제품들 중 하나를 만들어내리라는 걸 100퍼센트 확신했다. 그래서 나의 모든 걸 그 회사에 쏟아부었다. 우리 모두 그랬다. 우리 팀은 몇 년간 문자 그대로 쉬지 않고 일했다. 심지어 며칠 밤 연속 사무실에서 지내는 사람들에게 보상까지 해주면서.

그런 제너럴 매직이 무너지기 시작했다. 수년간 온갖 노력을 다 기울이고 수천만 달러를 투자하고 신문들이 앞다퉈 우리가 마이크로소프트를 추월할 거라는 보도들을 쏟아냈지만, 우리는 겨우 3,000에서 4,000개의 제품을 팔았을 뿐이었다. 많아봤자 5,000개 정도일까? 그마저도 거의 다 식구들과 친구들이 사준 덕분이었다.

결국 회사는 실패했다. 나도 실패했다.

그리고 이후 10년간 실리콘밸리에서 이리저리 치인 끝에, 나는 드디어 사람들이 실제로 원할 만한 뭔가를 만들었다.

그리고 그 과정에서 힘들고 고통스러우면서도 때론 놀랍고 또 때론 어리석었던 유용한 교훈들을 하나하나 쌓아나갔다. 바로 지금부터 그 이야기를 하려 한다. 사회 경력을 쌓기 시작하거나 새로운 경력을 쌓으려 하는 사람들에게 필요한 내가 수많은 실패와 성공으로부터 얻었던 교훈들, 무언가를 시작하려는 당신이 꼭 알아두어야 할 일들을 말이다.

행하고 실패하고 배워라

사람들은 성인이 되면 대개 배움은 끝나고 본격적인 '삶'이 시작된다고 생각한다. 그렇다! 이제 졸업을 했다! 다 해냈다! 그러나 배움에는 결코 끝이 없다. 학교에서는 앞으로의 삶을 제대로 살아갈 방법을 제대로 배우지 못한다. 반면에 성인 시절adulthood은 끊임없이 일을 망쳐가면서 결국엔 '일을 조금은 덜 망치는 법'을 배울 수 있는 최고의 시기다.

전통적인 학교 교육 시스템 속에 있다 보면 당신은 실패에 대한 잘못된 가르침을 받는다. 어떤 과목에 대해 배우고 시험을 치르며, 시험을 잘 못 보면 그걸로 끝이다. 당신 입장에서도 더 할 일이 없다. 그러나 학교 밖 세상은 다르다. 진짜 삶에는 교재도 없고 시험도 없고 학점도 없지만 실패하면 그 실패를 통해 뭔가를 배운다. 사실 대부분의 경우, 그게 '무언가를 배울' 유일한 방법이기도 하다.

세상 사람들이 전혀 본 적 없는 뭔가를 만들려 할 때면 특히 더 그렇다.

따라서 지금 가능성 있는 다양한 직장들을 놓고 고민하고 있다면, 당신이 가장 먼저 던져야 할 질문은 이것이다. "나는 무엇을 배우고 싶어 하는가?"

"나는 얼마나 많은 돈을 벌고 싶어 하는가?"도 아니고 "나는 어떤 직책에 오르고 싶어 하는가?"도 아니다. "우리 엄마가 자식 자랑하는 자리에서 한 방에 다른 엄마들을 기선 제압할 만큼 유명한 기업은 어디인가?"도 아니다.

당신이 사랑할 수 있는 직장을 선택하고 성공에 이를 수 있는 경력을 선택하는 최선의 방법은 본능적인 관심이 이끄는 대로 따라가고, 그런 다음 과감히 위험을 무릅쓰고 그 결정을 고수하는 것이다. 돈 버는 방법에 대한 경영대학원 수업보다는 당신 자신의 호기심을 따르도록 하라. 20대 시절에는 당신의 선택들이 올바르지 못한 경우가 많고, 또 당신이 합류하거나 창업하는 기업들은 실패할 가능성이 높다. 성인이 되고 난 뒤 초반은 당신의 꿈들이 활활 타오르는 걸 지켜보고, 그 타고 남은 재들로부터 최대한 많은 걸 배우는 시기다. 행하고, 실패하고, 배워라. 나머지는 절로 따라올 것이다.

...

나는 잘 맞지도 않는 중서부 스타일의 값싼 정장을 입고 면접을 보러 제너럴 매직에 도착했다. 사무실 안으로 들어서자 바닥에 앉아 있는 직원들의 모습이 보였다. 그들은 완전히 어리둥절한 표정으로 나를 올려다보았다. 그들의 얼굴에는 이렇게 쓰여 있었다. "이 친구는 대체 뭐야?" 그들은 나보고 자리에 앉아 재킷을 벗고 넥타이를 풀라고 말했다.

첫 번째 실수였다.

다행히 그건 작은 실수였다. 나는 1991년 제너럴 매직의 29번째 직원이 되었다. 이제 스물한 살 먹은 어린 청년이었는데, 감사하게도 진단 소프트웨어 엔지니어라는 일자리를 얻었다. 내가 할 일은 다른 사람들의 디자인들을 점검할 소프트웨어 및 하드웨어 툴을 개발하는 것이었다. 조직 위계상 가장 낮은 직책이었다. 그러나 나는 개의치 않았다. 나의 능력을 입증해 보이고 위로 올라가려면 먼저 문 안으로 들어가야 한다는 걸 잘 알고 있었으니까.

그 한 달 전까지만 해도 나는 내가 설립한 회사의 최고경영자였다. 작은 회사였다. 직원 세 명으로 시작했고 때론 네 명도 됐던 스타트업으로, 우리는 아주 조금씩 앞으로 나아갔다. 그러나 물속에 선 채로 헤엄을 치는 기분이었다. 동시에 서서히 물속으로 가라앉는 기분도 들었다. 살아남든가 아니면 죽든가 둘 중 하나였다. 현상 유지란 없었다.

그래서 나는 버틸 수 있을 때까지 버텼다. 직책이나 돈은 별로 중요하지 않았다. 중요한 건 사람들이었다. 물론 임무도 중요했다. 가장 중요한 건 기회였고.

그때 짐을 싸들고 미시건주에서 캘리포니아주까지 차를 몰고 가던 일이 기억난다. 마음속은 불안과 초조로 가득했고 수중엔 400달러가 전부였다. 부모님들은 대체 뭔 일이 일어나고 있는 건지 어리둥절해하셨다.

두 분은 내가 성공하길 바라셨다. 내가 행복해지길 바라셨다. 그런데 아무리 봐도 나는 계속 모든 걸 망치고 있는 듯했다. 그것도 4년씩이나. 나는 컴퓨터를 사랑했지만, 중학교 1학년 컴퓨터 수업 시간에 거의 매일같이 쫓겨나곤 했다. 나는 늘 선생님한테 틀렸다고 지적질을 해댔고, 내가 더 잘 안다면서 잠시도 가만있지 않았다. 결국 나는 그 가엾은 선생님을 울렸고 교실에서 쫓겨났다. 선생님들은 내게 컴퓨터 대신 프랑스어 수업을 듣게 했다.

그리고 미시건대학교에 입학 후 첫 주 수업을 몽땅 빼먹고 샌프란시스코에서 열린 애플 축제Apple Fest에 참가해 스타트업 설립 신청을 냈다. 그러고는 미시건주 디트로이트로 돌아와 부모님들께 내 계획을 말했다. 두 분은 펄펄 뛰셨다. 하지만 나는 일찍이 허락이 아니라 용서를 구하는 법을 배운 터였다. 그날 샌프란시스코 부두에서 먹은 저녁이 아직 다 소화도 되지 않은 상태에서, 대학 기숙사 방에 앉아 어떤 계시 같은 걸 받았던 게 기억난다. 동시에 두 세계에 속할 수도 있다는 사실을 깨달은 것이다. 실제로 그건 그리 힘들지 않았다.

그리고 이제 나는 내가 설립한 회사를, 밤낮없이 뭔가를 만들어내려 애쓰던 회사를, 그리고 늘 너무 큰 모험으로 여겼지만 이제 막 결실을 보기 시작한 회사를 그만두려 하고 있었다. 그리고 어디론가 가려 하고 있었다. 어디로? 제너럴 매직으로? 제너럴 매직은 대체 뭐란 말인가? 직장에 들어가는 게 목적이었다면 왜 IBM이 아니고, 애플이 아니었던 걸까? 왜 보다 안정된 직장을 잡으려 하지 않은 걸까? 모두가 이해해줄 수 있는 길을 선택할 순 없었던 걸까?

그 당시 다음 인용문을 알고 있었더라면 좋았을걸. 그랬다면 도움이 됐을 텐데.

"20대에 할 수 있는 유일한 실패는 아무것도 하지 않는 것이다. 그 나머지는 모두 시행착오다."

— 무명씨

나는 뭔가를 배워야 했다. 그리고 배움을 얻기 위한 최선의 방법은 위대한 제품을 만드는 게 얼마나 힘든 일인지를 정확히 아는 사람들, 그리고 그 과정에서 실패를 맛본 사람들과 함께 어울리는 것이었다. 그리고 설사 그게 잘못된 선택으로 밝혀진다 해도, 실수의 경험이야말로 다시는 그런 실수를 하지 않는 최선의 방법이다. 행하고, 실패하고, 배워라.

무엇보다 중요한 건 목표를 갖는 것이다. 위대하고 힘겹고 중요한 걸 이루려는 목표. 그런 다음 그 목표를 향해 한 걸음 한 걸음 내딛다 보면, 설사 중간에 비틀대는 한이 있어도 결국 앞으로 나아가게 된다. 그리고 그 과정에선 한 걸음도 건너뛸 수가 없다. 갑자기 해결책이 뚝 떨어져 어려운 일을 단번에 해결할 수는 없는 것이다. 인간은 직접 해보고 망치고 다음번엔 다르게 해보는 등, 생산적인 투쟁을 통해 배움을 얻는다. 그리고 성인기 초반에 그걸 인정하는 법을 배워야 한다. 다시 말해, 위험은 해결되지 않을 수도 있지만 그래도 감수해야 한다는 걸 알아야 한다는 얘기다. 다른 사람들의 도움이나 조언을 받을 수도 있고 다른 누군가를 본보기 삼아 따름으로써 나아갈 길을 선택할 수도 있다. 그러나 직접 그 길을 따라 걸으면서 어디로 향하는지 보지 않고서는 제대로 배울 수 없다.

나는 가끔 고등학교 졸업식장을 찾아가, 난생 처음 혼자 세상 밖으로 나가게 된 열여덟 살 먹은 학생들 앞에서 연설을 한다. 그리고 그 자리에서 학생들에게 그들이 내리는 결정 가운데 온전히 자신의 의지로만 내리는 결정은 아마 25퍼센트 정도일 거라고 말한다. 겨우 25퍼센트.

태어나는 순간부터 부모님 집을 떠나기 전까지 당신이 내리는 거의 모든 선택은 부모님에 의해 강제적으로 내려지거나 부모님의 영향을 크게 받는다. 그리고 지금 여기서 말하는 선택은 어떤 수업을 들을지, 어떤 스포츠를 즐길지 같은 선택이 아니다. 부모님 집을 떠나 모든 걸 혼자 하기 시작할 때 내리게 되는 수많은 숨은 선택들을 의미한다. 어떤 종류의 치약을 쓰는지, 어떤 종류의 화장지를 쓰는지, 식기류는 어디에 둬야 하고 옷들은 어떻게 정리하는지, 어떤 종교를 믿는지 등, 이런 소소한 일들은 당신이 성장 과정에서 결정해본 적은 없지만 이미 당신의 뇌 속에 입력되어 있다. 어린 시절에는 대개 의식적으로 이런 선택들에 대해 곰곰이 생각하지 않는다. 부모가 하는 대로 따라 하는 것이다. 그리고 어릴 땐 그렇게 해도 보통 별 문제가 없다. 때론 그대로 따를 필요가 있기도 하다.

그러나 당신은 이제 더 이상 아이가 아니다.

부모님 집을 떠나고 나면 창문이 하나 생긴다. 당신이 내리는 결정들이 온전히 당신만의 결정인, 잠깐씩 열리는 믿을 수 없을 만큼 빛나는 창문이. 이제 당신은 그 누구에게도 의지하지 않는다. 당신에겐 자유가 있다. 뭐든 당신 좋을 대로 선택할 수 있는 자유가. 이제 대담하게 다음과 같은 선택들을 할 때가 된 것이다.

어디에서 살 것인가?

어디에서 일할 것인가?

어떤 사람이 될 것인가?

부모님은 늘 당신에게 이런저런 제안들을 할 것이다. 기꺼이 그 제안들을 받아들이든가 아니면 무시하라. 그들의 판단은 그들이 당신에게 바라는 바(물론 최고, 오로지 최고)일 뿐이다. 이제는 도움이 되는 조언을 줄 다른 사람들, 다른 멘토들을 찾아야 한다. 스승 또는 사촌, 이모나 고모 아니면 가까운 친구의 선배 등 누구든 좋다. 혼자라고 해서 모든 결정들을 혼자 내려야 하는 건 아니다.

바로 이것이 당신의 창문이다.

이제 위험을 무릅써야 할 때가 된 것이다.

대부분의 경우 30~40대가 되면 그 창문이 닫히기 시작한다. 당신의 결정들은 더 이상 온전히 당신만의 결정이 될 수 없다. 물론 그런 삶도 매우 좋고 행복하다. 그러나 어쨌든 이제 상황이 달라진다. 당신에게 의지하는 사람들이 당신의 선택들에 영향을 준다. 설사 부양할 가족이 없다 해도 매년 조금씩 친구들이 늘고 재산이 불고 사회적 지위가 올라가면서 굳이 위험을 무릅쓰고 싶지 않게 될 것이다.

그러나 사회생활 초반에는 그리고 인생 초반에는, 큰 위험을 무릅써서 일어날 수 있는 최악의 일이라 봤자 아마 부모님 집으로 다시 들어가는 정도일 것이다. 그리고 그건 부끄러운 일도 아니다. 어떤 일에 당신의 모든 걸 쏟아붓고 눈앞에서 그 모든 게 무너지는 모습을 보는 것이야말로, 빠른 시간 안에 뭔가를 배우고 다음에 하고 싶은 일이 무언지 알아내는 최선의 방법이다.

모든 걸 망칠 수도 있다. 당신의 회사가 실패로 끝날 수도 있다. 속이 너무 쓰린 나머지 식중독에 걸린 게 아닌가 걱정하게 될 수도 있다. 그러나 괜찮다. 원래 그런 거니까. 이런 기분들을 느끼지 못한다면 당신은 지금 제대로 하고 있는 게 아니다. 설사 그게 낭떠러지로 떨어지는 길이라 해도, 당신은 스스로를 다그쳐 산에 오르도록 해야 한다.

나는 첫 성공에서 배운 것보다는 참담한 첫 실패에서 배운 게 더 많았다.

제너럴 매직은 실험이었다. 우리가 만들려 한 제품(우리는 어처구니없을 정도로 놀라운 완전히 새로운 제품을 만들려 했다)에 대한 실험일 뿐 아니라, 회사를 조직하는 법에 대한 실험이었다. 온통 천재들로 이루어진 우리 팀은 정말 인상적이어서, '관리'라는 개념이 아예 존재하지도 않았다. 딱히 정해진 과정 같은 것도 없었다. 우리는 그저, 개발을 할 뿐이었다. 우리의 리더들이 뭘 생각하든, 그땐 다 멋져 보였다.

우리는 모든 걸 처음부터 직접 손으로 만들어야 했다. 마치 100명의 장인들에게 한 무더기의 판금과 플라스틱과 유리를 주면서 자동차를 한

대 만들어내라고 말하는 거나 다름없었다. 내가 맡은 일 중 하나는 다양한 장치들을 가지고 우리가 원하는 기기를 만들 방법을 찾아내는 것이었고, 그렇게 USB 포트의 전신을 개발했다. 그런 다음 나는 기기들 간에 작동될 적외선 네트워크를 구축하는(리모컨이 TV에 연결되듯) 임무를 맡았고, 그렇게 7계층으로 이루어진 통신규약 스택protocol stack(서로 다른 기기들이 데이터 통신을 하는 데 필요한 통신 규약을 구현해주는 소프트웨어 모듈들의 모임—옮긴이)을 재발명했다. 그리고 놀랍게도 그게 잘 작동됐다. 그걸 본 다른 엔지니어들은 흥분했고, 그와 관련된 낱말 놀이까지 만들어냈다. 그리고 그 놀이는 우리 사무실에서 큰 히트를 쳤다. 나는 너무 기분이 좋아 하늘을 둥둥 떠다니는 기분이었다. 그러나 결국 보다 경험 많은 한 엔지니어가 내가 코딩한 통신규약 스택을 보고는 당황스러워하며 물었다. 왜 네트워크 프로토콜network protocol(프로세서들 간의 메시지 흐름을 통제하는 기본 규약—옮긴이)을 그런 식으로 만들었느냐고. 그래서 나는 네트워크 프로토콜 만드는 법을 몰라서 그랬다고 답했다.

이것이 나의 두 번째 실수였다.

참고 서적 같은 걸 읽어봤더라면 며칠 정도는 시간을 절약할 수도 있었겠지만, 어쨌든 기분은 좋았다. 세상 사람들이 전혀 본 적 없는 유용한 뭔가를 내가 만들어냈으니까. 그것도 내 방식대로.

그건 미친 짓이었다. 그러나 재미있는 일이기도 했다. 특히 모든 사람들이 '재미'에 집중하던 초창기에는 더 그랬다. 우리 사무실엔 복장 규정도, 아무런 규칙도 없었다. 규칙에 익숙한 미국 중서부 지역과는 너무 다른 분위기였다. 제너럴 매직은 직장에서 즐겁게 노는 게 그럴 만한 가치가 있는 일이라는 개념을, 그러니까 즐겁게 일하는 직장에서 좋은 제품이 만들어진다는 개념을 제대로 구현한 실리콘밸리 최초의 기업들 중

하나가 아니었나 싶다.

그리고 우리는 그 즐거움을 좀 더 발전시켰다. 늘 그랬듯 한밤중에 사무실에서 야근을 할 때면 우리는 새총을 집어 들고 놀았다(누구나 사무실에 새총 정도는 갖고 있지 않은가?). 두 공범과 함께 나는 그 새총에 슬라임(점액질 형태의 장난감. 액체 괴물이라고도 함―옮긴이)을 장전해 쐈고, 말랑할 줄만 알았던 그 총알은 창문에 커다란 구멍을 내버렸다. 나는 해고될까 봐 겁을 잔뜩 먹었다. 그러나 모두들 큰 소리로 웃기만 했다.

그리고 그것이 세 번째 실수였다.

4년간 나는 제너럴 매직에 내 모든 걸 쏟아부었다. 그러면서 뭔가를 배웠고 또 망쳤으며, 일을 하고 하고 또 했다. 1주일에 90시간, 100시간 또는 120시간씩. 나는 커피를 좋아하지 않아 하루에 10병 이상씩 다이어트 콜라를 마시면서 버텼다. 그래서 제너럴 매직을 나온 이후 콜라라면 아예 쳐다보지도 않는다.

사실 그렇게 죽어라 일하는 건 그리 좋지 않은 일이다. 특히 자신을 망가뜨리면서까지 일에 매몰되어선 안 된다. 그러나 당신의 능력을 입증하고 싶다면, 그리고 가능한 한 많은 걸 배우고 가능한 한 많은 걸 하려면, 시간을 투자해야 할 필요는 있다. 직장에 늦게까지 머물라. 일찍 출근하라. 때론 주말에도, 공휴일에도 일하라. 두 달마다 휴가를 가는 건 기대도 말라. 일과 삶의 균형에 약간의 변화를 주어라. 다시 말해 하고 있는 일에 대한 열정에 당신의 몸을 맡기도록 하라.

여러 해 동안 나는 사람들이 어느 방향으로 가라고 하면 그쪽으로 전력 질주했고, 그래서 동시에 온갖 방향으로 다 가곤 했다. 예를 들어 나의 영웅들이 저 언덕을 오르라 말하면 나는 에베레스트산을 오르려 했으며, 뭐든 그들을 감동시킬 일을 하려 했다. 나는 우리가 인류 역사상 세상을 가장 크게 바꿔놓을 기기를 만들어낼 거라고 100퍼센트 확신했다. 그 당시 우리는 다 그랬다.

그러다가 제품 출시가 지연됐다. 다시 지연되고, 또다시. 그리고 또다시. 그러나 돈은 충분했고 언론의 관심도 컸으며 제품에 대한 기대는 하늘을 찌를 듯해, 제품 개발은 계속 진행됐다. 그렇다고 해서 우리가 잘하고 있기만 한 것은 아니었다. 갑자기 여기저기서 경쟁업체들이 나타났기 때문이다.

인터넷이 세상 모든 사람들에게 익숙해져 대세가 되기 시작하면서 우리는 AT&T 같은 주요 통신 기업들이 운영하는 사설 네트워크 시스템을 개발 중이었다. 우리의 프로세서는 빌 앳킨슨과 앤디 허츠펠트가 꿈꾼 야심 찬 사용자 경험user experience이나 디자이너 겸 아티스트 수전 케어Susan Kare(애플 맥킨토시 컴퓨터의 그래픽들과 아이콘들을 만들어낸 디자이너 겸 아티스트―옮긴이)가 디자인한 그래픽들과 아이콘들을 지원하기에는 충분한 성능을 갖추지 못했다. 수전은 아주 뛰어난 아티스트로, 맥킨토시를 위한 오리지널 시각 언어를 만들어냈을 뿐 아니라 매직 링크Magic Link(매직 캡Magic Cap 운영체제가 탑재된 휴대용 정보 단말기―옮긴이)에 들어갈 멋진 세계도 만들어냈다. 그러나 망할 놈의 그 매직 링크는 스크린을 건들 때마다 먹통이 되어버렸다. 그래서 테스터 사용자들은 자신이 뭔가 잘못한 건지 아니면 기기가 그냥 작동을 멈춘 건지 알지 못한 채, 한없는 기다림에, 그러니까 기계적 버그에 큰 실망을 했다. 게다가 문제점들은 하루가 다르게 계속 늘어났다.

네 번째 실수부터 4,000번째 실수까지.

1994년 드디어 제품을 출시했을 때, 우리는 아직 '포켓 크리스털'을 만든 것이 아니었다. 우리가 만든 건 소니 매직 링크였다.

그림
1.1.1

매직 링크는 소매가가 800달러였으며 무게는 거의 1.5파운드(약 680그램)이었고 크기는 7.7×5.6인치였다. 전화기로도 쓸 수 있었던 이 제품에는 터치스크린이 있었고, 그 속에 이메일 기능, 다운로드 가능한 앱, 각종 게임, 비행기 표 구입 기능, 움직이는 이모티콘, 혁신적인 기술 등이 들어 있었다. 아이폰과 비슷한 제품이었다.

매직 링크는 과거와 미래 사이에 묘하게 걸쳐 있는 제품이었다. 팩스를 주고받을 수 있는 작은 프린터와 움직이는 이모티콘이 함께 들어 있다는 점이 그 사실을 잘 보여줬다. 심각한 결함이야 어찌됐든 매직 링크는 완전히 시대를 앞서간 놀라운 제품이었다. 모든 사람이 컴퓨터를 가지고 다닐 수 있는 완전히 다른 세계로 들어가는 첫걸음. 내 건강을 망치고 부모님께 걱정을 끼쳐 드리고 잠까지 줄여가면서 온갖 노력 다 기울여 만든 제품. 그럴 만한 가치가 있었다. 나는 그 제품이 말할 수 없이 자랑스러웠다. 우리 팀이 창조해낸 그 제품이 너무도 감동스러웠다. 그건 지금도 마찬가지다.

그런데 아무도 사주질 않았다.

사무실에서 그 많은 낮과 밤들을 보낸 뒤, 나는 너무 지쳐 아침에 일어나 침대에서 빠져나올 수가 없었다. 그리고 뼈저리게 느꼈다. 우리가 이룬 모든 것, 그 모든 것들이 실패로 끝났다는 것을.

그리고 결국 그 이유도 알았다.

제너럴 매직이 서서히 무너져가고 있을 때, 나는 더 이상 서열이 낮은 일개 진단 엔지니어가 아니었다. 나는 실리콘과 하드웨어 그리고 소프트웨어 설계 및 디자인 일을 하고 있었다. 모든 게 뒤틀어지기 시작하면서, 나는 과감히 발 벗고 나서 판매 및 마케팅 분야 사람들과 대화를 나누기 시작했고, 심리통계학 및 브랜딩에 대해 배우기 시작했으며, 종국에는 관리자들과 작업 과정, 작업 한계 등의 중요성을 이해하게 됐다. 회사 생활 4년 만에 통신 규약 한 줄을 작성할 때에도 그에 앞서 새로운 사고를 가질 필요가 있다는 사실을 깨달은 것이다. 그리고 그 사고는 정말 흥미로웠다. 그야말로 내가 필요로 하는 사고였다.

어쨌든 우리의 실패로 그리고 나의 실패로 그간 전력투구해온 모든 것들이 무너져 내리는 참담함을 맛봤고, 그 결과 내가 앞으로 가야 할 길이 이상할 정도로 또렷하게 보였다. 제너럴 매직에서 우리는 기가 막히게 멋진 놀라운 제품을 만들어냈을 뿐, 사람들의 현실적인 문제들을 해결해줄 제품을 만들어내지 못했다. 하지만 나는 그런 제품을 만들어낼 수 있다고 생각했다.

그리고 그런 게 바로 당신이 젊은 시절에 뭔가를 추구하는 방식이다. 모든 걸 알고 있다고 생각하지만 갑자기 자신이 뭘 하고 있는지조차 모른다는 걸 깨닫게 되는 시절. 또한 위대한 걸 만들어낼 수 있는 사람들로부터 최대한 많은 걸 배우기 위해 최대한 열심히 노력하는 시절. 그래서 젊은 시절에는 설사 쓰라린 실패를 맛보더라도, 그 실패에 힘입어 전혀 새로운 삶의 단계로 들어서게 된다. 다음에 무얼 해야 하는지 알게 되면서 말이다.

제2장

혁신을 시작하려는 기업을 찾아라

만일 지금 당신의 시간과 에너지와 젊음을 한 기업에서 쏟으려 하는 중이라면, 단순히 보다 나은 제품을 만드는 것이 목표가 아닌 기업에 들어가도록 하라. 그보다는 혁명을 시작하려는 기업을 찾아라. 현재 상황을 획기적으로 바꿀 가능성이 높은 기업은 다음과 같은 특징들을 갖고 있다.

1. 완전히 새로운 제품 또는 서비스를 만들어내거나 경쟁업체들은 만들 수도 없고 이해조차 못하는 방식으로 기존 기술을 활용한 제품 또는 서비스를 만들어낸다.
2. 해당 기업의 제품이 많은 사람들이 매일 경험하는 문제(진정한 불만 사항)를 해결해준다. 이미 큰 시장이 존재하고 있어야 한다.

3. 새로운 기술이 단순히 제품 측면뿐 아니라 그 인프라와 플랫폼들 그리고 그걸 뒷받침해주는 시스템 측면에서도 해당 기업의 비전을 현실화해줄 수 있다.

4. 리더들이 해결책이 무엇인가에 대해 독단적인 생각을 갖고 있지 않고, 또한 고객들이 원하는 것에 기꺼이 적응해나갈 의지를 갖고 있다.

5. 어떤 문제 또는 고객의 필요에 대해 생전 들어본 적 없는 방식으로 생각하지만 그 방식에 대한 얘기를 들었을 때 전적으로 공감하게 된다.

· · ·

멋진 기술로는 충분치 않다. 뛰어난 팀으로도 충분치 않다. 풍부한 자금으로도 충분치 않다. 너무 많은 사람들이 골드러시gold rush(새로 발견된 금광으로 사람들이 몰려드는 것—옮긴이)를 기대하면서 요즘 핫한 트렌드들에 맹목적으로 달려들다가 결국 낭떠러지 밑으로 떨어지곤 한다. 가상 현실VR 분야에 널브러진 시신들을 보라. 눈길이 닿는 데까지 스타트업들의 시신이 즐비하다. 또한 지난 30여 년간 허망하게 날아가버린 돈이 수십억 달러다.

"만들기만 한다면 사람들이 사러 올 것이다."라는 말은 늘 통하지 않는다. 아직 기술이 제대로 준비되지 않은 상태라면, 사람들은 절대 사러 오지 않을 것이다. 설사 필요한 기술을 갖췄다 해도, 그다음에는 타이밍을 잘 잡아야 한다. 바로 그럴 때에 세상 사람들은 그걸 살 준비가 되어 있을 것이다. 고객들은 어떤 제품이 현재 자신이 안고 있는 문제를 해결해주길 원한다. 먼 미래에 안게 될 문제가 아니라 현재 안고 있는 문제 말이다.

나는 이게 바로 제너럴 매직의 실책이었다고 생각한다. 우리는 아이폰이라는 획기적인 제품이 스티브 잡스의 두 눈에 희미하게 보이기도 한참 전에 그걸 개발하려고 했다.

우리가 무엇 때문에 참패했는지 아는가? 팜Palm 때문이었다. 팜PDA Personal Digital Assistant(개인용 디지털 단말기. 터치스크린을 주 입력 기기로 사용하는 휴대용 컴퓨터─옮긴이)는 메모지나 데스크톱 컴퓨터에 보관하던 전화번호들을 옮길 수 있는 작은 휴대용 기기였기 때문이다. 그게 다였다. 그렇게 단순했다. 주머니나 지갑 안에 롤로덱스Rolodex(철제로 된 커다란 사무용 메모 카드 홀더─옮긴이)를 넣고 다닐 수는 없었고, 그래서 그 당시에는 팜이 해결책이었다. 당시 상황에는 먹혔다. 존재할 만한 이유도 있었다.

그러나 제너럴 매직은 그렇지 못했다. 우리는 '세상 사람들이 현실적으로 필요로 하는 걸' 만들려 하지 않았다. 애초부터 모든 걸 기술에서부터 출발했고, 우리가 새로 만들어낼 수 있는 것에, 그리고 회사 내 천재들을 감동시키는 제품을 만드는 것에 집중했다. 그 결과로 나온 매직 링크는 보통 사람이라면 10년 후에도 인지하지 못할 문제들을 해결하는 데 초점을 맞추고 있었던 것이다. 그리고 그 누구도 아직 존재하지도 않는 문제를 해결할 기술을 만들어내진 않기 때문에, 우리의 제품들이 의존한 네트워크와 프로세서 그리고 입력 메커니즘까지 별 쓸모가 없었다. 게다가 우리는 그 모든 걸 직접 만들어야 했다. 혁신적인 객체 지향형 운영체제인 매직 캡을 만들고, 새로운 고객 서버 프로그래밍 언어인 텔레스크립트TeleScript, 온라인 애플리케이션들과 온라인 매장들을 망라하는 서버도 만들었다. 그 결과 우리의 비전에는 못 미쳤을지 모르지만, 어쨌든 믿을 수 없을 정도로 놀라운 제품을 만들어냈다. 우리 같은 컴퓨터 괴짜들을 위한 제품을 말이다.

그러나 다른 모든 사람에게 그 제품은 아기자기한 '일개 기기'였다. 설사 어떤 기기인지 제대로 알고 있다 해도 그랬다. 그건 부자들 또는 컴퓨터 괴짜들 또는 아주 부유한 컴퓨터 괴짜들을 위한 사치품, 아주 비싼 장난감에 불과했다.

실재하는 문제를 해결하려 하는 게 아니라면, 당신은 혁신을 시작할 수 없다.

그 좋은 예가 구글 글래스Google Glass 또는 매직 리프Magic Leap다. 아무리 많은 돈을 쏟아붓고 세상에 널리 홍보를 한다 해도 증강현실AR 안경이 '해결할 문제를 찾는' 기술이라는 사실에는 변함이 없다. 일반인들의 입장에서는 굳이 그런 안경을 구입할 이유가 없는 것이다. 아직은 그렇다. 그 누구도 그 기이하고 흉한 안경을 얼굴에 쓴 채 파티 장소나 사무실 안으로 걸어 들어가, 주변 모든 사람들을 몰래 촬영하는 자신을 상상하고 싶어 하지 않는다. 그리고 설사 증강현실 안경의 미래가 아무리 밝다 한들 현재 기술로는 아직 그런 미래는 구현할 수 없으며 그 기술에 대한 사회적 인식이 개선되기까지는 더 많은 시간이 필요할 것이다. 물론 그런 미래가 분명 올 거라고 확신하지만 아직은 몇 년 더 있어야 한다.

반면에 우버Uber는 어떤가? 우버 설립자들은 애초부터 모든 걸 고객들의 문제, 그러니까 고객들이 매일 일상생활에서 겪는 문제에서 출발했으며, 그런 다음 기술을 적용했다. 문제는 간단했다. 예를 들어 파리에서 택시를 잡기란 하늘의 별 따기이며 개인 운전기사를 채용하는 건 돈도 많이 들고 시간도 엄청 걸린다. 스마트폰이 출현하기 전까지만 해도 그 해결책은 새로운 종류의 택시 또는 리무진 사업을 시작하는 것뿐이었으리라. 그러나 우버의 창업 타이밍은 완벽했다. 갑자기 온 세상에 스마트폰이 차고 넘치면서 우버 입장에선 활용 가능한 적절한 플랫폼이 마련

됐고, 고객들 입장에선 우버의 해결책을 받아들일 적절한 마음 상태를 가질 수 있게 되었다. 스마트폰 앱으로 토스트기도 주문할 수 있는 세상인데, 택시인들 왜 못 부르겠는가? 현실적인 문제와 적절한 타이밍 그리고 혁신적인 기술의 결합을 통해 우버는 택시 업계의 패러다임을 바꿀 수 있었다. 전통적인 택시 회사들은 상상조차 할 수 없고 경쟁할 생각조차 할 수 없는 완전히 새로운 자동차 배차 시스템을 만들어낸 것이다.

그리고 이는 비단 실리콘밸리에서만 볼 수 있는 현상이 아니다. 지금 농업, 신약 발견 및 개발, 금융 및 보험 등 산업의 전 분야에서, 그리고 전 세계 곳곳에서 혁신적인 기업들이 계속 생겨나고 있다. 10년 전만 해도 해결하는 데 수십억 달러가 들고 거대 기업들의 대규모 투자를 필요로 하는 등, 해결 불가능해 보이던 문제들이 이제는 스마트폰 앱과 작은 센서 그리고 인터넷을 통해 해결이 가능하다. 그리고 이는 곧 세계 곳곳에서 많은 사람들이 일하고, 살아가고, 생각하는 방식을 변화시킬 기회를 갖게 되었다는 의미이기도 하다.

가능하면 그런 기업들 중 한 곳에 취업하도록 하라. 직책에는 너무 연연하지 말고 일에만 집중하라. 성장하는 기업에 발을 들여놓는다면 성장할 수 있는 기회도 함께 갖게 될 것이다.

뭐든 다 좋지만, 바라건대 맥킨지앤드컴퍼니McKinsey & Company 나 베인앤드컴퍼니Bain & Company 같은 거대 컨설팅 회사 또는 그 업계를 지배하고 있는 또 다른 여덟 개 컨설팅 회사들의 '경영 컨설턴트'는 되지 말라. 그런 회사들은 모두 직원 수가 아주 많으며 《포춘》500대 기업들과 거의 독점적인 제휴 관계를 맺고 일한다. 또한 그 기업들은 대개 위험을 회피하는 CEO들이 이끌고 있으며, 경영 컨설턴트에게 광범위한 감사를 통해 결함을 찾아내고 모든 문제를 마법처럼 해결해줄 새로운 계획을 제시하도록 시킨다. 이 무슨 동화 같은 이야기란 말인가. 말을 하자면 끝도 없으니 이쯤 해두자.

그러나 이런 회사들은 대학을 막 나온 졸업생들에겐 더없이 좋은 직장처럼 보인다. 아주 높은 연봉을 받는 데다 전 세계를 무대로 뛰고, 영향력 있는 기업들 및 임원들과 함께 일하고, 기업을 성공적으로 운영하는 방법을 배울 수 있으니 말이다. 그야말로 매력적이고 유망한 직장 아닌가.

그중 일부는 맞는 얘기다. 그렇다. 우선 높은 연봉을 받는다. 게다가 중요한 고객들을 끌어들이는 훈련도 충분히 할 수 있다. 그러나 기업을 세우거나 운영하는 방법은 배우지 못한다. 전혀.

스티브 잡스는 언젠가 경영 컨설팅에 대해 이런 말을 한 적이 있다. "회사에서 많은 돈을 받지만 그래봐야 별거 아니다. 그건 마치 바나나 그림과 같다. 실물과 똑같은 그림을 손에 넣을 수는 있지만 그건 그래봤자 2차원 그림이다. 절대 3차원의 실제 바나나가 될 수 없다. 벽에 많은 바나나 그림을 걸어놓고, 그것들을 친구들에게 자랑할 수는 있다. 바나나 그림들을 손에 넣고 복숭아 그림들을 손에 넣고 포도 그림들을 손에 넣을 수도 있다. 그러나 절대 그 과일들의 맛은 알 수 없다."

만일 그래도 그런 길을 가기로 마음먹고 '빅4' 기업이나 다른 '톱6' 기업들 중 한 곳에 들어간다면, 물론 그 또한 당신의 선택이다. 다만 직장을 선택하기에 앞서 먼저 당신이 무얼 배우고 싶은지, 또 다음 단계로 나아가는 데 필요한 경험들이 무엇인지 알도록 하라. 오도 가도 못하는 경우는 없게 하라. 경영 컨설팅이 당신의 목적지가 되어선 절대 안 된다. 그 일은 실제로 뭔가를 하기 위한, 그리고 뭔가를 만들기 위한 여정에서 잠시 머무는 중간역 정도가 되어야 한다.

위대한 일을 하고 뭔가를 제대로 배우기 위해선 당신 손에 흙을 묻혀야 한다. 다른 모든 사람은 뭔가를 하고 있는 상황에서 당신 혼자 옥상에서 이런저런 제안만 해서는 안 된다. 세세한 면들에도 신경 쓰면서 조심스레 한 걸음 한 걸음을 내디뎌야 한다. 뭔가가 잘못되어갈 때 당신도 거기 있어야 한다. 그래야 모든 걸 되돌릴 수 있다.

당신은 '실제로' 어떤 일을 해야 한다. 그리고 그 일을 사랑해야 한다.

그런데 만일 잘못된 일에 푹 빠진다면 어찌해야 할까? 너무 앞서가는 제품 또는 기업을 만나게 된다면 모든 걸 뒷받침해줄 인프라도 없고, 고객들도 존재하지 않고, 리더들은 완전히 잘못된 비전을 갖고 있는 데다 고집불통일 것이다. 해당 분야에선 조만간 좋은 결실을 맺을 기미가 전혀 없는데, 당신이 만약 양자 컴퓨팅이나 합성 생물학 또는 우주 탐험 분야에 남다른 열정을 갖고 있다면 어찌해야 할까?

젠장! 그렇다면 도전해봐라! 그 일을 정말 좋아한다면, 내 조언들은 신경 쓰지 말라. 타이밍도 신경 쓰지 말라.

나는 닷컴 버블 시기에 휴대용 기기들을 개발하는 일을 했다. 제너럴 매직이 휘청대기 시작한 이후, 눈에 뻔히 보이는 해결책은 야후Yahoo나 이베이eBay로 이직해 인터넷 골드러시에 합류하는 것이었다. 실제 모든 사람들이 내게 그렇게 하라고 했다. "미쳤어? 왜 필립스로 가? 모든 돈이 모이는 데는 인터넷 분야야! 소비자 컴퓨팅 기기는 그 누구도 더 이상 필요로 하지 않아."

그러나 나는 어쨌든 필립스로 갔다. 나는 데스크톱 컴퓨터와 휴대폰 사이에 뭔가 놀라운 제품이 파고들 여지가 있다고 생각했다. 제너럴 매직에 있을 때 보고 느낀 것이었다. 그래서 필립스에서 기기들을 제작할 팀을 구축했고, 그런 다음 디지털 뮤직 플레이어를 제작할 나만의 회사를 설립했다. 나는 모든 시스템을 처음부터 다시 구축하기를 좋아했기 때문에, 그러니까 원자와 전자, 하드웨어와 소프트웨어 그리고 네트워크와 디자인을 처음부터 다시 구축하는 걸 좋아했기 때문에 그 일에 매달렸다. 덕분에 애플에서 아이팟을 만들기 위해 나를 부를 즈음에는 무얼 어떻게 해야 하는지 정확히 알고 있었다.

당신이 언젠가 아주 커다란 문제를 해결해줄 수 있는 그 뭔가에 관심이 많다면 그 일을 밀어붙이도록 하라. 그리고 또 주변을 둘러보아 당신과 마찬가지로 그 뭔가에 관심 많은 사람들의 공동체를 찾아보라. 만일 지구상에 그런 사람이 아무도 없다면, 당신이 너무 앞서가고 있거나 아니면 잘못된 방향으로 가는 중일 수 있다. 그러나 만일 같은 생각을 가진 소수의 사람들을 찾을 수 있다면, 설사 그들이 아이디어를 실제 사업에 어떻게 적용해야 하는지 하나도 모르는 소수의 괴짜들이라 해도, 당신 생각을 그대로 밀어붙여라. 그들과 합류해 친구들을 만들고 적절한 멘토들을 찾고 인맥을 쌓도록 하라. 세상이 당신이 만들고 있는 걸 받아들일 수 있게 될 때 그 결실을 맺을 것이다. 그때쯤 되면 당신의 회사는 처음의 그 회사가 아닐 수도 있고, 비전도 달라졌을 수 있으며, 제품도 달라졌을 수 있고, 기술도 달라졌을 수 있다. 또한 실패하고 또 실패하면서 배우고 또 배우며 그 과정에서 발전하고 이해하며 성장했을 수도 있다.

그렇게 시간이 흘러 언젠가 당신이 실제 문제에 대한 제대로 된 해결책을 찾아내고 세상이 그걸 받아들일 준비가 되어 있다면, 당신은 이미 목적을 이룬 것이다.

당신이 어떤 일을, 어디서 하는지가 중요하다. 그리고 가장 중요한 것은 누구와 함께 일하며 문제들로부터 무얼 배우느냐다. 너무도 많은 사람이 일을 목적을 이루기 위한 수단으로만 생각한다. 다시 말해 일 자체를 충분한 돈을 벌어 일을 그만해도 되는 수단으로 본다. 그러나 일은 이 세상에 당신의 흔적을 남길 기회다. 당신의 집중력과 에너지와 소중하고 또 소중한 시간을 뭔가 의미 있는 일에 쏟을 기회 말이다.

당장 기업 임원일 필요는 없으며, 대학 졸업 후 바로 세계를 변화시킬 가장 놀라운 기업에 들어갈 필요도 없다. 그러나 목표는 갖고 있어야 한다. 당신이 어디로 가고 싶어 하는지, 누구와 함께 일하고 싶어 하는지, 무얼 배우고 싶어 하는지, 어떤 사람이 되고 싶어 하는지를 알아야 한다. 그리고 이건 바람이지만 그 모든 것으로부터 당신이 만들고자 하는 그 무엇을 만드는 방법을 이해할 수 있게 될 것이다.

제3장

당신의 영웅들과 인맥을 구축하라

학생들은 석사 학위나 박사 학위를 취득할 때는 프로젝트를 잘 수행하기 위해 가장 뛰어난 교수를 찾으면서도, 직장을 선택할 때는 돈과 각종 특전과 직함 같은 것들을 중시한다. 그러나 직장을 더없이 놀라운 경험을 하는 곳으로 만드느냐 아니면 완전히 시간 낭비를 하는 장소로 만드느냐는 결국 사람에 달려 있다. 그러니 당신이 가고자 하는 분야를 제대로 이해하고 그 지식을 활용해 최고 중에 최고인 사람들 그리고 당신이 진정 존경하는 사람들과의 인맥 구축에 전념하도록 하라. 당신의 영웅들과 인맥을 구축하는 데 말이다. 그러면 그 록스타들이 당신이 원하는 직장 경력을 쌓을 수 있게 이끌어줄 것이다.

· · ·

만일 소프트웨어 디자인 및 코딩의 신들이 있다면 빌 앳킨슨과 앤디 허츠펠트가 바로 그들이다. 두 사람의 얼굴은 초등학교 시절 이후 내가 처음부터 끝까지 꼼꼼히 다 읽은 잡지들에 실렸다. 나는 혁신적인 제품 맥Mac과 맥페인트MacPaint, 하이퍼카드Hypercard 그리고 개인용 컴퓨터 리자 등 그들이 만들어낸 모든 것들을 사용했다.

두 사람은 나의 영웅들이었다. 처음 그들을 만났을 때, 나는 비틀즈Beatles나 레드 제플린Led Zeppelin을 만난 기분이었다. 그들과 악수를 할 때는 너무 긴장해 손에 땀이 다 났고, 숨도 제대로 쉴 수 없었다. 그러나 시간이 지나면서 내 눈에서 눈부신 스타의 모습은 서서히 스러져 갔고, 나는 그들이 의외로 대화하기 쉽고 편한 상대라는 걸 깨달았다. 천재들의 세계에선 드물게 보이는 특성이었다. 나는 심지어 그들과 몇 시간씩 대화를 하기도 했다. 코딩에 대해, 디자인과 사용자 경험에 대해 그리고 그 밖의 궁금한 모든 것들에 대해. 나는 두 사람에게 내가 세운 스타트업 컨스트럭티브 인스트루먼츠에서 만든 제품을 보여주기까지 했다.

제너럴 매직의 문 앞에는 면접을 보려는 사람들이 줄지어 서 있었다. 나는 미시건주에서 온 별 볼 일 없는 괴짜였지만 바로 그런 이유 때문에 제너럴 매직에 취업할 수 있었던 것 같다. 그러니까 내가 그 회사에 들어갈 수 있었던 이유는 그 회사 설립자들에게 아부를 잘 떨어서도 아니었고, 아주 참을성 있게 나를 도와준 인사팀 책임자 디 가데티Dee Gardetti를 계속 귀찮게 만들어서도 아니었으며(당시는 이메일이 개발되기 전이라 나는 면접 전후로 한 달간 매일 그녀에게 전화를 했었다), 많은 노력을 통해 방대한 양의 실질적이고 유용한 정보를 수집했기 때문이었다. 나는 대부분의 시간을 컴퓨터 칩과 소프트웨어, 각종 기기 그리고 기업들을 만드는 데 보냈고, 그 나머지 시간은 그 업계에 대해 얻을 수 있는 모든 자료들을 끌어모아 읽었다. 그리고 그게 바로 내가 남들보다 두드러진 점이었다. 그리고 그렇게 하면 그 누구라도 남들보다 두드러질 수 있다. 놀랍도록 똑똑하고 통찰력 있는 실리콘밸리의 벤처 투자자 빌 걸리Bill Gurley는 그걸 이런 식으로 표현했다. "나는 당신을 가장 똑똑한 사람으로 만들어줄 순 없지만, 아는 게 가장 많은 사람으로 만들어줄 순 있다. 다른 누구보다 많은 정보를 끌어모으는 건 가능한 일이다."

그리고 정보를 끌어모으는 데 그렇게 많은 시간을 쏟으면, 설사 그 정보로 취업을 하지 않더라도 뭔가 관심 있는 것에 대해 배우게 된다. 당신의 호기심을 따르라. 그렇게 많은 지식으로 무장하면, 그다음에는 최고 중의 최고인 사람들을 찾을 수 있고 또 그런 사람들과 함께 일하기 위해 노력할 수 있다. 물론 전기차에 푹 빠졌다 해서 일론 머스크Elon Musk를 스토커처럼 따라다니라는 말은 아니다. 대신 그에게 보고하는 그 아랫사람들을 찾아보라. 그리고 그 사람들에게 보고하는 아랫사람들도. 그리고 또 그런 사람들을 채용하려 애쓰는 경쟁 회사도. 관심 있는 분야에 대해 철저히 조사하고, 또 어떤 사람들이 그 분야를 이끌고 있는지도 알아보라. 엑스X나 유튜브YouTube에서 전문가들을 찾아내고, 그들에게 메시지를 보내거나 댓글을 남기거나 링크드인LinkedIn 주소를 알려주도록 하라. 당신은 그들과 같은 관심사를 가지고 있고 같은 열정을 갖고 있다. 그러니 당신의 관점을 공유하고, 깊이 있는 질문을 던져보라. 아니면 당신에겐 아주 흥미로운 얘기지만 가족과 친구들은 이루 말할 수 없이 따분하게 여기는 그런 세세한 얘기를 해보라.

인맥을 구축하라. 그게 어디에 취업하고자 하든 가장 좋은 방법이다.

만일 그게 절대 불가능하다는 생각이 든다면, 그러니까 엑스에서 당신의 영웅들에게 아무리 연락해봤자 당신에게 전혀 관심을 주지 않을 거라 생각한다면, 절대 그렇지 않다고 말해주고 싶다. 나는 내가 누군가의 영웅일 거라 생각하진 않지만, 그간 운이 좋아 꽤 잘 알려진 기술들을 개발한 경험 많고 인맥 넓은 제품 디자이너다. 대부분의 사람은 엑스에서 느닷없이 DM을 보내거나 청하지도 않은 이메일을 보내는 사람들에게 내가 전혀 관심을 주지 않을 거라 생각한다. 천만에. 나는 그런 DM이나 이메일을 종종 관심 있게 살펴본다.

사람들이 단순히 취업 부탁을 하는 게 아니라면, 또는 자금 투자를 노리는 게 아니라면 나는 서로 공유할 만한 흥미로운 뭔가를, 그러니까 아주 멋진 아이디어를 가지고 다가오는 사람을 어떻게든 알아볼 것이다. 특히 꾸준히 다가온다면 더 그렇다. 지난주에 뭔가 멋진 걸 보내오고, 이번 주에도 또 보내오고, 그렇게 계속 꾸준히 멋진 뉴스나 기술 또는 아이디어들을 보내온다면, 그런 사람은 어떻게든 눈에 띌 수밖에 없다. 나는 이 사람을 잘 기억해두었다가 답장을 보낼 것이다. 그러다 보면 서로 자기소개를 하는 사이 또는 친한 사이로 발전될 수도 있고 운이 좋다면 기업으로의 추천이나 취업으로 이어질 수도 있다.

관건은 꾸준해야 하며 도움도 되어야 한다는 점이다. 단순히 뭔가를 청하는 게 아니라 뭔가를 제시해야 한다. 당신이 뭔가에 호기심을 갖고 전력투구한다면 반드시 뭔가 제시할 아이디어나 관점이 생길 것이다. 좋은 아이디어를 교환할 수도 있고, 친절하게 도움을 줄 방법을 찾아낼 수도 있다.

해리 스테빙스Harry Stebbings를 예로 들어보자. 그는 똑똑하고 진실하고 말도 안 되게 멋진 사람으로, 2015년 '20분 VC'20 Minute VC라는 벤처 캐피털 관련 팟캐스트를 시작했다. 그런 다음 그 팟캐스트에 사람들을 초대하기 시작했다. 그는 거기에 자신의 모든 걸 다 쏟아부었다. 그런 데다 아주 꾸준했다. 사람들에게 따뜻한 도움의 손길을 내밀었다. 그러자 사람들이 밀려오기 시작했다. 처음엔 한 CEO가, 그다음엔 또 다른 CEO가, 그리고 기업 설립자들과 투자자들과 고위급 임원들이. 물론 나도 그중 한 사람이었다. 그 팟캐스트는 내가 가장 좋아하는 팟캐스트 중 하나였다.

방송을 끝낼 때마다 해리는 인터뷰 상대에게 항상 다음과 같은 사적인 질문을 던진다. "알고 계시거나 존경하는 사람 톱3 가운데 제가 다음 인터뷰 상대로 선정했으면 하는 분은 누구인가요? 제게 그 분을 최대한 빨리 소개해주실 수 있으신지요?"

2020년에 그는 자신의 성공과 인맥을 활용해 조그만 벤처 캐피털 펀드를 만들었다. 그리고 그 이듬해인 2021년, 그 펀드를 통해 1억 4,000만 달러를 추가 모금했다.

이 책을 쓰고 있는 지금 해리 스테빙스는 스물네 살이다.

물론 그렇다고 지금 당신의 영웅들한테 보내는 모든 트윗이나 링크드인 메시지가 1억 4,000만 달러짜리 벤처 캐피털 펀드로 이어진다는 얘기는 아니다. 그러나 적어도 직장으로 이어질 수는 있다. 그리고 당신의 영웅들과 함께 일하는 직장이라면 그 어떤 직장이든 그곳은 좋은 직장이다.

그러나 가능한 한 작은 기업에 들어가도록 하라. 바람직한 곳은 30명에서 100명 정도 되는 사람들이 뭔가 가치 있는 걸 개발하고, 록스타들이 몇 명 있어 매일 함께 일하진 않더라도 뭔가를 배울 수 있는 기업이다.

구글이나 애플, 메타 같은 거대 기업들로 갈 수도 있겠지만, 그런 데선 록스타들과 함께 긴밀한 관계를 유지하며 일하기 어렵다. 게다가 당신이 제대로 영향력을 발휘하기도 힘들다. 그것도 아주 오랫동안 말이다. 그런 곳에서 당신은 코끼리 발길에 튕겨 나오는 자갈 하나에 불과하다. 맛

있는 무료 케일 조각들을 받아먹을 수 있는 자갈이 되기는 할 것이다. 그러니 그런 길을 갈 경우에는 거대한 프로젝트 가운데 극히 일부의 일만 하면서 높은 연봉을 즐기도록 하라. 그런 다음 남아도는 많은 시간에 기업의 조직 및 부서, 세부 규정, 각종 절차, 각종 연구, 장기 프로젝트 등을 파악하도록 하라. 알아두면 다 도움이 된다(제4.2장 '해보기 전에는 알 수 없는 것들' 참조). 그러나 코끼리 발가락들 사이에 끼어 코끼리의 전체 모습을 보지 못하는 일은 없게 하라. 기업에서 행하는 각종 절차와 요식 행위들, 업무 평준화 그리고 각종 정치를 진정한 성장으로 착각하지 마라.

규모가 작은 기업은 자원도 적고 장비도 부족하며 예산도 적다. 성공하지 못할 수도 있고, 끝내 돈을 벌지 못할 수도 있다. 아마 특전들도 많지 않을 것이다(그게 좋은 일일 수도 있지만). 그러나 판매와 마케팅, 제품 개발, 운영, 법무 그리고 심지어 품질 및 고객지원 등 보다 다양한 분야의 재능 있는 사람들과 함께 일하게 될 것이다. 규모가 작은 기업들은 전문화되어 있으면서도 부서들 간에 장벽이 없다. 기업 내 에너지도 다르다. 기업 전체가 한 가지 중요한 아이디어를 현실화하기 위해 서로 힘을 합쳐 일하기 때문이다. 또한 불필요한 것에 집착하지 않아 비효율적인 요식 행위나 정치가 존재하지 않는다. 그리고 직원들의 일이 기업의 생존과 직결되기 때문에 직원 각자의 일이 그만큼 더 중요하다. 그야말로 모두가 한 배를 타고 있는 것이다.

깊이 존경하는 사람들과 함께 한 배를 탄다는 건 큰 기쁨이다. 직장에서 보내는 매 시간이 더없이 멋진 시간일 것이다. 어쩌면 당신이 누릴 수 있는 시간 가운데 가장 멋질지도 모른다. 그리고 배가 육지에 도달한다고 해서 그 멋진 시간도 꼭 끝나는 것도 아니다.

내가 제너럴 매직에서 함께 일했던 많은 영웅들 중에는 웬델 샌더Wendell

Sander와 브라이언 샌더Brian Sander도 있었다. 두 사람은 부자지간으로, 둘 다 엄청나게 똑똑했고 세상의 소금 같은 존재였으며 엔지니어 중의 엔지니어였다. 브라이언 샌더는 제너럴 매직에서 내 관리자였는데, 두 사람은 내가 매직 링크에 필요한 디지털 주변 장치 버스digital peripheral bus인 매직버스MagicBus를 개발하는 데 도움을 주었다. 당시 우리가 함께 낸 아이디어와 특허는 지금 전 세계적으로 널리 쓰이는 USB 장치들의 토대가 되고 있다. 매직버스를 통해 우리는 꿈을 현실로 만들었다.

제너럴 매직이 무너지면서 우리는 뿔뿔이 다 흩어졌다. 그러나 나는 계속 그들과 연락을 하며 지냈다. 그리고 10년 후, 아이패드를 개발하면서 브라이언 샌더를 영입했고 뒤이어 그의 아버지 웬델 샌더도 영입했다.

웬델과 나는 당시 애플 본사인 인피니트 루프 1Infinite Loop 1 (둘레 1.6킬로미터, 원지름 461미터의 원형 건물—옮긴이) 안으로 걸어 들어가다가 우연히 스티브 잡스와 마주쳤다. 잡스는 아주 반가워했다. 웬델은 초창기 시절 애플의 16번째 직원이었으며 잡스는 몇 년째 그를 보지 못하고 있었던 것이다. 그가 물었다. "웬델! 요즘 어디 있어요?"

그러자 웬델이 답했다. "나 여기 있어요. 아이팟을 만들고 있죠. 이 친구랑 같이요."

전설적인 인물과 영웅들 그리고 신들과 함께 일하다 보면 그들이 당신 머릿속으로 상상해온 것과는 전혀 다른 인물임을 알게 된다. 그들은 한 분야에선 천재일지 몰라도 또 다른 분야에선 완전히 깡통이다. 그들이 당신의 일에 대해 칭찬함으로써 당신을 일으켜 세워줄 수 있다면, 당신 역시 그들을 도울 수 있고 그들이 놓치는 부분을 잡을 수 있으며 또 영웅 숭배 차원이 아닌 상호존중 차원에서 인간관계를 구축할 수 있다.

그리고 이 얘기는 꼭 하고 싶은데, 당신의 영웅들을 의미 있는 방법으로 돕고 그들의 신뢰를 얻는 것만큼 세상에 기분 좋은 일은 없다. 당신의 영웅이 당신을 진정한 전문가로 여기고 의지하며 기억할 인물이라고 알아봐주는 것만큼 기분 좋은 일은 없다. 그리고 일을 해나가는 과정에서 당신에 대한 그들의 평가가 점점 더 높아지는 걸 보는 것만큼 기분 좋은 일은 없다.

바로 이런 점이 영웅들의 위대한 면이다. 그들의 영향력 내지 감화력에 힘입어 한 발 한 발 앞으로 나아갈 수 있는 것이다. 당신이 제대로 하고 귀담아 듣기만 한다면, 그들은 수십 년간 축적해온 자신의 지식을 나눠줄 것이다. 그러면 언젠간 당신 역시 그 은혜에 보답할 순간이 온다.

제4장

고개를 들어 앞을 내다보라

다른 사람들을 관리하지 않는 '개별 기여자'individual contributor, IC(자신의 전문 영역 내에서 관리 책임 없이 실무에만 전념하는 사람. 간단히 줄여 IC라고 함 ─ 옮긴이)들은 주로 그날 또는 그다음 주나 그 다음다음 주에 끝내야 하는 뭔가를 만드는 일을 한다. 이들이 하는 일은 대개 아주 세세한 부분까지 신경을 써야 한다. 따라서 목표를 세우고 목표 달성에 필요한 조치들을 취하는 건 관리자나 경영진의 몫이고, 이들은 순전히 자기 일에만 집중하면 된다.

그러나 개별 기여자가 끊임없이 아래쪽만 내려다본다면, 다시 말해 자기 발 밑에 떨어진 일만 본다면 두 눈이 자신이 하고 있는 일의 빠듯한 마감 및 세세한 측면들만 보느라 바로 앞의 벽을 보지 못할 수 있다. 따라서 당신이 만약 디자이너나 개발자 같은 개별 기여자라면 가끔 다음과 같은 일을 해야 한다.

1. **올려다보라.** 고개를 들어 다음 마감이나 프로젝트 이후를 내다보고, 앞으로 몇 개월간 있을 굵직굵직한 일들도 미리 내다보라. 그런 다음 당신의 궁극적인 목표, 즉 당신에게 맡겨진 임무를 내려다보라. 그 임무가 당신이 특정 프로젝트에 참여하는 가장 큰 이유인 경우가 가장 이상적이다. 프로젝트가 진행되는 동안 그 임무가 여전히 당신에게 중요한 의미가 있는지 또 그 임무에 이르는 길이 도달 가능한 길인지를 확인하도록 하라.

2. **주변을 둘러보라.** 안전지대에서 벗어나고, 당신이 현재 속해 있는 팀에서 벗어나라. 회사 내 다른 부서들의 사람들과 얘기를 나눠 그들의 관점, 그들의 필요, 그들의 관심사가 무엇인지를 파악하라. 그렇게 쌓은 내부 인맥은 늘 도움이 된다. 당신이 현재 참여 중인 프로젝트가 올바른 방향으로 가지 못할 때 미리 언질을 받을 수도 있다.

• • •

과거 이러한 교훈을 얻기 전의 나는 하늘이 무너질 때만 올려다봤다. 정말로 하늘이 무너질 때만. 예전 제너럴 매직 시절에는 사무실 안에 가끔씩 '소행성'이 떨어지곤 했었다. 그러니까 아직 제대로 된 터치스크린용 부품들이 발명되지 않고, 내가 막 개발한 소프트웨어가 버벅거리고, 우리가 필요로 하는 이동통신망들이 제 기능을 못하는 등의 일 말이다. 그럴 때마다 나는 키보드의 먼지들을 털어낸 뒤 계속 일을 했다.

나는 애플의 선각자들인 앳킨슨과 허츠펠트 그리고 포랫이 배를 잘 조정해줄 거라 믿었다. 나는 그저 나의 능력을 입증해 보이기만 하면 된다고 말이다. 이는 존경하는 영웅들과 함께 일할 때의 한 가지 단점이기도 하다. 당신은 그들에게 이런저런 것들을 배우느라 정신이 없는 데다가 큰 그림은 그들이 알아서 봐줄 거라 생각한다. 그들이 자신들의 길 앞에 놓인 거대한 벽을 당연히 보리라 믿는 것이다.

대부분의 프로젝트는 시간 측면에서 보자면 하나의 직선과도 같다.

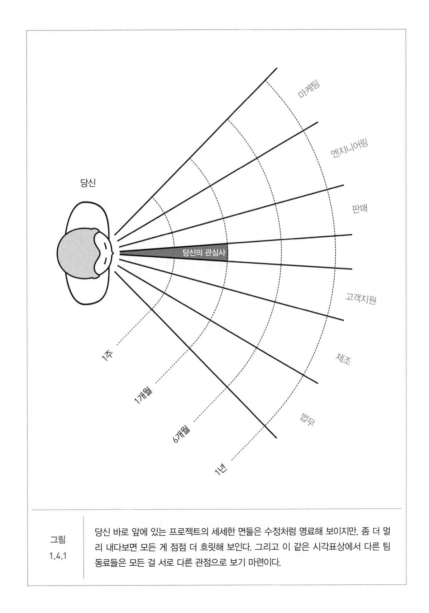

그림
1.4.1

당신 바로 앞에 있는 프로젝트의 세세한 면들은 수정처럼 명료해 보이지만, 좀 더 멀리 내다보면 모든 게 점점 더 흐릿해 보인다. 그리고 이 같은 시각표상에서 다른 팀 동료들은 모든 걸 서로 다른 관점으로 보기 마련이다.

시작이 있고, (또한 바라건대) 끝도 있다. 엔지니어링과 마케팅, 판매, 홍보, 고객지원, 제조, 법무 등 모든 부서의 모든 사람이 매일 서로 다른 평행선들을 그리며 같은 속도로 걸어 나간다.

CEO와 경영진은 대개 지평선 저 먼 곳까지 내다보며 자신들의 시간 가운데 50퍼센트는 몇 개월 또는 몇 년 후의 흐릿한 미래를 설계하는 데 쓰고, 25퍼센트는 한두 달 후에 있을 중요한 일들을 처리하는 데 쓰며, 나머지 25퍼센트는 발등에 떨어진 불을 끄는 데 쓴다. 또한 직원 모두가 같은 방향으로 잘 가고 있는지 확인하기 위해 수시로 모든 평행선들을 지켜본다.

관리자들은 대개 2주에서 6주 정도 앞을 내다본다. 그들이 관리하는 프로젝트들은 가장자리는 약간 흐릿하지만 전체적으로는 아주 뚜렷이 잘 보인다. 관리자들의 머리는 늘 움직여야 한다. 가끔은 아래쪽을 내려다보고 가끔은 더 먼 곳을 내다봐야 한다. 또 대부분의 시간을 다른 팀들을 살펴보는 데 할애해, 모든 일이 다음 단계까지 문제없이 잘 진행되도록 해야 한다.

하급 개별 기여자들은 자기 시간의 80퍼센트를 바로 아래를 내려다보거나 1~2주 앞을 내다보는 데 쓰면서, 자신이 매일 하고 있는 일의 세세한 면들을 점검한다. 사회생활 초반에는 그렇게 할 수밖에 없다. 각 프로젝트의 세세한 면들이 제대로 되어가고 있는지에 관심을 쏟아야 하는 것이다.

이처럼 경영진과 관리자들은 길 앞에 놓인 장애물들을 내다봐야 한다. 그래서 장애물이 나타났을 때 당신에게 미리 경고를 해 방향을 바꾸거나 아니면 적어도 헬멧을 집어 들게 해주어야 한다.

그런데 그러지 못하는 경우가 많다.

그런 이유로 개별 기여자들도 자기 시간 중 20퍼센트는 위를 올려다 보는 데 써야 한다. 위도 보고 주변도 둘러봐야 한다. 그리고 조금이라도

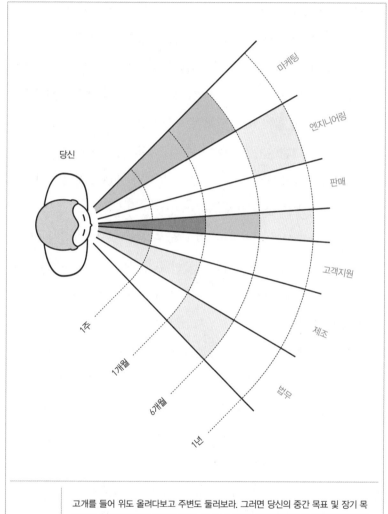

그림 1.4.2 고개를 들어 위도 올려다보고 주변도 둘러보라. 그러면 당신의 중간 목표 및 장기 목표들이 여전히 중요한 의미를 가지는지 알 수 있고, 다른 팀들의 관심사와 필요들도 이해할 수 있다. 당신의 내부 고객들과 얘기를 나눠보고, 또 실제 고객과 가장 가까운 마케팅 및 고객지원 부서 사람들과도 얘기를 나눠보라. 그러다 보면 당신이 지금 제대로 가고 있는지 또는 완전히 잘못된 방향으로 가고 있는지를 알게 된다.

더 일찍 그렇게 해야 직장에서 조금이라도 더 빨리 그리고 더 높이 올라갈 수 있다.

당신은 단순히 주어진 일만 해선 안 된다. 관리자나 CEO의 관점에서도 생각할 수 있어야 한다. 그리고 궁극의 목표를 잘 알고 있어야 한다. 설사 그 목표가 너무 멀리 떨어진 곳에 있어 실제 그 목표에 도달했을 때 어떤 모습일지 전혀 예측이 되지 않더라도 말이다. 이는 당신의 일상 업무에도 도움이 된다. 목표 즉, 목적지를 알면 스스로 우선순위를 매길 수 있고, 무엇을 해야 할지 또 어떻게 해야 할지 스스로 결정 내릴 수 있기 때문이다. 어디 그뿐인가. 그렇게 하면 지금 가고 있는 방향이 여전히 옳다고 느끼며 굳건히 자신의 목표를 믿을 수 있다. 게다가 함께 일하고 있는 다른 팀들을 무시할 수 없게 된다.

처음으로 소행성이 떨어져 내 얼굴을 후려친 때는 트레이시 베이어스Tracey Beiers와 함께 점심을 먹던 도중이었다. 장난기도 많고 경험도 많은 마이크로소프트 마케팅 전문가이자 제품 관리자였던 그녀는 윈도우 1.0 개발 당시 깊이 관여했었다.

"난 레몬이 왜 필요한지 모르겠어요." 트레이시가 말했다. 그녀는 당시 우리가 소니 매직 링크에 새로 추가한 움직이는 레몬 이모티콘 얘기를 하고 있었다. 그 이모티콘은 이메일 위를 걸어다니면서 오늘날에도 생각하기 힘든 일들을 하게 되어 있었다. 그래서 나는 생각했다. '아, 이 사람은 엔지니어가 아니지. 이해 못할 만도 해.' 그래서 나는 급히 설명을 해주었다. "정말 혁신적이죠? 이걸 우리가 만들어낸 거예요. 너무 멋지죠? 그렇지 않나요?"

"네, 귀여운 거 같네요." 어깨를 으쓱하며 그녀가 말했다. "하지만 난 이메일이 제대로 열리길 바랄 뿐이에요. 레몬 같은 건 관심 없다고요. 걸어 다니는 레몬에 관심 있는 사람은 아무도 없을걸요."

허, 이런! 엔지니어링팀 사람들은 죄다 이 레몬 이모티콘을 아주 좋아했다. 그래서 내가 말했다. "좀 더 얘기해주실래요?"

나는 그때까지 그녀의 관점에서 제품을 본 적이 단 한 번도 없었다. 그녀 덕에 나는 첨단기술 편향적인 엔지니어 특유의 장밋빛 안경을 벗어던지고 보통 사람의 관점에서 우리가 개발 중인 제품을 바라보게 되었다.

힘든 대화였다. 나는 어안이 벙벙할 정도로 당혹스러웠다. 그러나 그대화는 우리 두 사람에게 말할 수 없이 큰 도움이 됐다. 나는 그녀의 관점을 이해하고 싶었고, 그녀는 내 관점을 이해하고 싶어 했다. 그녀는 특히 내가 대체 뭘 하고 있는 건지를 알고 싶어 했다. 그녀는 우리가 만들고 있는 기능들이 보기엔 그럴싸하지만 실생활에 별 도움이 안 되며, 또 우리가 제대로 만들어내지도 못할 거라고 생각했다.

"우린 소니 마케팅팀이랑 매직 링크가 여러 가지 일을 다 할 수 있다는 광고 캠페인을 만들었어요. 그런데 그게 정말 가능한 건가요? 우리가 실제 그런 제품을 만들어낼 수 있는 거예요?"

당시 제품 출시가 연기된 것만 벌써 다섯 번째인가 그랬다. 게다가 우리가 투자자와 사업 파트너에게 약속했던 매직 링크의 기능들 중 상당수는 제대로 구현되지 못하고 있었다. 제품은 느려 터진 데다 버그도 많았다. 그리고 그녀는 경영진으로부터 전해 듣는 얘기 말고 제품 개발 현장에서 실제 일어나고 있는 일들에 대해서도 알고 싶어 했다. 무선 메시지 전송은 어디에서 이루어지는 건가? 또 어디에서 이루어지지 않는 건가? 고객 경험은 어찌 되는 건가? 이걸 얻으려면 저걸 버려야 하는 문제, 그건 어찌 되는 건가? 나는 그 질문들에 답해줬다. 그런 다음 그녀의 생각을 물었다. 소행성이 떨어지고 하늘이 무너져 내리기 시작한 건 바로 그때였다.

그때까지 전혀 알지 못했던 사실이지만, 함께 일하는 다른 부서 사람들은 전부 내가 보지 못한 걸 이미 보고 있었다. 그리고 관점부터가 우리들과 전혀 달랐다. 나는 그 관점을 알고 싶었다.

새로운 관점들은 어디에나 있다. 당신이 만들고 있는 제품을 사람들이 어찌 생각하는지 알고 싶다면 굳이 거리로 나가 사람들을 불러 모을 필요 없다. 내부 고객들부터 시작하도록 하라. 설사 직접 뭔가를 만들고 있지 않더라도, 회사 내의 모든 사람은 주변에 나름대로의 고객을 가지고 있다. 사람들은 늘 누군가를 위해 뭔가를 만들고 있기 때문이다. 예를 들어 크리에이티브팀은 앱 디자이너들을 위해 뭔가를 만들고, 앱 디자이너들은 엔지니어들을 위해 뭔가를 만든다. 회사 내의 모든 사람이 누군가를 위해, 그리고 그 누군가가 설사 다른 팀의 동료에 지나지 않는다 해도 뭔가를 하고 있는 것이다.

게다가 당신 역시 다른 누군가의 고객이다. 그러니 당신을 위해 일하는 사람들과 만나 얘기를 나눠보라. 만나서 뭔가 가치 있는 걸 보여주거나 관련된 질문을 던져보라. 그들 앞에 놓인 장애물들이 무엇인지 그리고 그들이 무엇에 관심이 많은지 등을 이해하도록 하라. 그런 다음 마케팅 또는 고객지원 부서처럼 고객과 가장 가까이 닿아 있는 부서의 사람들을 만나 얘기를 나눠보라. 또한 매일 고객과 커뮤니케이션을 하고 또 고객으로부터 직접 피드백을 받는 팀들을 찾아가 보라.

호기심을 가져라. 그리고 주변 상황에 관심을 가져라. 위를 올려다보고 주변을 둘러볼 때, 비로소 자기 위주의 관점과 임무에서 벗어나 회사가 잘못될 경우 어찌해야 하는지를 이해할 수 있다. 어떻게 하면 당신의 일을 더 잘할 수 있는지 알아내도록 하라. 어떻게 하면 당신이 진행 중인 프로젝트와 회사의 임무를 성공리에 마칠 수 있는지 아이디어들을 찾아라. 그리고 매사를 관리자나 리더 입장에서 생각하도록 하라. 그것이 바로 관리자나 리더가 되기 위한 첫걸음이다.

그렇게 하다 보면 안개 속에 숨어 있던 많은 장애물들이 모습을 드러낼 것이다. 벽돌로 쌓은 벽처럼 넘기 힘든 장애물들이 말이다.

나는 위를 올려다보고 주변을 둘러본 뒤에야 비로소 우리가 꿈쩍도 하지 않을 벽을 향해 머리를 들이박고 있었다는 사실을 깨달았다. 우리의 임무는 여전히 우리를 움직이는 원동력이었지만, 우리가 나아가야 할 길은 앞이 꽉 막혀 있었던 것이다. 그래서 나는 여전히 임무에 매달리면서 동시에 앞으로 나아갈 수 있는 새로운 목표를 찾았다. 길을 벗어나 방향을 급선회한 것이다. 그렇게 나는 다음 직장을 향해 나아갔다.

팀을 이뤄 뭔가를 할 때 가장 좋은 점 중 하나는 다른 사람들과 나란히 보조를 맞춰 나아가게 된다는 것이다. 다들 자신의 발밑을 내려다보면서 동시에 저 멀리 지평선도 내다볼 수 있다. 어떤 사람들은 당신이 못 보는 것을 보고, 당신 또한 다른 사람들은 못 보는 것을 본다. 그러므로 일을 한다는 게 꼭 방 안에 혼자 틀어박혀 지내는 걸 의미한다고 생각하지 말라. 일을 한다는 얘기는 대개 다른 팀원들과 '함께' 걷는다는 의미다. 일을 통해 다 함께 목적지에 도달하는 것이다. 아니면 새로운 목적지를 정하고 다시 다 함께 그곳을 향해 가는 것이거나.

"

당신이 어떤 일을, 어디서 하는지가 중요하다.
그리고 가장 중요한 것은 누구와 함께
일하며 문제들로부터 무얼 배우느냐다.

"

제2부

당신의 경력을 만들어라

나는 제너럴 매직을 살리고 싶었다.

인정하기 싫은 사실이었지만, 가장 친한 괴짜 친구들 외에는 아무도 우리의 PDA 매직 링크를 사지 않으리라는 게 너무도 분명했다. 해서 초조해진 나는 내 영웅들에게 한 가지 아이디어를 내놓았다. 모든 걸 다시 생각해보자고. 일반 대중이 아닌 비즈니스맨들을 위한 커뮤니케이션 및 엔터테인먼트 기기를 만들자고.

제너럴 매직의 주 고객은 '조 식스팩'Joe Sixpack(가슴 복근이 뚜렷한 육체노동자를 뜻하는 말—옮긴이)이었다. 정말 그랬다. 조 식스팩은 육체노동을 하는 일반 미국인들을 경멸적으로 부르는 말이다. 주말 내내 별 생각 없이 소파에 들러붙어 맥주를 마시며 미식축구를 시청하는 미국인들 말이다. 고객을 그런 식으로 상상한다는 건 사실 좀 고약하다. 그리고 우리가 그런 상상을 되풀이하며 지금 고객들을 위해 일하고 있는 거라고 주장한다 해도 그건 별 의미가 없었다. 설사 조 식스팩 같은 미국인들이 존재한다 해도, 그들은 절대 매직 링크를 사지 않을 테니까. 그때는 아직 어디서든 인터넷을 이용할 수 있던 시대가 아니었다. 그러니까 대부분의 사람이 데스크톱 컴퓨터도 갖고 있지 않고 이메일도 이용하지 않으며 모바일 게임은 상상도 할 수 없던 시대였다.

그때는 1992년이었다. 조 식스팩이 자기 주머니에 휴대용 컴퓨터를 넣고 다닐 이유가 전혀 없던 때였다.

그러나 비즈니스맨들이라면 얘기가 달랐다. 그들은 이메일과 문자와 디지털 달력을 이제 막 사용하고 있었기 때문이다. 그들은 무게가 4.5킬로그램이나 되는 노트북 대신 휴대용 기기를 갖고 다니면서 커뮤니케이션을 할 필요가 있었다. 그들은 모두 우리 아버지처럼 늘 이 도시에서 저 도시로 돌아다녔다. 휴대폰이 없던 시대에 살았던 그들은 계약을 성사시키거나 회의 일정을 잡기 위해 늘 자동차와 비행기에서 내리자마자 공중전화로 달려가 동전을 넣고 음성 메일을 들어야 했다. 그들에게는 우리가 해결해줄 수 있는 문제가 있었던 것이다.

모든 건 놀라울 정도로 분명했다. 이미 뭔가를 필요로 하는데 그게 없어 매일 불편을 겪는 사람들. 우리는 그런 사람들을 위한 제품을 만들어야 했다. 휴대용 정보 단말기 매직 링크의 경우 키보드를 달아야 했다. 불필요한 것들은 다 쳐내고 본연의 임무에만 집중해야 했다. 비즈니스 중심의 휴대용 기기와 사용자 인터페이스 그리고 필요한 애플리케이션들을 만들어야 했다. 워드 프로세싱 및 스프레드시트 기능도 추가해야 했다. 나는 제너럴 매직에 몸담고 있는 사람들을 만나 설득하기 시작했다. 먼저 동료들을, 그다음엔 경영진을.

"좋은 아이디어이긴 한데…." 그들은 말했다. 우리는 그렇게 모두 머리를 싸매며 한동안 갑론을박했다. 내 아이디어를 실현시켜보려고 말이다. 그러나 결론은 역시 "노"였다. 너무 큰일이었던 것이다. 너무 많은 변화가 필요한 일이었다. "지금은 할 수 없어. 일에도 우선순위가 있어서."

바로 그 무렵 필립스가 끼어들었다. 제너럴 매직의 주요 파트너이자 투자자였던 필립스는 이미 우리를 위해 컴퓨터 반도체 및 프로세싱 부품들을 만들고 있던 터라, 서로 얘기를 나누기 쉬웠다. 그들은 내 아이디어를 마음에 들어 했다. 필립스 내에서 비즈니스맨을 위한 포켓용 컴퓨터를 만들되, 그 하드웨어 및 소프트웨어는 제너럴 매직 것을 쓴다는 아이디어 말이다. 그 아이디어대로라면 나는 계속 꿈을 살려나갈 수 있었고, 필립스는 새롭게 떠오르는 소프트웨어 중심의 기기 업계에 계속 참여할 수 있었다.

그렇게 1995년, 나는 제너럴 매직 사무실 문을 닫았다. 복도에서 서로 원격조종 자동차로 경주를 벌이고 천장 속에 핫도그를 숨겨놓으며 장난치던 곳을 떠나 전혀 다른 세계로 걸어 들어간 것이다. 필립스가 제너럴 매직과 다르리라는 건 알고 있었지만 그곳은 달라도 너무 달랐다.

1970년대에 만들어진 연기로 그을린 짙은 색 목재 패널들, 칸막이 없는 책상, 끊임없는 회의, 사사건건 '노'를 연발하는 관리자들, 네덜란드산 '도위 에그버트' 커피와 프리칸텔(뭔지 몰라도 괜찮다. 알 필요도 없다)이 없다고 투덜대는 나이 든 네덜란드 출신 창업 멤버들. 어디를 보나 눈에 띄는 건 제너럴 매직에서의 첫 면접 이후 벗어던진 그런 점잖은 정장들뿐이었다.

당시 나는 스물다섯 살이었고, 그 누구를 제대로 관리해본 적도, 팀을 구축해본 적도 없었다. 그런 내가 이제 직원이 거의 3만 명에 달하는 거대 기업의 최고기술경영자 중 한 명이 된 것이었다. 나는 그간 많은 실패를 겪었지만 이건 정말 전혀 새롭고 흥분되는 실패 경험이었다. 가면증후군imposter syndrome(성공한 사람이 자신의 능력에 대해 의심하며 언젠가 무능함이 밝혀지지 않을까 걱정하는 심리—옮긴이) 같은 것에 빠져 그야말로 숨이 막힐 지경이었다.

그때 필립스 측에서 내게 누구든 우리 팀에 합류시키려면 약물 검사를 받아야 한다는 말을 전했다. 너무 말도 안 되는 상황을 맞닥뜨리면 오히려 생각이 명쾌해지는 법이다. 엔지니어 일자리 하나 잡자고 컵에다

오줌을 누라고? 실리콘밸리의 엔지니어들 중에 그런 수모를 견뎌낼 사람은 없었다. 그렇게 했다간 아마 단 한 명도 채용하지 못할 터였다. 나는 필립스 측에 말했다. "빌어먹을! 안 돼요!" 물론 '빌어먹을'이란 말을 실제로 하진 않았지만, 내 얼굴에 뻔히 쓰여 있었을 것이다. 그런 다음 이런 타협책을 내놓았다. "난 그 검사를 받을게요. 대신 만일 음성이 나온다면, 우리 팀에 채용할 사람들은 그 누구도 검사를 받지 않는 겁니다." 당연하게도 검사 결과 음성이 나왔고, 우리는 놀라운 재능을 가진 사람들을 채용할 수 있었다.

그런 다음 우리는 제너럴 매직을 상대로 우리가 필요로 하는 그들의 운영체제를 쓰기 위한 협상에 돌입했다. 나는 그 운영체제 코드를 잘 알았고, 그걸 쓰면 잘 작동되리라는 것도 알았다. 그러나 그 시점에 제너럴 매직 호는 빠른 속도로 침몰 중이었다. 매출도 없었고 고객도 없었고, 그야말로 패닉 상태였다. 제너럴 매직의 설립자 포랫은 많은 사람을 상대로 많은 약속을 했었는데, 그 모든 약속이 물거품이 되어가고 있었다. 제너럴 매직의 운영체제를 이용하려고 몇 개월간 안간힘을 쓴 끝에 나는 이런 연락을 받았다. "토니, 아무래도 안 되겠어요. 미안해요."

나는 요직을 맡았고 신생 팀을 이끌고 있었고 예산도 배정받았고 굳게 믿는 임무도 있었지만, 운영체제가 없었고 벌써 반년을 허송세월한 상태였다. 결국 우리는 제너럴 매직을 구하겠다는 꿈을 포기하고 내키지 않았지만 마이크로소프트 윈도우 CE를 우리의 운영체제로 택한 뒤 본격적인 작업에 착수했다.

제너럴 매직이 100여 명의 장인들이 모든 걸 하나하나 처음부터 만들어나가는 스타일이었다면, 필립스는 레고Lego 세트 같은 스타일이었다. 이미 모든 게 다 갖춰져 있어서 그냥 뭔가를 만들기만 하면 됐다.

1997년 8월에 출시된 필립스 벨로는 크기 6.7×3.7인치, 무게 374그램, 가격은 599 달러 99센트였다. 모바일 전문가들은 이 기기 덕에 스프레드시트 및 문서 작업을 할 수 있었고, 일정표를 업데이트할 수 있었다. 벨로의 소프트웨어 운영체제는 윈도우 CE였으나 하드웨어는 제너럴 매직의 것들이었다.

그렇게 우리는 결국 해냈다. 1997년 필립스 벨로Velo를 출시한 것이다.

벨로는 내가 제너럴 매직에 있을 때 구상했던 제품과 아주 흡사해서, 터치스크린과 키보드가 있었고 인터페이스가 보다 간단했으며 비즈니스용에 초점을 맞추고 있었다.

그 이듬해에는 크기가 더 작은 버전인 필립스 니노Nino가 나왔다. 벨로와 니노는 둘 다 호평을 받았으며 각종 상들을 수상했다. 둘 다 가장 빠르고 우수한 PDA였으며, 배터리 수명 또한 그 당시에 나온 그 어떤 윈도

그림 2.0.2	니노는 1998년에 출시됐다. 크기 5.5×3.3인치, 무게 220그램, 가격은 300달러였다. 니노는 윈도우 CE 운영체제와 기본적인 음성 제어 소프트웨어를 탑재하고 있었으며, 아마존 오더블Audible로부터 오디오북을 다운로드받을 수 있는 최초의 기기들 가운데 하나였다.

우 CE 기기보다 길었다. 지금도 나는 단언할 수 있다. 우리가 비즈니스맨들을 위한 윈도우 기반의 가장 우수한 PDA를 만들었다는 사실을 말이다.

그런 다음 우리는 대대적인 마케팅 캠페인을 벌이고 TV 및 인쇄물 광고들을 낸 뒤, 고객들이 몰려들기를 기다렸다.

그러나 그 당시에는 전자제품이 오프라인 매장들에서만 판매되었으며, TV/오디오 부문과 컴퓨터 장비 부문이라는 두 범주로만 나뉘어 있었다. '새로운 기술' 코너 같은 건 전혀 없던 때였다. 매장 한 켠에선 프린터들을, 그리고 다른 한 켠에선 음향 기기들을 판매했지만 PDA를 판매하는 코너를 찾기란 하늘의 별 따기였다.

결국 베스트 바이Best Buy(미국의 전자제품 판매점 체인—옮긴이)는 벨로를 계산기 코너에 두었다. 서킷 시티Circuit City(역시 미국의 전자제품 판매점 체인—옮긴이)는 니노를 노트북 코너에 두었다. 고객들 입장에서는 벨로와 니노를 어디서 사야 할지 도무지 알 길이 없었다. 판매사원들한테 물어보면 멍한 눈으로 쳐다볼 뿐이었다.

그 누구도 우리 제품들을 어떻게 팔아야 할지 몰랐다. 어디에서 팔아야 할지, 누구한테 팔아야 할지도. 소매업체들도 몰랐다. 심지어 필립스도 몰랐다. 게다가 필립스 판매팀은 DVD 플레이어와 TV를 팔 때나 보너스를 받았다. 마케팅팀은 전기면도기를 팔 생각뿐이었다. 그래서 결국 우리의 벨로와 니노는 어정쩡하게 TI-89 계산기와 도시바 노트북 코너 뒤쪽에 자리 잡았다.

당연한 일이지만 벨로와 니노는 판매가 아주 형편없진 않았지만 그리 좋지도 못했다. 우리들의 좌절감은 말도 못했다. 기껏 필요한 퍼즐 조각들을 다 끼워 맞춰놓았는데, 정작 중요한 판매 및 소매 파트너십을 제대로 구축해놓지 못하다니. 비싼 대가를 치르고서야 또 다른 교훈을 배운 것이다.

결국 뭔가 다른 조치를 취해야 할 때가 됐다. 그러나 별다른 조치가 없었고, 나는 필립스와의 고용 계약을 변경하기로 했다. 그렇게 나는 필립스 전략 & 벤처스 그룹Philips Strategy & Ventures Group이라는 새로운 팀으로 갔다. 내가 할 일은 필립스를 도와 디지털 전략을 구축하고 유망한 새 스타트업들에 투자를 하는 것이었다. 우리는 티보TiVo와 오더블에 투자를 했다. 티보는 TV를 잠시 멈춰 녹화할 수 있는 최초의 디지털 비디오 리코더로 그 당시로선 혁신적인 첨단기술 제품이었고, 오더블은 최초의 온라인 오디오북 서비스였다.

사실 나는 니노를 개발하고 있을 때 아마존의 오더블을 처음 알게 됐다. 아마존에서는 곧 자신들의 기기를 출시할 예정이었으나 그 기기에 별 관심이 없었다. 하드웨어를 만들고 싶어서 만들었다기보다 콘텐츠 시장에 진출하기 위해, 즉 콘텐츠를 돌릴 기기가 필요해서 만든 것이었기 때문이다. 아마존은 다른 업체의 하드웨어에서 자신들의 콘텐츠를 돌릴 수 있기를 원했지만 당시엔 그런 기기를 만드는 업체가 없었다. 용량이 작은 단일 채널 방식의 모노 오디오 파일을 재생할 기기조차 만드는 업체가 없었던 것이다. 그 덕분에 니노는 오더블을 돌릴 수 있는 세계 최초의 기기들 중 하나가 되었고, 대박을 터뜨렸다. 사람들은 니노를 통해 오디오북 듣는 걸 너무 좋아했다.

그러자 자연스럽게 다음 단계로 생각이 이어졌다. 오디오북도 재생할 수 있는데 음악이라고 왜 재생이 안 되겠는가? 그러자면 보다 큰 메모리가 필요했다. 스테레오 음악과 보다 나은 사운드 출력 품질을 위해.

나는 오랜 시간 음악 플레이어 대한 생각을 했으며, 이런저런 기술들을 만지작거렸다. 그러다 1999년에 내 서른 번째 생일 파티 초대장을 만들며 확실하게 깨달았다. 초대장은 내가 직접 구운 〈Gimme Some Lovin'〉, 〈Instant Karma〉, 〈Private Idaho〉 같은 노래가 담긴 CD였다. 그때는 MP3 플레이어를 갖고 있는 사람이 거의 없던 시절이었다. 그러나 그 CD를 통해 나는 새로운 종류의 기기, 그러니까 순전히 오디오를 위해 제작된 기기의 잠재력을 엿볼 수 있었다.

나는 어느 날 리얼네트웍스RealNetworks의 CEO를 만나 세 시간 동안이나 그런 기기에 대한 이야기를 나누었다. 리얼네트웍스는 그 당시 엄청 난 인기를 누리던 첨단기술 기업으로, 인터넷 스트리밍 오디오 및 비디 오를 처음 만든 기업이기도 했다. 나는 필립스의 하드웨어에 리얼네트웍 스의 소프트웨어를 장착하는 문제를 논의하기 위해 필립스 계열사들의 CEO들과 회의를 했다. 그러나 필립스 CEO는 정말이지 너무도, 너무도 굼떴다.

그가 나타날 때쯤 나는 이미 새로운 직장에 가 있었다.

그렇게 나는 리얼네트웍스에 합류해 새로운 종류의 뮤직 플레이어를 만드는 작업에 돌입했다. 그들은 내게 실리콘밸리에 개발팀을 꾸려 리얼 네트웍스의 기술을 이용해 새로운 비전을 펼쳐보라고 했다. 리얼네트웍 스의 스카우트 담당자는 설득력이 아주 뛰어났으며, 내가 거기에서 만난 인물들 중 최고였다. 그곳의 다양한 팀 리더들을 만나보니, 그중 일부는 어처구니없을 정도로 정치적이었다. 문자 그대로다. 그중 한 사람은 지 금 상원의원이 되어 있다. 그들은 내게 장황할 정도로 긴 '경쟁금지 협정 고용 계약 조건'non-compete agreement(동종 업계에서 따로 회사를 차려 경쟁을 하지 않는다는 고용 계약 조건—옮긴이)에 서명하도록 했다. 그리고 출근 첫날, 나와 한 약속을 어기고 시애틀로 옮겨 가야 한다고 말했다. 비밀 아 지트 같이 생긴 내 새로운 사무실은 아주 작았으며 중앙에 거대한 기둥 이 서 있었다. 나는 결국 그들에게 2주 후 퇴사를 통보했다.

결정은 쉽지 않았다. 머물 것인가 아니면 떠날 것인가? 안정된 봉급을 받을 것인가 아니면 분별력을 잃지 않을 것인가? 대기업과 함께할 것인 가 아니면 홀홀 털고 떠나 나만의 벤처 기업을 만들 것인가? 누구에게나 어려운 결정이다.

흡사 관리의 망령 같다. 관리라곤 한 번도 해본 적이 없는데, 어떻게 한 팀을 관리한단 말인가? 무엇을 할 것인지에 대한 사람들의 생각이 다 다른데, 어떻게 이런저런 결정들을 내린단 말인가? 통합된 목표를 향해 나아가려면 어떤 과정을 거쳐야 한단 말인가? 당신이 올바른 방향으로 가고 있다는 걸 어떻게 안단 말인가? 또는 모든 걸 중단해야 한다면?

이런 의문들이 항상 존재한다는 사실을 조금이라도 빨리 깨닫는 게 좋다. 경력을 쌓아나가다 보면, 어느 시점에선가 반드시 부딪히게 되는 의문들이다.

솔직히 말해서, 처음 그런 의문들에 부딪히면 이런저런 실수를 하게 될 가능성이 높다. 모두들 그렇다. 그래도 괜찮다. 실수를 통해 뭔가를 배우고 성장하고 더 나아질 테니까. 앞으로 이어질 내용들에서 리더가 되기 위한 첫 번째 도약을 너무 부담스럽지 않게 해줄 몇 가지 조언을 전하도록 하겠다.

제1장

관리자가 된다는 것

만일 당신이 관리자가 되겠다는 생각을 하고 있는 중이라면, 다음 여섯 가지 사실을 알고 있어야 한다.

1. **성공하기 위해 꼭 관리자가 되어야 하는 건 아니다.** 많은 사람들이 더 많은 돈을 벌고 지위도 올라가는 길은 단 하나, 팀을 관리하는 것뿐이라고 생각한다. 그러나 비슷한 연봉을 받고 비슷한 영향력을 행사하고 또 그러면서 전반적으로 더 행복해질 수 있는 대안들이 있다. 물론 사람들을 관리하는 일이 자신에게 잘 맞아 관리자가 되고 싶은 거라면 필히 그렇게 되도록 노력해야 한다. 그러나 설사 그런 경우라 해도, 영영 관리자로만 지내야 하는 건 아니다. 그간 나는 많은 사람이 개별 기여자로 되돌아가고 그러다 또 다음 직장에 가서는

관리자가 되는 모습들을 봐왔다.

2. **일단 관리자가 되면 당신을 성공하게 만들어준 일을 더 이상 못하게 된다는 사실을 잊지 말라.** 안타깝지만 관리자가 되면 당신이 정말 잘하는 일들을 더 이상 하지 못하게 된다. 대신 다른 사람들이 그 일들을 어떻게 하는지 지켜보고 더 잘할 수 있게 도와주는 역할을 맡는다. 이제 당신이 해야 하는 일은 이런 것들이다. 우선 다른 사람들과의 커뮤니케이션, 커뮤니케이션, 커뮤니케이션이다. 그리고 사람들을 채용하고 해고하며, 예산을 짜고, 모든 걸 검토하고, 직접 면담(1대 1)을 하고, 당신의 팀 및 다른 팀들 그리고 리더들과 회의를 하고, 그런 회의에서 당신 팀을 대표하고, 목표를 세우고 사람들이 제대로 그 목표를 향해 가도록 감독하고, 갈등을 해소하고, 풀기 힘든 문제들에 대한 창의적 해결책을 찾는 데 도움을 주고, 정치적인 문제들을 해결하고, 팀원들의 멘토 역할을 해주고, 그 모든 일을 하는 내내 팀원들에게 "무얼 도와줄까요?" 라고 물어야 한다.

3. **관리자가 된다는 것은 일종의 자기수련이다.** 관리는 재능이 아닌 습득하는 기술이다. 타고나는 것이 아니란 얘기다. 당신은 많은 커뮤니케이션 기술을 익혀야 하며 각종 웹사이트나 팟캐스트, 책, 강좌를 통해 또는 멘토나 다른 경험 많은 관리자들에게 도움을 받으며 스스로 배워야 한다.

4. **힘들지만 기대되는 멋진 일을 하는 것은 마이크로 매니지먼트와는 다르다.** 당신이 해야 할 일은 팀원들이 질적으로 훌륭한 일을 해낼 수 있게 지원하는 것이다. 당신이 업무의 모든 과정을 일일이 다 지시해 팀원들이 결과를 내는 데 집중하지 못하고 당신의 지시를 이행하는 데만 급급하다면 그건 제대로 된 관리가 아니라 마이크로 매니지먼트micromanagement(부하 직원들에게 권한 위임을 하지 않고 모든 사항을 통제하고 간섭하는 관리 방식 —옮긴이)다.

5. **스타일보다는 솔직한 게 더 중요하다.** 조용하거나 감정적이거나 분석적이거

나 흥분을 잘거나 내성적이거나 등 모든 사람들에게는 고유의 스타일이 있다. 아무리 불편하고 받아들이기 힘든 진실이라 해도 필요하다면 솔직히 팀원들에게 말할 수 있어야 한다. 그렇게만 할 수 있다면 어떤 스타일이든 성공할 수 있다.

6. **당신 팀이 당신보다 더 빛난다 해도 신경 쓰지 말라.** 사실 그게 당신의 목표가 되어야 한다. 당신은 늘 팀원들을 훈련시켜 당신이 해야 할 일을 대신 하게 해야 한다. 팀원들이 더 잘할수록 당신은 그만큼 더 승진하기 쉬워지며 심지어는 다른 관리자들을 관리하는 자리에까지 오를 수 있다.

· · ·

당신이 당신의 일에 아주 일가견이 있다고 해보자. 예를 들어 당신은 아주 뛰어난 회계사다. 당신 팀은 지금 팀원들의 일을 아주 잘 이해하고 그들을 도울 수 있으며 그들을 대신해 경영진을 만나 이야기를 나눌 관리자를 필요로 한다. 그래서 당신은 승진해 그 관리자 자리를 차지하기 위해 열심히 일한다. 축하한다! 이제 당신은 회계 팀을 이끄는 관리자가 됐다.

문제없다. 당신도 회계사이며 이제 다른 회계사들에게 일하는 법을 가르쳐주게 될 것이다. 안 그런가? 당신은 할 수 있다. 그리고 당신 팀은 놀라운 팀이 될 것이다.

그래서 당신은 두 팔을 걷어붙인 채 모든 사람들의 일에 깊이 관여하기 시작한다. 들여다보니 그들은 온갖 희한한 일들을 다 하고 있다. 당신이 일하는 방식과는 전혀 다르다. 게다가 시간은 왜 그렇게 오래 걸리는지 모르겠다. 팀원들이 그들의 일을 잘해야 당신이 승진을 하게 되므로 당신은 이제 모든 사람에게 '제대로' 일하는 법을 보여주려 한다. 하나하나 차근차근, 하나하나 자세히 제대로 일하는 법을 보여주려 한다.

그런데 모든 게 제대로 되질 않는다. 팀원들은 당신이 자기들을 믿지 못한다고 느낀다. 그리고 당신이 모든 일에 일일이 신경 쓰고 과도하게 개입하는 탓에 자기가 대체 무슨 일을 하고 있는지 또는 무엇이 가장 중요한지 알지 못하게 된다. 사람들은 이제 당신을 향해 불만을 토로하기 시작한다.

모든 게 잘못 돌아가면 갈수록, 당신은 자꾸 뒤로 물러나 당신이 잘하는 일에만 집중한다. 당신이 잘하는 일은 회계다. 그래서 보다 나은 '회계 관리자'가 되려 하지 않고 '팀 내에서 가장 뛰어난 회계사'가 되려 애쓴다. 그래서 팀원들이 해야 할 일을 당신이 맡아 하기 시작한다. 그리고 더 이상 팀원들의 사기를 꺾기 싫어 그들에게 피드백도 주지 않고 우려되는 사항들도 지적해주지 않는다. 그러면서 팀원들을 모아놓고 하소연한다. "우린 이 고비를 넘겨야 합니다! 내가 어떻게 하는지 보여줄게요. 그러니 그냥 잘 보고 따라 해요!"

이런 식이다. 이게 바로 정상적이고 합리적인 사람들이라면 참기 힘든 마이크로 매니저, 즉 팀원들의 일에 과도하게 개입하려 하는 '쫌생이 관리자'로 변질되어가는 과정이다. 이게 바로 리더십 부족으로 프로젝트들이 늦춰지고 와해되는 과정이다. 이게 바로 팀을 이끄는 관리자가 될 때 빠지기 쉬운 함정이다. 그리고 어떤 사람들은 그 함정에서 결코 헤어나지 못한다.

일단 관리자 된 당신은 더 이상 일개 회계사가 아니다. 일개 디자이너가 아니다. 일개 어부가 아니다. 일개 아티스트가 아니다. 당신이 어떤 일을 정말 좋아했든 상관없이 말이다. 나는 사람들에게 이 사실을 끊임없이 상기시킨다. "관리자가 되었는데도 지금 예전에 좋아했던 일을 그대로 하고 있다면, 당신은 뭔가 크게 잘못하고 있는 것이다. 당신은 지금 '당신이 예전에 잘했던 일을 하는 사람들의 팀'을 이끌고 있다. 그래서 적어도 당신 시간의 85퍼센트는 관리하는 데 써야 한다. 그렇지 않다면, 뭔가 잘못하고 있는 것이다. 관리도 일이다. 그것도 아주 힘든 일."

내가 필립스의 CTO이던 시절, 우리 팀 사무실에는 빨간색 경광등 하나가 걸려 있었다. 경찰차 위에 올리는 그 빨간색 경광등 말이다. 팀원들은 뭔가 문제가 있을 때 또는 내가 기분이 안 좋다고 생각될 때 그 경광등을 켰다. 그들은 좋지 못한 이야기를 나누기 위해 누군가가 곧 내 사무실로 호출되리라는 걸 귀신같이 알아챘다. 때론 사무실 밖으로 소리가 새어나갈 만큼 격정적인 이야기를 나누기 위해 호출될 때도 말이다(물론 경광등 얘기는 농담이다. 이 비유를 문자 그대로 받아들이는 일은 없길 바란다).

내게는 80명 정도로 이루어진 팀이 있었다. 나는 부사장 겸 CTO였다. 그리고 스물다섯 살이었다. 게다가 난생 처음 관리자가 된 상황이었다. 나는 관리자 교육을 받아본 적도, 진짜 관리자였던 적도 없었다. 본받을 만한 뛰어난 롤모델도 없었다.

과거 내가 설립한 스타트업에도 직원들이 있긴 했지만 거기엔 조직 구조라고 부를 만한 게 없었다. 상의하달식 과정도 없었고, 인사고과도 없었고, 각자의 역할과 책임을 분명히 하기 위한 회의도 없었다. 나는 설립자였지만 진정한 의미의 CEO는 아니었다. 나는 주로 5~10명 정도 되는 팀의 개별 기여자였으며 우리는 모두 함께 팀에 속해 있었을 뿐이다. 그 누구도 그 누구를 관리하지 않았던 것이다(제5.2장 그림 5.2.1 참조).

그건 제너럴 매직에서도 비슷했다. 그곳의 문화는 매우 명확해서 관리자들을 필요로 하지 않았다. 모두가 똑똑했고 스스로를 관리할 줄 알았다. 따라서 그 누구든 '진짜 관리자'가 되려 하는 사람은 완전히 무시당했다.

나는 그런 문화가 아주 좋았다. 적어도 팀이 커지기 전까지는. 뭔가를 출시해야 하고, 그래서 그 똑똑한 사람들이 모두 한 방향으로 마음을 모아야 하기 전까지는. 우리 모두가 무엇이 필요한지 또 무엇이 불필요한지에 대해 동의해야 하기 전까지는.

그래서 제너럴 매직을 떠나 필립스에 합류했을 때, 나는 나의 팀이 더 많은 조직 구조를 필요로 하고, 정해진 마감 기한과 계획 그리고 명확한 리더십이 있어야 한다는 걸 알았다. 내가 관리자가 되어야 한다는 사실도 함께 말이다. 나는 별 문제가 없다고 생각했다. 나는 엔지니어고, 다른 엔지니어들에게 어떻게 자기 일을 해야 하는지만 말해주면 될 테니까. 안 그런가?

다시 경찰차 경광등 얘기로 돌아가보자. 나와 팀원들이 느끼는 스트레스와 좌절감. 그리고 끊임없는 질문들과 재촉. 마이크로 매니지먼트. 관리자가 되면 이제는 더 이상 '일'에만 책임을 질 수 없다. '사람'들에게도 책임을 져야 한다. 너무 뻔한 얘기 같지만(그렇다, 그게 관리자가 할 일의 핵심이다), 갑자기 80명이나 되는 사람들이 팀을 어떻게 이끌어야 하는지 잘 알거라 기대하며 당신만 쳐다보는 상황에서 그건 결코 쉬운 일이 아니다.

따라서 관리자가 될 결심을 하기에 앞서 먼저 그게 당신에게 옳은 길인지를 곰곰이 생각해볼 필요가 있다. 꼭 관리자가 되어야 하는 건 아니기 때문이다. 특히 관리자가 되고 싶은 생각이 없지만 직장에서 출세를 하려면 관리자라는 사다리를 탈 수밖에 없다고 믿고 있다면 더욱 그렇다. 관리자가 되는 사람들 중 정말 많은 수가 그야말로 '어쩔 수 없이' 관리자가 되곤 한다. 당신이 만일 사람들과 어울리는 걸 그리 좋아하지 않는다거나 오로지 일에만 몰두하고 싶어 하는 성향이라거나 매일매일의 작은 성공과 성취들을 즐기는 편이라면, '언젠가 당신 팀이 성공할 것'이라는 생각을 견지해야 하는 스타일의 관리는 당신에게 동기부여가 되지 못한다.

스타급 개별 기여자는 말할 수 없이 소중하다. 그래서 많은 기업들이 그들에게 관리자에 맞먹는 연봉을 지급하려 한다. 진정 뛰어난 개별 기여자는 자신의 분야에서 리더 역할을 할 뿐 아니라 문화를 선도하는 비공식적인 리더 역할까지 하기에 기업 내의 많은 사람이 그에게 조언과 멘토링을 요청한다. 애플에서는 '저명한 엔지니어, 과학자 또는 기술자'DEST 프로그램에 따라 공식적으로 스타급 개별 기여자 엔지니어들을 인정하고 또 우대한다. 구글에 근무하는 '레벨 8' 엔지니어들 역시 그와 비슷한 영향력을 갖고 있다. 엔지니어링 분야에서는 뛰어난 개별 기여자들을 인정해주는 게 워낙 흔한 일이지만 이제는 다른 분야들에서도 그런 일이 점점 더 흔해지고 있다.

이런 길도 있다는 걸 감안하되, 다만 한 기업에서 오랜 기간 개별 기여자로 일할 경우 당신의 미래가 어찌 되는지에 대해서는 아주 세밀히 알아볼 필요가 있다. 특히 규모가 큰 기업들은 종종 명확히 규정된 레벨이 존재하니, 그곳에서 개별 기여자로 일할 때 장래가 어찌 될지에 대해 제대로 파악하도록 하라.

또한 많은 기업이 개별 기여자에게 '팀 리드'team lead가 될 수 있는 선택권을 준다. 아니 사실 그래야 한다. 팀 리드란 개별 기여자와 관리자의 중간쯤 되는 직책이다. 팀의 작업 성과에 대해 평가를 하고 팀 내에서 영향력을 행사하고 팀을 주도할 권한을 갖고 있지만, 그 누구도 당신에게 보고하지 않으며 당신은 예산 편성이나 조직 관리에 관여하지 않고 관리자 회의에도 참석하지 않는다.

어쩌면 나 역시 그런 길을 갔을 수도 있다. 엔지니어로, 팀 리더로 말이다. 분명 그게 더 단순명료했으리라. 더 조용히 지낼 수 있었을 거고.

그러나 제너럴 매직에서 마지막으로 주변을 둘러보면서, 나는 내가 하드웨어를 코딩하고 디자인하는 일보다 제품과 사업 전체의 판세를 읽고 조정하는 일에 더 관심이 많다는 사실을 깨달았다(제1.4장 '고개를 들어 앞을 내다보라' 참조). 단순히 엔지니어링만 잘해서는 절대 제품의 성공을 보장할 수 없다는 게 너무도 분명해졌기 때문이다. 최고의 기술이 꼭 승리하는 건 아니다. 윈도우 95와 맥 OS의 사례를 보라.

어떤 프로젝트든 성공 가능성을 높이기 위해선 엔지니어링 외에 판매, 마케팅, 제품 관리, 홍보, 동업 관계, 재무 등 다른 부문들과의 문제를 조정할 필요가 있었다. 그런 부문들은 모두 도대체 뭐가 뭔지 알 수 없고 아주 많이 낯설며, 어떨 땐 결정적으로 중요했다. 내가 주어진 엔지니어링 예산 500만 달러를 최대한 활용해가며 오로지 일, 일, 일에만 매달려 아래쪽만 내려다보고 있는 동안 마케팅 부서에서는 무려 1,000만 달러에서 1,500만 달러를 쓰고 있었다. 나는 그 이유를 알 필요가 있었다. 그래서 일일이 물어보았다.

그 과정에서 모든 게 변했다. 다른 팀 사람들과 얘기를 나누기 시작하자마자 내 속에 잠재된 엄청난 힘을 깨닫게 된 것이다.

대부분의 엔지니어는 오로지 다른 엔지니어들만 믿는다. 재무팀 사람들이 오로지 재무팀 사람들만 믿는 것과 비슷하다. 사람은 본래 자신과 생각이 비슷한 사람을 좋아하는 법이다. 그래서 엔지니어들은 전혀 다른 일을 하는 판매나 마케팅 또는 크리에이티브팀 등과 거리를 두는 경우가 많다. 그건 판매나 마케팅 또는 크리에이티브팀 사람들도 마찬가지여서 그들 역시 엔지니어링팀 사람들과 말을 잘 섞지 않으려 한다. 흑백 논리로 가득찬, 한 방에 모여 앉아 괴상한 일이나 벌이는 괴짜들이라고 생각하기 때문이다.

그러나 나는 뭐가 뭔지 알 수 없고 낯설기만 한 다른 부서의 일들을 이해하고 싶었다. 그런 과정들이 다 좋았다. 엔지니어들에겐 다른 부서의 일에 대해 설명해주고, 크리에이티브팀 사람들에겐 기계어 1과 0에 대해 설명해주는 등 왔다갔다하며 통역 역할도 할 수 있었다. 나는 모든 퍼즐 조각들을 한데 모아 종합하면서 머릿속으로 회사 전체를 내다볼 수 있었다.

그 모든 게 짜릿할 정도로 흥미진진했고 큰 자극도 되었다. 그야말로 내가 하고 싶은 모든 것이었다. 그걸 하려면 관리자가 되어야 했다. 나는 엔지니어 일에 끌렸지만 내 목표를 달성하기 위해선 관리가 필요했다. 우리 팀도 관리를 필요로 했다.

그래서 나는 적어도 조금 뒤로 물러서는 법을 배우기로 했다.

관리에서 가장 힘든 부분 중 하나는 손에 쥐고 있는 걸 놓는 일이다. 당신이 직접 모든 일을 다 하려 하지 않는 것. 당신이 일에서 손을 떼면 뗄수록 제품이 더 엉망이 되거나 프로젝트 자체가 실패하리라는 두려움을 떨쳐내야 한다. 당신 팀을 믿어야 한다. 팀원들에게 숨 쉴 틈을 주어 창의적인 생각을 하고 스스로 빛을 발할 기회를 주어야 한다.

그러나 그게 너무 과해서도 안 된다. 팀원들에게 숨 쉴 틈을 너무 많이 주어 일이 어떻게 굴러가고 있는지 제대로 파악하지 못하거나 제품에 문제가 생길 때까지 가만히 두어선 안 된다. 과도한 간섭을 하는 관리자가 되고 싶지 않다고 해서 일을 그르쳐선 안 되는 것이다. 당신이 일에서 손을 뗀다 해도, 팀원들은 여전히 맡은 일들을 잘할 수 있어야 한다.

팀원들이 만들고 있는 제품을 꼼꼼히 체크하고 그 품질에 많은 신경을 쓰는 것은 마이크로 매니지먼트가 아니다. 그것이야말로 바로 관리자인 당신이 해야 할 일이다. 나는 스티브 잡스가 루페loupe(보석상이나 시계공이 쓰는 소형 확대경 — 옮긴이)를 꺼내 들고 스크린상의 개별 픽셀들을 들여다보며 사용자 인터페이스 그래픽들이 제대로 구현되고 있는지 확인하던 모습을 기억한다. 그는 모든 하드웨어는 물론 제품 포장에 쓰이는 모든 문구에도 똑같은 수준의 관심을 쏟았다. 그게 바로 애플에서 기대하는 수준의 섬세함이었고, 우리는 그런 섬세함에서 많은 걸 배웠다. 이제 우리는 우리 자신에게 그런 걸 기대하기 시작했다.

관리자인 당신은 팀이 가능한 한 최고의 제품을 만들 수 있도록 전력투구해야 한다. 좋은 결과물을 내놓는 건 당신의 몫이다. 그리고 팀이 어떻게 그런 결과물을 내놓느냐 하는 건 팀원들의 몫이다. '결과물' 자체보다 팀원들이 일을 하는 '과정'에 더 깊이 관여할 때, 당신은 마이크로 매니지먼트에 빠져들게 된다(물론 과정에 문제가 있어 잘못된 결과물이 나오는 경우도 종종 있다. 그런 경우 관리자는 바로 개입해 그 과정을 바로잡아야 한다. 그것 역시 관리자가 해야 할 일이다).

그래서 아예 일찍이 과정에 대해 합의를 하는 게 좋다. 바로 그 합의를 하기 위해 제품 개발 과정이니 디자인 과정이니 마케팅 과정이니 판매 과정 등이 있는 것이다. 합의 사항에는 작업 일정, 일하는 방법, 함께 일하는 방법에 대한 것도 있다. 그렇게 관리자와 팀원 모두가 그런 과정에 합의를 하면, 관리자는 팀원들에게 권한 위임을 해야 한다. 모두가 힘을 합쳐 팀이 일을 하게 해야 한다. 그런 다음 정기적인 팀 회의를 통해 모든 게 올바른 방향으로 나아가고 있는지 확인해야 한다.

이 팀 회의에서는 당신을 비롯한 팀원 모두가 최대한 자신의 의사를 분명히 밝힐 수 있어야 한다. 회의에 대비해 미리 커닝 페이퍼를 만들어 둔다면 팀원들에게 우선적으로 물어야 할 사항이나 일의 우선순위를 놓치지 않을 수 있다(제4.5장 '열심히 일하고 제대로 쉬는 법' 참조). 또한 각 프로젝트와 팀원에 대해 갖고 있는 우려 사항들의 리스트를 미리 적어보라. 그러면 그 리스트가 너무 길어질 때 그리고 더 깊이 파고들어야 하거나 뒤로 물러서야 할 때를 금방 알 수 있다.

당신이 관리자 입장에서 유용한 자료를 모을 수 있는 또 다른 자리는 팀원들과의 1 대 1 면담 자리다. 1 대 1 면담은 그 특성상 아무 성과도 없는 친근한 담소 자리로 변질되기 아주 쉽다. 그러므로 팀 회의를 준비하듯 1 대 1 면담을 할 때도 의제, 그러니까 분명한 목적이 있어야 하며 당신과 팀원들 모두에게 유익해야 한다. 당신은 제품 개발과 관련해 필요한 정보를 얻을 수 있어야 하고, 팀원들은 자신이 하는 일에 대한 통찰력을 가질 수 있어야 한다. 상황을 팀원들의 관점에서 보도록 하라. 팀원이 느끼는 두려움과 당신이 생각하는 우려 사항들에 대해 허심탄회한 얘기를 나누어라. 당신의 생각을 재정리해 팀원이 당신의 피드백을 듣고 목표를 명확히 이해하며 모호한 점이나 우려되는 점을 깔끔히 정리할 수 있게 해주어라.

그리고 당신이 모든 답을 알지는 못한다는 사실을 깔끔하게 인정하라. "나 좀 도와줘요."라고 말해도 좋다. 당신이 관리자 일을 처음 해본다거나 지금 회사나 그룹에 새로 온 상황이라면 그냥 이렇게 말하라.

"이 일은 처음 해봅니다. 그래서 지금도 배우는 중입니다. 그러니 내가 상황을 개선하기 위해 뭘 하면 좋을지 말해주세요."

그거면 족하다. 그러자면 마음가짐에 정말 큰 변화가 필요하다. 나는 입을 꾹 다물고 아무 말도 하지 않는 관리자들을 너무도 많이 봐왔다. 자기가 하고 있는 일에 대해 제대로 알지 못한다는 사실을 팀원들이 알게 될까 봐 두려운 것이다. 그러나 당신이 잘 모른다는 사실에는 변함이 없고, 괜히 아는 척해봤자 아무도 속아 넘어가지 않을 뿐 아니라, 스스로 더 깊은 수렁에 빠져들기만 할 뿐이다. 당신이 만일 처음 관리직으로 승진됐다면 아마 예전에 동료였던 사람들을 관리하게 될 테다. 당신을 잘 알고 당신을 믿는 동료들 말이다. 그러니 그 믿음에 의지하도록 하라. 그들에게 이렇게 말하라. "이제 내가 여러분의 관리자이지만 우리는 여전히 그간 늘 해오던 것처럼 얘기를 나누면 됩니다."

그런 다음 그들에게 솔직해져라. 일이 잘 돌아가지 않을 때라 하더라도 받아들이기 힘든 진실을 털어놓는 일을 피하려 하지 말라. 상처를 가린 반창고를 떼내도록 하라. 만일 당신이나 팀원들 중 어느 한쪽이 신경이 예민해져 있는 상태라면, 뭔가 긍정적인 얘기로 대화를 시작하면 좋다. 그러나 말하기 거북한 문제라고 해서 덮어놓진 말라. 해야 할 얘기가 있다면 절대 쉬쉬거리지 말고 하라. 당신이 관리자로서 누군가의 일 또는 행동을 비판한다고 해서 그게 그 사람에게 상처주는 일이 아님을 잊지 말아야 한다. 당신은 도움을 주려 하는 것이다. 모든 말은 애정과 관심에서 우러나와야 한다. 그러니 팀원들이 머뭇거리며 말하기 망설이는 문제에 대해 말하라. 그런 다음 함께 그 문제를 해결할 계획을 세워라.

당신은 아마 6개월에 한 번씩, 그리고 검토 주기가 짧은 구글이나 메타 같은 기업이라면 그보다 더 자주, 공식적인 서면 업무 평가서를 작성해야 할 것이다. 그 평가서들은 당신이 매주 얘기해온 사안들을 기록하는 노트와도 같다. 팀원들은 당신의 피드백(좋은 피드백이든 나쁜 피드백이든)을 몇 달 후에 갑자기 받고 놀라기보다는 그때그때 수시로 받아야 한다.

내가 이 모든 걸 어떻게 알아냈는지 쉽게 설명해줄 마법 같은 공식이 있다면 참 좋겠지만 그런 건 없다. 모두 이런저런 시행착오를 겪으면서 나를 개선하기 위해 끊임없는 노력을 기울인 결과다. 나는 운 좋게 사람들의 시선을 끌어 취업하면서 엔지니어가 된 게 아니다. 노력 끝에 엔지니어가 된 것이다. 학교를 다니고 수년간 경험을 쌓듯 관리자가 되기 위해서도 그런 노력이 필요하다.[*]

나는 맨 먼저 관리와 관련된 강좌들을 들었다. 그 어떤 강좌도 모든 답을 주진 못하겠지만 아무것도 안 하느니 어떤 강좌든 듣는 편이 더 낫다. 그런 다음 나는 대기업에서 받게 되는 기본적인 관리 강좌들의 수준을 넘어 한 걸음 더 나아갔다. 그야말로 관리의 세계에 푹 빠져 들어간 것이다. 나는 관리 관련 서적들을 탐독하기 시작했고, 그 과정에서 관리의 상당 부분이 결국 자신의 두려움과 불안을 어떻게 관리하느냐에 달려 있다는 점을 깨달았다. 그래서 심리학 서적들을 읽었고, 그 과정에서 치료 요법을 접했다. 그다음에는 요가를 접하게 됐고 말이다. 나는 사람들 사이에서 치료 요법과 요가가 널리 받아들여지기 한참 전인 1995년에 치료 요법과 요가를 시작했다. 그건 내가 미친 사람이어서도 아니고, 관리자가 되면서 미쳐버렸기 때문도 아니었다. 내가 치료 요법과 요가를 배운 건 같은 이유 때문이었다. 균형을 찾고 싶었고, 세상에 대한 내 반응 방식을 바꾸고 싶었으며, 나와 내 감정들을 이해하고 싶었고, 또 다른 사람들은 그것들을 어떻게 인지하는지도 보다 잘 이해하고 싶었다.

---

[*] 이에 대해 좀 더 많은 얘기를 듣고 싶다면 '팀 페리스 쇼'Tim Ferriss Show 팟캐스트로 가보라. 거기에서 관리에 대해 그리고 관리자로서의 내 여정에 대해 자세히 설명한 바 있다.

내게는 회사에서의 문제들과 내 개인적인 문제들을 구분하는 것, 나의 행동이 언제 팀원들에게 좌절감을 안겨주는지를 파악하는 것, 그리고 또 어떤 일들은 완전히 내 통제권 밖의 일임을 이해하는 것이 중요했다. 당연히 이를 혼자 알아내긴 무척 힘들었다. 당신 뇌 속을 세밀히 들여다보는 게 어디 쉬운 일이겠는가. 내 코치이자 스승이었던 치료사는 내가 왜 심각한 마이크로 매니저인지를 알 수 있게 도와주었다. 또한 팀을 효율적으로 이끌려면 내 성격의 어떤 면들을 통제해야 하는지도 알려주었다.

내가 직장에서 느끼는 점들과 말로 표현해야 하는 것들 사이에 약간의 거리를 두는 법을 배우기 전까지 나의 목소리에는, 또 내 일상적인 대인관계에는 늘 너무도 많은 걱정과 두려움이 배어 있었다. 팀원들은 당신의 기분을 증폭시킨다. 그래서 당신이 좌절감을 드러내면 그 감정이 먹구름처럼 사무실 안에 퍼져 열 배로 증폭된다. 일이 잘 진전되지 않는 데 대해 좌절감을 크게 나타내면 낼수록, 나머지 팀원들의 좌절감은 더 커진다. 그런 이유로 나는 나 스스로를 조절하는 법을 배워야 했다. 효과적인 관리 스타일을 정립하기 위해선 내 개인적인 스타일을 두어 단계 낮춰야 했다.

그렇지만 내 '정체성'을 바꾸려 하진 않았다. 당신도 그러길 바란다. 만일 관리자가 되기 위해 성격을 완전히 바꿔야 한다면 늘 일종의 연기를 해야 하는데, 결코 그런 역할에 편안해질 수는 없을 것이다.

나는 시끄럽고 열정적인 사람이다. 나는 절대 구글 CEO인 순다르 피차이Sundar Pichai처럼 될 수 없다. 피차이는 조용하고 온화하며 총명하고 아주 분석적인 사람으로, 매사에 늘 천천히 심사숙고한 뒤 신중한 대응을 한다. 그러나 나는 볼륨 설정이 한 가지밖에 안 되는 사람이다. 약간 큰소리에 속도가 빠른 아주 흥분된 어조로 올라가는 볼륨 설정 말이다.

오죽하면 내 아들이 데시벨미터를 선물로 사주었을 정도다. 물론 일종의 농담이었다. 그러나 실제로 재보니 내 목소리는 수시로 70~80 데시벨 정도까지 올라갔다. 나는 시끄러운 식당이요 자명종 시계요 진공청소기다. 설사 지구상의 모든 관리 서적들이 내게 조용히 하라고, 팀원들에게 목소리를 낮춰 말하라 요구한다 해도, 아마 나는 절대 그럴 수는 없을 것이다.

나의 리더십 스타일은 시끄럽고 열정적이며 다른 그 무엇보다 주어진 임무에 집중하는 스타일이다. 일단 목표를 정하면 전속력으로 앞을 향해 달린다. 그 무엇도 나를 멈출 수 없다. 그러면서 모두들 나와 함께 달리기를 기대한다. 그러나 내게는 동기부여가 되는 일들이 어떤 팀원들에게는 그러지 못할 수도 있다. 이 세상에 토니 퍼넬 같은 사람들만 있는 건 아니니까 말이다(그리고 그건 얼마나 감사한 일인가!). 자신의 삶과 가족이 있고, 할 수 있는 일도 많고 해야 할 일도 많은, 정신이 제대로 박힌 정상적인 사람도 많을 것이다. 그리고 그들은 그들만의 시간을 필요로 한다.

그러므로 관리자인 당신은 팀원과 당신을 연결해주는 지점들을 찾아내야 한다. 어떻게 하면 당신의 열정을 그들과 공유할 수 있을까, 또 어떻게 하면 그들에게 동기를 부여해줄 수 있을까?

언제나 그렇듯 그 답은 커뮤니케이션에 있다. 당신은 팀원들에게 이유를 설명해줘야 한다. 내가 왜 이렇게 열정을 보이고 있는지, 이 임무가 왜 의미 있는지, 별 것 아닌 것 같은 이 소소한 일이 왜 그리 중요한지, 다른 사람들은 별로 중요하게 생각하지도 않는데 나는 왜 이 난리를 쳐대는지 등등. 아무 이유도 말해주지 않고 무조건 풍차를 향해 돌진하라고 하는 리더를 따르고 싶어 하는 사람은 아무도 없다. 사람들이 당신을 따르고, 진정한 한 팀이 되고, 당신 내부에 들끓는 그 뜨거운 에너지와 열정을 갖게 하려면, 그들에게 이유를 설명해줘야 한다.

그리고 때론 여기에 더해 뭔가를 보충해야 할 필요가 있다. 무얼 받게 되는가? 이 일을 성공적으로 완수해내면 어떤 보상을 받게 되는가? 설사 팀원들이 모두 주어진 임무에 열과 성을 다하고 있더라도, 외적인 동기부여를 해주어야 한다는 사실을 잊지 말라. 그게 인간이다. 그들은 아마 따뜻한 말 한마디, 임금 인상과 승진, 어쩌면 파티를 원할 것이다. 어떻게 하면 팀원들이 스스로 가치 있다고 느끼게 될지 파악하라. 어떻게 하면 그들이 직장에서 행복해질 수 있는지 이해하라.

사람들을 성공할 수 있게 돕는 것이 관리자인 당신이 해야 할 일이다. 당신의 책임은 그들이 '가장 나은 버전의 자신'이 되도록 이끄는 것이다. 팀원들이 성과로 당신을 놀래켜주고 나아가 그들이 당신을 능가할 수 있는 환경을 조성해주어야 한다. 그러나 많은 관리자가 이런 생각에 거부감을 보이곤 한다. 나보다 내 일을 더 잘할 사람을 채용한다고? 나는 회사를 세운 지 얼마 되지 않은 스타트업 CEO들로부터 다음과 같은 말을 여러 번 들었다. "근데… 제가 할 일을 대신 할 수 있는 사람을 채용하면… 그다음에 전 뭘 하죠?"

상황 자체를 들여다보면 답이 나온다. 무언가를 위해 사람을 채용한다는 건 그 일이 더 이상 당신의 일이 아니라는 뜻이다. 당신이 관리자나 리더나 CEO라면 당신이 해야 할 일은 관리자나 리더나 CEO가 되는 것이다. 당신은 이제 개인적으로 이루는 일상적 성취에 자부심을 갖기보다 팀이 이루는 성취들에 자부심을 가져야 한다.

아이팟 프로젝트로 나와 긴밀한 협조를 했던 뛰어난 파트너이자 큰형 같고 때론 멘토 같았던 권오현 전 삼성반도체 CEO는 이와 관련해 이런 말을 한 적이 있다. "대부분의 관리자는 자신을 위해 일하는 사람들이 자신보다 더 뛰어난 사람이 되면 어쩌나 하는 두려움을 갖고 있습니다. 그러나 관리자가 된다는 건 멘토 또는 부모가 되는 것과 비슷하다고 생각해야 합니다. 그 어떤 부모가 자기 자식이 성공하지 않길 바랄까요? 부모라면 자식이 자신보다 더 성공하길 바랄 겁니다, 안 그런가요?"

물론 망신거리가 될까 봐 불안감을 느낄 수도 있다. 그건 인간이라면 자연스러운 반응이다. "잠깐! 제인이 나보다 더 낫다면, 어떻게 내가 제인을 관리할 수 있죠? 그녀가 나보다 일을 더 잘한다면 모든 사람이 내가 하는 일을 그녀가 해야 한다고 생각하지 않을까요?"

내가 하려는 얘기는 이렇다. 그게 맞는 말일 수도 있다. 그러나 그건 좋은 일이다.

당신이 관리하는 누군가가 뭔가 대단한 일을 해냈다면 그건 당신이 훌륭한 팀을 구축했음을 회사에 보여주는 일일 뿐이다. 당신이 그에 대한 보상을 받아야 한다는 걸 보여주는 일이기도 하고 말이다. 팀에는 자연스레 당신 자리를 이어받게 될 팀원이 적어도 한두 명은 있기 마련이다. 그런 팀원들과는 1 대 1 면담을 더 자주 갖고, 경영진과의 회의 자리에도 데려가게 된다. 결국 그들은 모든 사람의 눈에 띄기 시작한다.

당신의 팀원이 사람들의 눈에 더 많이 띄면 띌수록 더 좋다. 그건 당신의 승진 가능성이 훨씬 더 커지게 된다는 의미이기 때문이다. 당신이 다른 역할을 맡게 되더라도 누가 당신 대신 팀을 이끌 것인지가 명확해질 테니 말이다.

자식들이 뭔가 대단한 일을 해냈을 때 우리는 그 부모에게 축하를 보낸다. 자식이 이룬 일이라 해도 그렇게 되기까지 부모의 영향도 무시할 수 없기 때문이다. 부모는 자식이 이룬 일에 자부심을 느낀다. 그 일을 위해 얼마나 많은 시간과 노력과 조언과 힘든 대화를 쏟아부었는지 잘 알기 때문이다.

만일 당신이 관리자라면 축하한다. 당신은 이제 부모가 됐다. 직원들을 자식같이 대해야 하기 때문이 아니고, 직원들이 실패를 거치면서 성공에 이를 수 있게 돕는 것이 당신의 일이기 때문이다. 또한 직원들이 성공할 때 짜릿한 기쁨을 맛보는 것도.

맷 로저스는 애플에서 내가 관리했던 직원 중 한 명이었다. 그는 아직 대학생이던 시절 아이팟 엔지니어링 팀의 첫 인턴사원으로 입사한 이후, 5년 만에 아이팟 및 아이폰 소프트웨어 부서의 수석 관리자가 되었다. 그는 확실한 슈퍼스타였으며 놀랄 만큼 뛰어난 인물이고 또 인재였다. 애플을 떠나 다른 회사를 창업할 생각을 하기 시작했을 때, 나는 맷을 만났다. 그리고 공동 설립자가 되어 함께 네스트를 설립했다.

네스트에서 우리는 해리 탄넨바움Harry Tannenbaum이라는 인턴사원을 채용했다. 해리는 포기를 모르는 분석적이고 전략적인 인물이었다. 5년 후, 그는 구글 네스트의 비즈니스 분석 및 전자상거래 부문 책임자가 되었다. 그리고 또 1년 후에는 구글의 하드웨어 부문 책임자가 됐다. 네스트를 떠난 뒤 맷은 해리에게 연락을 했다. 그리고 두 사람은 2020년에 자신들의 회사를 설립했다.

나는 이 두 사람이 너무도 자랑스럽다.

그리고 하루라도 빨리 그들이 찾아내고 멘토가 되어주고 함께 회사를 설립할 차세대 인재들을 만나보고 싶다.

만일 당신이 뛰어난 관리자여서 뛰어난 팀을 구축한다면, 그 팀은 곧 두각을 드러낼 것이다. 그러니 그걸 긍정적으로 받아들여라. 팀원들이 승진한다면 응원해주어라. 또한 팀원들이 이사회에서 진면목을 발휘하거나 회사 전체에 자신들이 이룬 성취를 보여준다면 자부심을 느끼고 뿌듯해하라. 당신은 그런 식으로 뛰어난 관리자가 되는 것이다. 그리고 또 그런 식으로 당신의 일을 사랑하게 될 것이다.

제2장

옳은 결정은 없다. 적절한 결정이 있을 뿐

당신은 매일 수백 가지의 자잘한 결정들을 내리지만 가끔씩은 엄청나게 중요한 결정들도 내려야 한다. 미래를 내다보는 과정에서 내리는 결정 혹은 많은 자원을 위험에 몰아넣을 수 있는 그런 결정 말이다. 그런 경우라면 먼저 당신이 다음 두 종류의 결정 가운데 어떤 결정에 직면해 있는지를 알아내야 한다.

- **데이터 중심의 결정:** 각종 중요한 사실들과 수치들을 입수해 그걸 가지고 논의를 벌일 수 있어 당신의 선택에 상당한 자신감을 갖게 되는 결정이다. 이런 결정은 비교적 내리기도 쉽고 그 이유를 설명하기도 쉬우며 그렇게 해서 나온 결과에 대해 팀원들의 동의를 구하기도 쉽다.
- **의견 중심의 결정:** 가이드가 되거나 뒷받침해줄 데이터 없이 당신의 직감과

비전에 따라 내리는 결정이다. 이런 결정은 늘 내리기 어려우며 의구심이 따른다. 어쨌든 팀원들마다 의견이 다 다를 테니 말이다.

모든 결정에는 데이터의 요소도 있고 의견의 요소도 있지만, 결국 둘 중 하나를 중심으로 내려진다. 어떤 때는 주로 데이터에 의존해야 하고, 또 어떤 때는 모든 데이터를 살펴본 뒤 자신의 직감에 따라 움직여야 한다. 자신의 직감을 따른다는 건 믿을 수 없을 만큼 겁나는 일이다. 스스로 맞다고 확신할 만큼 강력한 직감이나 믿음을 가진 사람이 과연 얼마나 있을까. 그런 믿음을 갖기까지는 시간이 필요하다. 그래서 많은 관리자가 의견 중심의 비즈니스 결정 방식에서 데이터 중심의 결정 방식으로 전환하고는 한다. 그러나 데이터도 의견 중심의 결정이 안고 있는 문제를 해결해주진 못한다. 아무리 많은 데이터를 수집한다 해도 그걸로는 결코 결정에 도달하지 못하는 것이다. 오히려 지나치게 생각이 많아 결정을 내리지 못하는 '분석 마비'analysis paralysis에 빠질 가능성이 더 크다.

당신이 만일 결정을 내리는 데 필요한 데이터를 충분히 확보하지 못했다면, 사람들을 설득할 만한 통찰력을 갖고 있어야 한다. 이때의 통찰력이란 고객이나 시장 또는 제품과 관련해 알고 있는 것으로, 당신이 어떻게 해야 하는지에 대해 올바른 직감을 제공한다. 전문가와 얘기를 나눠보고 팀원들과 논의하는 등 외부의 조언을 구할 수도 있다. 그렇게 해서 합의에 이르진 못하더라도, 올바른 직감을 갖는 데 도움이 될 수는 있다. 당신의 직감에 귀 기울이고 최종 결과에 대해선 책임을 지도록 하라.

• • •

제너럴 매직에서 우리는 '조 식스팩'을 위한 제품 제작과 관련해 끊임없이 얘기를 나눴지만 정작 우리들 가운데 조 식스팩을 만나본 사람은 한 명도 없었다. 우리는 엔지니어링을 끝내면서 '사용자 테스트'를 했을 뿐 그 이전에 당연히 해야 할 '사용자 연구'는 거의 하지 않았다. 조 식스팩이 뭘 원할지 전혀 알지 못한 채 그냥 우리가 좋아하고 세상 사람들도 마음에 들어 하리라 추측한 기능들을 넣었을 뿐이었다.

당시 나는 개별 기여자였다. 나는 경영진이 자신들이 무슨 일을 하고 있는지 잘 알 거라 생각했다(제1.4장 '고개를 들어 앞을 내다보라' 참조). 그런 뒤 필립스로 이직했다. 이제는 내가 경영진의 한 사람이 되어 있었다. 극과 극으로 상황이 바뀐 것이다.

추측은 더 이상 없었다. 직감으로 뭘 만드는 일도 더 이상 없었다. 나는 필립스로 자리를 옮기면서 제너럴 매직 사람 여럿과 함께 갔는데, 당시 우리는 매직 링크의 참담한 실패를 털고 일어서는 중이었다. 우리는 같은 실수를 되풀이해선 안 된다는 교훈을 뼈저리게 새긴 터였고, 그러려면 대상 고객과 그들이 원하는 것이 무엇인지를 정확히 알아야 했다. 이번 우리 제품은 더없이 명백한 데이터를 토대로 만들어질 예정이었다. 그리고 1990년대에 명백한 데이터를 수집한다는 건 소비자 패널을 활용한단 의미였다. 당시에는 그게 대유행이었다.

우리는 외부 컨설팅 회사를 고용해 그들에게 우리의 대상 고객은 '모바일 전문가들'이라고 말해주었다. 컨설팅 회사는 미국 여러 주에서 30~40명의 사람들을 모아 소비자 패널을 만들었고 그들이 몇 시간 동안 우리의 프레젠테이션을 보는 데 1인당 100달러씩을 지불했다.

우리는 그 소비자 패널들에게 모든 걸 보여주었다. 정말 모든 것을.

한때 작은 키보드를 장착한 벨로 시제품을 열 종류나 만들었던 적이 있다. 어떤 게 느낌이 더 좋았는가? 어느 게 더 유용해 보였는가? 어느 게 더 믿을 만했는가? 타이핑을 하면서 키보드를 봤는가 아니면 스크린을 봤는가? 타이핑을 할 때 손가락을 전부 사용했는가? 두 엄지손가락만 썼는가? 회색이 마음에 드는가? 아니면 검은색? 파란색? 아니면 푸르스름한 회색?

우리는 소비자 패널을 상대로 한 프레젠테이션 녹화 동영상을 열심히 들여다봤다. 패널들의 얼굴을 지켜봤고 그들의 손가락이 어떻게 움직이는지 지켜봤고 우리의 질문에 대한 그들의 답을 분석했다. 그러고 나면 컨설턴트들이 같은 일을 했다. 그들은 모든 걸 수집·분석한 뒤 6주 후에 보고서를 제출했다.

소비자는 늘 옳다. 과연 정말 그런가?

소비자 패널들은 디자인을 전혀 하지 못한다. 사람들은 한 방향 또는 다른 방향을 정확히 가리킬 만큼 자신이 원하는 걸 분명히 말하지 못한다. 특히 자신이 한 번도 사용해본 적 없는 전혀 새로운 뭔가에 대해 생각할 때면 더 그렇다. 소비자들은 늘 '이미 존재하는 것'을 더 편안하게 여긴다. 설사 그게 아주 끔찍한 것이라 해도 말이다.

그 당시 우리는 이 사실을 모른 채 다른 모든 사람이 빠지는 것과 같은 함정에 빠졌다. 컨설턴트들의 말에 환호했고 그들이 제시한 수치들에 흥분한 것이다. 그리고 곧 그 수치에 너무 많이 의존하게 되었다. 모든 사람이 데이터를 원하면서 스스로 결정을 내릴 필요가 없게 되었다. 정확한 디자인을 가지고 앞으로 나아가기보다 대신 이런 말들을 했다. "그러지 말고 그냥 테스트해보죠." 그 누구도 자신이 만들고 있는 제품에 대해 책임을 지고 싶어 하지 않았다.

그러니 그냥 테스트만 할 뿐이었다. 그런 다음 또다시 테스트를 하고. 소비자 패널들은 월요일에는 옵션 X가 좋다고 했다가 금요일이 되면 옵션 Y가 좋다고 했다. 그러는 사이에 우리는 컨설턴트들에게 수백만 달러를 지불하고 있었다.

데이터는 가이드가 되어주지 못했다. 기껏해야 목발 역할이나 했을까. 목발이라면 그나마 나았을 텐데, 어떨 때는 시멘트 덩어리가 매달린 아주 무거운 신발 역할을 하기도 했다. 지나치게 생각이 많아 결정을 못하는 분석 마비 상태에 빠진 것이다.

이는 비단 구식 소비자 패널의 경우에만 해당되는 얘기가 아니다. 만일 그때가 1996년이 아니라 2016년이었다면 우리는 아마 인터넷 시대에 아주 널리 쓰인 'A/B 테스팅'A/B testing (웹페이지나 앱 개선 시 사용자 인터페이스를 최적화하기 위해 사용자들에게 디자인 A와 B를 보여주고 선호도 조사를 하는 방식—옮긴이)에 의존했을지도 모른다. A/B 테스팅이란 옵션 A와 옵션 B를 가지고 고객들을 상대로 일종의 디지털 실험을 하는 것이다. 고객에게 파란색 버튼과 주황색 버튼을 보여주고 어떤 버튼이 더 많이 클릭됐는지 확인한다. 역시 믿기 어려운 테스트 방식이지만 소비자 패널 방식에 비해 그 속도가 엄청나게 빠르고 해석하기도 훨씬 더 쉽다. 그러나 이 나름 최신의 A/B 테스팅도 우리를 자주 혼란에 빠뜨리곤 한다. 소비자 패널 테스트와 마찬가지로 잘못된 결정을 내릴 수 있는 위험이 존재하기 때문이다.

현재 많은 기업이 자사 제품의 모든 요소들을 면밀히 테스트하면서 맹목적일 정도로 사용자 클릭 수가 많은 쪽을 따르고 있지만 A/B 테스팅도, 사용자 테스트도 제품 디자인 그 자체가 되지는 못한다. 그저 수단일 뿐이다. 테스트일 뿐이다. 기껏해야 진단이다. 뭔가가 제대로 돌아가지 않고 있음은 알려주지만 그 문제의 해결책까지 알려주진 못한다. 어떤 국지적인 문제를 해결할 옵션을 보여줄 수는 있지만 그 이후 다른 무언가를 망칠 수도 있다.

따라서 현재 테스트 중인 것에 대해 제대로 알고 싶다면 여러 옵션들과 테스트들을 생각해봐야 한다. 옵션 A와 옵션 B를 어떤 알고리즘에 무작위로 맡겨버리거나 접착력을 보기 위해 벽을 향해 마구 던질 게 아니라, 당신 스스로 그 두 옵션에 대해 철저히 생각해봐야 하는 것이다. 그러려면 고객 여정customer journey(고객이 어떤 브랜드를 경험하는 순차적인 과정—옮긴이) 전체에 대한 통찰과 지식이 있어야 한다. 가설이 필요하며 그 가설은 보다 큰 제품 비전의 한 부분이어야 한다. 웹페이지에서 '구매'Buy 버튼이 파란색으로 표시되어야 하는지, 주황색으로 표시되어야 하는지는 A/B 테스트를 할 수 있지만 고객이 온라인에서 구매해야 하는지 여부를 테스트해서는 안 된다는 얘기다.

만일 제품의 핵심적인 면에 대해 테스트를 한다면, 그리고 이랬다저랬다 하는 A/B 테스트 결과에 따라 그 제품의 기본적인 기능이 수정되고 변할 수 있다면, 그 제품의 핵심적인 면은 살아남지 못한다. 결국 제품 비전에 구멍이 생기고 당신은 그 빈 공간을 메우기 위해 계속 삽질을 하며 데이터를 집어넣게 된다.

우리의 경우(그리고 많은 1세대 제품들의 경우) 계속 죽어라 삽질만 하고 있었을 수도 있다. 그러나 아무리 많은 데이터를 수집한다 해도 절대 실패하지 않는 선택을 할 수는 없다. 어떤 제품이 완전히 새로운 제품이라면, 비교할 제품도 없고, 최적화할 것도 없고, 테스트할 것도 없기 때문이다.

우리가 대상 고객을 명확히 정하고, 그들과 얘기를 나누고, 그들에게 어떤 문제가 있는지 알아본 건 잘한 일이었다. 그러나 그 문제들을 해결할 '최선의 방법'을 찾아내야 하는 사람은 우리였다. 우리가 고객들에게 의견을 구하고 디자인에 대한 피드백을 받은 건 잘한 일이었다. 그러나 거기서 얻은 통찰을 활용해 우리가 믿는 방향으로 나아가는 건 오로지 우리의 몫이었다.

결국 우리 팀은 해결책을 찾아냈다. 컨설턴트들에게 쓸데없는 돈을 쏟아붓기를 멈췄고, 제자리에서 맴도는 걸 중단했으며, 우리 자신과 지혜로운 주변 사람들의 신뢰할 만한 의견들을 믿으면서 앞으로 나아가기 시작했다. 이런저런 결정들을 내렸다. 이건 넣고. 저건 빼고. 모든 게 그렇게 진행됐다.

물론 우리 팀의 모든 사람이 내 생각에 동의하지는 않았다. 한 사람이 최종 결정을 내려야 할 때 그런 일이 가끔 일어난다. 그런 순간에 관리자 또는 리더인 당신은 팀원들을 상대로 이건 민주적인 결정이 아니라 의견 중심의 결정이며, 당신은 합의에 의해 선택을 내리지 않으리라는 걸 설명해줄 책임이 있다. 독재적인 결정을 내려서도 안 된다. 당신의 입장을 분명히 설명하지 않고 이런저런 지시를 내려선 안 되는 것이다.

팀원들에게 당신의 사고 과정을 설명해주어라. 당신이 살펴본 모든 데이터와 끌어모은 통찰들, 그 선택을 하게 된 이유 등을 자세히 설명해줘라. 사람들의 조언을 들어라. 반응하지 말고 듣기만 하라. 당신의 결정에 동의하는 소수의 팀원들이 당신의 계획을 더 나은 쪽으로 수정할 좋은 피드백을 줄 수도 있다. 그런 경우가 아니라면 그냥 설명을 하라. 여러분의 입장을 이해한다, 이런 점은 우리 고객들에게 통할 수 있는 부분이고 이런 점은 통하지 않을 부분이다, 우리는 계속 앞으로 나아가야 하는데 이 경우 나는 내 직관을 따라야겠다, 그러니 다 함께 가자.

일부 팀원들은 당신의 그 말이 마음에 들지 않아도 일단 당신의 말을 존중해줄 것이다. 그리고 당신을 믿어줄 것이다. 목소리 높여 당신의 선택을 비판해도 바로 면박 당하진 않는다는 사실을 알게 될 것이다. 그러면 그들은 결국 한숨을 내쉬고 어깨를 으쓱해 보인 뒤 자기 팀으로 되돌아가 팀원들에게 왜 이런저런 결정을 내리게 됐는지 설명하고 배에 오르게 될 것이다.

나의 경우 이 방식은 늘 효과가 있었다. 필립스의 내 팀원들은 바로 이런 과정을 거쳐 내 결정들을 받아들였다.

수시로 변하는 필립스의 경영진은 결코 그러지 않았다. 그들은 제품이 출시될 때까지 계속 우리 제품이 먹힐 시장이 존재한다는 걸 입증해줄 '데이터'를 요구했다. 그러나 뭔가 완전히 새로운 제품 혹은 서비스를 만들 때는 사람들이 그걸 좋아하리라는 입증이 애초에 불가능하다. 그저 그걸 출시하고, 그러니까 세상에(아니면 적어도 너그러운 고객들이나 내부 사용자들 앞에) 내놓고 어찌 되나 지켜봐야 할 뿐이다.

이 단계에서는 당신이 내려야 하는 결정이 어떤 결정인지를 제대로 이해해줄 리더가 필요하다. 당신을 믿고 당신을 밀어줄 준비가 되어 있는 리더 말이다. 안타깝게도 그런 종류의 리더들은, 그런 종류의 인간들은 찾기가 쉽지 않다.

대부분의 사람은 '의견 중심의 결정'이라는 게 있다거나 자기가 그런 결정을 내려야 한다는 사실을 인정하고 싶어 하지 않는다. 자기 직감대로 했다가 만약 그게 잘못되면 그야말로 자기 외엔 그 누구도 탓할 수 없기 때문이다. 반면 데이터대로 했는데 일이 잘못되면 그건 내가 아닌 다른 무언가가, 다른 누군가가 잘못한 것이다. 그래서 종종 자신의 허물을 덮으려 애쓰는 사람들이 이 수법을 써먹곤 한다. "그건 내 잘못이 아냐! 나는 데이터대로 했을 뿐이야! 데이터는 거짓말을 하지 않으니까!"

바로 그런 이유 때문에 어떤 관리자와 임원 그리고 주주들은 적절한 데이터가 없는 상황에서도 데이터를 요구하며, 그런 다음 있지도 않은 상상 속의 그 데이터를 좇다가 바로 깊은 수렁 속으로 빠져버린다. 이게 바로 자신이 가고 있는 방향에 대해 의문을 품지 않고 그대로 낭떠러지로 차를 몰고 가는 유형의 사람들이다. 결정 과정에서 인간적인 요소, 즉 인간적인 판단을 완전히 배제하고 싶어 하는 것이다.

또한 이들은 중요한 순간마다 많은 비용을 지불해야 하는 유명한(그리고 내 생각엔 전혀 쓸모없는) 컨설턴트들을 불러들이길 좋아한다. 당신의 결정에 대해 이러쿵저러쿵 입을 털어대길 좋아하며 그 결정을 잡아채 당신의 제품, 기업 또는 문화에 대한 아무 지식도, 이해도 없는 컨설턴트들에게 이를 넘겨주려 한다.

만약 당신에게 그런 일이 일어났다면 상황을 잘 파악해야 한다. 그래야 관리 방향을 바꿔볼 수 있기 때문이다. 경영진이 당신의 아이디어를 깔아뭉개고 외부 컨설턴트들을 불러들이는 이유 몇 가지를 꼽아보자면 다음과 같다.

1. **지연시키기 위한 목적.** 그들은 아마 승진이든 보너스든 뭔가를 기다리고 있다. 그래서 원하는 것을 손에 넣기 전까지 굳이 위험을 무릅쓰고 싶어 하지 않는다.

2. **자기 자리를 잃을지 모른다는 두려움.** 그들은 진행 중인 프로젝트에 실패하면 자신의 자리 또는 직장을 잃게 된다고 확신하고 있다.

3. **시간이 없거나 번거로워지는 걸 원치 않는다.** 그들은 당신의 결정을 면밀히 살펴보고 자기들 앞에 놓인 여러 옵션들 중 하나를 선택해 위험을 감수하는 것이 그럴 만한 가치가 없는 일이라고 생각한다. 그 모든 걸 다른 누군가에게 맡기고, 자신들은 위험 부담에서 벗어나고 싶어 한다.

4. 무얼 원하는지 잘 알지만, 다른 누군가의 감정을 상하게 하고 싶지는 않다.
그들은 '좋은 사람'으로 남기를 원하기에 계속 상황을 살피고 싶어 한다. 그러면서 반복해서 계속 더 많은 데이터를 요구해 당신을 지칠 대로 지치게 만들며 또 화나게 만든다.

경영진이 이렇게 아예 작정하고 낭떠러지로 차를 몰고 가려 할 때, 그러면서 차창 너머로 가진 돈을 전부 컨설턴트들에게 뿌려댈 때 당신은 어떻게 해야 할까? 또는 데이터는 확보했지만 그게 결정을 내리는 데 도움이 되지 않을 때(그러니까 아무도 그 데이터로 어떤 결정을 내려야 하는지 확신할 수 없을 때) 어떻게 해야 할까? 또는 당신이 올바른 방향으로 가고 있다는 걸 입증할 수 없는 상황에서 믿고 따라와달라고 팀원들을 설득해야 할 땐 어떻게 해야 할까?

그럴 땐 이야기를 들려주도록 하라(제3.2장 '왜 스토리텔링인가?' 참조).

사람들이 뭔가 새로운 걸 할 수 있다는 믿음을 갖고 그들 스스로 뛰어들게 만들려면 이야기를 들려줘야 한다. 우리가 내리는 중요한 선택들은 전부 결국 어떤 특정한 이야기를 믿는 것으로 귀결된다. 우리가 우리 자신에게 또는 다른 누군가가 우리에게 해주는 이야기 말이다. 계속 앞으로 나아가며 힘든 선택들을 하기 위해선 모두가 받아들일 수 있는 '믿을 만한 이야기'를 만드는 게 필수적이다. 이것이 바로 마케팅과 영업의 핵심이다.

지금 당신은 사람들에게 당신의 비전, 당신의 직감, 당신의 의견을 팔려 하고 있다.

사람들에게 다음과 같이 너무 고전적인 말을 하진 말아라. "이게 제인 이고, 이게 그녀의 삶입니다. 그리고 그녀가 우리 제품들을 사용한다면 그녀의 삶 자체가 변할 것입니다." 모든 걸 고객 관점에서 보도록 하는 건 더없이 중요한 홍보 수단이지만 그건 당신이 해야 할 일의 한 부분일 뿐이다. 이 순간 당신이 해야 할 일은 '이야기 만들기'다. 그러니까 경영진을 상대로 당신의 직감은 믿을 만하다는 점을 설득시키고, 당신이 필요한 데이터를 전부 끌어모았으며, 그간 뛰어난 결정들을 내린 실적이 있고, 경영진의 우려를 잘 알고 있어 그 위험들을 줄이고 있으며, 고객이 필요로 하는 것에 대해 익히 알고 있고, 마지막으로 (이게 가장 중요하다) 당신의 아이디어가 회사에 긍정적인 영향을 주리라는 걸 설득시킬 수 있는 이야기를 만들어내야 하는 것이다. 당신이 이야기를 잘해 당신의 여정에 사람들을 동참시킬 수만 있다면, 설사 뒷받침해줄 확실한 데이터가 없다 해도 그들은 당신의 비전을 믿고 따라준다.

이 세상에 100퍼센트 완전한 것은 없다. 완전히 데이터를 토대로 이루어진 과학적 연구조차 사실 아직 이런 종류의 샘플링을 하지 않았다거나 이런 변수가 있다거나 이런 테스트를 해야 한다는 등 많은 조건이 붙는다. 기껏 찾아낸 답이 알고 보면 답이 아닐 수도 있다. 우리가 뭔가 잘못하고 있을 가능성은 늘 존재한다.

그러므로 완벽한 데이터를 기다려선 안 된다. 그런 데이터는 존재하지 않으니까. 그저 미지의 세계로 첫발을 내디뎌야 할 뿐이다. 당신이 알게 된 모든 지식을 종합해 다음에 어떤 일이 일어날지 최대한 잘 추측해 보도록 하라. 삶이란 그런 것이다. 우리가 내리는 모든 결정은 데이터를 토대로 하지만 그렇다고 해서 그 결정들이 데이터만을 토대로 내려지지는 않는다.

공감 능력이 좋고 통찰력이 있으며 이기적이지 않은 뛰어난 디자이너이자 구글 하드웨어 디자인 부문 부사장이기도 한 아이비 로스Ivy Ross는 이런 말을 했다. "중요한 건 데이터'나' 직감이 아니다. 데이터'와' 직감이다."

　데이터와 직감 둘 다 필요하다. 둘 다 활용해야 한다. 그리고 때론 데이터만으로 한계가 있다. 그런 순간들이 왔을 때 당신이 할 수 있는 일은 단 하나, 도약하는 것이다. 아래쪽만 내려다보진 말라.

제3장

조직 내 또라이들을 다루는 법

직장생활을 하다 보면 이런저런 재수 없는 인간들을 만나게 된다. 그들은 다양한 스타일의 이기적이거나 기만적이거나 잔혹한 (주로) 남성들과 (가끔은) 여성들로, 한 가지 공통된 특징을 갖고 있다. 바로 신뢰할 수가 없다는 것이다. 그들은 뭔가 원하는 걸 얻기 위해 또는 순전히 당신을 끌어내리고 자신이 영웅이 되기 위해 당신과 당신 팀을 골탕 먹일 수 있다. 개별 기여자든 관리자든 그런 사람들은 어느 직급에나 존재하지만 주로 조직의 꼭대기 근처에 가장 많이 몰려 있다. 샌디에이고대학교 교수 사이먼 크룸Simon Croom에 따르면, 기업 임원들 가운데 무려 12퍼센트가 사이코패스적 특징들을 보인다고 한다(제5.1장 '언제나 '사람'이 먼저다' 참조).

또는 거칠거나 시끄럽거나 보스 행세를 하거나 사람을 짜증 나게 만들어 같이 일하기 아주 힘든 사람들도 만난다. 그런 사람들은 처음엔 재수 없는 인간 같아 보일 수 있지만 그들의 동기와 행동이 겉보기와는 전혀 다른 경우도 많다. 그러므로 당신이 상대하는 사람이 어떤 사람인지를 잘 알아야 한다. 그래야 어떻게 해야 같이 잘 일할 수 있는지 또 어떻게 해야 같이 잘 지낼 수 있는지 알 수 있다. 당신이 상대하게 될지도 모를 재수 없는 인간들의 유형은 다음과 같다.

1. **정치적인 인간들:** 회사 내 처세술에 아주 능하지만 그저 다른 누군가의 공을 가로채려고만 하는 사람들이다. 이 유형의 사람들은 정말 놀라울 정도로 위험을 회피하려 한다. 이들은 어떻게든 살아남으려 하며 다른 사람들을 밀어내고 자신이 위로 올라가는 데만 관심이 있다. 그 무엇도 직접 하려 하지 않고, 힘든 일도 힘든 결정도 하지 않으려 하지만, 다른 누군가의 프로젝트에 뭔가 문제가 생기면 기다렸다는 듯 끼어들어 이렇게 외친다. "그러게 내가 뭐랬어요?" 그러면서 자신이 그 문제를 '해결하려' 한다. 이들은 또 상사 앞에서 실수하는 걸 원치 않아 중대한 회의에서 당당히 자기 의견을 밝히지 않는다. 자칫 멍청해 보일 수 있는 위험을 감수하고 싶지 않은 것이다. 대신 뒤에 숨어서 자신의 팀을 제외한 당신과 다른 모든 사람들을 깎아내리려 애쓴다. 이들은 또 대개 애송이 추종자들, 즉 그를 따르는 게 성공에 이르는 길이라고 생각하는 비슷한 재수 없는 인간들과 연합 전선을 구축한다. 그들에겐 항상 아주 싫어해 어떻게든 밀어내려 하는 사람이 있게 마련이다.

2. **지배하려 드는 인간들:** 조직적으로 팀원의 창의성과 기쁨을 옥죄려 하는 마이크로 매니저들이다. 이들은 합리적인 대화가 불가능하다. 어떤 좋은 아이디어도 자신이 직접 낸 게 아니면 괜히 심통을 부리고 팀에서 자기보다 더 재능 있는 사람에게는 아주 큰 위협감을 느낀다. 이들은 절대 누군가의 성취에 대해 그 공을 인정하지 않고 칭찬도 하지 않으며 심지어 그 공을 가로채기도 한다.

중요한 회의 때마다 모든 걸 지배하려 들며, 자신이 말할 때 누군가가 끼어드는 걸 용납하지 않고, 누군가가 자신의 아이디어를 비판하거나 다른 대안을 제시하면 화를 내며 방어적인 태도를 보인다. 이들은 자신의 일을 정말 잘하지만, 자신의 기술을 잘 연마한 뒤 그걸 주변 모든 사람을 깎아내리고 끌어내리는 데 사용한다.

3. **진짜 재수 없는 인간들:** 이들은 일도 일이고 그 밖의 모든 걸 아주 못한다. 비열한 데다 질투심도 많고 불안정해 파티 같은 데서 만나면 피하고 싶은 인간인데, 불행하게도 사무실 안 바로 옆에 앉아 있다. 이들은 일도 제대로 못하는데다 아주 비생산적이어서, 사람들의 관심을 다른 데로 돌릴 수만 있다면 무슨 짓이든 다 한다. 거짓말과 험담에 능하고 다른 사람들을 조종해 사람들이 그걸 눈치 못 채게 만든다. 이들의 좋은 점은 단 하나, 대개 퇴근을 아주 빨리 한다는 것이다. 사람들은 이들이 무능력하다는 사실을 한참 뒤에야 알아채기 시작한다. 아무도 이들과 같이 일하고 싶어 하지 않는다.

게다가 이 재수 없는 인간들은 주로 다음 두 가지 성향을 띤다. 첫째는 공격적인 성향이다. 이런 사람들은 화를 잘 낸다. 고함을 잘 지른다. 온갖 말도 안 되는 일들로 당신을 비난한다. 관리자가 있는 회의 자리에서 당신을 비웃고 모욕을 준다. 이런 사람들은 금방 눈에 띈다. 둘째는 잘 눈에 띄지 않지만 더 위험한 유형으로, 수동 공격적인 성향의 사람이다. 이런 사람들은 늘 웃는다. 당신의 말에 고개도 끄덕인다. 당신의 말에 동의하며 친절하게 행동한다. 그러나 당신이 없는 데선 험담을 퍼뜨리고 사사건건 골탕을 먹이려 한다. 공격적인 성향의 사람보다 훨씬 더 위험한 유형이다. 미처 알지도 못하는 새에 다가와 등에 칼을 꽂기 때문이다.

이 외에 직장에서 통제하려 드는 인간과 혼동하기 쉬운 또 다른 유형의 사람을 만나기도 한다. 얼핏 생각하면 또 다른 자기중심적 유형으로 보여 가까이

하고 싶지 않겠지만, 이들은 동기 자체가 아주 다르다. 이들의 동기는 자신이 이익을 보거나 다른 사람들을 해치려는 게 아니라 일을 더 잘하려는 것이다. 이런 사람은 믿어도 좋다. 이들은 늘 당신처럼 결정을 내리진 않겠지만 다수의 이익을 실현하려 애쓰며 제품 및 고객 관점에서 도움이 된다면 순리에 따른다. 이것이 정말 재수 없는 인간들과 근본적으로 다른 점이다. 물론 그렇다고 해서 같이 일하기 더 쉬운 상대라는 얘기는 아니다.

4. **임무 중심적인 인간들:** 미친 듯한 열정을 갖고 있으며 실제로 약간 미친 사람들이다. 이들은 말하는 게 아주 솔직하고, 현대 직장의 처세술 같은 건 가볍게 무시하며, '여기에선 이렇게 한다' 식의 미묘한 조직 위계질서 같은 것 또한 한 귀로 흘려버린다. 또한 진짜 재수 없는 인간들과 마찬가지로 성격이 원만하지 못해 같이 일하기도 쉽지 않다. 그러나 진짜 재수 없는 인간들과는 달리 배려심이 있다. 사람들의 말에 관심을 보인다. 심각할 정도로 열심히 일해 팀원들은 본의 아니게 분발하게 되기도 한다. 이들은 자신이 옳다는 걸 알 때는 뜻을 과감히 밀어붙이지만 상황에 따라 얼마든지 마음을 바꾸며, 다른 사람들이 정말 잘했을 때는 그 노력에 찬사를 보내기도 한다.

당신이 지금 임무 중심적인 인간과 같이 일하고 있는지 알 수 있는 좋은 방법은 그 사람에 대한 평판과 이야기들을 들어보는 것이다. 분명 그 사람이 해온 '미친 짓들'과 관련해 떠도는 이야기들이 있을 것이다. 그 사람과 같이 일했던 친한 사람들은 늘 주위에 그 사람이 실은 그리 나쁜 사람이 아니라고 말하고 다닐 것이다. 가장 중요하게는 그 사람과 같이 일했던 팀원들이 근본적으로 그 사람을 신뢰하고, 그 사람이 하는 일을 높이 평가하며, 그 사람과 함께 일한 기억을 기분 좋게 떠올린다. 그 사람 덕에 평생 그 어느 때보다 열심히 일했으니까 말이다.

···

나를 처음 본 사람들은 대부분 나를 재수 없는 인간이라고 생각한다.

그건 대개 내가 시끄럽기 때문이다. 나는 처음 몇 번은 조심스레 묻는다. 그래도 여전히 별 성과가 없으면 더 이상 조심스레 묻지 않는다. 나 스스로는 물론 주변 사람들에게도 압력을 가한다. 안 그러려고 해도 그리 되질 않는다. 나는 나 자신에게, 그리고 다른 모든 사람에게 최선을 기대한다. 우리 임무, 우리 팀, 우리 고객들에게 정말 관심이 많다. 그렇게 관심을 갖는 걸 그만둘 수가 없다.

그래서 밀어붙인다. 뭔가가 잘못됐다는 생각이 들 경우, 우리가 더 잘할 여지가 있다고 생각될 경우, 고객에게 더 많은 걸 줄 수 있다고 생각될 경우, 나는 밀어붙이길 멈추지 않는다. 그 무엇이든 되어가는 대로 내버려두지 않는다(제6.1장 '피라미드의 꼭대기에 선다는 것' 참조). 특히 나는 전문가들을 밀어붙인다. 이미 어떻게 하는지를 아는 사람들, 늘 어떻게 해왔는지를 아는 사람들 그리고 새로운 방식을 찾아내는 사람들을 말이다. 그건 아주 벅찬 일이다. 결코 쉬운 일이 아니다. 아마 그렇지 않다면 밀어붙이지도 않을 것이다.

그러나 그렇게 밀어붙인다고 해서 재수 없는 인간이 되지는 않는다. 세세한 면들을 그냥 넘어가지 못한다고 해서 재수 없는 인간인 건 아니다. 이런저런 추정들에 도전한다고 해서 재수 없는 인간인 건 아니다. '재수 없는 인간'이라며 누군가를 해고하기에 앞서 먼저 그 사람의 동기를 이해해야 한다. 자신의 에고를 만족시키려고 누군가를 괴롭히는 것과 고객의 이익을 위해 단호하고 열정적인 태도를 취하는 것은 하늘과 땅 차이다.

문제는 그 차이가 늘 명확히 보이지 않는다는 데 있다. 거센 허리케인 속으로 걸어 들어가면서 이성적인 생각을 하기란 어려운 법이니까. 아, 이 사람은 격정적인 허리케인이지! 그런 사람에겐 잠시 거센 바람이 몰아치게 시간을 주고, 그런 다음 뭔가 유용한 데이터를 보여주어야 한다.

어떤 허리케인들은 설득이 되지만, 어떤 허리케인들은 그렇지 못하다.

그래서 나 같은 스타일의 사람들을 다루는 법, 그러니까 허리케인 같은 사람들을 다루는 법은 이렇다. 일단 왜 그러는지 이유를 물어보라.

만일 그 허리케인이 당신에게 자신이 왜 뭔가에 대해 왜 그리 열정적인지를 설명해줄 수 있다면 당신은 그 사람의 사고 과정을 퍼즐 맞추듯 맞춰볼 수 있으며, 그에게 힘을 실어주든가 아니면 잠재적인 문제점들을 지적해줄 수 있다. 그러니 물어보라. 밀어붙이는 걸 두려워 말라. 당신이 믿는 바를 당당히 얘기한다면 그 사람은 당신을 더 높이 평가하게 될 것이다. 임무 중심적인 인간들은 자신의 일을 더 잘하고 또 자신에게 주어진 더없이 중요한 임무를 완수하고 싶어 한다. 회사가 올바른 방향으로 나아가게 하고 싶은 것이다. 따라서 당신이 만일 고객의 이익에 가장 부합되는 얘기를 한다면, 그 사람은 당신 말에 귀 기울이고 필요하다면 자기 마음도 바꿀 것이다. 마침내 말이다.

나는 애플 재직 시절, 스티브 잡스가 궤도를 벗어날 때마다 팀원들에게 늘 이렇게 말했다. "그래요, 이건 미친 아이디어예요. 하지만 정상적인 아이디어는 쌔고 쌨습니다. 우린 믿어야 합니다. 설사 오늘 잘못됐다 해도, 잡스는 조만간 올바른 답을 찾아낼 겁니다. 그러면 우린 그저 더 나은 접근 방식을 찾아내고, 그게 옳다는 걸 입증하면 됩니다."

바람이 불고 우박이 쏟아지는 것에 대비하라. 그러나 휩쓸려 나갈 걸 걱정하진 말라. 임무 중심적인 이 미친 인간들은 당신의 일을 엉망으로 만들어놓을 순 있지만 개인적으로 당신을 공격하진 않는다. 자기 생각에 동의하지 않는다 해서 당신에게 무례하게 굴지도 않을 거고 당신을 해고하지도 않을 것이다.

이게 바로 지배하려 드는 인간과 임무 중심적인 인간의 차이다.

지배하려 드는 인간은 사람들의 말에 귀 기울이지 않는다. 자신이 다 망쳐버렸다는 걸 인정하지도 않는다. 정치적인 인간들 역시 마찬가지다. 그들은 뻔히 보이는 문제들을 무시하고 합리적인 피드백도 주지 않는다. 정치적으로 도움이 안 되거나 자신의 에고가 그런 걸 받아들이지 못하기 때문이다. 그들은 제품이나 고객 또는 팀을 보호하려 하지 않는다. 오로지 자기 자신만 보호하려 든다.

분명히 말하지만, 스티브 잡스는 위에서 설명한 그런 재수 없는 인간이 아니었다. 물론 그는 종종 선을 넘었지만(그도 인간이었으니까), 나는 그걸 용납하거나 봐주지 않았다. 또 그런 일이 일상적으로 일어나지도 않았다. 그는 임무 중심적인 인간이요, 격정적인 허리케인이었다. 그리고 무엇보다 중요한 건 제품이었기에 제품에 가장 도움이 되는 결정은 결국 늘 채택됐다. 그는 늘 일에 집중했다. 늘.

재수 없는 인간들은 사람에 집중하고, 다시 말해 '사람을 지배하는 일'에 집중하고, 일을 엉망으로 만든다. 정말 재수 없는 인간들은 항상 모든 걸 '개인적으로' 처리한다. 그들의 동기는 일이 아니라 자기 자신의 에고이기 때문이다. 자기가 잘나가는 한, 그들은 제품에 어떤 일이 일어나든 또는 고객들이 어떤 문제에 봉착하든 그런 건 관심도 없다. 그렇게 재수 없는 인간들은 당신이 자랑스러워하는 뭔가를 점점 더 만들기 어려운 쪽으로 몰고 간다.

내 친구가 한번은 자신의 경험을 이야기해주었다. 그녀의 이야기에 따르면 제품 개발 기간 중에 CEO가 종종 내 친구에게 전화해 이런저런 질문도 하고 아이디어도 구했다고 한다. 그녀 바로 위에 있는 관리자에게 원하는 만큼 빨리빨리 정보를 얻을 수 없어 그를 제치고 바로 그녀를 찾은 것이다. 그러자 그 관리자는 몹시 화를 냈다. 어떻게 감히 서열을 어기고 건너뛴단 말인가? 여기서는 그딴 식으로 일하지 않아! 그러면서 그 관리자는 퉁명스럽게 말했다. "CEO하곤 절대 직접 얘기하지 말아요! 절대 그에게 전화하지 말아요! 반드시 나를 통하도록!"

전화는 그녀가 한 게 아니라 CEO가 한 것이었다. 내 친구는 멍청이가 아니었다. 그녀는 CEO가 전화를 걸어 뭘 알고 싶어 했고 어떤 대화를 나눴는지 자기 관리자에게 전부 다 보고했다. 하지만 그는 그걸로 만족하지 않았다. 그러고는 CEO가 원하는 답을 해주기 위해 더 열심히 일하는 대신 아예 내 친구의 전화 통화 자체를 막아버렸다.

내 친구는 이런 어이없는 상황을 받아들일 수 없어 그 관리자의 지시를 완전히 무시했다. 그러나 진행 중인 프로젝트 때문에라도 관리자와의 문제를 해결해야 했다. 결국 그녀는 지배하려 드는 인간을 상대할 때 쓸 수 있는 유일한 해결책을 동원했다.

1. 따뜻함으로 무력화시킨다.
2. 무시한다.
3. 건너뛴다.
4. 그만둔다.

이 방법을 좀 더 자세하게 설명하자면 이렇다. 무엇보다 먼저, 지배하려 드는 인간을 믿어보도록 하라. 그 사람은 예전에 같이 일했던 그 누군가와 인간관계가 좋지 않았거나 불쾌한 경험을 했을 수도 있다. 아니면 당신과 같이 일하려면 어떻게 해야 하는지를 잘 알지 못해 그럴 수도 있다. 어쩌면 이 모든 상황이 엄청난 오해에서 비롯된 것일 수도 있으니, 그 오해를 풀고 상대에게 당신과의 관계가 생산적인 관계가 될 수도 있음을 보여주도록 하라.

먼저 당신이 문제가 아님을 분명히 하라. 당신이 뭔가 잘못해 상대에게 잘못된 인상을 심어주고 있는 것도 아니며, 당신이 본의 아니게 어떤 문제를 일으키고 있는 것도 아니다. 마음을 열고 상대와 대화를 하고 그 자리에서 두 사람의 관계가 처음부터 잘못됐음을 인정하라. 우호적인 태도를 취하라. 따뜻하게 대하라. 그 사람을 공개적으로 칭찬하도록 하라. 그 사람이 뭔가를 했을 때(심지어 그 일을 잘못했다 해도) 그 공을 인정해주어라. 때론 그 정도만 해도 효과가 있다.

때론 효과가 없기도 하다.

직접 상의도 해보고 조언도 구해보고 평소에 잘 대해주면서 몇 차례 솔직한 대화도 해보는 등 최선을 다했는데도 별 효과가 없다면, 스스로 방어할 준비를 해야 한다. 위에 좋은 관리자가 있다면, 지배하려 드는 그 인간으로부터 당신을 지켜달라고 부탁해보라. 그런 다음 지켜보라. 그 관리자가 상황을 잘 정리해 다시는 그 인간과 마주칠 일도 없고 더 이상 그 인간으로부터 말도 안 되는 소리를 듣지 않아도 되는지를.

만약 그게 도움이 되지 않는다면, 이제는 그 인간을 그냥 무시하도록 하라. 뭔가를 결정하는 데 개입하지 못하게 하라. 허락이 아닌 용서를 구하라. 궁극적으로는 용서를 구하는 일조차 건너뛰어라. 당신이 회사를 위해 뭔가 의미 있는 일을 하고 있다면 그리고 그게 정말 그럴 가치가 있는 일이라면 말이다. 그 인간은 당신에게 고함을 질러대고 온갖 술책을 다 꾸미려 할 수도 있겠지만 이미 손발이 다 묶여 할 수 있는 일이 별로 없을 것이다. 불쾌해하지도 말고 공격적으로 나가지도 말라. 그냥 당신의 일을 계속 해라. 그렇게 하면서 시간을 벌면 당신이 맡은 프로젝트를 무사히 마칠 수 있을 것이다.

물론 때로는 그렇지 않을 수도 있다.

나와 같이 일하던 한 재수 없는 인간은 몇 주 동안 나에게 무시당한 끝에 그리고 회의 때마다 나를 깎아내리려 하고 이런저런 모욕을 주려 한 끝에, 나를 끌고 자기 사무실 안으로 들어갔다. 그리곤 내 눈을 똑바로 쳐다보며 이런 말을 했다. "이 방 안에 잘난 인간 둘이 있는데. 누가 더 잘났을까?"

지금도 기억하지만, 나는 당시 그 방에 가만히 앉아 그가 한 말의 의미를 파악하려 애썼다. 그 사람은 내게서 어떤 답을 기대한 걸까? 아니면 어떤 행동을? 자기한테 주먹질이라도 하길 바란 걸까? 그게 목적이었을까? 칠판 긁히는 소리를 들을 때만큼이나 너무도 기분 나쁜 순간에 놓인 나는 꼭 필요한 일만 하기로 했다. 아무 말 없이 앉아 그를 쳐다보기만 한 것이다. 그는 계속 떠들어댔다. 그야말로 포문이 열린 듯했다. 그러나 나는 휘말려들지 않았다. 말다툼하지 않았다. 그저 속으로 '세상에 이런 일도 있구나' 했다. 그렇다. 그는 그런 인간이었다. 우리는 게임을 하고 있었다. 그는 내 팀도 아니었다. 내 존경을 받을 자격도 없었다.

이제는 내 쪽에서 공세를 취해야 할 필요가 있었다. 지원도 필요했다.

어떤 재수 없는 인간과 문제를 겪고 있다면 같은 문제로 골치를 썩이고 있는 사람이 비단 당신 하나는 아닐 것이다. 그 인간이 회사를 그만둬야 한다는 데 동의하는 사람들을 찾아보라. 그 인간의 동료들과 얘기를 나눠보고 인사팀 쪽과도 얘기를 나눠보라. 적절한 순간에 그 인간의 상사와도 얘기를 나눠보라. 아마 대개 당신 얘기에 고개를 끄덕일 것이며 이미 뭔가 조치를 취하는 중이라고 말할 수도 있다. 아주 골치 아픈 일이며 완전히 해결될 때까지 하세월이겠지만, 잘하면 재수 없는 그 인간이 당신의 프로젝트에서 배제되거나 아니면 당신의 인생에서 완전히 사라지게 될 것이다.

그래도 별 효과가 없다면 다른 팀으로의 이동을 시도해볼 수도 있다. 그러나 상대가 정말 재수 없는 인간이라면 아마 회사 내에서 이미 악명이 높을 테고, 그러면 괜한 불똥이 튀는 게 싫어 다른 팀에서 당신을 받아주지 않을 수도 있다. 나는 그렇게 한 사람이 떠돌이 신세가 된 경우를 본 적 있다. 문제의 관리자가 보복에 나설지도 모른다는 두려움 때문에 어떤 팀에서도 그 사람을 데려가려 하지 않았던 것이다.

상황이 그쯤 되면 아마 당신이 택할 수 있는 마지막 방법은 하나밖에 없다.

그만두는 것이다.

당신의 상사와 인사팀에게 그리고 당신 일에 관심이 있는 모든 사람에게 당신은 할 수 있는 노력을 다 했지만 더 이상 그 인간과 같이 일할 수 없다는 말을 전하라(제2.4장 '때론 그만두는 게 도움이 된다' 참조).

만일 당신이 회사에 꼭 필요한 사람이라면 경영진 측에서 어떻게든 당신을 붙잡고 상황을 진정시킬 방법을 찾으려 할 것이다. 가장 중요한 건 당신이 얼마나 의미 있는 프로젝트를 진행하고 있느냐다. 당신은 그런 프로젝트를 진행하고 있고 문제의 그 인간은 그러지 못하다면, 결국 그 사람은 재수 없는 인간으로 밝혀져 고립되거나 무력화될 것이다. 어쩌면 그러기까지 아주 오랜 시간이 걸릴 수도 있지만 대개 재수 없는 인간은 힘을 잃기 시작하면서 서서히 몰락한다.

물론 늘 그런 건 아니다.

어떤 재수 없는 인간들은 조직에서 밀려나는 상황에서도 여전히 당신을 골탕 먹이기도 한다. 늘 소셜 미디어를 잘 살펴보도록 하라. 회사 내부의 소문에만 신경 써선 안 된다. 잊지 말고 글래스도어Glassdoor(세계 최대 규모의 직장 평가 웹사이트—옮긴이)와 페이스북, 엑스, 미디엄Medium(미국의 온라인 출판 플랫폼—옮긴이), 링크드인은 물론 쿼라Quora(질의응답 웹사이트—옮긴이)도 확인해보라. 틱톡TikTok도 예외없이 소셜 미디어라면 뭐든 다. 열 받은 인간들은 어디서든 마실 물에 독을 탈 것이다. 소셜 미디어는 모든 재수 없는 인간들의 무기고에 들어 있는 새로운 무기다. 직장에서 당신으로부터 원하는 걸 얻는 데 실패할 경우, 그들은 모든 걸 아주아주 개인적으로 또 아주아주 공개적으로 처리하려 들 수도 있다.

이는 늘 골머리 아프고 말할 수 없이 불쾌한 일이지만 상대가 만일 지배하려 드는 인간이거나 특별할 게 없는 평범한 재수 없는 인간이라면, 그 사람은 아마 스스로 자멸할 테고 언젠가는 결국 진실이 밝혀지게 될 것이다.

그러나 정치적인 인간은 이들과 완전히 다른 종족이다.

정치적인 인간들의 문제는 다른 정치적인 인간과 동맹을 맺는 경우가 많다는 점이다. 평범한 사람이라면 정치적인 인간이 승진하는 모습을 보면서 자신도 그를 따라가야겠다고 생각할 수도 있다. 그렇게 해서 정치적인 인간들의 동맹은 점점 커지게 되고, 그들은 전적으로 상사의 마음을 사는 일에만 전념하며, 그래서 상사들은 회사 내 실제 상황을 잘 모르게 된다.

정치적인 인간들은 큰 조직 안에서 번성하며 워낙 권모술수에 능하기 때문에 당신이 그걸 묘사하려 하면 아마 미친 사람 내지는 편집증 환자처럼 느껴질 수도 있다. 그들은 자기 일에 뛰어나지 못한 사람들을 찾아내며, 자신들에게 충성하는 대가로 그들을 보호해준다. 그들은 자기 동료의 약점을 이용한다. 관리자와 바람을 피고 있다고? 우리가 인사팀에 얘기해 덮어줄까? 그러면 그 동료는 평생 갚아야 할 빚을 지게 된다. 마치 마피아처럼 말이다. 그러나 그 마피아는 사람 대신 좋은 아이디어를 죽인다.

정치적인 인간들은 자신들의 군대를 동원해 불화의 씨를 뿌리거나 소문을 듣고 그걸 퍼뜨리기도 한다. 그런 식으로 사람들을 통제한다. 그런 식으로 못된 짓을 하고도 무사히 넘어간다. 그렇다면 이런 마피아들을 상대로는 대체 어떻게 싸워야 할까?

이때는 같이 일하는 사람들을 끌어모아 당신의 게임을 시작할 계획을 세워야 한다. 그러나 당신 자신을 보호하기 위해, 또는 승진이나 권력을 쥐거나 보너스를 받기 위해, 또는 재수 없는 인간들이 추구하는 것들을 추구하기 위해 그렇게 해선 안 된다. 오직 고객들의 이익을 위해 한데 뭉쳐야 한다.

정치적인 인간들 패거리는 피라미드 꼭대기에 오르기 위해 서로 치고받고 싸운다. 그러나 당신이 끌어모은 사람들은 서로를 밀어 올려주고 정치적인 인간들의 끔찍한 결정들로부터 고객들을 지키는 데 집중해야 한다. 거짓말을 퍼뜨리거나 남의 아이디어를 훔치거나 아무 관계도 없는 프로젝트들에 개입하기 시작할 때, 정치적인 인간들 패거리는 앵무새처럼 서로의 말을 경영진에게 그대로 전하려 한다. 그들은 어떻게든 서로 똑같이 입을 맞추려 한다. 그리고 서로가 서로를 지원해 결국 그 누구도 그들의 말을 무시하지 못하게 만든다.

당신 쪽 사람들이 그들의 헛소리에 반박하고 나서야 하는 순간은 바로 이때다. '브란돌리니의 법칙'Brandolini's law 이라는 헛소리 비대칭의 원리가 적용되는 것도 바로 이때다. 다시 말해 "헛소리를 반박하는 데 필요한 에너지의 양은 그 헛소리를 만들어내는 데 필요한 에너지보다 훨씬 더 크다."는 것이다.

그런 이유로 당신은 멋진 이야기를 만들어낸 뒤, 서로 지원해줄 마음의 준비를 한 채 회의 장소로 걸어 들어가야 한다. 사전에 당신 쪽 사람들과 서로 합의를 하고 모두가 그 이야기를 알고 있도록 해야 한다. 당신 이야기를 뒷받침해줄 데이터를 충분히 수집해 그 이야기가 그저 정치적인 인간들의 헛소리에 대한 반박에 그치지 않게 하라. 그렇게 해야 정치적인 인간이 떠들기 시작할 때, 그에 맞서 동원할 무기와 인력이 확보된 유리한 상태에서 싸울 수 있다.

운이 좋으면 마피아를 무력화시키거나 적어도 그들이 보다 쉬운 다른 먹잇감에 집중하도록 만들 수 있다. 이런 종류의 싸움에서 얻을 수 있는 이점들 중 하나는 다양한 집단의 멋진 사람들과 지속적인 유대감을 형성할 수 있다는 것이다.

제품을 망치고 고객들을 골탕 먹이는 재수 없는 인간들의 행태를 중단시키고 나면, 그다음에는 그들이 이런저런 이야기를 만드는 걸 멈추게 할 수 있다. 무엇보다 가장 먼저 절대 하고 싶지 않은 말도 안 되는 게임들을 중단시키도록 하라. 그래야 우리가 사랑하는 일로 되돌아갈 수 있다.

재수 없는 인간들은 이렇다. 그들은 말할 수 없이 불쾌해, 당신의 이런저런 기억들 속에서 유난히도 눈에 띈다. 그러나 그들은 소수일 뿐이다. 정작 대부분의 사람은 그냥 사무실에 출근해 뭔가 멋진 걸 만들고 싶어한다. 당신에게 문제를 안겨주는 사람들이 다 악의적이거나 권모술수에 능한 사람은 아니다. 그들은 어떻게든 살아남으려 애쓰고 있거나 처음 관리자가 되었거나 직업을 잘못 선택했거나 아니면 그저 아주 일진이 안 좋았을 뿐이다. 아이 때문에 잠을 설쳤을 수도 있다. 어머니가 세상을 떠났을지 누가 아는가? 세상 아무리 좋은 사람들도 때론 재수 없는 인간처럼 행동할 수 있다. 아니면 격정적인 허리케인 같은 사람이어서, 당신이 갈 수 있는 곳보다 더 멀리 가라고 밀어붙이고 있는 것일 수도 있다. 당신이 재능도 있고 자제력도 있는 사람이라는 걸 잘 알기 때문에 말이다.

다시 말해 대부분의 사람은 재수 없는 인간들이 아니다.

설사 그런 인간들이라 해도, 그들 역시 인간이다. 그러니 직장에 출근해 누군가를 해고시키려 하지 마라. 먼저 따뜻하게 대하라. 평화를 유지하도록 하라. 가장 좋은 시나리오를 그려라.

그러나 만일 그게 효과가 없다면, 그다음엔 가는 말이 고와야 오는 말도 곱다는 걸 잊지 마라. 고운 말이 결코 빨리 오지 않는다고 해도 말이다.

제4장

때론 그만두는 게 도움이 된다

끈기는 큰 미덕이다. 그걸 부정할 사람은 없으리라. 그러나 뭔가를 만들어내기 위해 끈기를 발휘한다는 건 그 일을 하면서 한동안 돈을 덜 벌게 된다거나 아니면 그 프로젝트를 마칠 때까지 문제 있는 회사에 계속 다녀야 한다는 의미일 수도 있다. 그럴 때도 끈기가 미덕이 될 수 있을까?

때론 그냥 회사를 그만둬야 할 때도 있다. 그때를 어떻게 알 수 있을까? 바로 다음과 같을 때다.

1. **주어진 임무에 더 이상 열정이 없다.** 월급 때문에 또는 원하는 직책에 오르기 위해 계속 회사를 다니지만 책상에 앉아 있는 시간이 영원처럼 길게 느껴진다면, 당신 스스로를 구하도록 하라. 당신이 무엇 때문에 회사에 다니든 아침에

잠자리에서 일어나기 싫을 만큼 견디기 힘든 일 때문에 영혼이 빨리는 듯한 비참함을 맛본다면 그 모든 게 대체 무슨 소용이 있겠는가?

2. **당신은 모든 걸 다 시도해봤다.** 당신은 주어진 임무에 여전히 열정적으로 임하지만 회사는 계속 당신을 실망시킨다. 그래서 관리자와 다른 팀들, 인사팀은 물론 고위직 임원들과도 얘기를 해봤다. 길을 가로막고 있는 장애물들에 대해 알고 싶었고, 각종 해결책과 옵션들도 설명했다. 그러나 당신이 맡고 있는 프로젝트는 여전히 진전이 없고 당신 위의 관리자는 계속 고집불통이며 회사는 무너지고 있는 중이다. 이런 경우라면 그 직장을 떠나야 하지만, 당신은 여전히 주어진 임무에 집착하며 비슷한 과정을 밟고 있는 다른 팀을 찾고 있다.

일단 회사를 그만두기로 결정했다면 즉시 떠나도록 하라. 다만 그간 회사 일에 헌신해왔으니 유종의 미를 거두는 의미에서 기왕 시작한 일은 최대한 마무리 짓고 가라. 당신이 맡은 프로젝트의 다음번 큰 이정표, 그러니까 자연스러운 중단 지점을 찾아 그때 떠나라. 회사에 몸담은 기간이 오래될수록, 당신이 맡은 일이 많을수록, 회사를 그만두는 데 더 오랜 시간이 걸릴 것이다. 개별 기여자들의 경우 대개 사직하기 몇 주에서 두 달 전쯤 통보를 한다. CEO들의 경우에는 1년 이상 전에 사의를 알리기도 한다.

· · ·

나는 내가 맡은 프로젝트가 진행되는 걸 끝까지 지켜본 뒤 필립스를 그만두었다. 우리 팀의 성공에 필요한 모든 수단을 강구한 것이다. 나는 모두가 똑같은 마이크로소프트 운영체제를 사용하고 우리 제품의 거의 모든 특징이 그 운영체제에 휘둘리는 상황에선 결코 필립스가 경쟁에서 이길 수 없다는 사실을 깨달은 순간 그만두기로 결심했다. 나는 4년간 열심히 일하고 좌절하고 배우고, 개인적으로 또 전문가로서 성장한 뒤에 그만두었다.

그러나 리얼네트웍스는 단 2주 만에 그만두었다. 그 일을 아주 싫어하게 될 것 같다는 불길한 조짐을 보았기 때문이다.

그렇기는 해도 나는 사직 통고를 한 뒤 4주 정도 더 머물렀다. 그러면서 우리가 시작할 수 있는 다른 사업들을 제안했고 대략적인 사업 계획들을 내놓았으며 프로젝트 프레젠테이션도 했다. 그들에게 뭔가 손에 잡히는 것, 그러니까 괜찮은 아이디어에서 출발한 괜찮은 일을 남겨주고 싶었던 것이다. 그 누구도 '그 친구 괜히 와선 우리에게 엿만 먹이고 떠났네' 같은 말을 하지 못하게 말이다(어쨌든 그런 말들을 했을 게 분명하지만).

어쨌든 나는 거기서 빠져나와야 했다. 회사가 처음에 했던 말을 번복하고 내게 시애틀로 옮겨가라는 말을 한 순간, 나는 그 회사에 대한 믿음을 완전히 잃었다. 믿지 못하는 사람들과 같이 일할 수는 없는 법이다. 내 안에서 모든 것들이 이렇게 외치고 있었다. '이건 그저 나쁜 데서 더 나쁜 데로 가는 것일 뿐이야!'

대부분의 사람은 자신이 그만둬야 할 때를 직감적으로 안다. 그러나 그렇게 스스로 그만두라고 말하면서도 몇 달 아니, 몇 년을 더 머물기도 한다. 반면 당시 나는 처음부터 알 수 있었다. 이 회사에 머물면 돈은 많이 받겠지만 더없이 비참해지리라는 걸. 분명히 말하지만, 일이 싫다면 아무리 많은 돈을 받아도 아무 소용없는 법이다.

한 번 더 반복해야겠다. 일이 싫다면, 회사가 당신을 붙잡기 위해 아무리 월급을 올려주고 승진을 시켜주고 온갖 특혜를 다 주어도 아무 소용없다.

이런 말이 나처럼 운 좋고 부유한 사람 입에서 나오면 공허하게 들릴 수도 있다는 걸 잘 안다. 그러나 지금 내가 누리고 있는 부는 싫을 게 뻔한 일을 하기 위해 많은 연봉이나 높은 직책을 수락해서 얻은 게 아니다. 나는 늘, 항상 내 호기심과 열정을 따랐다. 그 얘기는 달리 말해 내가 그간 많은 돈을 탁자 위에 두고 떠났다는 의미이기도 하다. 다른 사람들이 '저 친구 정말 미친 거 아냐?'라고 생각할 만큼 많은 돈을 두고 말이다. "당신이 지금 대체 뭘 두고 떠났는지 보라구! 아이폰 프로젝트 책임자 자리를 그만두고 애플을 떠나? 게다가 그 많은 돈을 두고? 당신 정말 어디 잘못된 거 아냐?"

그러나 그럴 만한 가치가 있었다.

자신이 싫어하는 일에 집착해본 경험이 있는 사람이라면 그 느낌을 알 것이다. 아무 의미도 없는 그 모든 프로젝트들, 그 모든 회의들, 계속되는 시간 낭비들. 자기 위의 관리자도 존경하지 못하며, 주어지는 모든 일에 짜증만 나고, 하루 일과가 끝나면 지칠 대로 지쳐 흐느적거리며 문을 나선다. 심지어 집에 가서도 식구들과 친구들이 당신만큼 비참해질 때까지 불평불만을 늘어놓는다. 당신의 삶에서 에너지도, 건강도, 기쁨도 다 영영 사라진 시간같이 느껴진다. 직책이니 명예니 돈이니 하는 것들이 다 무슨 소용인가?

그런 함정에 빠지지 말라. 당신이 더 나은 옵션들을 모른다고 해서 실제 그 옵션들이 존재하지 않는 건 아니다. 달리 돈 버는 길은 언제나 존재한다. 달리 선택 가능한 일도 언제나 존재한다. 일단 다른 일을 찾고 있다거나 일을 그만두었다는 말을 하고 나면 십중팔구 새로운 기회들이 찾아오기 마련이다. 나는 늘 친구들에게 그런 일이 일어나는 걸 보고 있다. 그들이 링크드인에 새로운 글을 올리면 바로 사람들에게서 연락이 온다. '오! 이 사람이 놀고 있다니!' 신나는 일이 아닐 수 없다.

물론 세상사가 다 그렇지만 적임자라고 생각되는 사람들을 알고 있는 게 도움이 된다. 그런 사람들을 찾아내는 비결은 네트워킹, 즉 인맥을 쌓는 것이다. 그렇다고 컨퍼런스나 행사장 같은 데를 찾아가 사람들에게 명함을 뿌리고 조그만 샌드위치들을 먹고 있는 잠재적 고용주들에게 다가가라는 얘기가 아니다. 새로운 인간관계를 맺고, 비즈니스를 떠나 당신 분야 밖에 있는 다양한 사람들과 얘기를 나눠보라는 뜻이다. 세상에 다른 어떤 것들이 있나 알아보라. 새로운 인간들을 만나보라. 네트워킹은 당신이 끊임없이 해야 하는 일이다. 심지어 행복한 직장 생활을 할 때도 말이다.

2011년에 한 임원과 점심 식사를 같이 했던 기억이 난다. 그는 이제 막 애플을 떠나 새로운 회사를 설립하려는 참이었다. 그는 1990년대 말부터 애플에서 일했고, 그 이전에도 수년간 스티브 잡스를 멘토로 모신 사람이었다. 세상 모든 이점을 다 누린 사람이라고 생각되지 않는가? 그는 지난 10여 년간 세상에서 가장 역동적인 리더 곁에서, 그리고 실리콘밸리에서 가장 유명한 기업의 심장부, 그것도 최고위층에서 일했다. 그러니 그 누가 그에게 투자를 하려 하지 않겠는가? 그 누가 그와 함께 일할 기회를 잡으려 하지 않겠는가?

그는 이제 막 감옥에서 나온 사람 같았다. 그는 스티브 잡스의 영향력이 미치는 곳 너머의 사람들과는 얘기를 나눠본 적이 없었다. 어떤 사람에게 가야 할지, 창업 자금은 어떻게 마련해야 할지 알지 못했다. 세상 사람들과의 관계는 오로지 애플을 통해서만 맺어왔는데, 일단 애플을 떠나자 모든 게 오리무중이 된 것이다. 물론 그는 결국 그 답을 찾아냈다. 그러나 자신의 예상보다 너무 오랜 시간이 걸렸다.

그러니 절대 함정에 빠지지 말라.

인적 네트워킹을 목적을 위한 수단으로 생각하지 말라. 인간관계를 무조건 누군가에게 호의를 베풀면 상대 또한 당신에게 호의를 베풀어야 하는 관계로 생각지 말라. 그 누구도 자신이 이용당하고 있다는 느낌을 받고 싶어 하지 않는다.

사람들과의 대화와 관계는 당신의 호기심에서 시작되어야 한다. 당신 회사의 다른 팀들은 어떻게 일하는지 또 사람들은 무얼 하고 있는지 알고 싶은 마음에서 나와야 한다. 당신이 경쟁업체 사람들과 얘기를 나누고 싶어 하는 이유는 서로 같은 문제들을 해결하려 애쓰고 있고 또 그들은 다른 접근 방식을 취하고 있기 때문이다. 당신이 참여 중인 프로젝트가 성공하길 원하는가? 그렇다면 점심 때 가까운 팀원들하고만 얘기 나누지 말고 당신의 사업 파트너들과 고객들 그리고 그들의 고객과 파트너들과도 점심을 같이 하라. 모든 사람과 얘기를 나눠보고, 그들의 아이디어와 관점들을 받아들이도록 하라. 그렇게 함으로써 누군가를 도울 수도 있고 친구가 되거나 흥미로운 대화를 시작할 수도 있다.

흥미로운 대화는 때때로 면접으로 이어지기도 한다. 물론 그러지 않을 수도 있지만 적어도 흥미로운 대화라는 데는 변함이 없다. 적어도 당신 내부에 숨겨진 잠재력에 불꽃이 튀는 걸 느낄 수도 있다. 그리고 그 결과 또 다른 대화를 통해 또 다른 길을 갈 수도 있다. 터널 끝에 불빛이, 그러니까 다시 일해보고 싶다는 마음이 드는 또 다른 회사나 일 혹은 팀이 보일 때까지 그런 대화를 나눠라. 그러다 보면 당신 자신을 되찾은 듯한 느낌이 들 것이다.

그런 일이 일어날 때, 다니던 직장을 그만두어라.

물론 그렇다고 해서 곧바로 관리자 사무실로 걸어 들어가 책상 위에 사직서를 던진 뒤 그간 해온 모든 일을 내팽개치고 떠나진 말라. 아무리 하는 일이 싫다고 해도, 모든 걸 뒤죽박죽인 채로 놔두고 떠나선 안 된다. 할 수 있는 것들은 마무리 짓고 할 수 없는 것들은 정리하며, 가능하면 후임자에게 업무 인수인계를 잘 해주어라. 몇 주일이 걸릴 수도 있고 몇 달이 걸릴지도 모른다. 당신이 관리자나 고위급 리더라면, 솔직히 그 기간이 영원처럼 느껴질 수도 있다. 나의 경우, 구글 네스트를 그만두는 데 9개월이 걸렸다. 애플에서는 20개월이나 걸렸고.

사람들은 당신이 어떻게 들어왔는지는 기억하지 못해도 어떻게 떠났는지는 기억한다. 다만 그게 두려워 그만두기로 한 결정을 단념하지는 마라. 일단 믿음을 갖고 주어진 임무를 해낼 수 있는 곳을 발견하면 모든 게 변화한다.

물론 그렇게 옮긴 직장이나 그 일 역시 그만둬야 할 수도 있다. 그러나 회사는 어디까지나 부차적이다. 의욕을 타오르게 만드는 뭔가를 발견한다면 그걸 추구하면서 가장 좋은 기회들을 찾도록 하라. 나는 '개인용 전자 기기'에 꽂혀 다섯 곳의 회사를 거치면서 내 열정을 불살랐다. 그게 내가 정말 하고 싶은 일이었기에 나는 그 일을 하기 위해 계속 새로운 기회들을 찾았다. 기업마다 똑같은 문제를 놓고도 보는 시각이나 해석이 완전히 달랐다. 그 덕에 나는 풀고 싶은 문제들과 가능한 모든 해결책들에 대해 깊고 다채로운 360도 시야를 갖게 됐다. 이런 부분이 연봉 계약을 맺고 월급을 주는 기업보다 훨씬 더 소중했다.

만일 당신의 열정을 따를 수 있는 좋은 기회를 만난다면 당신이 몸담은 회사에서 그 기회를 살릴 노력을 해보기 전까진 그만두지 마라.

그러나 그렇지 않다면, 뭔가가 잘되지 않는다면, 그걸 해결할 힘도 없는 사람들에게 불평불만을 털어놓지만 말고 그냥 그만둬라. 당신 관리자와 얘기를 해봐도 해결이 안 된다. 특히 문제의 근원이 그 관리자라면 더욱 그렇다.

만일 회사 내부 정책이나 부실한 행정 또는 경영진의 변덕 또는 단순히 잘못된 결정들 때문에 당신이 큰 관심을 갖고 있는 임무가 활기를 잃어간다면 망설이지 말라. 네트워킹을 활용하라. 모든 사람들과 얘기를 나눠봐라. 일과 관련 없는 잡담, 내부 험담, 아무 해결책도 없는 불평불만은 아무 영양가가 없다. 당신과 당신 팀이 직면한 난제들을 해결할 아이디어들을 짜내보라. 당신의 관리자와 인사팀 그리고 다른 팀들과 얘기를 나눠보라. 당신 말에 귀 기울여줄 적절한 리더들을 찾아라. 그들은 당신의 말에 동의하거나 이의를 제기하거나 혹은 생각을 개선할 수 있게 조언을 해줄 것이다. 다 도움이 된다. 그들의 관점을 받아들이도록 하라.

고위급 리더들도 만나보라. 임원들과 연결될 수만 있다면 이사회 이사들과 투자자들까지 만나보면 좋다. 필립스에서 또 애플에서 내가 그랬다. 가능한 한 높은 곳까지 올라가 그들에게 무엇이 문제인지를 알려주도록 하라. 그 문제들이 해결되지 않으면 회사를 그만두게 될 테니 당신 입장에서는 잃을 게 없다.

조직 꼭대기에 있는 사람들은 대개 아래쪽에서 일어나고 있는 일들에 관심이 많다. 그래서 그런 얘기를 해준 당신에게 보상을 주려 할 수도 있다. 당신의 좌절감에 공감하며 같이 좌절감을 표할 수도 있다(그걸 직접 말로 하진 않겠지만).

이 모든 과정에서 당신의 직속 상사를 미치게 만들어버릴지도 모른다. 바로 위 관리자를 건너뛰는 건 늘 민감한 문제이기 때문이다. 내가 그들을 건너뛰고 바로 다른 임원들에게 다가갈 때마다 그들은 말 그대로 미치려 했다. 그러니 당신의 직속 상사가 묻는다면 있는 그대로 얘기해주어라. 그 이유도 말해줘라. 지금은 허락이 아닌 용서를 구해야 할 때다. 얘기해봤지만 아무것도 해결된 게 없다고 설명해줘라. 당신이 뭘 우려하고 있는지, 어떤 해결책들을 생각하는지 말해주어라. 어떤 사람들과 얘기를 하고 있으며 또 무엇을 성취하고 싶어 하는지도 설명해주어라.

그러나 만일 이런 접근 방식을 택할 거라면, 그러니까 당신의 직속 상사를 건너뛰어 회사를 발칵 뒤집어놓을 거라면 당신이 제기하는 문제가 당신 혼자만을 위한 게 아니라는 점을 분명히 해두어야 한다.

언젠가 애플에서 대규모 기업 전체 회의를 했을 때였다. 그 회의는 1년에 겨우 두세 번밖에 열리지 않는 큰 규모의 회의였다. 당시 질의응답 시간에 한 친구가 자리에서 일어나더니 스티브 잡스에게 자신이 왜 승진하지 못하는지, 왜 좋은 인사고과를 받지 못하는지에 대한 질문들을 해대기 시작했다. 잡스는 믿기지 않는다는 표정으로 그를 보며 말했다. "그 이유를 설명해주죠. 그건 당신이 만 명이 넘는 사람들 앞에서 그런 질문을 하기 때문입니다."

그 직원은 이후 곧 해고당했다. 그 직원처럼 되지 말라.

물론 충분한 돈을 받지 못한다거나 승진이 되지 않는다거나 하는 개인적인 문제들이 있을 수 있다. 아니면 현재 참여하고 있는 프로젝트와 관련해 문제들이 있을 수도 있다. 개인적인 문제 때문에 회사를 그만두는 건 완전히 타당하다. 그러나 그런 문제에 대해 회사의 모든 사람에게 불평불만을 늘어놓는 건 전혀 타당하지 않다. 또 만 명이 넘는 사람들 앞에서 분탕질을 쳐서도 안 된다. 당신의 주식 보상제와 관련해 한 임원에게 계속 징징대는 것도 타당하지 않다.

모든 사람에게 관심을 받고 싶은가? 그렇다면 개인적인 이익을 위한 얘기가 아닌 주어진 임무를 수행하기 위한 얘기를 해야 한다. 당신의 프로젝트를 괴롭히는 문제들에 대해 철저히 생각해보라. 사려 깊고 통찰력 있는 해결책들을 적어보라. 그런 다음 그 해결책들을 경영진에게 제시하라. 그 해결책들이 통하지 않을 수도 있지만 적어도 그러한 생각을 하는 과정 자체는 도움이 될 것이다. 불평불만을 멈춰라. 대신 꾸준히 노력하고 지혜롭게 때를 기다려라. 전문가답게 처신하고 설사 성공하지 못하더라도 그 결과에 후회하지 말라. 그리고 사람들에게 이렇게 말하라. 당신은 문제 해결에 정말 관심이 많지만 그 문제들을 해결하지 못할 경우 아마 그만두게 될 거라고.

그게 말로 끝나선 안 된다. 그게 뭔가를 타협하기 위한 술책이 되어선 더더욱 안 된다. 너무도 많은 사람이 말도 안 되는 떼를 쓰다 자신의 경력을 망쳐버리곤 한다. 여차하면 그만두겠다고 협박을 한 뒤, 마음을 바꿔 어영부영 다시 회사에 남는 일은 절대 하지 말라. 그랬다간 모든 사람에게 존경심을 잃게 될 것이다. 말과 행동은 반드시 일치해야 한다. 그만두겠다는 말은 당신이 던지는 마지막 카드가 되어야 한다.

그리고 이걸 잊지 말라. 설사 경영진 측에서 당신이 옳다는 걸 인정하고 큰 변화를 약속한다 해도, 뭐든 변화하는 데는 시간이 좀 걸린다. 혹은 전혀 변화하지 않을 수도 있고. 그렇다 해도 시도해볼 만한 가치는 있다. 언제든 상황이 안 좋아진 상태에서 그만두는 건 이력 관리 측면에서도 좋아 보이지 않을 뿐 아니라, 당신이 자랑스러워하는 뭔가를 만들 기회도 함께 날려버리는 것이기 때문이다. 좋은 일들에는 시간이 필요하다. 큰일에는 더 많은 시간이 필요하고. 이 프로젝트에서 저 프로젝트로, 이 회사에서 저 회사로 그렇게 계속 옮겨 다니다 보면 뭔가 의미 있는 일을 시작해 마무리하면서 얻을 수 있는 중요한 경험들을 놓치게 된다.

일은 교환 가능한 물건이 아니다. 날이 더워질 때 벗을 수 있는 스웨터가 아니다. 너무도 많은 사람이 뭔가를 만들어내기 위해 죽어라 열심히 일하고 제대로 밀어붙이고 파고들어야 하는 순간에 이직을 한다. 그리고 그들의 이력서는 보기만 해도 금방 그 패턴이 보인다.

그만두기에 앞서 먼저 뭔가 들려줄 만한 '이야기'를 만드는 게 좋다. 사실에 기반을 둔 괜찮고 믿을 만한 이야기를. 당신이 왜 그만뒀는지에 대한, 그리고 왜 어떤 회사에 들어가고 싶어 하는지에 대한 합리적인 이유가 필요하다. 아마 매우 다른 이야기들이 되어야 할 것이다. 이 이야기들은 면접을 볼 때도 필요하지만 누구보다 당신 스스로를 위해서, 그러니까 모든 걸 꼼꼼히 제대로 살펴보기 위해서도 필요하다. 다음 직장을 제대로 선택하기 위해서도.

직장을 왜 그만두었는지에 대한 이야기는 솔직하고 타당해야 하며, 다음 직장에 대한 이야기는 뭔가 고무적인 것이어야 한다. 내가 배우고 싶은 게 무엇인지, 내가 같이 일하고 싶은 팀은 어떤 팀인지, 내가 정말 관심을 가진 임무는 무엇인지 등등.

채용 담당자들이 연락을 해올 때 이를 명심하라. 당신이 성공한다면 채용 담당자들이 연락을 해올 것이다. 언제 그만두고 언제 채용 담당자를 만나야 하는지를 알려면 두 단계의 과정을 거쳐야 한다. 먼저 현재 직장이 더 이상 당신에게 맞지 않는다는 걸 알아야 하고, 그런 뒤 다음 직장이 더 낫다는 걸 알아야 한다. 너무도 많은 사람이 이 두 가지를 혼동해 채용 담당자의 제안에 귀가 솔깃해져 현재 직장에서 누릴 수 있는 각종 기회들을 무시하곤 한다. 또는 내부 네트워킹을 제대로 활용하지 못해서 어떤 기회들이 있는지조차 모른다. 나는 그간 사람들이 제대로 조사도 해보지 않고 깊이 생각도 해보지 않은 채 그냥 이직하는 모습을 너무도 많이 봐왔다. 그러고는 3개월에서 6개월 뒤 풀 죽은 모습으로 되돌아와 예전 일을 다시 할 수 없는지를 묻는다.

그런 사람이 되지 말라.

그러나 한계에 도달했을 경우, 그야말로 한계에 도달한 경우라면 꼭 채용 담당자의 말에 솔깃해서가 아니더라도 두려워 말고 과감히 그만두어라.

나는 애플을 세 번 그만두었다. 첫 번째는 우리가 아이팟을 출시한 직후였다. 우리 팀은 그야말로 뼈를 깎는 노력을 기울여 사람들의 예상보다 몇 개월 일찍 일을 끝냈다. 더욱이 내 상사가 우리 팀의 공을 가로채기 위해 온갖 이상한 짓을 다 하는 가운데 그 일을 해냈다(제2.3장 '조직 내 또라이들을 다루는 법' 참조).

나는 그 재수 없는 상사를 상대로 환심을 사려고도 해보고 무시도 해보고 싸우기도 해보고 그의 에고를 만족시켜주려고도 하는 등 모든 일을 다 했다. 그렇게 우리 팀은 10개월간 밤낮없이 일했다. 마침내 프로젝트를 완수했을 때 나는 상사에게 약속했던 걸 지키라고 요구했다. 벌써 받았어야 할 직책을 달라고 말이다. "나는 언제 부사장이 되나요?" 그랬더니 그가 말했다. "1년만 더 기다려봅시다. 이런 일은 원래 시간이 걸려. 그렇게 빨리 승진하는 사람도 없고."

그는 내가 애당초 더 높은 직책을 받을 자격이 있다는 사실도, 내가 애플에 합류할 때부터 자신이 나를 홀대했다는 사실도 잘 알고 있었다(혹 궁금하다면 월터 아이작슨이 쓴 《스티브 잡스》에서 그 전모를 확인할 수 있다). 하지만 나는 내 임무를 완수했다. 그것도 예상보다 더 빨리.

나는 냉정을 잃지 않으려 애썼다. 합리적인 선에서 설명을 했다. 나의 설명에도 그는 그저 어깨를 으쓱한 뒤 엷은 웃음을 지으며 말했다. "미안하네. 지금은 안 돼."

그 순간 그를 향해 갖고 있던 마지막 존경심마저 창문 밖으로 날아가 버렸다.

나는 여전히 내 임무에 대한 믿음이 있었다. 우리가 해낸 일에 대한 자부심도 컸다. 정말이지 이 일을 계속 하고 싶었다. 그러나 그 상사를 설득하기란 불가능했다. 그는 내가 아무리 일을 잘해도 나를 엿 먹이려 할 사람이었다. 그건 마치 치유할 수 없는 상처 같았다. 더 이상 참을 수 없었던 나는 내가 할 수 있는 마지막 말을 했다. "그만두겠습니다."

가끔은 당신 스스로를 구하는 유일한 길이 그만두는 것일 때도 있다.

2주 후, 내 사무실을 비우기 위해 짐을 싸는데 인사팀 책임자로 우리 아이폰팀을 감독하고 있던 셰릴 스미스Cheryl Smith에게서 전화가 왔다. 그녀는 내가 애플이라는 조직이 어떻게 돌아가는지 볼 수 있도록 눈을 뜨게 해주었고, 신참 시절의 나를 잘 이끌어준 둘도 없는 소중한 파트너였다. 전화기 너머에서 그녀가 말했다. "어떤 일이 있었는지 들었어요. 정말 말도 안 되는 일이에요. 그만둬선 안 돼요! 잠시 산책 좀 하죠."

애플 캠퍼스 주변을 걸으며 그간 있었던 일을 자세히 얘기하면서 나와 그녀의 목소리는 점점 더 커져갔고 허공을 향해 내젓는 손짓 또한 점점 더 거칠어져갔다. 그녀는 내 말에 공감해주었고, 자신도 노력을 해보겠다면서 마음을 굳게 먹자고 말했다. 그러나 나는 모든 게 너무 늦었다고 생각했다. 24시간 후면 나는 애플을 영영 떠날 참이었다.

그다음 날, 사람들이 나를 배웅해주기로 한 시간을 몇 시간 앞두고 스티브 잡스에게서 전화가 왔다.

"자넨 아무 데도 가지 않을 걸세. 자네가 원하는 걸 다 해줄 거야."

전화를 끊고 나는 당당하게 내 상사의 사무실을 찾아갔다. 셰릴이 환하게 웃는 얼굴로 사무실 밖에서 나를 기다리고 있었다. 나의 상사는 그 순간이 너무 싫은 듯 얼굴을 잔뜩 찡그린 채 마지못해 테이블 쪽으로 왔다. "여기선 원래 이렇게 하지 않는데…." 그는 나를 승진시킨다는 서류에 사인을 하며 혼자 궁시렁거렸다.

그날 저녁 나는 내 환송 파티 자리에 가서 이렇게 말했다. "나 계속 여기 있기로 했어요!"

시간이 지나 나는 또다시 그만둬야 했다. 이번에는 제품과 나의 팀을 지키기 위해서였다. 그런 다음 한 번 더. 이번에는 내 올바른 정신과 가족들을 지키기 위해서였다. 물론 엄청나게 많은 드라마 같은 사연들이 있었다. 내 팀을, 그리고 잡스를 외면하는 건 쉬운 일이 아니었다. 그러나 나는 그게 옳은 일임을 알았다. 10년간 애플에 내 모든 에너지를 쏟아부었으니, 이제는 정말 떠날 때였다.

때론 당신 상사와의 모든 손익 계산과 타협과 논쟁들 그리고 인사팀과의 회의가 전부는 아니다. 때론 '그냥' 떠나야 할 때도 있다. 그 순간이 오면 아마 자연스럽게 그걸 알 수 있을 것이다.

그만두어라. 어서 당신이 정말 사랑할 수 있는 일을 하라.

"

사람들을 성공할 수 있게 돕는 것이
관리자인 당신이 해야 할 일이다.
당신의 책임은 그들이 '가장 나은 버전의 자신'이
되도록 이끄는 것이다.

"

제3부

당신의 제품을 만들어라

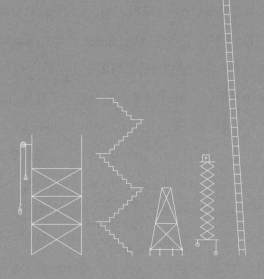

1세대 아이팟에 들어간 기본적인 기술은 애플에서 디자인된 것이 아니었다. 심지어 휴대용 기기를 위해 디자인된 것도 아니었다.

1990년대 말부터 사람들은 자신의 하드 드라이브를 MP3 오디오 파일들로 채우기 시작했다. 사상 최초로 고품질의 음악이 컴퓨터로 다운로드받을 수 있는 작은 파일로 변환된 것이다. 하지만 문제는 그 음악 파일을 오직 컴퓨터로만 들을 수 있다는 점이었다. 그때까지의 오디오 기기들은 카세트테이프나 CD만 플레이할 수 있었기에 사람들은 다운로드받은 음악을 자신의 형편없는 컴퓨터 스피커로만 들어야 했다.

그리고 나는 거기서 더 나은 '음악 재생용 기기'의 잠재력을 보았다. 그건 MP3 플레이어가 아닌 디지털 오디오 주크박스였다.

그 새로운 기기를 이용하면 CD에 든 음악을 모두 MP3 파일로 전환할 수 있고, 그것 외에도 다운로드받은 모든 MP3 파일을 당신의 TV와 홈 스테레오 시스템으로도 들을 수 있다. '1,000곡의 노래를 당신의 주머니 안에'라는 아이팟의 그 유명한 슬로건이 나오기 앞서 우리는 '1,000개의 CD를 당신의 홈시어터 안에'라는 슬로건을 만들려 했었다.

어쨌든 그게 내가 리얼네트웍스 측에 제시한 아이디어였다. 그러나 당시 리얼네트웍스는 잘못된 장소, 잘못된 사람들, 모든 잘못된 것투성이었다. 그래서 나는 생각했다. '그래, 차라리 내가 직접 만들자.' 수많은 스타트업들을 탄생시킨 그 생각 말이다.

그렇게 나는 스타트업 퓨즈 시스템즈를 차렸다.

필립스 시절 진행됐던 한 프로젝트에서 영감을 얻어 붙인 사명이었다. 당시 필립스는 윈도우 환경에서 돌아가는 홈시어터 겸 DVD를 만들려 했다. TV에서 인터넷 검색도 하고 웹에서 일종의 스트림 오디오처럼 이용할 수도 있는(또한 와이파이 이전의 뭔가도 스트리밍할 수 있는) 기기를 말이다.

아주 괜찮은 아이디어였다. 당시는 인터넷 연결 속도가 56kbps(초당 1킬로비트를 보낼 수 있는 전송 속도─옮긴이)에서 1mps(초당 1메가비트를 보낼 수 있는 전송 속도─옮긴이)로 빨라져 오디오는 물론 입자가 거친 우표 크기의 비디오 다운로드도 가능해지고 있을 때였으니까. 사람들의 음악 및 영화 수집 패턴이 카세트테이프나 CD에서 컴퓨터 파일로 옮겨가고 있던 때였다. 그러나 1990년대에 우리가 갖고 있던 그 조악한 회색빛 윈도우 컴퓨터로 음악을 듣고 싶어 하는 사람은 아무도 없었다. 컴퓨터보다는 홈시어터가 훨씬 나았다. HDTV와 서라운드 사운드도 갖추고 있었으니까. 그러나 홈시어터는 시청각 분야에 아주 지식이 밝은 괴짜들이나 필요한 모든 걸 설치할 수 있었다.

필립스도 이런 사실을 잘 알았으나 그걸 제대로 활용하지 못했다. 그들은 마이크로소프트의 운영체제에 너무 깊이 빠져 있었고, PC가 스테레오 시스템처럼 될 수 있다는 착각을 가지고 PC를 제작했다. 사람들이 정말 그런 걸 원하는지와는 관계없이, 자신들이 만들 수 있는 걸 만드는 데 집중한 것이다. 나는 그걸 지켜보면서 생각했다. '아냐! 아냐! 아냐! 윈도우를 사용해선 안 돼. 내가 몇 년간 마이크로소프트 운영체제를 붙잡고 씨름해봐서 잘 아는데, 그걸 가전제품에 쓰면 답이 없어. 대체 누가 자기 집 TV가 켜지는 데 2분이나 기다리겠어? 그리고 홈시어터는 괴짜가 아닌 보통 사람들을 위해 단순화시켜줘야 해. 누구든 그냥 플러그에 꽂기만 하면 쓸 수 있게 만들어야 한다고.'

나는 인터넷 연결이 되면서도 컴퓨터처럼 보이거나 느껴지지는 않는 기기를 만들고 싶었다. 퓨즈 시스템즈는 사람들에게 '새로운 가전제품'을 경험할 기회를 선사할 계획이었다. 사람들이 홈시어터 전체를 직접 설정하고 명령할 수 있으며 또 그게 CD 및 DVD 플레이어 역할도 해 음악을 내장된 하드 드라이브에 저장할 수 있게 할 계획이었다. 그렇게 해서 세계 최초의 온라인 스토어에 접속해 더 많은 음악을 다운로드할 수 있게 하고, 언젠가는 영화와 TV 프로그램들도 다운로드할 수 있게 할 계

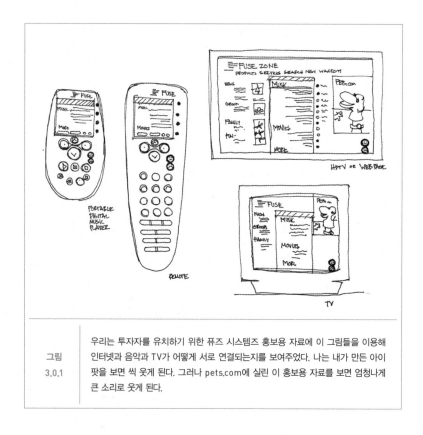

그림
3.0.1

우리는 투자자를 유치하기 위한 퓨즈 시스템즈 홍보용 자료에 이 그림들을 이용해 인터넷과 음악과 TV가 어떻게 서로 연결되는지를 보여주었다. 나는 내가 만든 아이팟을 보면 씩 웃게 된다. 그러나 pets.com에 실린 이 홍보용 자료를 보면 엄청나게 큰 소리로 웃게 된다.

획이었다. 그 당시에는 티보가 큰 인기를 끌고 있었지만, 퓨즈 시스템즈는 거기서 한 발 더 나아가고 싶었다.

당시 내게는 종잣돈이 조금 있었고 더 많은 자금을 마련하는 것도 가능해 보였다. 나는 이번에는 제대로 한번 회사를 만들 생각이었다. 부업 느낌으로 하는 대학생이 차린 작은 스타트업이 아니라 진짜 회사 말이다. 세계에서 가장 강력한 뮤직 플레이어를 만들어 소니에 도전해볼 생각이었다.

그러자면 먼저 나와 같이 일해보자고 사람들을 설득해야 했다. 나는 필립스의 엄청난 인프라에서 벗어나, 또 그들의 막강한 현금 동원력과 일 처리 과정에서 벗어나, 그야말로 맨땅에 헤딩해야 하는 상황이었다. 내겐 기막힌 아이디어가 있었지만 그것 말고는 아무것도 없었다. 내가 채용하려 하는 사람들은 전부 두둑한 보수를 기대하고 있었다. 의료보험 혜택부터 기업에 근무할 때 당연하게 받는 모든 것들을.

그래서 나는 일을 해야 했다. 쉬지 않고, 끊임없이, 계속해서.

마침내 12명을 채용해 팀을 구성했다. 우리는 그 당시만 해도 잘 알려지지 않았던 한국 전자제품 기업 삼성과 제휴를 맺었다. 당시 삼성은 미국 시장에 진출하기 위해 공을 들이던 중이었다. 우리의 계획은 디자인은 우리가, 제조는 삼성이 맡는 것이었다. 그리고 그 제품에 우리 브랜드를 붙여 판매할 계획이었다. 사람들은 주문 제작 방식으로 자신들의 홈 시어터 시스템에 우리의 디지털 기기들을 장착하고, 거기에 우리 브랜드를 붙인 삼성의 TV와 스피커 등을 추가 구입하게 될 것이었다. 그리고 이 모든 걸 다루기 쉬운 번들 형태로 만들고 온라인 주문이 가능하도록 했다.

때는 1999년이었다. 실리콘밸리에는 돈과 인재와 아이디어들이 넘쳐

났고, 우리는 우리의 길을 가는 중이었다. 나는 제너럴 매직에서는 실패를 맛보았고 필립스에서는 벨로와 니노의 잠재력을 제대로 인정받지 못했기에, 이번만큼은 그 모든 걸 보상받고 싶었다. 나는 잔뜩 고무되어 있었다. 그리고 결연했다.

그 무엇도 우리를 멈출 수 없었다.

많은 스타트업이 그러했듯 그 말이 우리를 낭떠러지로 내몰았다.

2000년 4월에 닷컴버블이 터졌다. 그때 나는 막 자금 조달 작업에 착수한 참이었는데, 실리콘밸리로 폭포처럼 꾸준히 쏟아져 들어오던 돈이 하룻밤 새에 말라버렸다(제4.3장 '돈 때문에 하는 결혼, 투자' 참조).

나는 벤처 캐피털 기업들을 상대로 80회의 투자 설명회를 가졌다. 무려 80회라니 상상이 가는가? 그러나 죄다 실패로 끝났다. 투자자들은 이미 투자한 스타트업들을 살리는 데 정신이 팔려 있었다. 주식시장이 붕괴되고 기업들이 망해가고 수십억 달러의 돈이 날아가고 있는 상황에서 그 누구도 값비싼 가전제품을 만드는 일에 관심을 보이지 않았다. 타이밍이 가장 중요한 것인데, 내 타이밍은 이보다 더 나쁠 수가 없었다. 결국 나는 땡전 한 푼 마련하지 못했다.

회사 설립 자금을 마련하기 위해 백방으로 뛰어다니던 어느 날, 제너럴 매직 시절부터 알고 지낸 옛 친구를 만나 같이 점심을 먹었다. 그때 나는 그에게 내가 지금 어떤 일을 하고 있으며 얼마나 죽을 맛인지 그대로 털어놓았다. 우리가 만들어내려 하는 제품에 대한 기대와 모든 걸 포기해야 할지도 모른다는 두려움이 뒤섞인 이야기를 말이다. 그는 샌드위치를 먹으며 나를 위로해주었고 건투를 빈다는 말도 해주었다.

그다음날 오후, 그 친구는 애플에 몸담고 있는 한 동료와 점심을 먹었다. 그들은 서로 자신들이 새로 시작하려는 프로젝트에 대한 얘기를 나누었다. 혹 아는 사람들 중에 휴대용 기기 제작 경험 있는 사람 없어?

그다음 날 애플 쪽에서 전화가 왔다.

이 책을 집어든 사람이라면 아마 그 이후의 이야기는 대부분 다 알 것이다. 처음에 나는 그저 충분한 돈을 벌어 직원들의 월급을 주기 위해, 퓨즈 시스템즈 인수 제안을 이끌어내기 위해 애플 측과 컨설팅 측면에서 얘기를 나누었다. 물론 애플에 어떤 희망을 걸기에는 애플의 상황도 그다지 좋지 않았지만 말이다. 그때 애플은 잡스가 되돌아와 키를 잡긴 했지만 지난 10여 년간 죽음의 소용돌이 속에 휘말려 있던 참이었다. 계속 그저 그렇고 그런 제품들을 내놓으면서 회사가 거의 붕괴 직전까지 몰려 있던 상황이었다. 매킨토시의 미국 내 시장점유율이 2퍼센트 밑으로 떨어지는 등 애플의 컴퓨터 판매는 그야말로 지지부진했다. 그 당시 마이크로소프트의 시가총액이 2,500억 달러였는데 애플의 시가총액은 40억 달러밖에 안 됐다.

애플은 죽어가고 있었다. 그러나 퓨즈 시스템즈는 그보다 더 빠른 속도로 죽어가고 있었다.

결국 나는 취업을 했다.

- 2001년 1월 첫째 주에 애플로부터 전화를 받았다.
- 2주 후 나는 아이팟 연구를 이끄는 컨설턴트가 되었다. 그러나 그 건 아직 아이팟이 아니었다. 제품 암호명은 'P68 Dulcimer'였고, 아직 팀도 구성되지 않았고, 시제품도 없었고, 디자인도 없었다. 말 그대로 아무것도 없었다.
- 2001년 3월, 스탠 응Stan Ng과 나는 아이팟 아이디어를 스티브 잡스 에게 설명했다.

그림 3.0.2	2001년 3월에 내가 스티로폼으로 만든 모델. 스티브 잡스에게 아이팟 프로젝트를 승 인받기 위해 만든 것이다.

- 4월 첫째 주에 나는 정식 직원이 되었고 퓨즈 시스템즈 팀원들을 데리고 들어왔다.
- 4월 말, 토니 블레빈스Tony Blevins와 함께 대만에 우리의 디자인 제조 업체인 인벤텍Inventec을 설립했다.
- 5월에 나는 DJ 노보트니DJ Novotney와 앤디 호지Andy Hodge를 채용해, 오리지널 퓨즈 시스템즈 팀에 처음으로 인력 충원을 했다.
- 프로젝트를 시작한 지 10개월 만인 2001년 10월 23일, 드디어 플라스틱과 스테인리스강으로 만든 통통한 기기 아이팟이 세상에 그 모습을 드러냈다.

나는 말도 안 되게 운이 좋아서 18세대에 걸친 초기 아이팟을 만든 팀

그림
3.0.3

이것이 바로 '1,000곡의 노래를 당신의 주머니 안에'라는 그 유명한 슬로건을 달고
2001년 10월 출시된 최초의 아이팟이다. 크기는 4.02×2.43인치였고, 가격은 399달
러였으며 모양이 내가 7개월 전에 만들었던 스티로폼 모델과 아주 비슷했다.

을 이끌었다. 그런 다음 또다시 믿을 수 없을 만큼 멋진 기회를 잡았다.
바로 아이폰을 만들게 된 것이다. 우리 팀은 아이폰의 하드웨어(당신이
손에 쥐게 되는 금속 및 유리 부분)는 물론 아이폰을 구동시키는 기본 소프
트웨어도 만들어냈다. 터치스크린, 셀룰러 모뎀, 와이파이, 블루투스 등
을 위한 소프트웨어도 만들었다. 2세대 아이폰 개발 때도, 3세대 아이폰
개발 때도 그렇게 했다.

그렇게 눈 깜짝하는 사이에 2010년이 됐다.

나는 애플에서 9년을 보냈다. 애플은 마침내 내가 성장을 이룬 곳이
다. 나는 더 이상 단순히 한 팀의 관리자가 아닌 수백, 수천 명의 사람들

을 이끌고 있었다. 그것은 내 경력과 정체성 측면에서 아주 큰 변화였다. 10년간 실패를 거듭한 끝에 드디어 사람들이 진정 원하는 제품을, 그것도 두 개나 만들었다. 마침내 제대로 해낸 것이다.

그러나 처음에는 그것이 성공처럼 느껴지지 않았다. 아니 심지어 나중에도 그랬다. 매 걸음마다 늘 그랬다.

애플에서 나는 한계를 어디에 둬야 하는지를 배웠다. 이제 충분히 됐나? 이제 충분히 괜찮은가? 애플에서 나는 디자인의 진정한 의미도 배웠다. 또 결코 끝나지 않을 것 같은 강도 높은 압박감 속에서 내 뇌와 내 팀을 조직화하는 법도 배웠다.

만일 지금 당신이 경력 측면에서 새로운 단계에 접어들었다면, 그러니까 점점 더 높은 위치에 올라가고 새로운 팀을 구축하고 새로운 인간관계들을 맺는 중이라면, 이제 그간 내가 배운 것들을 당신에게 알려주고자 한다.

제1장

당신의 제품은 그냥 제품이 아닌
사용자 경험 그 자체다

사람들은 쉽게 정신이 산만해진다. 우리는 본능적으로 보고 만질 수 있는 유형의 것들에 관심을 집중하게 되어 있어, 보이지도 않고 만질 수도 없는 무형의 경험과 감정의 중요성은 간과하는 경우가 많다. 그러나 뭔가 새로운 제품을 만들 때, 그게 원자atoms로 이루어졌든 전자electrons로 이루어졌든(원자는 컴퓨터나 아이폰 같은 하드웨어, 전자는 애플리케이션 같은 소프트웨어를 의미함—옮긴이) 비즈니스용이든 일반 소비자용이든 당신이 실제로 만드는 그 제품은 여러 단계에 걸친 '사용자 여정' 중 한 단계에 지나지 않는다. 고객이 제품을 손에 넣기 훨씬 전부터 시작되어 구매하고도 한참 뒤에나 끝나는 이 사용자 여정은 그만큼 방대하지만 눈에 보이지 않아 간과하기가 쉽다.

그러니 시제품을 만들었다고 해서 모든 게 끝났다고 생각하진 말라. 시제품은 최대한 사용자 경험 전체를 반영해야 한다. 그리고 무형의 것들을 가지고 유형의 것들을 만들어야 멋져 보이진 않지만 사실 어마어마하게 중요한 사용자 여정의 각 단계들을 간과하지 않을 수 있다. 늘 고객이 당신의 제품을 어떻게 발견하고, 어떻게 생각하고, 어떻게 설치하고, 어떻게 사용하고, 어떻게 고치고, 심지어 어떻게 반품하는지를 마음속으로 정확히 떠올릴 수 있어야 한다. 그 모든 게 중요하기 때문이다.

. . .

어린 시절 나는 할아버지와 함께 새장이나 소프박스 더비 카soapbox derby car(브레이크나 추진력이 없는 아이들이 타는 레이스 카—옮긴이) 같은 것들을 만드는 데 많은 시간을 보냈다. 우리는 잔디 깎는 기계나 자전거 같은 것들도 고쳤고 그 밖의 다른 집안일들도 했다.

나는 그런 일들을 하면 기분이 좋았다. 어린 시절에는 삶의 너무 많은 부분들이 혼란스럽고 내 통제력 밖에 있었지만, 물건들에는 애매모호한 부분이 없었다. 우리는 그런 물건들을 만들고 직접 손으로 만지기도 하고 다른 사람들에게 넘겨주기도 한다. 만족스럽다. 명료하다.

프로그래밍에 푹 빠져든 나였지만 나의 신념처럼 이어져왔던 생각, 즉 컴퓨터 하드웨어가 모든 것의 근간이 되리라는 생각은 애초부터 항상 확고했다. 전자는 원자가 없다면 아무것도 아니었으니까. 내가 대학 졸업 후 제너럴 매직에 들어가면서 그렇게 신나했던 이유도 바로 그 때문이었다. 그동안은 허구한 날 프로그래밍만 했지만 이제는 실제 뭔가를 만들게 됐으니까. 내 삶을 바꿔놓은 컴퓨터 같은 유형有形의 기기, 유형의 제품을 말이다.

그러나 제너럴 매직에서, 필립스에서, 애플에서, 이런저런 것들을 오래 만들면 만들수록 사실 어떤 기기들은 만들 필요도 없다는 사실을 더 절감하게 되었다.

아이팟을 내놓은 이후, 많은 사람이 내게 자신이 만든 기기를 보여주기 시작했다. 사람들은 이렇게 말했다. "토니는 하드웨어의 신이에요. 분명 당신 아이디어를 좋아할 겁니다." 그러나 누군가 자신이 만든 멋진 시제품을 자랑스레 내 앞에 내놓을 때 내 입에서 나간 첫 마디는 그걸 치우라는 것이었다. "이것 없이 당신 문제를 어떻게 해결할 수 있나요?"

내가 이렇게 말하면 그들은 깜짝 놀라곤 했다. 어떻게 '하드웨어의 신'이 내 멋진 기기를 확인해보고 싶어 하지도 않을 수 있지?

사람들은 종종 원자들로 뭔가를 만드는 것에 큰 기쁨을 느낀다. 그렇게 디자인과 인터페이스와 색깔과 각종 자재와 질감 등을 깊이 파고들면서 정작 더 간단하고 쉬운 해결책이 있음을 보지 못한다. 그러나 원자들로 뭔가를 만드는 건 믿을 수 없을 만큼 힘든 일이다. 그건 클릭 한 번으로 복사하거나 업데이트할 수 있는 앱이 아니기 때문이다. 하드웨어가 머리 싸매고 만들고 포장하고 배송할 가치가 있는 경우는 단 하나, 그 하드웨어가 꼭 필요하고 혁신적인 경우일 때뿐이다. 만일 하드웨어가 어떤 전반적인 경험을 선사하기 위해 반드시 존재할 필요가 없다면, 그런 하드웨어는 존재해선 안 된다.

물론 가끔은 하드웨어가 필요할 때도 있다. 그러나 그런 경우에도 나는 사람들에게 먼저 이렇게 말한다. "내게 이 물건이 뭐가 그리 특별한지를 말하지 말고, 고객 경험에 어떤 변화를 주는지를 말해봐요."

당신의 제품은 단순한 제품이 아니다.

그건 '사용자 경험' 그 자체다. 누군가(고객)가 당신 제품에 대해 처음

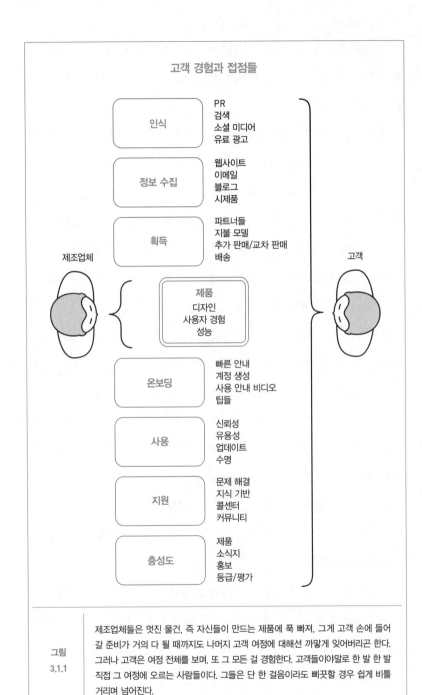

고객 경험과 접점들

인식
PR
검색
소셜 미디어
유료 광고

정보 수집
웹사이트
이메일
블로그
시제품

획득
파트너들
지불 모델
추가 판매/교차 판매
배송

제조업체

제품
디자인
사용자 경험
성능

고객

온보딩
빠른 안내
계정 생성
사용 안내 비디오
팁들

사용
신뢰성
유용성
업데이트
수명

지원
문제 해결
지식 기반
콜센터
커뮤니티

충성도
제품
소식지
홍보
등급/평가

그림
3.1.1

제조업체들은 멋진 물건, 즉 자신들이 만드는 제품에 푹 빠져, 그게 고객 손에 들어 갈 준비가 거의 다 될 때까지도 나머지 고객 여정에 대해선 까맣게 잊어버리곤 한다. 그러나 고객은 여정 전체를 보며, 또 그 모든 걸 경험한다. 고객들이야말로 한 발 한 발 직접 그 여정에 오르는 사람들이다. 그들은 단 한 걸음이라도 삐끗할 경우 쉽게 비틀 거리며 넘어진다.

알게 되면서 시작되고, 반품되거나 버려지거나 친구에게 팔리거나 전자들의 폭발로 쓸모없어지는 등 그 제품이 그 사람의 삶에서 사라지면서 끝나는 일련의 사슬 말이다.

당신의 고객들은 당신이 내보내는 광고와 당신이 만드는 앱과 당신 회사의 고객지원 직원들을 구분하지 않는다. 그냥 그 모두가 당신의 회사고 당신의 브랜드다. 모두 다 그냥 하나인 것이다.

그러나 우린 그 사실을 잊어버린다. 그것도 너무나 자주. 제조업체들은 '사용자 경험'이라고 하면 고객들이 어떤 물건을 만지거나 스크린에 터치를 하는 순간만 생각한다. 그 물건이 원자들로 이루어졌든 전자들로 이루어졌든 아니면 양쪽 다로 이루어졌든, 그 물건을 실제 '사용하는 순간'만 말이다. 늘 그 '물건'이 중심이다.

네스트를 설립하고 나서 초기의 우리도 그랬다. 모든 사람이 온도 조절기에만 집착했다. 그 장치의 디자인과 인공지능, 사용자 인터페이스, 전자들, 부품들, 색상, 질감 그런 것들에만 신경 쓴 것이다. 우리는 거기에 들어가는 모든 요소들, 다이얼을 돌릴 때 어떤 느낌이어야 하는지, 또 조절기 곁을 지나갈 때 얼마나 밝게 빛나야 하는지 등에 대해 깊이 생각했다. 모두들 하드웨어와 소프트웨어에 끊임없는 노력을 쏟아부으며 기기 자체를 완벽하게 만들고자 했다.

그러나 어쩌면 고객 경험의 가장 중요한 부분일 수도 있는 고객 휴대폰과 연결된 앱이 어떠해야 하는가에 대해선 많은 관심을 기울이지 않았다. 팀원들 모두가 그건 그래봤자 앱일 뿐이라며 간단히 본 것이다. 우리 팀은 2011년에 초기 시제품을 만들었으며, 그때가 되어서야 처음 고객 경험에 대해 고려하기 시작했다. 그러나 시제품을 계속 수정하고 더 완벽한 온도 조절기를 만들겠다는 집착에 빠져들면서 고객 경험에 대한 생각, 앱에 대한 생각은 다시금 저 멀리로 사라져버렸다. 팀원들은 앱 구축 말고도 해야 할 일이 너무 많았던 데다, 그래봐야 모바일 앱일 뿐이니 다들 금방 해낼 수 있으리라 판단했던 것이다.

내가 팀원들에게 소리를 좀 질렀던 건 바로 그때였다. 솔직히 고백하자면, 정말 크게 소리를 질렀다.

앱은 그냥 쓰고 버리는 것도 아니었고, 후에 추가할 수 있는 것도 아니었다. 앱은 온도 조절기 제품 그 자체만큼이나 중요한 서비스였다. 온도 조절기를 쓰는 사람이 어디서나, 그러니까 거실 소파에 누워서도 장치를 쉽게 제어할 수 있어야 했는데, 그건 제대로 구현하기 무척 어려운 일이었다.

물론 온도 조절기 제품 자체도 중요했지만 그건 전체 고객 경험의 극히 일부에 지나지 않았다.

- 고객 경험의 10퍼센트는 웹사이트와 광고, 포장 그리고 매장 내 진열을 통해 이루어졌다. 우리는 무엇보다 먼저 고객들을 설득해 우리 제품을 구입하도록 아니면 적어도 우리 제품에 대해 생각하거나 조사해보도록 만들어야 했다.
- 고객 경험의 10퍼센트는 설치 과정에서 이루어졌다. 제품 설명에 따라 별 신경 쓰지 않고 쉽게 벽에 설치할 수 있어야 했다.
- 고객 경험의 10퍼센트는 보고 만지는 과정에서 이루어졌다. 제품이 보기에 세련되어 사람들이 그걸 자기 집에 들이고 싶어 해야 했다. 그러나 1주일만 지나면 온도 조절기는 고객이 어떤 온도를 선호하고 또 언제 집을 비우는지를 알게 되었기에 사실 고객 입장에서는 제품을 자주 만질 필요가 없었다. 만일 우리가 우리 일을 제대

로 했다면 예기치 않은 한파나 폭염이 닥칠 때 고객들은 그저 어디서든 휴대폰으로 제품을 제어하기만 하면 됐다.

- 고객 경험의 70퍼센트는 사람들의 휴대폰이나 노트북상에서 이루어졌다. 고객들은 밖에서 집에 들어가는 길에 앱을 활용해 난방을 돌릴 수도 있었고 '전력 히스토리'Energy History 기능을 통해 에어컨이 얼마나 오래 작동됐는지 알 수도 있었다. 이메일을 체크해 그달에 얼마나 많은 전력을 썼는지 간단히 볼 수도 있었다. 그리고 어떤 문제가 생기면 우리 웹사이트에 접속해 '온라인 문제 해결'을 활용하거나 기타 도움 글들을 읽어보면 됐다.

우리가 만일 이 고객 경험의 여러 부분들 중 하나라도 제대로 구현하지 못했다면, 네스트는 아마 실패했을 것이다. 이 고객 경험의 각 단계가 만족스러워야 고객들이 자연스레 다음 단계로 넘어가고 회의적인 순간들도 극복할 수 있다.

제품을 인식하는 순간부터 시작해 제품을 손에 넣고 사용하는 모든 고객 경험 사이에는 고객이 넘어야 할 여러 개의 울퉁불퉁한 고개가 존재한다. 당신은 고객들이 그 부분을 잘 넘어갈 수 있게 도와주어야 한다. 그런 순간을 맞닥뜨릴 때마다 고객들은 이런 의문을 품는다.

내가 왜 이것에 신경을 써야 하지?

내가 왜 이것을 사야 하지?

내가 왜 이것을 사용해야 하지?

내가 왜 이것을 계속 사용해야 하지?

내가 왜 이 제품의 다음 버전을 사야 하지?

당신은 제품과 마케팅과 고객지원을 통해 차바퀴에 기름을 쳐주는 일을 해야 한다. 즉, 계속 고객들과 커뮤니케이션하면서 그들이 원하는 답을 주어야 한다. 그래야 고객들은 자신이 제대로 된 길을 가고 있다는 느낌을 갖는다. 지속적이고 피할 수 없는 고객 경험이라는 길을 말이다.

이 모든 걸 제대로 하기 위해선 고객 경험 전체를 시제품 만들 듯 해봐야 한다. 고객 경험의 매 단계에서 계속 유형의 물질 같은 무게와 질감 등을 줄 수 있어야 한다. 당신의 제품이 원자로 이루어져 있든 전자로 이루어져 있든 그 둘 다로 이루어져 있든, 그 과정은 동일하다. 그림들을 그려보라. 모델들을 만들어보라. 무드 보드mood board(특정 주제를 설명하기 위해 보드에 텍스트, 이미지 등을 콜라주해 자신이 생각하는 분위기를 표현한 것—옮긴이)들을 벽에 붙여보라. 제품 제작 과정의 개요를 대략적인 와이어프레임wireframe(웹사이트나 애플리케이션의 화면을 디자인할 때 전체적인 레이아웃과 구조를 정의하는 설계 도구—옮긴이)으로 그려보라. 가상의 보도 자료들을 써보라. 고객들이 광고에서부터 웹사이트, 앱 그리고 각 접점에서 보게 될 정보를 어떻게 경험할지 보여주는 세밀한 모형들을 만들어보라. 얼리 어답터들이 어떤 반응을 보여주었으면 싶은지를 적어보고, 사람들이 어떤 리뷰를 달아줬으면 하는지, 또 사람들이 어떤 느낌을 받았으면 하는지도 적어보라. 가시화하라. 보고 만질 수 있게 하라. 머릿속 생각을 끄집어내 보고 만질 수 있는 뭔가를 만들어내라. 그리고 이 모든 일을 제품이 다 만들어질 때까지 기다리지 말고 당장 시작하라. 당신의 제품이 어떠해야 하는지를 가시화함으로써 고객 경험 전체를 가시화하라.

그런 식으로 당신의 뇌를 해킹해야 한다. 그런 식으로 모든 팀원들의 뇌를 해킹해야 한다. 그 모든 것은 고객 경험의 첫 순간부터 시작되어야 한다. 마케팅할 제품이 생기기 오래전에 미리 시제품 만들 듯 마케팅을 가시화해봐야 하는 것이다.

네스트의 경우, 그건 포장 박스에 집중한다는 의미였다.

포장은 마케팅의 핵심이었다. 제품의 이름, 슬로건, 주요 특징, 우선순위 등이 포장 박스에 인쇄되었기에 우리는 계속 그걸 손에 쥐고 이리저리 살펴보고 또 수정했다. 박스의 물리적 한계 때문에 어쩔 수 없이 사람들이 알아줬으면 하는 것들에 집중해야 했다. 크리에이티브팀은 포장 박스의 그 작은 공간에 다 들어갈 수 있는 심플한 문구들을 만들어냈고, 그 문구들은 나중에 제품의 홍보 영상과 광고, 웹사이트 그리고 언론과의 인터뷰에서도 계속 써먹을 수 있었다. 또한 크리에이티브팀은 네스트라는 브랜드를 떠올리게 하기 위해 포장 박스에 따뜻하고 풍요로운 느낌을 주는 사진들을 집어넣었다(영단어 'nest'는 집, 둥지, 보금자리 등의 의미를 가지고 있다.—옮긴이). 고객들이 자신의 집에 그리고 자신의 삶 속에 우리 제품이 들어와 있는 상상을 할 수 있도록 말이다.

우리는 제품 포장 박스를 우리가 하려는 모든 마케팅의 축소판으로 삼아 매장 안으로 걸어 들어온 고객이 그것만 집어 들면 우리가 알려주고자 하는 모든 걸 바로 이해할 수 있게 만들었다.

그러나 그 순간을 시제품처럼 제대로 가시화하기 위해선, 그러니까 누군가가 그 포장 박스를 알아보고 몸을 숙여 그걸 집어 올리는 그 0.5초를 제대로 이해하기 위해선, 포장 박스를 집어 드는 가상의 인물을 그냥 '누군가'로 불러선 안 된다. 우리는 그 가상의 인물들을 제대로 알아야 했다. 그들은 누구인가? 그들은 왜 그 박스를 집었는가? 그들은 무엇을 알고 싶어 하는가? 그들에게 가장 중요한 건 무엇인가?

우리는 업계와 네스트의 잠재 고객들에 대해, 그리고 또 인구통계와 사이코그래픽스psychographics(소비자의 개인적 특성과 생활방식을 측정하는

그림
3.1.2

네스트 학습형 온도 조절기를 출시하기 거의 1년 전에, 그러니까 심지어 아직 제품 이름도 정해지기 전에, 우리는 이미 이런 포장 박스 시제품을 만들어 우리의 마케팅 메시지를 다듬어나가는 데 활용했다.

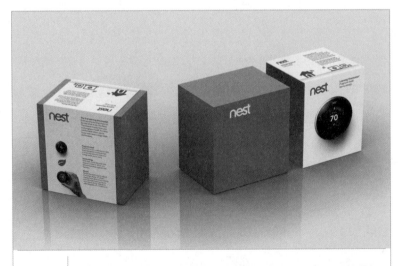

그림
3.1.3

이는 2011년 10월에 우리가 실제로 출시한 제품의 포장 박스다. 문구들이 학습 learning과 에너지 절약에 집중되어 있었고, 디자인은 심플하면서도 고급스러운 느낌 을 주었다.

분석 기법—옮긴이)에 대해 우리가 알아야 할 모든 걸 알아냈고, 그걸 토대로 고객들을 확연히 다른 두 부류로 나눴다. 하나는 여성이었고 다른 하나는 남성이었다. 남성은 기술을 좋아했고, 자신의 아이폰을 사랑했으며 늘 새롭고 멋진 기기들을 찾았다. 여성은 결정자였다. 그녀는 집 안에 들일 물건과 되돌려보낼 물건을 결정했다. 그녀는 또 아름답고 멋진 것들을 사랑했지만 너무 새롭고 검증되지 않은 기술에 대해선 회의적이었다. 우리는 그들의 눈을 통해 남성이 왜 우리 제품을 집어 들려 하는지를 알아야 했다. 그래야 여성을 설득해 그걸 구입하게 할 수 있었다.

그런 다음 우리는 그들에게 이름과 얼굴을 주었다. 그들의 집과 그들의 아이들, 그들의 관심사들, 그들의 직업들을 토대로 무드 보드를 만들었다. 또 그들이 어떤 브랜드를 좋아하는지, 집에 어떤 물건을 들이고 싶어 하는지, 겨울에 난방비로 얼마나 많은 돈을 쓰는지 등에 대해서도 알아냈다.

시간이 지나면서 우리는 우리의 고객들에 대해 점점 더 많은 걸 알게 됐고, 고객 부류에 남성과 여성 외에 커플, 가족, 룸메이트 등을 추가했다. 그러나 처음에는 두 인간, 단 두 인간으로 시작했다. 모든 사람이 상상할 수 있고 그 사진들을 보고 만질 수도 있는 남녀 두 인간 말이다.

그런 게 바로 프로토타이핑prototyping(본격적인 생산 전에 성능 평가 등을 위해 미리 모형을 만들어보는 것—옮긴이)의 작동 원리다. 이를테면 당신 머릿속에 있는 메시지를 말과 사진으로 바꿔 포장 박스에 담는 것이다(제5.4장 그림 5.4.1 참조). 또는 '매장 안으로 걸어 들어온 누군가'를 '펜실베이니아주에서 온 베스라는 여성'으로 바꾸는 것이다.

계속 그런 식으로 해나가면 된다. 고객 경험의 한 단계 한 단계를 모두.

온도 조절기의 시제품들을 손에 쥐었을 때, 우리는 테스트를 위해 그걸 실제 사람들에게 보내줬다. 우리는 자가 설치가 우리가 넘어야 할 가장 큰 걸림돌이라는 사실을 잘 알고 있었고, 그래서 모두가 사람들의 반응을 숨죽인 채 기다렸다. 사람들이 온도 조절기를 보고 충격을 받았을까? 자가 설치가 너무 복잡해 중도에 포기해야 했을까?

곧 테스트에 응했던 사람들의 보고서가 들어왔다. 결과는 괜찮았다. 자가 설치가 비교적 순조롭게 진행된 것이다. 그런데 설치에 대략 한 시간이나 걸린다는 게 문제였다.

우리는 움찔했다. 망했다! 한 시간은 너무 길었다. 펜실베이니아에 사는 베스는 한 시간이나 전원을 차단한 채 벽을 열고 알지도 못하는 전선들을 만지작거려야 하는 상황을 참지 못할 게 뻔했다. 보다 쉬운 DIY 방식과 빠른 업데이트가 필요했다.

우리는 보고서들을 꼼꼼히 살펴봤다. 왜 그렇게 오랜 시간이 걸렸을까? 대체 우리가 뭘 놓치고 있는 걸까? 조사를 해보니 뭔가를 놓치고 있는 건 우리가 아니라 테스트에 응한 사람들이었다. 그들은 처음 30분을 와이어 스트리퍼wire stripper(전선 피복 벗기는 공구—옮긴이)와 일자 드라이버 같은 공구들을 찾는 데 보냈던 것이다. '이런, 잠깐! 이걸 하려면 일자 드라이버가 필요하군! 근데 그 작은 걸 어디에 뒀더라?' 일단 필요로 하는 공구를 모두 챙기면 그다음 설치 과정은 그야말로 일사천리였다. 기껏해야 20분에서 30분 정도밖에 걸리지 않았다.

다른 기업들 같았으면 아마 안도의 한숨을 내쉬었을지도 모른다. 실제 설치 시간은 20분밖에 안 걸렸으니, 그 기업들은 아마 고객들에게 이렇게 말했을 것이다. 모든 게 잘됐다고. 문제는 해결됐다고.

그러나 문제는 바로 그때가 고객들이 우리 제품을 '처음 접하는 순간'이라는 점이었다. 네스트라는 브랜드에 대한 첫 경험. 249달러나 되는 온도 조절기를 구입한 고객은 당연히 뭔가 다른 종류의 경험을 기대할 터였다. 우리는 그들의 기대보다 더 나은 걸 제공해야 했다. 제품 상자를 열 때부터 설명서를 읽고 벽에 설치를 한 뒤 처음 난방을 가동할 때까지, 그 모든 순간들이 이루 말할 수 없이 매끄러워야 했다. 왠지 편안하면서도 기분 좋은 경험 말이다.

게다가 우리는 펜실베이니아주에 사는 베스를 잘 알았다. 그녀는 먼저 주방 서랍에서 드라이버를 찾아보고, 그런 다음 차고로 가 연장통을 뒤질 것이다. 여기서 잠깐! 드라이버가 만약 주방 서랍 안에 있었다면 아무 문제 없는 걸까? 그럴 리가. 그녀는 기분이 별로 편안하지도 좋지도 않을 것이다. 최소 5분 동안은 당혹스러울 것이다. 어쩌면 좌절감도 느끼고 짜증도 날 것이다.

그래서 우리는 시제품을 바꾸기로 했다. 온도 조절기 시제품이 아니라 설치 시제품을 말이다. 우리는 작은 일자 드라이버라는 새로운 요소 하나를 추가했다. 그 드라이버는 십자와 일자를 비롯해 총 네 가지 모드로 쓸 수 있었고, 손바닥 안에 쏙 들어갈 정도로 작았다. 디자인도 세련되고 귀여웠다. 결정적으로, 아주 놀라울 정도로 편리했다.

그 덕분에 고객들은 이제 볼썽사나운 예전 온도 조절기를 벽에서 떼어내는 데 쓸 공구를 찾아 주방 서랍과 연장통을 뒤질 필요 없이 그저 네스트 제품 박스 안에서 필요한 공구를 꺼내기만 하면 됐다. 좌절의 순간이 기쁨의 순간으로 뒤바뀐 것이다.

그런데 제품을 출시하고 보니 드라이버의 효과는 우리의 생각보다 훨씬 더 컸다. 네스트 드라이버는 단순히 설치를 위한 드라이버가 아니었다. 그것이 '고객 경험'이라는 여정의 매 단계에 미치는 파급 효과는 상당했다.

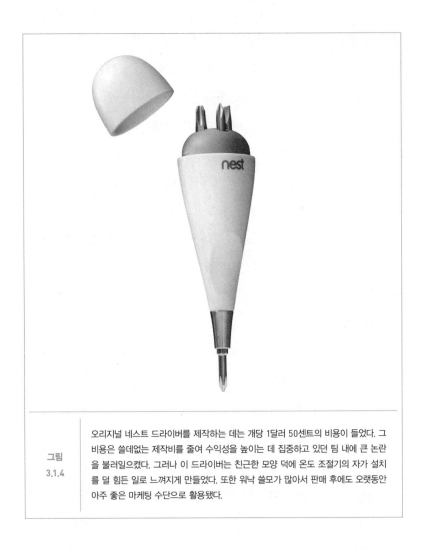

오리지널 네스트 드라이버를 제작하는 데는 개당 1달러 50센트의 비용이 들었다. 그 비용은 쓸데없는 제작비를 줄여 수익성을 높이는 데 집중하고 있던 팀 내에 큰 논란을 불러일으켰다. 그러나 이 드라이버는 친근한 모양 덕에 온도 조절기의 자가 설치를 덜 힘든 일로 느껴지게 만들었다. 또한 워낙 쓸모가 많아서 판매 후에도 오랫동안 아주 좋은 마케팅 수단으로 활용됐다.

고객 경험에서 가장 중요한 부분은 판매 이후다. 어떻게 하면 실제 도움을 주는 방식으로 고객들과 계속 연결 관계를 유지할 수 있을까? 어떻게 하면 고객들을 단순한 마케팅 대상으로 여겨 질릴 때까지 계속 제품을 팔아먹는 게 아니라 그들에게 계속해서 기쁨을 줄 수 있을까?

네스트 온도 조절기는 사람들의 집 벽에 10년은 붙어 있을 수 있게 만들어졌다. 다시 말해 디자인 측면에서 그 제품은 일종의 예술 작품 같아질 터였다. 때론 찬사를 받고 때론 적절히 조절되지만 대개는 그 존재를 숨기고 있는 예술 작품. 그런데 잡다한 물건들을 넣어두는 주방 서랍을 열 때마다 사람들은 그 작고 귀여운 네스트 드라이버를 보게 되었다. 그때마다 그 외형과 편리성에 미소 짓게 된다. 또 아이의 장난감 자동차 배터리를 교체해야 할 때마다 우리의 드라이버를 손에 쥐게 되었다. 어느덧 그 드라이버가 장난감이 되었고 장난감 자동차는 잊혀졌다.

나중에서야 우리는 드라이버가 단순한 하드웨어 툴이 아니라는 걸 알았다. 그건 마케팅 툴이었다.

그 드라이버는 고객들이 네스트를 계속 떠올리도록 해주었다. 고객들이 네스트를 계속 사랑하도록 해주었다. 또한 고객이 아닌 사람들이 우리 네스트를 '발견'하게 해주었다. 저널리스트들은 우리 드라이버에 대한 기사를 썼고 우리 드라이버는 무려 별 5개의 리뷰를 받았다. 그야말로 공짜 광고였고 입소문 광고에도 도움이 되었다. 결국 우리는 회사 건물 안내 데스크 바구니에 사탕 대신 드라이버들을 가득 채워놓았다. 사려 깊고 우아하고 수명도 길고 아주 쓸모 있는 물건으로, 드라이버는 사용자 경험 전체의 상징처럼 되어버렸다.

그래서 나는 그 드라이버를 절대 없애지 않을 것이다.

새로운 세대의 온도 조절기들과 끊임없는 전쟁을 벌이는 동안 드라이버를 없애자는 의견은 꾸준히 나왔다. 그도 그럴 것이 오리지널 네스트 드라이버는 비쌌고, 한 개 한 개가 우리의 이윤을 깎아먹었기 때문이다. 드라이버를 없애고 싶어 하는 직원들은 왜 그런 식으로 매출 원가를 높이는지 이해하질 못했다.

그러나 그들이 정말 이해하지 못하는 것이 있으니 그건 애초에 매출 원가에 포함되지 않는다는, 아니 포함되어선 안 된다는 점이다. 그건 마케팅 비용이자 고객지원 비용으로 봐야 한다. 드라이버 덕분에 전화를 통한 고객지원 비용을 크게 절감했다. 고객들은 항의 전화를 하며 화를 내는 대신 온라인상에서 멋진 고객 경험을 공유하며 행복해했다.

우리가 만일 온도 조절기에 쏟아부은 것과 똑같은 애정과 관심을 가지고 설치 문제를 깊이 들여다보지 않았다면, 모든 제품 박스에 드라이버를 넣어주자는 아이디어는 절대 떠올리지 못했을 것이다. 또한 만일 어떤 브랜드를 발견하고 충성하게 되는 고객 라이프 사이클customer life cycle(고객이 제품이나 브랜드를 알게 되고 구매해 사용하는 일련의 과정—옮긴이) 전체에 대해 깊은 생각을 하지 않았다면 우리는 이케아IKEA 가구를 살 때 딸려오는 작은 일회용 드라이버 같은 걸 만들었을 것이다. 그러나 우리는 온도 조절기 설치 외에도 다양한 용도로 쓸 수 있는 드라이버를 만들었고, 사람들은 그걸 일상생활 곳곳에서 실용적으로 쓸 수 있게 되었다. 그 결과 네스트라는 브랜드는 그 드라이버가 사람들의 서랍 속에 머무는 한, 계속 그들의 머릿속에도 머무를 것이다.

어떤 기업이 고객 경험의 모든 단계에 이런 종류의 애정과 관심을 기울이면 사람들은 이를 금방 알아본다. 우리의 제품(온도 조절기)은 좋았다. 그러나 궁극적으로 우리의 브랜드 가치를 높여준 건 고객 경험 전체였다. 네스트가 특별해진 이유는 바로 이 때문이다. 애플이 특별해진 이유도 바로 이 때문이고. 기업 입장에서도 제품을 뛰어넘어, 사용자를 고객이 아닌 한 명의 '인간'으로 연결시켜주는 것도 바로 사용자 경험이다. 이 모든 게 사람들이 사랑하게 될 이유를 만들어내는 비결이다.

제2장

왜 스토리텔링인가?

모든 제품은 스토리를 갖고 있어야 한다. 이 제품이 왜 존재해야 하는지, 또 이 제품이 어떻게 고객의 문제들을 해결해줄 수 있는지 설명하는 이야기 말이다. 좋은 제품 스토리는 다음과 같은 세 가지 요소를 갖고 있다.

- 사람들의 이성적인 측면과 감성적인 측면 모두에 어필한다.
- 복잡한 개념을 가지고 간단한 개념을 만들어낸다.
- 사람들에게 그들이 해결 중인 문제를 떠올리게 만든다. 그리고 '왜'에 집중한다.

'왜'는 제품 개발에서 가장 중요한 부분으로, 스토리텔링의 가장 앞에 나와야 한다. 일단 당신의 제품이 왜 필요한지에 대해 확고한 답을 가지면 그다음에는 그게 어떤 식으로 작동할지에 집중할 수 있다. 당신의 제품을 처음 접하게 되는 사람들은 당신처럼 '왜'를 잘 알지 못한다는 사실을 잊지 말라. 그런 그들에게 '왜'도 말해주지 않고 '무엇'을 말해 머리를 아프게 만들어선 안 된다.

그리고 이걸 명심하라. 고객은 이 스토리를 듣게 될 유일한 사람들이 아니다. 당신은 제품 스토리를 말함으로써 당신 팀에 사람들을 끌어모으거나 회사에 투자할 투자자들을 끌어모은다. 또한 판매 사원들이 제품 소개 자료에 집어넣고 당신이 이사회 프레젠테이션에서 활용하는 것 역시 제품 스토리다.

당신이 하는 모든 일을 당신 제품과 당신 회사 그리고 당신 비전의 스토리가 뒷받침해주어야 하는 것이다.[*]

• • •

2007년, 아이폰을 출시하며 스티브 잡스가 세계를 향해 다음과 같은 이야기를 하는 걸 관람석에 앉아 지켜보던 게 기억난다.

오늘은 제가 지난 2년 반 동안 기다리고 또 기다린 바로 그 날입니다. 가끔 혁신적인 제품이 나타나 모든 걸 변화시키는데, 애플도 그래왔죠. 음, 무엇보다 먼저 그런 제품들 중 하나를 만드는 데 참여한다는 건 정말 큰 행운입니다. 그런 점에서 그간 애플은 아주 운이 좋았습니다. 그런 제품들을 세상에 선보일 수 있었으니까요.

---

[*] 디자인과 그 뒤에 숨겨진 스토리텔링에 대해 좀 더 알고 싶다면 내가 NFX 팟캐스트에서 피터 플린터Peter Flint와 나눈 대화를 찾아볼 것을 권한다.

1984년에 우리는 매킨토시를 선보였습니다. 그건 비단 애플만 변화시킨 게 아니었습니다. 컴퓨터 업계 전체를 변화시켰습니다.

2001년에는 최초의 아이팟을 선보였습니다. 그리고 그건 비단 우리가 음악을 듣는 방식만 변화시킨 게 아니었습니다. 음악 업계 전체를 변화시켰습니다.

자, 오늘 우리는 역시 혁신적인 제품 세 가지를 선보이려 합니다. 첫 번째 제품은 터치식 컨트롤이 가능한 와이드스크린 아이팟입니다. 두 번째는 혁신적인 휴대폰. 그리고 세 번째는 획기적인 인터넷 통신 기기입니다.

자, 그러니까 터치식 컨트롤이 가능한 와이드스크린 아이팟, 혁신적인 휴대폰 그리고 획기적인 인터넷 통신 기기, 이렇게 세 가지입니다. 아이팟 한 대, 휴대폰 한 대 그리고 인터넷 통신 기기 한 대. 아이팟, 휴대폰… 느낌이 옵니까? 이것들은 세 가지 별개의 기기들이 아니라 하나의 기기이며, 우리는 그걸 아이폰이라 부를 겁니다. 오늘, 애플은 전혀 다른 차원의 전화기를 선보이려 합니다. 바로 이겁니다.

모든 사람이 기억하고 있는 스티브 잡스의 연설 일부다. 점점 기대감을 높이다가 끝에 놀라움을 안겨주는 멋진 설정. 사람들은 지금도 이 연설을 인용하며 관련된 많은 글을 쓰고 있다. 아이폰과 함께 이 연설의 10주년을 축하하기도 하면서 말이다.

그러나 이 연설의 나머지 부분도 이 부분 못지않게 중요하다. 이런 멋진 설정 후에, 잡스는 청중들에게 '문제'를 상기시켰다. 그리고 애플이 그 문제를 해결하고 있다는 것도. "가장 발전된 전화기는 스마트폰이라 불립니다. 사람들이 그리 부르죠. 그런데 문제는 그 스마트폰들이 그리

스마트하지도 못하고 사용하기도 그리 쉽지 않다는 것입니다." 그러면서 잡스는 잠시 일반 휴대폰과 스마트폰에 대해 그리고 양쪽의 문제들에 대해 얘기한 뒤, 비로소 새로운 휴대폰인 아이폰의 특징들에 대해 얘기하기 시작했다.

그는 나중에 내가 '의심의 바이러스'virus of doubt라 부르게 된 스토리텔링 기법을 사용했다. 그건 사람들의 머릿속에 들어가 매일 겪는 좌절을 상기시킴으로써 그들을 다시 짜증 나게 만드는 기법이다. 당신이 만일 사람들의 머릿속에 의심의 바이러스를 퍼뜨려 '어쩌면 내 경험은 사실 내 생각만큼 좋지 못하고, 그래서 어쩌면 더 나아질 수도 있을 것이다'라고 생각하게 만들 수 있다면, 그들은 이제 당신의 해결책을 들을 준비를 마쳤다고 할 수 있다. 그러니까 현재의 문제를 상기시켜 사람들을 짜증 나게 만든 뒤, 새로운 해결책을 제시해 열광하게 만드는 것이다.

스티브 잡스는 그런 스토리텔링의 대가였다. 어떤 제품이 어떤 일을 하는지 이야기하기에 앞서, 늘 먼저 그 제품이 왜 필요한지 그 이유를 설명했다. 그리고 그 모든 걸 아주 자연스럽고도 쉽게 느껴지게 했다.

나는 그전에도 다른 CEO들이 제품 설명을 하는 모습을 여러 번 지켜봤는데, 그들은 혁신적이라는 자신의 제품이 정확히 어떤 제품인지도 잘 몰랐다. 심지어 그 제품을 어떻게 잡아야 하는지 모르는 경우도 있었다. 그러나 잡스의 프레젠테이션에는 늘 경외감 같은 것이 느껴졌다. 고객과 언론은 잡스의 프레젠테이션을 보며 기적 같다고 입을 모아 말하곤 했다. "그는 너무도 침착하고, 너무도 차분하다. 준비된 대본도 없고 슬라이드에는 글씨도 거의 없다. 그만큼 자신이 무슨 이야기를 하고 있는지 너무 잘 알고 있어 모든 게 딱딱 들어맞는다."

결정적으로 그건 전혀 연설같이 느껴지지 않았다. 그보단 대화처럼 느껴졌다. 마치 어떤 이야기처럼.

그 이유는 간단했다. 잡스는 프레젠테이션을 위해 그저 대본을 읽은 게 아니었다. 그는 제품 개발 기간 내내 하루가 멀다 하고 매일 그 똑같은 이야기를 우리에게, 자신의 친구들에게 그리고 가족들에게 해왔었다. 그는 그 이야기를 하고 또 하면서 계속 다듬었다. 처음에 사람들이 잘 모르겠다는 표정을 짓거나 자세한 설명을 해달라고 요청할 때마다 그는 자신의 이야기가 완벽히 다듬어질 때까지 계속 사포로 문질러대며 조금씩 수정을 했다.

그건 제품 스토리였다. 그리고 그 스토리는 제품 제작의 원동력이 되었다.

만일 스토리의 한 부분이라도 제대로 먹히질 않는다면 그 제품 역시 받아들여지지 않을 것이며, 그 결과 뭔가 변화가 필요해질 것이다. 아이폰의 전면부를 플라스틱이 아닌 유리로 만들게 된 것도, 또 아이폰에 하드웨어적인 키보드를 따로 장착하지 않은 것도 결국 바로 이런 이유 때문이었다. 아이폰을 주머니 안에 넣었다가 화면에 흠집이 생겼다거나 너무도 작은 화면으로 영화를 봐야 했다면, '지저스 폰'Jesus Phone(아이폰의 별칭. 아이폰이 출시됐을 때 일부 언론에서 너무 감탄해 'Jesus Phone'이라고 칭한 데서 온 말. 지저스는 '세상에!' 정도의 뜻이다.—옮긴이) 스토리는 생겨나지도 못했을 것이다. 우리는 모든 걸 변화시킬 전화기 이야기를 하고 있었고 그런 전화기를 만들어야 했다.

그리고 내가 '스토리'라는 단어를 쓸 때, 그건 비단 말들만 의미하진 않는다. 제품의 디자인과 특징들, 이미지들과 비디오들, 고객들의 평, 비평가들의 조언, 고객지원 부서 직원들과의 대화 등이 모두 제품 스토리에 들어간다. 사람들이 당신이 만들어낸 제품을 보고 느끼는 것의 총합이 제품 스토리라는 얘기다.

또한 제품 스토리는 비단 제품을 팔기 위해서만 존재하지 않는다. 스토리는 당신 제품의 의미를 명확히 하고 또 당신의 고객들을 이해하는 데 도움을 주기 위해 존재한다. 제품 스토리는 투자자들을 설득해 투자를 유치할 때나, 새로운 직원들을 설득해 당신 팀에 합류시킬 때, 사업 파트너들을 설득해 함께 사업을 할 때 또 언론을 설득해 당신 제품에 대한 기사를 쓰게 할 때에도 쓰인다. 궁극적으로는 고객들을 설득해 당신이 판매하는 제품을 구입하게 할 때도 쓰인다.

그리고 이 모든 건 '왜'로 시작된다.

이 제품은 왜 존재해야 할까? 이건 왜 중요할까? 사람들은 왜 이걸 필요로 하게 될까? 사람들은 왜 이걸 사랑하게 될까? 이 '왜'를 찾으려면 당신이 해결하려고 노력 중인 문제의 본질과 고객들이 수시로 부딪히는 현실적인 문제의 본질을 이해해야 한다(제4.1장 '비타민이 아닌 진통제같은 아이디어를 찾아라' 참조).

당신은 '무엇', 그러니까 제품의 특징과 혁신적인 측면들 그리고 문제에 대한 답을 만들어낸 상황에서도 계속 그 '왜'를 중시해야 한다. 뭔가를 만드는 기간이 길어질수록, 점점 더 '왜'보다는 '무엇'이 부각되기 때문이다. '왜'는 너무도 명백한 데다 직감 같은 것이다 보니 당신이 하는 모든 일의 일부가 되어버려서 더 이상 그걸 표명할 필요조차 느끼지 못하게 된다. '왜'가 얼마나 중요한지를 잊어버리는 것이다.

온통 '무엇'에 둘러싸이게 될 때 당신은 사람들을 앞질러가고 만다. 당신이 보는 걸 다른 사람들도 볼 수 있다고 생각한다. 그러나 그렇지 않다. 그들은 당신과 달리 몇 주씩 또는 몇 개월씩 또는 몇 년씩 당신이 하는 그 일을 해오지 않았다. 따라서 누군가를 설득해 '무엇'에 대해 관심을 갖게 하려면 그에 앞서 먼저 잠시 시간을 내어 '왜'를 분명히 설명해주어야 한다.

당신이 무얼 만들든 관계없이, 설사 B2B(기업 대 기업) 지불 소프트웨어를 판매하고 있다 하더라도 그렇다. 아직 존재하지도 않는 고객들을 위한 딥테크 솔루션을 구축하고 있다 해도, 20년 동안 같은 윤활유를 구입해온 어떤 공장에 윤활유를 판매한다 해도 그렇다.

경쟁에는 시장점유율을 높이기 위한 경쟁과 인지도를 높이기 위한 경쟁이 있다. 경쟁사들이 만일 당신 회사보다 더 나은 스토리를 들려주고 있다면, 또 경쟁사들은 승부를 겨루고 있는데 당신 회사는 그러고 있지 않다면, 그들의 제품이 더 나쁘다 해도 그건 중요치 않다. 그들이 더 많은 관심을 끌게 될 것이다. 수박 겉핥기식 조사를 하는 고객들이나 투자자들, 사업 파트너들 또는 인재들에게 그들이 업계의 리더처럼 보이게 될 것이다. 더 많은 사람이 경쟁사에 대한 얘기를 해 그들의 인지도가 높아지면 높아질수록, 더 많은 사람이 그들에 대해 얘기하게 될 것이다.

당신 회사 역시 기회를 잡아 반드시 스토리를 만들어내야 하며 그 스토리를 통해 고객의 마음을 사로잡고 고객이 계속 당신 회사에 대해 이야기하도록 해야 한다. 설사 고객들이 당신 회사와 제품에 대해 잘 알고 있다거나 기술에 아주 밝다 해도 그렇다. 스토리를 통해 그들에게 왜 다른 윤활유보다 당신 회사의 윤활유를 써야 하는지 그 이유를 설명할 수 있고, 그들이 이제껏 몰랐던 정보를 제공해줄 수도 있다. 또는 고객들이 무엇을 필요로 하는지 잘 알고 있음을 보여줌으로써 그들의 신뢰를 살 수도 있다. 아니면 고객들에게 뭔가 유용한 걸 제공해주거나, 또는 새로운 방식으로 그들과 관계를 맺어 당신 회사를 선택한 게 잘한 일이라는 확신을 가지게 해줄 수도 있다. 고객들에게 당신 회사와 연결될 수 있는 스토리를 들려주도록 하라.

좋은 스토리는 공감을 이끌어낸다. 좋은 스토리는 고객의 필요를 알아본다. 좋은 스토리는 이런저런 사실들과 감정들을 포함하고 있어, 고객들은 그 두 가지를 충분히 제공받는다. 좋은 스토리를 만들기 위해서는 먼저, 충분한 통찰력과 확실한 정보를 갖고 있어야 한다. 그래야 당신의 주장이 뜬구름 잡는 공허한 주장처럼 느껴지지 않는다. 그게 군이 결정적인 데이터여야 할 필요는 없지만 신뢰할 만한 정도는 되어야 한다. 그래야 당신의 주장이 사실들에 근거하고 있다는 설득력을 갖는다. 그러나 뭐든 과해선 안 된다. 만일 당신 회사의 스토리가 그저 정보의 나열에만 그친다면 고객들은 당신 회사의 주장에 동의는 하겠지만 당장 사야 할 만큼 설득력 있지는 못하다고 결론 내릴 것이다. 내달에나 살까? 아니면 내년에?

따라서 고객의 선택을 받고 그들이 지갑을 열도록 만들려면 그들의 감정에 호소해야 한다. 그들이 관심을 보이는 무언가와 연결시켜야 한다. 그들의 걱정, 그들의 두려움 등. 그게 아니면 그들에게 매력적인 미래의 비전을 보여주도록 하라. 그들에게 인간적인 본보기를 보여주도록 하라. 그들의 하루, 그들의 가족, 그들의 일 그리고 그들이 경험할 변화 등 사람들이 당신 회사의 제품을 실제 어떤 식으로 경험하게 될지 보여주도록 하라. 너무 감성적인 연결에 치우치진 말라. 그러면 당신의 주장이 새롭게 보일지는 몰라도 필요하다는 느낌을 받지 못한다.

설득력 있는 스토리를 들려주는 일에는 기술이 필요하다. 뿐만 아니라 과학도 필요하다.

늘 기억하라. 고객의 생각은 늘 당신의 생각처럼 움직이지 않는다는 사실을. 때론 당신의 이성적인 주장이 감성적인 연결을 만들기도 한다.

때론 당신의 감성적인 스토리가 사람들에게 이성적인 주장으로 다가가 제품을 구입하게 만들기도 한다. 어떤 네스트 고객들은 우리가 그들의 가슴과 영혼에 호소하기 위해 정성껏 만든 아름다운 온도 조절기를 보고 이런 말을 했다. "뭐, 예쁘네." 그런 다음 전기요금을 23달러 절약할 수 있다는 가능성에 감동하며 감성적인 반응을 보였다.

사람들은 이토록 다 다르다. 그리고 그들은 모두 당신의 스토리를 다르게 읽을 것이다. 그래서 스토리텔링에서는 비유가 아주 유용한 툴이 될 수 있다. 비유는 복잡한 개념들을 쉽게 이해할 수 있게 해준다. 비유가 바로 일반적인 경험으로 연결해주는 다리 역할을 하기 때문이다.

이 또한 스티브 잡스에게서 배운 것이다. 그는 늘 비유가 고객들에게 엄청난 힘을 준다는 말을 했었다. 위대한 비유는 어려운 특징이나 기능을 고객이 금방 이해할 수 있게 해주며, 그런 다음 그걸 다른 사람에게 설명까지 할 수 있게 만들어준다. '1,000곡의 노래를 당신의 주머니 안에'라는 아이팟의 슬로건이 그렇게 강력했던 이유도 바로 이 때문이다. 그 시대의 모든 사람은 커다란 플레이어 안에 10~15곡까지의 노래를 담을 수 있는 CD와 카세트테이프들을 갖고 있었다. 그러니까 한 번에 앨범 한 장 정도만 들을 수 있었던 것이다. 그래서 '1,000곡의 노래를 당신의 주머니 안에'라는 슬로건은 믿을 수 없을 만큼 대조적이었다. 사람들에게 아이팟이라는 제품을 시각화할 수 있게 해주었다. '우리가 좋아하는 노래를 모두 한곳에 모아놓고 아무 때고 쉽게 들을 수 있다고!' 또 그 슬로건은 고객이 자신의 친구와 가족들에게 새로 나온 아이팟이라는 물건이 왜 그리 멋진지를 쉽게 설명할 수 있게 해주었다.

네스트에서는 모든 게 비유로 통했다. 우리의 웹사이트, 우리의 비디오, 우리의 광고 그리고 심지어 우리의 고객지원 글과 설치 안내서에도 비유들이 가득했다. 그래야 했다. 우리 제품 안에 들어간 많은 기능들을 제대로 이해하려면 공조 시스템과 파워 그리드에 대해, 연기가 레이저 안에서 굴절되어 화재를 탐지하는 원리에 대해 깊은 지식이 있어야 했기 때문이다. 이런 지식을 갖고 있는 사람이 과연 얼마나 됐겠는가. 그래서 우리는 속임수를 썼다. 모든 걸 설명하려고 애쓰는 대신 비유를 사용한 것이다.

지금도 기억하지만, 우리 제품에는 모든 사람이 동시에 난방이나 에어컨을 돌려대는 1년 중 가장 더운 계절과 추운 계절에 발전소들의 부담을 덜어줄 목적으로 디자인된 한 가지 복잡한 기능이 있었다. 그 기능은 대개 1년 중 며칠, 그것도 오후 몇 시간 동안만 적용됐다(그리고 그 시간에는 하나 또는 그 이상의 석탄발전소들이 정전 사태를 막기 위해 공조를 해야 했다). 우리는 그런 순간이 올 때를 예측하는 기능을 디자인했고, 그래서 네스트 온도 조절기는 전력 소비가 최대치에 달하는 시간이 오기 전에 에어컨이나 난방을 추가 가동시켰으며, 다른 모든 사람이 에어컨이나 난방을 마구 돌려댈 때는 반대로 가동을 줄였다. 이런 에너지 절약 프로그램에 동참하는 사람들에게는 전기요금을 깎아주었다. 그러자 점점 더 많은 사람들이 그 프로그램에 동참했고 그 결과는 모두에게 득이었다. 사람들은 편안함을 유지하면서도 돈을 절약할 수 있었고, 에너지 회사들은 환경오염의 주범인 석탄발전소들을 돌리지 않아도 됐던 것이다.

그건 다 좋았다. 문제는 그걸 설명하는 데 150단어나 필요했다는 점이었다. 우리는 아주 오랜 시간 그 문제에 대해 생각하고 가능한 모든 해결책을 시도한 끝에 결국 '러시아워 보상'Rush Hour Rewards이라는 단 세 단어로 이를 설명할 방법을 찾아냈다.

러시아워의 개념을 모르는 사람은 없다. 너무 많은 차들이 한꺼번에도로 위로 쏟아져 나와 교통 흐름이 거북이처럼 느려지는 순간 말이다. 에너지의 경우에도 같은 일이 일어난다. 세 단어로 된 적절한 비유를 찾음으로써 우리는 더 이상 많은 설명을 할 필요가 없었다. 교통 러시아워는 그냥 문제일 뿐이지만 에너지 러시아워는 그래도 뭔가 보상을 받을 게 있다는 것, 다른 모든 사람들과 함께 옴짝달싹 못하는 게 아니라 실질적으로 돈을 절약할 수 있다는 점이 모두 그 안에 담겨 있었다.

우리는 웹페이지 전체를 자동차들과 연기를 내뿜고 있는 작은 발전소 그림으로 채웠다. 설명을 좀 더 장황하게 하고 비유를 늘릴 수도 있었겠지만 대부분의 사람은 그렇게까지 깊이 파고들진 않는다는 걸 알고 있었기 때문이다. 그렇게 절대 다수의 고객들을 위해 우리는 설명과 비유를 단순화했다. 단어 세 개와 비유 하나로 사람들이 쉽게 이해하도록 한 것이다. 에너지 러시아워가 발생할 때 네스트 온도 조절기로 돈을 절약할 수 있다는 사실을 말이다.

이것이 바로 아주 짧지만 가장 효과적인 제품 스토리다.

짧은 스토리는 기억하기 쉽다. 그리고 더 중요하게는 반복하기도 쉽다. 또한 제품 스토리가 고객의 입에서 입으로 전달되면, 즉 입소문이 나면 회사 자체의 플랫폼을 통해 광고하는 것보다 더 많은 사람들의 구매를 이끌어낼 수도 있다. 그러므로 늘 좋은 스토리를 들려주려 애를 쓰고, 그 스토리가 더 이상 당신 회사의 스토리로 머물지 않게 하라. 고객들이 그 스토리를 알고 사랑하고 또 내면화해 자기 것으로 만들게 해야 한다. 또한 고객들이 자신이 아는 모든 사람들에게 그 스토리를 들려주어야 한다.

제3장

진화 vs. 파괴 vs. 실행

- **진화**Evolution: 뭔가를 점진적으로 조금씩 더 낫게 만드는 단계.
- **파괴**Disruption: 진화 계보에서의 갈림길. 현상을 타파하는 근본적으로 새로운 것으로, 대개 오래된 어떤 문제에 대해 전혀 새로운 또는 혁신적인 접근 방식을 취할 때 나타난다.
- **실행**Execution: 뭔가 하기로 약속했던 일을 실제로 하거나 그 일을 잘하는 것.

당신의 '버전 1'(V1) 제품은 점진적인 것(진화)이 아니라 파괴적인 것이어야 한다. 그러나 그런 혁신성만으로는 성공을 보장할 수 없다. 멋진 혁신에 취해 실행의 기본을 무시해서는 안 되기 때문이다. 설사 당신의 아이디어를 잘 실행한다 해도 그걸로는 충분치 않을 수 있다. 당신이 만일 어떤 중요한 업계에 혁신을 일으키려 한다면 마케팅이나 제조, 물류, 비즈니스 모델 또는 한 번도 경험하지 못한 다른 분야를 혁신해야 할 수도 있다.

적어도 버전 1 제품이 대박을 터뜨렸다면 버전 2는 대개 버전 1에서 진화한 형태를 띤다. 실제 고객들로부터 얻은 각종 데이터와 통찰력을 활용해 버전 1을 개선하면서 창의적인 파괴를 불러일으키는 일에 전념하라. 그리하여 실행 단계에서는 한 단계 더 올라서야 한다. 이제 당신은 당신이 무얼 하고 있는지 또 한층 더 유용한 제품을 제공하려면 무얼 해야 하는지를 안다.

한동안은 그 제품을 계속 진화시켜나갈 수도 있겠지만 그럼에도 항상 새로운 혁신 방법을 모색하도록 하라. 경쟁이 치열해져 다른 회사들에 따라잡힐 가능성이 높아지거나 사업이 정체되기 시작할 때 혁신을 도모하려 하면 때는 이미 늦다.

...

새로운 걸 만들어내는 데 전력투구하려 한다면, 그 새로운 것은 파괴적이고 혼란을 불러일으키는 것이어야 한다. 대담한 것이어야 한다. 뭔가를 바꿔버릴 수 있는 것이어야 한다. 단순한 제품이어서는 안 된다. 처음 아마존이 등장했을 때 그것이 얼마나 혁신적인 서비스였는지 생각해보자. 뭔가를 판매하거나 배달하거나 서비스를 제공하거나 재정 지원을 하는 방식에도 혁신을 일으킬 수 있다. 뭔가를 마케팅하거나 재활용하는 방식에도 일대 변화를 가져올 수 있다.

혁신은 당신 개인에게도 중요하다. 의미 있고 멋진 것을 하고 싶어 하지 않는 사람이 어디 있겠는가? 또한 혁신은 당신 회사의 건전성을 위해서도 중요하다. 혁신적인 제품을 제대로 만들어낼 경우, 그 어떤 경쟁사도 그걸 따라 만들 수 없다.

여기서 가장 중요한 것은 적절한 균형이다. 너무 혁신적이어서 실행할 수 없을 정도가 되어선 안 되며, 그 누구도 신경 안 쓸 만큼 실행하기 쉬워서도 안 된다. 당신이 앞으로 어떤 전투를 벌일지 선택해야 하는 것이다. 뭐가 됐든 전투를 벌인다는 사실에는 변함이 없지만 말이다.

만약 당신이 일으키려는 혁신이 기대에 미치지 못한다면 그러니까 당신이 그저 조금 나아진 정도의 것을 만들었다면 당신이 아는 여러 분야의 가장 뛰어난 사람들에게 이를 설명해봤자 다들 그저 어깨를 으쓱하며 이렇게 말할 것이다. "네, 괜찮네요." 그러곤 아마 실망스럽다는 표정을 지을 것이다.

당신은 그들이 가던 걸음을 멈추고 이런 말을 할 정도의 제품을 만들어야 한다. "와우! 이거에 대해서 좀 더 말해봐요!" 당신의 제품이 그 어떤 혁신을 불러일으키든, 바로 그 점이 제품을 규정짓는 특징이 될 것이다. 사람들은 그 특징 때문에 당신 제품에 관심을 갖는다. 그런 제품은 사람들을 웃게 만든다. 확고히 자리 잡힌 규모가 큰 업계에서 파괴적이고 혼란을 불러일으키는 제품을 내놓으면 경쟁사들은 대부분 처음에는 그 제품을 무시한다. 그들은 아마 당신 회사가 아무 위협도 되지 않는 장난감 같은 제품을 만들었다고 말할 것이다. 당신의 면전에서 대놓고 소리 내 웃을 것이다.

소니가 아이팟을 보고 그렇게 웃었다. 노키아Nokia가 아이폰을 보고 그렇게 웃었다. 허니웰Honeywell이 네스트 학습형 온도 조절기를 보고 그렇게 웃었다.

처음에는 그랬다.

이것이 이른바 슬픔의 5단계(슬픔은 부정, 분노, 타협, 우울, 수용의 단계를 거친다고 함—옮긴이) 중 '부정' 단계다.

그러나 곧 파괴적인 당신의 제품이나 서비스 또는 비즈니스 모델이 고객들로부터 호평을 받기 시작하면, 경쟁사들은 고민에 빠지기 시작한다. 비로소 관심을 보이기 시작한다. 그리고 당신 회사가 자신들의 시장 점유율을 잠식하리라는 사실을 깨달으면서 분노하기 시작한다. 정말 분노하기 시작한다. 슬픔의 5단계에서 분노 단계에 이른 사람은 비난을 하면서 뭔가를 공격하게 되는데, 기업도 이와 비슷한 공격을 가한다. 제품 가격을 당신 회사 제품 가격보다 더 낮추고, 광고로 당신 회사를 당혹스럽게 만들며, 부정적인 여론을 조성해 당신 회사의 사기를 꺾으려 하고, 유통업체들과 새로운 협약을 맺어 당신 회사를 시장에서 퇴출시키려 한다.

어쩌면 고소를 할 수도 있다. 혁신을 꾀할 수 없으면 법적 소송을 제기할 것이다.

좋은 소식이 있다면, 경쟁사가 소송을 제기했다는 얘기는 당신이 공식적인 승리를 거뒀다는 의미라는 것이다. 허니웰은 네스트를 상대로 소송을 제기했다. 우리는 너무 기분이 좋았다. 그들이 말도 안 되는 소송(허니웰은 외형이 둥글다는 이유로 우리 온도 조절기를 상대로 소송을 제기했다)을 제기했다는 것은 우리에게 실제 위협을 느꼈고 그들도 그걸 안다는 의미였다. 그래서 우리는 샴페인을 꺼냈다. 그래 좋아, 이 인간들아! 점심 얻어 먹으러 갈게!

우리는 사업을 접을 생각이 전혀 없었다. 우리는 허니웰이 수십 년간 혁신적인 스타트업들의 사업을 접게 만들어왔다는 걸 잘 알고 있었다. 그들은 스타트업의 목에 올가미를 걸어 결국 견디다 못한 스타트업이 허니웰에 회사를 팔 수밖에 없도록 만들었다. 그런 식으로 허니웰은 어떤 위협이든 바로 밟아버린 것이다. 그러나 네스트의 법률 자문위원 칩 러튼Chip Lutton과 나는 애플에 있을 때부터 함께 그런 전쟁을 치러왔고, 처음부터 지레 겁먹고 타협을 볼 생각 따윈 아예 없었다(제5.7장 '변호사처럼 생각하지 않는 변호사 고용하기' 참조).

만일 당신의 회사가 혁신을 불러일으키고 있다면, 강한 반발과 그보다 더 강한 감정들을 맞닥뜨릴 마음의 준비를 해야 한다. 어떤 사람들은 당신 회사가 만든 제품을 아주 좋아할 것이다. 그러나 또 어떤 사람들은 아주 격렬히 그리고 또 끈질기게 싫어할 것이다. 바로 이것이 혁신에 따르는 위험이다. 모든 사람의 환영을 받지는 못하는 것이다. 혁신은 적들을 만든다.

대기업에서 뭔가 새로운 걸 시작할 때조차 안전하지 않다. 각종 정치적인 문제와 질투심 그리고 두려움을 맞닥뜨리게 되기 때문이다. 당신은 뭔가를 변화시키려 하는데, 변화는 특히 자신들이 업계를 지배하고 있다고 생각하는 사람들, 발 아래쪽 땅의 움직임에 전혀 준비되지 못한 사람들에게 두려움을 안겨준다.

뭔가 크고 무서운 새로운 것 하나가, 아니 어쩌면 두 개가 거대한 산사태를 일으킨다.

그렇다고 너무 나가진 말라. 한 번에 모든 걸 혼란에 빠뜨리려 하진 말라. 아마존의 파이어폰Fire Phone(아마존이 2014년에 발표한 3D 스마트폰—옮긴이) 같은 건 만들지 마라.

제프 베이조스Jeff Bezos가 처음 그 제품의 아이디어를 언급했던 때가 기억난다. 우리는 아침 식사 겸 회의를 하면서 내가 아마존 이사회에 합류하는 문제를 논의하고 있었다. 제프는 자신이 아마존 브랜드로 새로운 기기들, 특히 휴대폰을 제작할 계획이라는 걸 넌지시 내비쳤다. 상당히 혁신적인 아이디어였다. 모든 게 3차원으로 보이고, 어떤 미디어든 X선으로 들여다보듯 할 수 있으며, 세상 모든 것을 스캔해 그걸 아마존에서 구입할 수도 있었다. 그야말로 모든 걸 변화시킬 제품이었다.

나는 제프에게 이미 아마존 킨들Kindle로 충분히 혁신적인 하드웨어를 만들었다고 말했다. 그건 너무도 혁신적인 제품이었으며, 독특한 플랫폼을 갖고 있어 그 누구도 따라 만들 수 없었다. 그래서 나는 이런 말을 건넸다. 아마존이 사람들의 온라인 쇼핑 방식을 바꾸려고 굳이 새로운 기기를 만들 필요는 없다고. 아마존은 그저 소비자가 가진 모든 휴대폰에서 잘 돌아가는 멋진 앱만 있으면 된다고.

나는 제프에게 말했다. 나 같으면 휴대폰을 만들지 않겠다고.

끝끝내 그는 그 휴대폰을 만들었다.

그리고 나는 아마존 이사회에 들어가지 않았다.

파이어폰이 출시됐을 때, 그 휴대폰은 그가 약속했던 기능들을 다 갖추고 있었다. 하지만 제대로 작동하진 않았다. 그들은 너무 많은 걸 하려 했고, 너무 많은 걸 변화시키려 했다. 그 결과 혁신은 한낱 관심을 끄는 기능들로 변질됐고, 파이어폰 프로젝트는 실패로 끝났다. 그건 뼈아픈 교훈이었고, 이후 그들은 다시는 그런 실수를 되풀이하지 않았다. 행하라. 실패하라. 그리고 배워라.

아주 미묘한 균형을 잡아야 한다는 것, 이것이 혁신의 가장 힘든 점이다. 혁신이 실패로 끝날 때는 대개 다음 세 가지 중 하나가 그 원인으로 작용한다.

1. 당신은 뭔가 놀라운 걸 만드는 데 집중할 뿐 그게 고객 경험의 일부가 되어야 한다는 사실을 잊는다(제3.1장 그림 3.1.1 참조). 그래서 특히 버전 1 제품을 만들면서 별로 달갑지 않은 이런저런 세세한 면들을 무시하

며 그 결과 실제 그 누구의 삶에도 맞지 않는 작고 아담한 데모용 제품을 만들고 만다.

2. 반대로 당신은 매우 혁신적인 멋진 비전을 가지고 시작하지만 기술적으로 너무 어렵거나 너무 비용이 많이 들거나 제대로 작동되지 않아 그 비전을 한쪽으로 치워버리게 된다. 그래서 다른 모든 것들은 훌륭하게 실행에 옮기면서도 정작 당신의 제품을 차별화시킬 가장 중요한 요소는 퇴색되어버리고 만다.

3. 아니면 당신은 너무 많은 것을 엄청 빨리 바꿔버려, 보통 사람은 알아보지도, 이해하지도 못하는 제품을 만들고 만다. 이는 구글 글래스가 맞닥뜨렸던 많은 문제 가운데 하나였다. 외양과 거기에 담긴 기술 등 모든 것이 너무 새로워 사람들이 그게 어디에 쓰는 물건인지 직관적으로 알아보질 못한 것이다. 비유하자면 그건 마치 테슬라가 바퀴 다섯 개에 핸들이 두 개인 전기 자동차를 만들기로 결정한 것과 같다. 모터를 바꾸고 대시보드를 바꿀 수는 있지만 그래도 최소한 자동차 같아 보여야 하는 건데 말이다. 사람들이 마음속에 품고 있는 모델에서 너무 멀리 가버려서는 안 되는 것이다. 처음부터 그래선 더더욱 안 된다.

세 번째 이유는 왜 1세대 아이팟이 아이튠즈 iTunes 뮤직 스토어를 갖고 있지 않았는지를 설명해준다. 아직 음악 시장이 형성되지 않았고 '팟캐스트'potcast라는 용어도 수개월 후에나 나왔던지라, 사용자들은 그저 아이튠즈로 CD 음악을 대신하거나 온라인에서 무단 복제해서 들어야 했다.

그건 우리가 그런 생각을 하지 못했기 때문이 아니다. 우리는 아이팟을 만들면서 다양한 아이튠즈의 특징들을 꿈꿨다. 그러나 그걸 실행에 옮길 시간이 없었던 데다, 그렇잖아도 이미 충분히 혁신적인 상황이었

186

다. 우리는 사람들이 CD에서 MP3로 음악 듣는 방식을 옮겨가도록 할 필요가 있었는데, 이미 그것만으로도 큰 변화였다. 다시 말해 사람들에게 또 한 번 큰 변화를 요구하기에 앞서 그들이 먼저 균형을 잡을 시간을 주어야 성공할 수 있을 거라 판단했다.

그렇게 버전 2와 버전 3 제품을 만들기 시작하면서 디지털 시장을 추가하는 것이 논리적으로 필요한 다음 단계가 되었다. 우리는 처음의 혁신을 극대화하고 또 활용하고 있었다. 쉽게 딸 수 있는 과일들이 많았고, 버전 4, 버전 5, 버전 6으로 진화해가면서 계속 다듬어나가기만 하면 됐다.

진화를 거듭할수록 우리는 더 변화하고 싶어졌다. 그러다 어느 시점이 됐을 때, 완전히 새로운 제품 디자인을 가지고 스티브 잡스를 찾아갔다. 그것은 아이팟에서 클릭 휠click wheel 을 제거한 디자인이었다. 더 작고 더 가볍고 더 혁신적이었으며 더 아름다웠다. 잡스는 그것들을 보더니 이렇게 말했다. "대단한데요. 근데 아이팟을 상징하던 게 사라졌네요."

세상 사람들은 클릭 휠을 보고 아이팟을 떠올렸다. 그걸 제거한다는 건 진화가 아니었다. 그 순간에는 말도 안 되는 혁신이었다. 만약 우리가 그 아이디어를 그대로 밀고 나갔다면 보다 작고 가벼운 뮤직 플레이어를 만들었을 것이고, 애플의 브랜드는 퇴색했을 것이다.

그때 우리는 교훈을 얻었다.

진화 중일 때는 당신 제품을 상징하는 핵심이 무언지를 잘 알아야 한다. 당신 제품의 기능들과 브랜딩의 핵심 요소는 무엇인가? 그간 고객들에게 무엇을 기대하도록 만들었는가? 아이팟의 경우 그건 클릭 휠이었다. 네스트 학습형 온도 조절기의 경우는 중앙에 기온이 크게 나오는 둥글고 깨끗한 스크린이었다.

어떤 제품의 핵심을 유지하기 위해서는 다른 부분은 다 변하더라도 변하지 않고 계속 유지해야 하는 부분이 한두 가지 있다. 그리고 그것이야말로 필요하고도 유용한 제약이다. 더 깊이 파고들고, 창의력을 발휘하고, 이전에는 생각지도 못했던 한계를 뛰어넘으려면 약간 자제해야 할 부분도 있는 것이다. 그러나 애플에서 우리는 쉬지 않고 밀어붙였다. 매년 눈에 띄게 개선된 새로운 아이팟을 연휴 선물용으로 출시했다. 애플이 그런 식으로 강행군을 한 것은 처음이었다. 그간 나왔던 매킨토시 제품들은 항상 공급업체의 컴퓨터 프로세서 업그레이드를 중심으로 출시되었기 때문이다(제3.5장 '수갑을 채우고 심장박동을 확인하라' 참조). 그러나 아이팟을 만들 때는 머릿속에 소니와 다른 경쟁사들이 우리 뒤를 따라오는 소리가 들렸다. 우리는 선두 자리를 지키고 있었지만, 그 자리를 지키려면 초심으로 돌아가 늘 진화하고 실행해야 했다. 또한 아이팟 모델은 매년 하드웨어 측면에서든 소프트웨어 측면에서든 아니면 둘 다에서든 그 전해의 모델보다는 눈에 띄게 나아야 했다. 경쟁사들은 계속 궁지에 몰아넣고 고객들에게는 업그레이드할 이유를 주어야 했던 것이다.

여기서 우리는 항상 덜 약속하고 더 많이 주는 걸 배웠다. 이를테면 배터리 수명 같은 핵심적인 기능을 설명할 때 13~14시간 같이 보수적으로 접근했다. 그러나 안 보이는 데서는 여기서 1분, 저기서 1분을 늘리는 식으로 배터리 수명을 늘리기 위해 꾸준한 노력을 기울였다. 그랬기에 14시간의 배터리 수명을 자랑하는 최신 사양의 아이팟이 출시됐을 때 기대 이상이라는 사람들의 평가를 받으며 인기를 끌 수 있었다. 배터리 수명이 그들의 예상보다 더 길었기 때문이다.

우리는 몇 년 동안 해마다 계속 그렇게 했는데, 웬일인지 어떤 경쟁사도 이를 따라오지 못했다. 그렇게 우리의 아이팟은 매번 놀라움과 기쁨을 주었다. 그러면서 아이팟의 디자인과 사용자 경험만큼이나 애플의 명성 또한 점점 더 공고해졌다. 그 꾸준한 강행군 덕에 아이팟의 브랜드 이미지는 말할 수 없이 좋아졌고, 사람들은 계속해서 애플에 관심을 가졌다. 반면 경쟁사들은 맥이 빠졌다. 필립스에 있던 한 친구는 내게 이런 말을 했다. 자신들이 아이팟을 능가할 멋진 아이디어를 생각해낼 때마다, 몇 달 후면 애플이 그 비슷한 기능을 가진 아이팟을 내놓아 자신들이 처음부터 다시 계획을 짜야 한다고. 그 때문에 그들은 기가 꺾였다. 우리가 워낙 빨리 움직여 그들이 따라잡을 때쯤이면 우리는 이미 저만치 앞에 가고 있었다.

그러나 그렇게 오랫동안 진화만 하고 있었을 뿐이다.

결국에는 경쟁사들과의 거리가 좁혀지기 시작했다. 아이팟은 다른 모든 MP3 플레이어들을 시장에서 완전히 몰아내고 전 세계 시장점유율 중 무려 85퍼센트를 가져왔으나 강력한 경쟁력을 가진 휴대폰 제조업체들이 파이 중 일부를 가져가고 있었다. 휴대폰 안에 전화 통화 기능은 물론 문자, 게임 그리고 음악 등 모든 걸 집어넣을 수 있다는 가능성을 본 그들은 자사의 휴대폰에 MP3 파일 재생 기능을 넣기 시작했다.

그 무렵 세상 사람들은 미친 듯이 휴대폰을 구입하고 있었고, 데이터 네트워크들은 급격히 더 나아지고 더 빨라지고 더 저렴해지고 있었다. 곧 대중이 음악을 다운로드하지 않고 스트리밍해서 들을 게 분명했다. 아이팟 사업과 관련된 모든 것이 뒤바뀔 판이었다. 다시 말해 우리 발밑의 지형이 바뀌거나 아니면 우리가 그 지형을 바꿔놓거나 둘 중 하나였다.

우리는 스스로를 혼란 속으로 몰아넣어야 했다.

당시 아이팟은 매킨토시를 제외하고 15년 만에 유일하게 성공한 애플의 새로운 제품이었다. 가끔씩 애플의 매출에서 50퍼센트 이상을 차지하기도 했다. 그만큼 엄청난 인기를 끌었고 여전히 빠른 속도로 발전하고 있었다. 매킨토시 컴퓨터를 쓰지 않는 수백만 고객들에게 애플을 대표하는 제품이기도 했다. 그러나 이제 제 살을 깎아내는 고통을 감내해야 할 때였다. 설사 아이팟을 죽일 수도 있고 또 죽이게 되더라도 아이폰을 만들어야 했다.

경쟁사들이 바짝 뒤쫓아오는 게 보인다면 뭔가 새로운 걸 해야 한다. 당신 기업의 정체성 자체를 근본적으로 바꾸면서까지 계속 움직여야 하는 것이다. 물론 그건 엄청난 모험이다. 그러나 일단 혁신이 일어나면, 경쟁사들은 오랫동안 부정과 분노 단계에 머문다. 그러다 결국 수용 단계에 도달하게 되며, 아직 생명력이 남아 있다면 당신 회사를 따라잡기 위해 맹렬한 기세로 움직이기 시작한다. 그게 아니면 당신이 새롭게 탄생하는 스타트업에 영감을 준 결과, 그들이 당신이 일으킨 혁신을 징검다리 삼아 당신을 뛰어넘기도 한다.

당신에게 성공을 안겨준 혁신에 타격이 가는 것을 두려워하지 말라. 설사 그것이 엄청난 성공이었다 해도 말이다. 코닥Kodak을 보라. 노키아를 보라. 너무 비대해진 기업들, 너무 편안해진 기업들, 자신을 세상에 알린 위대한 첫 혁신을 지키는 데 너무 집착하는 기업들은 결국 넘어진다. 그렇게 비틀거리다 죽는다.

당신이 만든 제품과 서비스가 지금 그 어느 때보다 높은 시장점유율을 자랑하고 있다면, 그건 이제 곧 석회화되고 침체되기 시작할 거라는 의미다. 보다 깊이 파고들며 분발해야 할 때라는 의미다. 구글과 메타 같은 기술 분야의 거대 기업들은 모두 조만간 스스로 혁신을 불러일으켜야 하며 그렇지 않을 경우 결국 정부 규제에 의해 어쩔 수 없이 그렇게 해야 할 것이다.

테슬라 역시 잘못하면 이런 함정에 빠질 수도 있었다. 테슬라는 한 가지 거대한 혁신을 일으키며 세상에 등장했다. 처음으로 고객들에게 어필하는 전기 자동차를 만들면서 자동차 업계에 대변혁을 일으킨 것이다. 그러나 세상의 모든 자동차 제조업체들이 그 뒤를 쫓으면서 테슬라는 시장에 쏟아져 나오는 많은 전기차 회사 가운데 하나에 지나지 않게 됐다. 그러자 그들은 다른 종류의 탈것들을 전기로 움직이기 시작했고, 충전 네트워크와 소매, 서비스, 배터리 그리고 공급망 분야들에서 혁신을 꾀했다. 그러한 혁신 덕분에 테슬라는 지금 경쟁사들이 경쟁에 참여하는 단계에서부터 기업 운영 전반에 걸쳐 아예 발도 디디지 못하게 만들고 있다. 이런 이유들로 다른 모든 자동차 제조업체가 전기차를 만든다 해도 고객들은 테슬라가 구축하고 시장에 도입한 혁신에 더 끌리게 되는 것이다.

직접적이든 간접적든 경쟁은 불가피하다. 성공한 경쟁사의 허점을 파고들고자 늘 누군가가 예의주시하고 있을 테니 말이다.

여러 해 동안 마이크로소프트의 주 수입원은 대기업들에 윈도우를 판매하는 것이었다. 그건 제품 중심product driven의 문화가 아닌 판매 중심sales-driven의 문화였다. 인터넷의 출현으로 다른 모든 것이 변화하고 한참이 지날 때까지도 그들의 제품은 별로 변하지 않았다. 그러나 이후 오랜 시간이 지나면서 마이크로소프트의 비즈니스 모델은 죽어가고 있음이 분명해졌다. 오랜 시간이 지나자 기업 문화가 고질병으로 굳어졌고, 그들은 업계에서 몸집만 큰 공룡 취급을 받았다.

여러 해 동안 뻘짓을 한 끝에 마이크로소프트의 기업 문화는 결국 사티아 나델라Satya Nadella가 새롭게 CEO 자리에 오르면서 변화를 맞았다.

다른 제품과 비즈니스 모델을 찾지 않을 수 없게 된 마이크로소프트는 새로운 사업들을 시작했다. 잘못된 출발도 많았고 실패한 제품들도 많았다. 새로운 사업들 중 상당수는 실패했지만 서피스Surface 제품들과 애저Azure 클라우드 컴퓨팅 같은 여러 사업들은 결실을 맺었다. 그들은 더 이상 윈도우를 황금알을 낳는 거위로 보지 않았고, MS 오피스를 온라인 구독 형태로 전환했다. 마이크로소프트는 자신들이 빠져 있던 구덩이, 즉 침체의 늪에서 빠져 나왔고 이제 다시 홀로렌즈Hololens와 서피스 제품들 같이 상상력을 사로잡는 혁신적인 제품들을 만들고 있다.

물론 침체의 늪에 빠질 위험은 둘째치고, 그 정도로 큰 회사를 운영해보기라도 하는 게 모든 창업자의 꿈일 것이다. 사실 대부분의 창업자는 그 근처까지도 가지 못하는 게 현실이다. 대부분의 사람은 첫 단계, 그러니까 초기 혁신 단계에서 나가떨어진다. "뭔가 의미 있는 변화"를 일으킨다는 것이 말처럼 쉬운 일이 아니기 때문이다. 게다가 고객들에게 도움을 줄 수 있는 방식으로 멋진 아이디어를 내고 그걸 실행에 옮기기란 훨씬 더 어렵다(제4.1장 '비타민이 아닌 진통제 같은 아이디어를 찾아라' 참조).

특히 한 분야에서 놀라운 혁신을 일으키는 것만으로는 충분치 않을 때, 결코 생각해본 적 없는 부분들에도 혁신이 필요할 때 더욱 그렇다. 만일 네스트가 하드웨어 분야에서만 혁신적이었다면, 그러니까 그저 멋지고 놀라운 성능의 온도 조절기만 만들었다면 우리는 아마 실패했을 것이다. 아주 철저하게.

성공하기 위해 우리는 판매 및 유통 채널 분야에서도 혁신을 일으켜야 했다.

그 당시에는 사람들이 온도 조절기를 사기 위해 일부러 밖에 나가는 일이 거의 없었다. 온도 조절기는 철물점에서 살 수 있었지만 제조업체들이 의도적으로 복잡하게 제작해 사람들이 직접 설치하기가 매우 어려웠다. 게다가 온라인에서는 팔지도 않아서 여러 제품을 비교해가며 살 수도 없었고, 공조HVAC(Heating, Ventilating & Air Conditioning의 줄임말로 난방과 냉방, 환기 등을 다루는 일―옮긴이) 기술자들에게 비싼 설치비를 내고 설치해야 했다. 그러다 보니 온도 조절기가 고장이라도 나면 그냥 기술자를 불러 새 제품으로 교체했다. 또한 히터나 에어컨이 고장 나도 울며 겨자 먹기로 온도 조절기까지(필요하든 필요하지 않든 관계없이) 새로 구입하곤 했다. 그렇게 끼워 팔기 식으로 값비싼 허니웰 온도 조절기를 하나 팔 때마다 공조 기술자들은 설치 대가로 짭잘한 보너스를 받았다. 공조 기술자가 온도 조절기를 많이 팔아주면 허니웰 측에서 하와이로 휴가까지 보내주었다.

이렇게 온도 조절기 시장은 완전히 고착된 시장이어서 기존 업체들은 새로운 경쟁사들을 내몰기 위해 수단과 방법을 가리지 않았다. 그런 상황에서 공조 기술자들은 굳이 네스트 온도 조절기를 팔거나 설치해야 할 인센티브가 전혀 없었다. 우리 제품보다 기존 제품들을 파는 게 더 수입이 좋았을 뿐더러 우리 회사는 그들에게 보너스를 줄 생각도, 하와이를 보내줄 계획도 전혀 없었기 때문이다. 우리는 작은 회사였고 허니웰은 수십 년간 돈으로 온도 조절기 설치 기사들의 충성심을 사온 대기업이었다.

그래서 우리는 기존 판매 및 유통 채널을 완전히 비껴나가야 했다. 주택을 가진 사람들이 자기 의지로 온도 조절기를 사지 않는 세상에서 그들에게 직접 온도 조절기를 판매하는 방식의 새로운 시장을 만들어야 했다. 그간 온도 조절기가 전혀 판매된 적 없는 장소들에서 판매해야 했다. 우리의 첫 소매 분야 파트너는 전자제품 판매 체인 베스트 바이였는

데, 그들은 네스트 제품을 어디에 진열해야 좋을지 몰라 난감해했다. 온도 조절기 코너 같은 건 있지도 않았다.

그러나 나는 필립스에서의 실수를 잊지 않고 있었다. 우리는 네스트 제품을 스테레오 기기들 뒤에 처박혀 창고 어딘가에 있게 내버려둘 생각이 전혀 없었다. 그래서 베스트 바이 측에 요구했다. 우리는 온도 조절기 코너가 아니라 '스마트 홈 기기'Connected Home 코너를 원한다고. 물론 당시 베스트 바이엔 그런 코너도 없었다. 그래서 우리는 함께 그런 코너를 만들었다. 나는 베스트 바이에 혁신을 일으키려고 온도 조절기 사업에 뛰어든 게 아니었다. 온도 조절기를 팔려면 그렇게 해야 했다.

제대로 하기만 한다면, 한 가지 혁신은 또 다른 혁신을 불러일으킨다. 마치 도미노 하나가 쓰러지면서 거대한 그림을 만들어내듯 말이다. 사람들은 당신을 보고 웃으면서 그건 말도 안 되는 짓이라고 하겠지만 그건 그들이 관심을 보이기 시작한다는 의미일 뿐이다. 당신은 할 만한 가치가 있는 일을 찾아낸 것이다. 그러니 계속 밀고 나가도록 하라.

제4장

첫 모험의 우선순위와
두 번째 모험의 우선순위

당신이 버전 1 제품, 그러니까 당신과 당신 팀 모두에게 새로운 첫 번째 버전의 제품을 출시하기 위해 어떤 프로젝트를 이끌고 있다면, 그건 친구들과 함께 처음으로 깊은 산 속에 들어가는 일과 같다. 당신은 캠프를 만들고 산을 오르는 데 필요한 모든 장비를 갖추고 있다고 생각하지만 실제 그런 일을 해본 적은 단 한 번도 없다. 그래서 머뭇거리고 또 더디게 움직인다. 한편 머릿속으로는 무엇이 필요한지, 어느 방향으로 가야 하는지, 또 산에서 길을 잃지 않으려면 어떻게 해야 하는지 온갖 추측을 다 해본다.

그리고 시간이 흘러 다음 해에 다시 또 그 일을 해보기로 마음먹는다. 이번에는 버전 2다. 이전과는 상황이 전혀 다르다. 당신은 이제 어디로 가야 하는지, 거기에 도착하려면 무엇이 필요한지 잘 알며 당신 팀도 그걸 잘 안다. 이제는 자신감이 생겨 좀 더 대담해질 수 있고 보다 큰 위험들을 감수할 수도 있으며 예전 같으면 생각도 못할 만큼 멀리까지 갈 수도 있다.

그러나 첫 번째 여정에서는 이런 이점들을 하나도 누리지 못한다. 당신을 이끌어 줄 데이터도, 경험도 없이 의견 중심의 많은 결정을 내려야 하기 때문이다(제2.2장 '옳은 결정은 없다. 적절한 결정이 있을 뿐' 참조). 그런 결정들을 내리는 데 필요한 툴을 중요도 순으로 정리해보면 다음과 같다.

1. **비전:** 당신이 무얼 만들고 싶어 하는지, 왜 그걸 만들려 하는지, 누구를 위해 만들려 하는지 그리고 왜 사람들이 그걸 사는지 파악하라. 그 비전을 제대로 실현하려면 강력한 리더나 작은 그룹이 필요할 것이다.

2. **고객 통찰력:** 이는 고객 조사나 시장 조사를 통해 배울 수 있다. 혹은 그저 고객의 눈높이에서 생각해보는 방법도 있다. 그러니까 고객들이 무얼 좋아하는지, 무얼 싫어하는지, 어떤 문제를 자주 경험하는지 그리고 어떤 해결책에 반응을 보일지 등을 생각해보는 것이다.

3. **데이터:** 새로운 제품은 그게 무엇이든 신뢰할 만한 데이터가 한정됐거나 아예 존재하지 않는다. 그렇다고 해서 기회의 범위, 사람들이 현재의 해결책을 활용하는 방법 등 객관적인 정보 수집을 위한 시도마저 불필요하다는 뜻은 아니다. 그러나 그런 정보는 결코 최종적인 것이 될 수 없다. 다시 말해 당신 대신 결정을 내려줄 수는 없다.

일단 기존의 제품을 반복해서 버전 2 제품을 만들 경우, 그러니까 두 번째 모험에 나설 경우, 당신은 소중한 경험을 하고 고객들을 확보하고 데이터 중심의 많은 결정들을 내리게 될 것이다. 이럴 때 근시안적으로 숫자들에 연연하다 보면 일 속도가 느려지거나 엉뚱한 길로 빠져 버린다. 그런 이유로 바로 위에서 얘기한 세 가지 툴이 여전히 필요하다. 다만 이번에는 그 중요도가 조금 다르다.

1. **데이터:** 고객들이 현재 당신의 제품을 어떻게 활용하고 또 새로운 버전의 제품을 어떻게 테스트하는지 추적해볼 수 있다. 또한 실제로 제품을 구입한 고객들로부터 얻은 명백한 데이터를 통해 당신의 감이 맞았는지 틀렸는지를 확인할 수 있다. 또 그런 데이터를 토대로 순전히 감에 의존해 저지른 잘못한 일들을 바로잡을 수도 있다.

2. **고객 통찰력:** 일단 고객들이 당신 제품을 구입하는 데 아낌없이 돈을 쓰게 되면 그들로부터 훨씬 더 유용한 통찰력을 얻을 수 있다. 이를테면 어느 부분이 고장이 잘 나는지, 다음엔 어떤 제품을 갖고 싶어 하는지 등의 정보를 말이다.

3. **비전:** 당신의 비전이 어느 정도 옳다면 그 오리지널 비전이 실제 고객에게 얻을 수 있는 통찰력과 데이터 뒤에서 움직이고 있는 것이다. 그러므로 새로운 버전을 만든다 해도 그 오리지널 비전을 배제해선 안 된다. 장기적인 목표와 임무를 늘 염두에 두어야 하며, 그래야 제품의 근본적인 목적을 잃지 않을 수 있다.

또한 지금 단순히 제품의 버전 1 또는 버전 2를 만드는 게 아님을 명심해야 한다. 당신은 지금 버전 1 또는 버전 2의 '팀'과 '과정'들을 만들고 있는 것이다.

버전 1 팀은 대체로 새로운 사람들이 함께 모여 만들어진 팀이다. 그리고 모두가 여전히 서로를 믿을 수 있는지 또 힘든 일이 있을 때 함께할 수 있는지 탐색하는 상태다. 어떤 작업 과정에 대해 합의를 해야 하는데, 때론 그게 제품 개발에 합의하는 일보다 더 힘들기도 하다. 사람들은 과거 경험을 토대로 의견이 갈릴 것이며, 그러다 보면 신뢰 관계 또한 쉽게 깨질 수 있다. 이처럼 뭔가 새로운 걸 만드는 일에는 늘 서로를 믿지 못하는 위험이 도사린다.

반면 버전 2 팀은 버전 1 제작 과정에서 함께 거센 폭풍우를 헤쳐 오면서 버전 2 제작이라는 또 다른 폭풍우 속에 뛰어들 마음의 준비가 이미 되어 있다. 제품 개발에 대한 포부가 커지면 아마 팀 또한 부분적으로 업그레이드해야 할 것이다. 이들은 서로를 믿을 수 있고 이미 효과가 입증된 개발 과정이 확보되어 있기 때문에 모든 일이 일사천리로 진행된다. 또한 서로에 대한 믿음이 있어 더 큰 위험을 감수하거나 보다 매혹적인 제품을 만들 수도 있다.

· · ·

마케팅팀은 아이폰 키보드를 둘러싸고 스티브 잡스와 아주 격렬한 싸움을 벌였다. 우리 중 상당수도 잡스에게 반기를 들었다. 2005년에 가장 인기 있는 '스마트' 폰은 일명 '크랙베리'Crackberry(크랙은 마약을 뜻하는 말로, 블랙베리가 그만큼 중독성이 강하다는 뜻에서 붙은 별명 — 옮긴이)로 알려진 블랙베리BlackBerry였다. 사람들은 그 휴대폰에 중독이 됐다. 블랙베리의 시장점유율은 25퍼센트였으며, 그 점유율은 빠른 속도로 더 커져가고 있었다. 블랙베리 광들은 늘 자신들이 애용하는 그 기기의 최대 장점은 누가 뭐래도 단 하나라고 말했다. 그건 키보드였다.

블랙베리 키보드는 마치 탱크와도 같았다. 익숙해지는 데 2주 정도 걸렸지만, 그 이후에는 믿을 수 없을 만큼 빠른 속도로 문자도 보내고 이메일도 보낼 수 있었다. 엄지손가락에 닿는 촉감이 좋았다. 무엇보다 튼튼했다.

그래서 잡스가 아이폰 개발팀에게 애플의 첫 휴대폰, 그러니까 커다란 터치스크린 하나에 하드웨어 키보드는 아예 없는 휴대폰에 대한 자신의 비전을 얘기했을 때, 사람들 사이에선 "헉!" 소리가 들리는 듯했다.

보라! 당시 추종자들 사이에서 크랙베리라는 애칭으로 불리기도 했던 블랙베리다. 이 제품은 2004년에 출시된 블랙베리 7290이다. 웹 브라우징과 이메일 전송이 가능했고, 역광 방식의 쿼티QWERTY 키보드가 장착되어 있었으며, 무려 15줄의 글을 보여줄 수 있는 흑백 디스플레이가 있었다.

사람들은 복도에서 속삭였다. "정말 키보드 없는 휴대폰을 만들 거란 말야?"

터치스크린 키보드는 형편없었다. 모든 사람이 그게 형편없다는 걸 알고 있었다. 나 역시 터치스크린 키보드가 형편없다는 걸 누구보다 잘 알았다. 그걸 두 번이나 만들었으니까. 처음에는 제너럴 매직에서, 그다음엔 필립스에서. 스타일러스stylus(컴퓨터 화면에 글을 쓰거나 그림을 그릴 때 쓰는 펜―옮긴이)를 써야 했고, 탄력성이나 되돌아오는 느낌도 없이 계속 미끄러지며 스크린을 톡톡 쳐대야 했으며, 좌절감이 느껴질 만큼 느렸다. 한마디로 전혀 자연스럽지가 않았다. 그래서 나는 우리 기대에 부응할 만한 터치스크린을 만들 수 있는 기술이 존재하는지에 대해 회의적이었다. 내가 1991년 일을 하기 시작한 이래로 그 업계에선 획기적인 기술 발전이 별로 이루어지지 않았다. 가장 큰 발전을 보여준 소프트웨어가 팜의 그래피티Graffiti였는데, 컴퓨터가 제대로 이해하려면 상형문자 같은 속기로 써야 하는 게 문제였다.

마케팅팀은 기술에는 별 관심이 없었고 오직 판매 걱정뿐이었다. 마케팅팀은 소비자들이 왜 블랙베리 스마트폰에 열광하는지, 그들이 얼마나 하드웨어 키보드를 원하는지 잘 알고 있었다. 애플 판매 사원들조차 블랙베리 스마트폰을 좋아했다(애플은 블랙베리 스마트폰에 한해 사용을 허락해주었다). 그런 까닭에 마케팅팀은 하드웨어 키보드 없이는 기존 스마트폰들과 경쟁할 수 없다고 확신했다. 모바일 전문가들은 블랙베리에 중독되어 있었고 키보드 없는 스마트폰은 사지 않을 게 분명했다.

그러나 잡스는 뜻을 굽히려 하지 않았다.

아이폰은 새로운 제품이 되어야 했다. 완전히 다른 제품 말이다. 모바일 전문가들이 애플의 타깃이 아니었다. 아이폰은 '보통 사람들'을 위한 스마트폰이었다. 그러나 소비자 시장은 10여 년간 완전히 무풍 지대였기 때문에, 보통 사람들이 어떻게 반응할지는 그 누구도 알 수 없었다. 더욱이 제너럴 매직의 1세대 '스마트폰'이 실패로 끝나면서, '조 식스팩' 그러니까 평범한 보통 사람을 위한 개인용 기기를 만들려는 업계의 의지 자체가 완전히 꺾인 상태였다.

필립스, 팜, 블랙베리 등 1990년대와 2000년대 초의 하드웨어 제조업체들은 거의 다 내가 했던 일을 그대로 했다. 비즈니스용 툴을 만드는 쪽으로 선회한 것이다. 그들은 모두 이메일을 쓰고 메시지를 보내고 각종 문서들을 업데이트하는 등의 일을 가장 필요로 하는 비즈니스맨을 타깃으로 잡았다. 영화를 본다거나 음악을 듣는다거나 인터넷 서핑을 한다거나 사진을 찍는다거나 친구들과 연락을 취하는 등의 일상적인 일은 관심 밖이었던 것이다.

아이폰은 작게 만들 계획이었다. 주머니 속에 쉽게 넣었다 뺐다 할 수 있어야 했기에 잡스는 아이폰이 아이팟보다 훨씬 커지는 것을 원치 않

그림
3.4.2

2007년에 출시된 오리지널 아이폰은 작았다. 오늘날 접할 수 있는 그 어떤 아이폰보다 더 작았다. 크기는 4.53×2.4인치였고, 무게는 135그램이었으며, 스크린 크기는 3.5인치였다. 참고로 2021년에 나온 아이폰 13 미니는 크기가 5.8×2.53인치, 무게가 141그램 그리고 스크린 크기는 5.4인치를 자랑한다.

았다. 결국 아이폰 스크린의 대각선 길이는 3.5인치로 정해졌다. 잡스는 그 공간의 절반 가까이를 틀에 박힌 플라스틱 키보드에 할애하고 싶어 하지 않았다. 그럴 경우 문자 그대로 모든 걸 처음부터 다시 설계하지 않고선 변화를 줄 수 없었기 때문이다.

하드웨어 키보드는 당신을 하드웨어 세계에 가둬버린다. 만일 프랑스어로 쓰고 싶으면 어찌 해야 하나? 또는 일본어로 쓰고 싶다면? 또는 아랍어로 쓰고 싶다면? 이모티콘을 이용하고 싶다면? 어떤 기능을 추가하거나 빼야 할 필요가 있다면? 그리고 만일 비디오를 보고 싶다면? 스

그림
3.4.3

블랙베리 커브 8310(오른쪽/2007년 8월 출시)을 오리지널 아이폰(왼쪽/2007년 6월 출시)과 비교해보면 스티브 잡스가 주장한 게 무엇인지 한눈에 알 수 있다. 블랙베리의 스크린은 크기가 2.5인치밖에 안 된다. 키보드가 워낙 우람해, 스크린에 여유 공간이 거의 없다.

크린의 절반이 하드웨어 키보드라면, 휴대폰의 용도를 바꿀 방법이 없다.

　나는 잡스의 주장에 동의했다. 그렇지만 그때까지 봐왔던 터치스크린 기술이 그의 아이디어를 잘 구현해내지 못할 거라 생각했다. 그의 비전을 현실화할 수 있는지 알려면 충분한 데이터가 필요했다. 계속된 논쟁을 멈추고 결론에 이르기 위해, 우리는 몇 주 동안 하드웨어팀과 소프트웨어팀이 서로 더 나은 데모 제품을 만드는 일에 도전해보기로 했다. 얼마나 빨리 그걸 만들 수 있는가? 오타 비율은 얼마나 되는가? 키보드의 키들은 손가락보다 작아야 했고 그래서 오타는 불가피했다. 어떻게 그 문제들을 해결하고 바로잡을 수 있을까? 그리고 얼마나 빨리? 화면에 손가락을 누르거나 뗄 때, 각 키는 언제 활성화되어야 할까? 또 어떤 소리가 나야 할까? 만일 포스 피드백force feedback(충격이나 진동을 실제로 체감하게 하는 것—옮긴이)을 받을 수 없다면 오디오 피드백이 필요했다. 그런 다음 설문조사를 해보았다. 느낌이 좋았는가? 그래서 사용하고 싶었는가? 아니면 완전히 별로였는가? 우리는 그렇게 시스템의 모든 측면에서 몇 번이고 계속 알고리즘들을 변화시켰다.

　8주가 지난 뒤에도 완벽과는 거리가 멀었지만, 점차 완벽에 가까워지는 게 보였다. 단 두어 달 만에 얼마나 많은 부분을 개선했는지 파악하며 나는 결정을 내렸다. 하드웨어 키보드만큼 괜찮지는 않겠지만 소프트웨어 키보드도 충분히 괜찮아질 것 같다고. 나는 내가 옳다고 확신했다.

　그러나 마케팅팀은 꿈쩍도 하지 않았다.

　몇 주 동안 논쟁을 더 벌인 끝에 잡스는 단호한 결단을 내렸다. 그게 통하리라는 걸 확실히 입증할 데이터는 없었다. 그렇지만 통하지 않으리라는 걸 입증할 데이터도 없긴 마찬가지였다. 그건 의견 중심의 결정이었지만, 가장 중요한 건 스티브 잡스의 의견이었다.

"자, 동참하든가 아니면 팀에서 빠지든가 둘 중 하나를 택해요."

그가 말했다. 그 한마디로 마케팅팀 문제는 해결됐다.

물론 종국에는 스티브 잡스가 옳았다는 게 입증됐다. 아이폰은 모든 걸 바꿔놓았다. 그건 순전히 잡스가 자기 비전을 끝까지 고수했기 때문에 가능한 일이었다.

하지만 그렇게 비전을 끝까지 고수한다고 해서 반드시 성공한다는 말은 아니다. 심지어 스티브 잡스의 경우에도 말이다.

대부분의 사람은 아이팟이 원래 무슨 목적으로 만들어졌는지 모른다. 아이팟의 원래 목적은 단순히 음악 재생이 아니었다. 그건 매킨토시 컴퓨터를 팔기 위해 만들어졌던 제품이었다. 잡스가 처음 머릿속으로 생각한 아이팟의 목적은 이런 것이었다. '우리는 매킨토시 컴퓨터와 연계해 움직이게 될 놀라운 것을 만들 것이다. 그리고 사람들은 그걸 너무 좋아해 결국 다시 매킨토시 컴퓨터를 사게 될 것이다.'

당시 애플은 거의 사망 직전이었다. 시장점유율이 거의 제로였다. 심지어 미국에서도. 그러나 아이팟이 그 문제를 해결해줄 수 있을 듯했다. 회사도 구해낼 것이고 말이다. 잡스는 아이팟 작동을 결코 PC와 연계하지 않을 계획이었다. 그렇게 되면 논점이 완전히 뒤집히게 될 테니까. 더 많은 컴퓨터들을 파는 것이 애플의 목적이었으니 말이다.

바로 그런 이유로 1세대 아이팟의 인기는 점점 시들해졌다.

비평가들은 그걸 좋아했다. 이미 애플 컴퓨터를 보유한 사람들도 좋아했다. 그러나 불행히도 그 당시엔 그런 사람들이 많지 않았다. 아이팟은 가격이 399달러였다. 초보자용 아이맥iMac은 1,300달러였다. 아이팟은 시장에 나와 있는 MP3 플레이어 가운데 단연 최고였지만, 순전히 라디오헤드Radiohead(영국 록 밴드—옮긴이) 노래를 더 쉽게 듣자고 애플 제품 세트에 1,700달러를 쓸 사람은 아무도 없었다.

그럼에도 불구하고 우리는 멈추지 않았다. 버전 1 아이팟을 내놓은 바로 그날, 우리는 곧바로 버전 2 개발을 시작했다. 버전 2는 더 얇고 더 강력하고 더 아름다워질 예정이었다. 우리는 잡스를 찾아가 아이팟 작동이 PC와 연계될 필요가 있다고 말했다. 꼭 그래야 한다고.

"아뇨. 절대 안 돼요."

잡스에게 원래 계획을 포기하게 만들기란 거의 불가능했다. 그럼에도 우리는 이것이 더 이상 의견 중심의 결정을 내릴 일이 아니라는 걸 입증하기 위해 총력전을 펼쳤다. 이건 데이터 중심의 결정을 내려야 할 일이었다. 지금은 버전 2 제품을 만드는 중이지 않은가. 우리는 제품을 구입한 실제 고객들을 통해 수익도 내고 통찰력도 얻고 있었다(둘 다 아직 충분치는 않았지만). 우리는 같은 제품을 업그레이드하기 위해 다시 산을 오르는 중이었다. 이제 중요도 순에서 비전은 세 번째로 밀릴 때였다.

그렇게 가까스로 잡스를 설득해 2세대 아이팟에 미봉책을 취하기로 했다. 뮤직매치 주크박스Musicmatch Jukebox(아이튠즈의 주요 경쟁사인 뮤직매치의 오디오 플레이어—옮긴이)를 추가했으며, 그 덕에 고객들은 뮤직 라이브러리를 윈도우 기기에서 아이팟으로 옮겨올 수 있게 됐다. 잡스를 상대로 그걸 설득하는 일조차 쉽지 않았다.

마침내 우리는 저명한 기술 평론가인 월트 모스버그Walt Mossberg에게 부탁해 최종 결정을 내리기로 의견을 모았다(월트는 그 사실을 몰랐다). 물론 그건 일종의 계략이었는데, 내가 보기에 잡스 입장에선 일이 제대로 되지 않을 경우 책임을 돌릴 누군가가 필요했던 것 같다.

결국 잡스의 생각이 잘못됐다는 게 입증됐다. 아이팟 작동을 PC와 연계하면서 매출이 늘어난 것이다. 3세대 아이팟이 나올 때쯤 우리의 매출은 수천만 달러로 뛰어올랐다. 수억 달러가 되는 데는 그리 많은 시간이 걸리지 않았다. 애플 입장에서는 일대 전환점이었다. 회사가 되살아난 것이다. 아이로니컬하게도 그 덕에 매킨토시 컴퓨터들도 되살아났다. 아이팟과 사랑에 빠진 고객들이 애플의 다른 제품들을 찾기 시작했고, 그러면서 매킨토시 컴퓨터들도 다시 팔리기 시작한 것이다.

그 당시 우리가 배운 교훈은 '스티브 잡스가 틀렸다'가 아니었다. 물론 그가 틀렸다. 그도 인간이었으니까. 당시 우리가 배운 점은 비전과 데이터가 언제, 어떻게 결정에 영향을 주어야 하는지였다. 처음에는, 그러니까 고객들이 생기기 전에는 다른 그 무엇보다 비전이 훨씬 더 중요하다. 그러나 그 비전을 전적으로 혼자 생각해내야 할 필요는 없다. 사실 그래서도 안 되고 말이다. 만일 어떤 비전 성명서를 만들어내기 위해 혼자 방안에 틀어박혀 끙끙댄다면 정신적으로 문제가 있는 사람과 어떻게 구분이 되겠는가? 적어도 한 사람과 아니 그보다는 몇 사람과 얘기를 나눠 아이디어를 모아보도록 하라. 그런 다음 함께 그 아이디어를 실현해보도록 하라.

그렇게 하면 결국엔 세상을 변화시킬 매혹적인 제품을 만들어낼 수도 있을 것이다. 아니면 그러지 못할 수도 있고. 온갖 장애물에도 불구하고 당신의 비전에 꿋꿋이 매달렸지만 결국 그 비전의 방향이 잘못됐음이 드러날 가능성은 얼마든지 있다(제3.6장 '모든 것을 제대로 해내려면 3세대가 필요하다' 참조). 당신이 무얼 만들었든 그게 제대로 작동되지 않는 것이다. 그런 경우 의견 중심의 결정이라고 생각했지만 실은 데이터 중심의 결정을 내렸을 수도 있다. 또는 단순히 뭔가 계산을 잘못했거나 타이밍을 잘못 잡았을 수도 있고, 그도 아니면 당신도 어쩔 수 없는 주변 환경 안에서 뭔가가 변했을 수도 있다.

그런 일이 생겼다면 그 시점에서 뒤로 되돌아가, 고통스럽지만 솔직히 또 철저히 실패한 이유를 분석해야 한다. 데이터를 수집해야 할 순간인 것이다. 당신의 직감을 믿고 여기까지 왔지만, 이제는 그 직감이 왜 잘못됐는지를 알기 위해 데이터를 수집해야 한다. 어쩌면 거기서 다시 돌아오지 못할 수도 있다. 돈이 떨어지거나 팀을 잃거나 신용을 잃거나 이유는 많다. 그러나 앞으로 나아갈 수 있는 방법은 단 하나, 과거를 솔직히 돌아보고 인정하는 것이다. 교훈에서, 특히 뼈아픈 경험에서 배워라. 그런 다음 다시 시도하라. 처음부터 다시 설계를 시작하라. 버전 1부터.

마침내 당신의 비전은 개선될 것이다. 다시 당신의 직감을 믿는 법을 배우게 될 것이다. 그리고 또 다른 길, 즉 버전 2의 길로 가게 될 것이다. 그리고 그때부터는 아주 다른 이야기가 펼쳐진다.

버전 2 제품을 만들 때가 되면 실제 고객들과 얘기를 나눠볼 수 있고, 그들이 정확히 어떤 생각을 하고 다음엔 어떤 제품을 보고 싶어 하는지 알 수 있다. 버전 1 제품에 집어넣고 싶었지만 그러지 못한 모든 걸 집어넣을 수 있다. 각종 숫자들을 분석하고, 각종 비용과 이점들도 이해할 수 있다. 각종 정보와 A/B 테스트, 차트, 수치 등을 가지고 당신의 통찰력을 강화할 수도 있다. 또한 고객들이 필요로 하는 것에 맞춰 수정도 하고 명확하고 똑 부러지는 데이터를 토대로 점점 더 많은 결정들을 내릴 수 있다.

그러나 그런 순간이 오기 전에 먼저 버전 1이라는 이름의 단거리 질주 및 마라톤을 잘 끝내야 한다. 당신이 믿는 사람들이 계속 당신을 도울 수 있어야 한다. 또한 이를 언제 끝낼지도 알아야 한다. 제품이 완벽해질 때까지 기다린다면 절대 끝내지 못할 것이기 때문이다. 언제 끝낼지 안다는 건, 그러니까 언제 제품 개발을 중단하고 그냥 세상에 내놓을지를 안다는 건 아주 힘든 일이다. 그 제품이 언제면 충분히 괜찮을까? 언제면 당신의 비전에 충분히 가까워질까? 언제면 피치 못할 문제들을 감수하며 지낼 수 있을까?

대개 버전 1 제품에서 구현되는 것들보다는 당신의 원래 비전이 훨씬 더 위대하다. 늘 수정 버전, 그러니까 당신이 하고 싶고, 바꾸고 싶고, 추가하고 싶은 다른 뭔가가 있는 법이다. 언제면 당신이 만들고 있는 제품으로부터 과감히 떨어져 나올 것인가? 일단 출시하라. 자유롭게 놔주어라. 그리고 어떻게 되나 지켜보라.

여기 한 가지 좋은 방법이 있다. 언론에 배포할 보도 자료를 써보는 것이다. 다만 모든 걸 끝낸 뒤 쓰지 말고 처음 시작할 때 써라.

나는 애플에 있을 때 보도 자료를 쓰면서 제품을 만들기 시작했으며, 결국 다른 리더들도 이 방법을 쓰고 있다는 사실을 깨달았다. 아마존 CEO 제프 베이조스도 그랬다. 정말 중요한 게 무언지 정리하는 데 더없이 좋은 방법이다.

보도 자료를 잘 쓰려면 정신을 집중해야 한다. 보도 자료는 대중의 마음을 잡아 끌면서 동시에 기자들의 관심 또한 불러일으켜야 한다. 간단명료하고 흥미진진해야 하며 제품이 갖고 있는 가장 중요하면서도 필수적인 기능들을 부각시켜야 한다. 단순히 당신이 만들고자 하는 것들을 일일이 열거해선 안 된다. 우선순위를 정해 단순화해야 한다. 보도 자료를 쓸 때는 이런 말들을 써야 한다. "여기. 이것. 뉴스 가치가 있는 건 이겁니다. 정말 중요한 건 이겁니다."

그러니 어느 정도 시간을 내서 최대한 멋진 보도 자료를 쓰도록 하라. 필요하다면 마케팅팀과 홍보팀 사람들의 조언도 들어보라. 꼭 필요한 말들만 추려내는 데 도움이 될 것이다. 그런 다음 몇 주 또는 몇 달 또는 몇 년 후 제품 개발이 끝나갈 때, 그리고 그 속에 어떤 기능들을 넣고 어떤 기능들을 빼고 또 무엇이 중요하고 무엇이 중요하지 않은지에 대해 논의할 때, 그 보도 자료를 꺼내 읽어보라.

이제 곧 제품 출시를 앞두고 그 보도 자료를 그대로 세상에 내놓아도 별 문제가 없는가? 만일 그 답이 예라면, 축하한다. 당신 제품은 이미 출시 준비를 마쳤다. 당신이 갖고 있던 비전의 핵심을 달성했다. 다른 모든 것은 대개 '있으면 좋겠지만' 꼭 있어야 하는 것들은 아니다.

물론 제품 개발에 착수한 이후 너무 많은 걸 수정해야 했기에 원래의 보도 자료는 터무니없을 만큼 잘못된 보도 자료일 가능성이 높다. 그런 경우가 종종 있다. 그러나 문제없다. 또 다른 보도 자료를 쓰면 될 일이다. 깨끗이 헹궈라. 반복하라.

이건 모험이다. 모험은 절대 계획대로 흘러가지 않는다. 그래서 모험이 흥미진진한 것이다. 무섭기도 하지만 할 만한 가치가 있는 일. 그러니 심호흡을 하고 멋진 사람들과 함께 황무지 속으로 걸어 들어가라.

제5장

수갑을 채우고
심장박동을 확인하라

올바른 결정들을 내리려면 여러 제약들이 필요한데 이 세상에서 가장 좋은 제약
은 바로 시간이다. 바꾸기 힘든 데드라인, 즉 마감일이라는 '수갑'이 채워지면, 계
속 이런저런 시도를 한다거나 마음을 바꾼다거나 결코 끝나지도 않을 무언가를
위해 마무리 작업을 하고 있을 수 없게 된다.

정해진 데드라인에 따라 수갑이 채워지면(크리스마스나 중요한 콘퍼런스처럼 외부적
이며 바뀌지 않는 마감일이 가장 이상적이다) 당신은 시간 안에 마치기 위해 계획들
을 실행에 옮기고 창의력도 발휘해야 한다. 외부 심장박동external heartbeat(마감
기한이나 회의처럼 주기적으로 오는 사건 및 제약을 은유적으로 표현한 말 — 옮긴이), 즉
제약은 창의력을 이끌어내고 창의력은 혁신을 이끌어낸다.

버전 1 제품을 출시하기 전에 외부 데드라인은 늘 조금씩 흔들린다. 모르는 것이

너무 많고 심지어 모른다는 사실조차 모를 때도 많기 때문이다. 따라서 모든 사람을 계속 앞으로 나아가게 만드는 방법은 내부적으로 확고한 데드라인을 정하는 것이다. 함께 일하는 팀원들이 자신의 일정표에 체크해두어야 할 심장박동, 즉 중요한 제약들을 말이다.

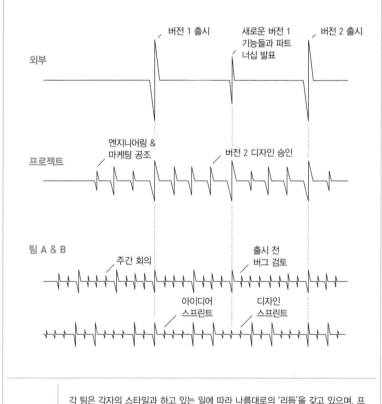

그림
3.5.1
각 팀은 각자의 스타일과 하고 있는 일에 따라 나름대로의 '리듬'을 갖고 있으며, 프로젝트와 관련해 필요로 하는 것들도 다 다르다. 프로젝트 심장박동(이는 주로 외부 심장박동에 의해 결정됨)에 따라 각 팀은 주요 단계들에서 서로 힘을 합치게 된다. 가장 좋은 외부 심장박동은 회사의 결정이 아닌 외부의 힘(연휴나 중요한 콘퍼런스 같은)으로 정해진다. 팀이 중요한 외부 데드라인들을 놓치지 않으려면 주기적인 프로젝트 심장박동이 필요하다.

1. **팀 심장박동:** 각 팀은 자신들의 퍼즐 조각(결과물)을 내놓을 나름대로의 '리듬'(속도)과 데드라인을 정한다. 그런 다음 모든 팀들이 서로 조율을 한다.
2. **프로젝트 심장박동:** 여러 팀들이 제품을 제대로 만들고 모든 퍼즐 조각들을 적절한 속도로 움직이게 하기 위해 서로 공조해야 하는 순간들을 의미한다.

· · ·

내가 제너럴 매직에 합류했을 때 회사는 9개월 내에 제품을 출시할 계획이었다. 그러다가 제품 출시 데드라인이 6개월 늦춰졌다. 그리고 다시 6개월. 그리고 또다시. 그런 식으로 무려 4년이 늦춰졌다.

어쨌든 우리가 제품을 출시한 건 순전히 애플에서 애플 뉴턴Apple Newton(세계 최초의 개인정보 단말기이자 태블릿 플랫폼―옮긴이)을 출시했고, 그 바람에 투자자들의 압박이 거세졌기 때문이었다. 우리가 처음으로 제약을 맞닥뜨린 건 바로 그때였다. 경쟁이 치열해졌던 것이다.

매직 링크는 그렇게 더 이상 미룰 수 없는, 출시되지 않으면 안 되는 타이밍에 출시됐다. 달리 선택의 여지가 없는 상황에서, 우리는 이건 남기고 이건 빼고 이건 충분히 괜찮고 이건 안 그렇고 하는 식의 어려운 결정들을 내리기 시작했다. 완벽에 도달하려고 더 이상 끝없는 제자리걸음만 하고 있을 순 없었던 것이다. 제너럴 매직은 계속 왔다 갔다 했고 그래서 수갑을 채워야 했다. 제품 출시일을 정하고 그걸 지키기 위해 총력을 기울여야 했다.

사실 버전 1의 위기는 늘 이런 의문에서 나온다. '언제 출시해야 하는가?' 당신은 지금 고객도 없고, 세상을 향해 지금 무얼 만들고 있다는 얘기를 한 적도 없다. 그러니 제품 출시일을 정하는 것보다 차라리 그저 죽어라 일만 하는 게 더 쉽다. 이 상황에서는 억지로라도 그 일을 중단시켜야 한다. 데드라인을 정하고 그 데드라인에 맞춰 스스로 수갑을 채워라.

아이폰 버전 1의 경우, 우리는 처음 기한을 10주로 정했다.

10주 동안 그걸 제대로 작동되게 만들 수 있는지 보려는 목적이었다. 최소한의 버전을 만들어 제대로 작동된다는 걸 입증할 수만 있다면, 우리는 올바른 길을 가고 있다는 뜻일 테니까.

우리의 초기 제품 콘셉트는 '아이팟 +전화기'였다. 클릭 휠은 그대로 둔 채 그 외의 모든 요소를 바꾼다는 생각이었다. 3주도 안 돼 우리는 그 콘셉트가 애당초 실현 불가능하다는 사실을 깨달았다. 클릭 휠은 중요한 디자인 요소이긴 했지만 모든 걸 다이얼식 전화기로 바꾸지 않는 한 그걸 다이얼로 만든다는 건 불가능했다. 결국 우리의 초기 가설, 즉 아이팟의 상징적인 디자인과 하드웨어를 다른 목적에 맞게 바꿀 수 있다는 가설 자체가 틀렸음이 입증됐다. 그 말인즉, 모든 걸 처음부터 다시 시작해야 한다는 의미였고, 우리는 개발 기한을 5개월로 정했다.

두 번째 콘셉트는 기본적으로 아이팟 미니iPod Mini의 디자인을 가져왔다. 전면부 전체가 스크린이었고 클릭 휠은 없어 오늘날의 아이폰과 아주 흡사했다. 그 두 번째 아이폰 시제품 디자인과 관련해 우리는 안테나 문제, GPS 문제, 카메라 문제, 열 문제 등 여러 가지 새로운 문제들과 맞닥뜨리게 되었다. 엔지니어링을 제대로 할 수 없을 정도였다. 어찌 보면 스마트폰은 고사하고 일반 휴대폰도 한 번 만들어본 적 없었으니 우리의 가정들에 결함이 있는 건 당연했다.

그렇게 모든 걸 리셋하고 다시 시작해야 했다.

우리는 세 번째 시제품을 만들고 나서야 비로소 모든 퍼즐 조각들을 잘 끼워 맞추면 제대로 된 버전 1 제품을 만들 수 있다는 걸 깨달았다. 그

그림
3.5.2

이 아이팟 전화기 모델은 우리가 만든 게 아니다. 우리가 휴대폰을 만들고 있다는 소문을 들은 한 제조업체에서 보내온 것으로, 우리에게 자신들의 아이디어를 보여주고 싶었던 것 같다. 이상한 모양을 한 이 기기는 클릭 휠을 중심으로 전화기를 디자인한다는 게 사실상 불가능하다는 걸 보여준다. 전화기 상단 절반은 회전할 수 있게 되어 있어, 전화번호를 누르거나 문자를 보낼 때 스크린을 이용할 수 있다. 나쁘지 않은 아이디어지만 아이폰과는 전혀 다르다.

러나 처음 두 시제품을 만들면서 확고한 데드라인을 정하지 않았다면, 또 몇 개월 후에 모든 걸 리셋하고 처음부터 다시 시작하지 않았다면, 우리는 아마 결코 세 번째 디자인에 도달하지 못했을 것이다.

우리는 그렇게 우리 스스로에게 최대한 많은 제약들을 강요했다. 너무 많지 않은 시간, 너무 많지 않은 예산, 그리고 너무 많지 않은 팀원 등.

특히 너무 많지 않은 팀원이라는 마지막 제약이 매우 중요하다. 순전

그림
3.5.3

우리는 오랜 시간 다양한 콘셉트를 가지고 이런저런 노력을 기울였다. 이 멋들어진 플라스틱 모형들은 초기 폼 팩터form factor(제품 외형이나 크기, 물리적 배열 등을 보여주는 모형—옮긴이)들 중 일부다. 이것들 덕에 우리는 우리의 아이디어대로 만든 제품이 손으로 잡거나 주머니나 지갑 안에 넣었을 때 어떤 느낌일지, 또 무엇이 적절하고 무엇이 적절하지 않은지를 알아낼 수 있었다.

히 그럴 여유가 있다는 이유로 무리하게 사람들을 채용하려 하지 말라. 대부분의 프로젝트는 콘셉트 설정 단계에서 대략 10명 또는 그보다 적은 사람들로도 얼마든지 많은 일을 해낼 수 있다. 인원을 늘리다 보면 사공이 많아 배가 산으로 가게 될 수도 있고, 아니면 당신이 해결책을 찾아낼 때까지 직원들이 할 일도 없이 멍하니 앉아 기다려야 할 수도 있다. 그런 상황은 아마 당신도 원치 않을 것이다.

첫 아이폰 프로젝트가 끝날 무렵 우리 팀에서는 800명 정도가 일하고 있었다. 만일 그 800명 전부가 처음부터 같이 일했다면, 그래서 우리가 결국 첫 번째 비전을 포기하고 프로젝트를 다시 시작하는 걸 800명이 지켜봤다면 어땠을지 상상이 되는가? 그런 다음 몇 개월 후에 또다시 처음부터 시작하는 걸 지켜봤다면? 아마 아수라장이 됐을 것이다. 800명이 패닉에 빠져 우리는 끊임없이 그 모든 사람을 안심시켜야 했을 것이다. 그런 와중에 긍정적인 생각들에 집중하며 수없이 많은 시행착오를 거듭해야 했을 것이다.

그러니 가능한 한 프로젝트는 소규모로 진행하도록 하라. 처음에는 너무 많은 돈을 할당하지 말라. 예산이 많으면 사람들은 보통 과도한 디자인 작업을 한다든가 너무 많은 생각을 하는 등 쓸데없는 짓들을 하곤 한다. 그러다 보면 준비 기간이 늘어나고 일정도 늘어나고 심장박동들도 느려진다. 훨씬 더 느려진다.

일반적으로 완전히 새로운 제품은 출시까지 18개월을 넘겨서는 안 된다. 최대한 길게 잡아도 24개월이다. 가장 좋은 기간은 9~18개월 사이다. 이는 하드웨어와 소프트웨어는 물론 원자와 전자 모두에 적용된다. 물론 더 오래 걸리는 일들도 있다. 예를 들어 연구는 수십 년이 걸리기도 한다. 그러나 설사 어떤 의문을 연구하는 데 10년이 걸린다 해도, 그 과정에서 수시로 체크를 하면서 여전히 올바른 답을 좇고 있는지 (혹은 여전히 올바른 의문을 연구하고 있는지) 확인해야 한다.

모든 프로젝트에는 이렇듯 심장박동이 필요하다.

버전 1 제품 출시 이전의 심장박동은 완전히 내부적이다. 당신은 아직 외부 세계에 아무 얘기도 하지 않았으며, 따라서 계속 정해진 출시일을 향해 달려가게 해줄 강력한 내부적인 '리듬'이 있어야 한다. 그 리듬은 이정표가 될 만한 중요한 일들로 이루어진다. 엔지니어링 및 마케팅, 판매, 고객지원 등 모든 팀들이 잠시 멈추고 서로 공조를 취할 수 있는 제품 개발의 중요한 특정 순간들, 이를테면 프로젝트 회의나 이사회 회의 또는 전 직원 회의 등이 그것이다. 이런 일들은 몇 주마다 또는 몇 달마다 일어날 수도 있지만 모든 사람이 합심해 외부 세계를 향해 제품을 출시할 수 있는 방향으로 일어나야 한다.

그리고 프로젝트 심장박동이 계속 이어지게 하려면, 모든 팀들이 나름대로의 속도로 나름대로의 뭔가를 내놓아야 한다. 각 팀의 심장박동은 다 다를 것이다. 팀에 따라 6주간의 전력 질주일 수도 있고 주간 검토일 수도 있고 1일 체크일 수도 있다. 스크럼scrum(기간을 설정한 후 팀원 모두가 스크럼을 짜듯 업무의 모든 부분을 함께 수행하는 방식—옮긴이) 방식일 수도 있고 워터폴waterfall(업무가 단계에 따라 위에서 아래로 순차적으로 진행되는 선형적 개발 방식—옮긴이) 방식일 수도 있고 아니면 칸반kanban(반복적인 프로세스의 단계를 명확히 나누는 프로젝트 관리 방식—옮긴이) 방식일 수도 있다. 크리에이티브팀은 엔지니어링팀과는 아주 다른 심장박동을 갖는다. 또한 하드웨어를 만드는 회사는 소프트웨어를 만드는 회사들에 비해 보다 느린 팀 리듬을 갖는다. 심장박동이 어떻든 그건 중요하지 않으며 심장박동을 꾸준히 유지해 당신 팀원들이 그걸 예측하도록 하는 것이 관건이다.

나는 그걸 필립스에 있을 때 배웠는데, 그때 난생 처음 시작 단계에서부터 심장박동을 만들어야 했다.

프로젝트에 착수했을 때 우리 팀원들은 전부 아주 젊고 프로젝트 관리 경험이 없는 사람들이었다. 그래서 우리는 일정 관리를 해줄 컨설턴트를 몇 명 채용했다. 그들은 모든 일을 반나절, 그러니까 하루의 절반 단

위로 쪼개보라고 권했다. 우리는 프로젝트의 각 부분들을 마치는 데 반 나절을 기준으로 얼마나 걸릴지, 또 우리가 생각할 수 있는 모든 일을 하 는 데 얼마나 많은 달, 주, 날들이 필요할지 예측했다. 그런 다음 모든 사 람의 개인 작업량을 토대로 12개월에서 18개월간의 세세한 일정들도 짰다.

100퍼센트 일리가 있어 보였다. 우리는 그 컨설턴트를 향해 동의한다 는 의미로 고개를 끄덕였다. "아주 좋아! 이제 제대로 된 일정을 세웠어." 그리고 정말 그 일정대로 했을 수도 있었다. 그러나 그러기 전에 다음과 같은 사실을 깨달았다.

1. 자신이 어떤 일을 하는 데 필요한 시간이나 매 단계를 전부 정확히 추측할 수 있는 사람은 아무도 없다.

2. 그렇게까지 세세히 그리고 멀리 들어가려고 해봐야 아무 소용없다. 늘 이런저런 일 때문에 계획은 틀어지기 마련이니까.

3. 우리는 우리의 시간 전부를 일정을 짜고, 반나절 동안 무엇을 할 수 있고 무엇을 할 수 없는지에 대해 갑론을박하면서 보냈다. 그러나 그런 식으로 나무들의 절반만 보면서 숲 전체를 본다는 건 불가능했다.

제품이 변화하고 진화할 때마다 우리는 우왕좌왕했다. 또 단순히 변 화에 대처하기보다 얼마나 많은 반나절 동안 변화에 대처해야 하는지를 얘기함으로써 모든 사람들을 당혹스럽게 만들었다. 게다가 또 매주 '일' 을 하는 게 아니라 팀원들과 '일정을 짜는 데' 몇 시간씩을 보내야 했다.

결국 몇 개월 후 우리는 그 모든 시스템을 폐기했다. 반나절 얘기는 사 라졌다. 대신 우리의 시간을 주와 월처럼 보다 큰 단위들로 정리했다. 그리고 그 결과 벨로 버전 1을 약 18개월 만에 만들 수 있었다. 그런 다음 그 반짝거리는 새 버전을 판매팀과 마케팅팀에게 넘겼다.

그런데 판매팀과 마케팅팀 사람들은 그 새 버전을 가지고 어찌 해야 할지 아무 생각이 없었다. 그런 제품을 한 번도 본 적이 없었기 때문이다. 그들은 어떻게 팔아야 할지, 어디에 팔아야 할지 그리고 또 어떻게 광고 해야 할지 몰랐다. 그때까지는 그들이 우리에게 뒷전이었는데, 이제는 우리가 그들에게 뒷전이었다.

우리는 우리 내부의 심장박동은 생각해냈지만 그걸 다른 어떤 팀과도 공유한 적이 없었다. 그런 까닭에 우리의 리듬을 알고 따라올 팀이 아무 도 없었다. 우리는 모든 눈들이 우리를 지켜보고 있을 거라 확신하면서 우리만의 리듬에 맞춰 춤을 추고 있었는데, 정작 우리의 댄스 파트너는 방 저쪽에서 떨떠름해하고 있었던 것이다.

우리는 프로젝트 진행 과정에서 내부 이정표들을 만들어야 했다. 정 기적인 확인 작업을 통해 회사의 모든 사람에게 제품이 어떤 식으로 진 화되고 있는지를 알려주고 또 그에 맞춰 그들의 업무 또한 진화할 수 있 게 해주어야 했다. 물론 마케팅팀이 자연스럽게 팔고 싶은 마음이 들도 록 제품도 잘 만들어야 했다. 제품 지원팀에게는 그들이 제품 설명을 잘 할 수 있게 안내해주어야 했다. 회사의 모든 사람에게 지금 무얼 만들고 있는지 또 제품 출시 계획은 어떠한지 알게 해주어야 했다.

그런 이정표들은 단기적으로는 작업 속도를 떨어뜨리지만 궁극적으 로는 전반적인 제품 개발 속도를 높여준다. 게다가 더 나은 제품을 만들 수 있게 해준다. 그러다 보면 마침내, 어느 날 모든 걸 완전히 끝내게 된 다. 아니면 적어도 어느 정도 충분히 끝내게 된다. 그리고 버전 1에 대한 당신의 첫 외부 심장박동에 도달하게 된다.

운이 좋으면 모든 게 잘 풀린다. 운이 좋으면 세상 사람들이 새 제품을 좋아한다. 운이 좋으면 사람들은 더 많은 걸 원하고, 그래서 첫 외부 심장박동에 뒤이어 또 다른 심장박동이 일어나게 된다. 또 다른 심장박동이 계속해서. 일단 버전 1을 지나 버전 2로 나아가면 당신의 외부 발표들이 또는 당신의 경쟁사들이 내부 심장박동을 촉진시킬 수도 있다.

다만 주의해야 할 점은 심장박동이 너무 빨라선 안 된다. 당신이 만약 디지털 제품, 그러니까 앱이나 웹사이트, 소프트웨어를 개발 중이라면 문자 그대로 어느 때든 그 제품을 변화시킬 수 있다. 한 달에 한 번씩 전체 경험을 재디자인하는 것도 가능하다. 그러나 단순히 할 수 있다고 해서, 그것이 꼭 해야 한다는 의미는 아니다. 만일 어떤 팀이 그들의 제품을 끊임없이 업데이트한다면 고객들은 그 업데이트에 별 감흥을 느끼지 못한다. 고객이 제품의 작동법을 배울 시간을 갖지 못한 상태에서 갑자기 다시 새로운 제품을 맞닥뜨리게 되는 것이다.

구글의 경우를 예로 들어보자. 구글의 심장박동은 변덕스럽고 예측 불가능하다. 지금은 그것이 가끔 그들에게 도움이 되지만, 그보다 훨씬 더 큰 도움이 될 수도 있었다. 구글의 경우 매년 구글 I/O Google I/O (Google Input/Output의 줄임말로, 구글의 연례 대규모 개발자 콘퍼런스—옮긴이)를 통해 큰 규모의 외부 심장박동이 한 차례 일어나는데, 사실 대부분의 팀은 굳이 그 심장박동에 맞추려 애쓰지 않는다. 그들은 1년 내내 자신들이 원하는 때에 자신들이 원하는 것을 출시하며 때론 제품 출시 이후에야 마케팅이 따르고 때론 간단한 이메일 캠페인이 이어지곤 한다. 다시 말해 구글은 고객들과 전사적인 차원에서 커뮤니케이션을 하지 않아도 된다는 얘기다. 한 팀에선 이런 발표를 하고 또 다른 팀에선 저런 발표를 해, 그들의 발표는 서로 중복되기도 하고 일관된 이야기를 만들 좋은 기회를 날려버리기도 한다. 그리고 그 누구도, 즉 고객들은 물론 직원들도 그 흐름을 따라갈 수가 없다.

당신이 만약 이런 경우에 놓였다면 잠시 걸음을 멈춰야 한다. 그래야 사람들이 따라올 수 있고, 고객들과 비평가들이 피드백을 줄 수 있으며, 그에 따라 다음 버전을 향해 통합된 노력을 기울일 수 있다. 또한 당신 팀이 고객들이 뭘 이해하지 못하는지 파악할 수 있다.

그렇다고 해서 작업 속도가 너무 느려져서는 안 된다. 보통 원자(하드 웨어)를 가지고 일하는 기업들의 심장박동은 너무 느린 경우가 많다. 결국 올바른 과정과 타이밍은 균형을 적절히 잘 잡는 것이다. 너무 빠르지도 않게 너무 느리지도 않게.

그러니 1년 앞을 내다보라.

예를 들어 버전 1을 출시한 해에는 두 차례에서 네 차례 정도 세상을 향해 뭔가를 발표해야 한다. 새로운 제품이든 새로운 기능이든 새로운 디자인이든 아니면 업데이트든 사람들의 관심을 끌 만한 뭔가를 말이다. 당신 회사의 규모가 크든 작든 그건 중요하지 않다. 당신이 만일 B2B용이든 B2C(기업 대 소비자)용이든 하드웨어나 앱을 개발 중이라면, 이것이 고객을 위한 올바른 리듬이다. 뭔가를 더 발표하거나 큰 변화를 주면 사람들은 계속 마음이 흔들리게 되며, 그러지 못할 경우 당신을 머릿속에서 지워버린다. 그러니 매년 적어도 한 가지 중요한 제품을 출시하고 덜 중요한 제품을 한 개에서 세 개 더 출시하도록 하라.

애플의 외부 심장박동은 샌프란시스코에서 열리는 연례 맥월드MacWorld 콘퍼런스에서 가장 큰 소리로 울렸다. 그 행사는 애플 전체의 제품 개발 속도를 견인했다. 애플의 가장 중요한 발표들은 늘 그 맥월드 콘퍼런스에서 나왔다.

맥월드 콘퍼런스는 늘 1월에 열렸다. 하필 1월이었던 이유는 그 시기에 개최비가 가장 쌌기 때문이다. 매해의 첫째 주는 샌프란시스코에서 가장 저렴하게 콘퍼런스 공간을 임대할 수 있는 시기였다(아마 연말연시 대이동 이후 관광객들과 비즈니스맨들이 잠시 여행을 쉬기 때문일 것이다). 맥월드 콘퍼런스는 규모가 작았다. 1990년대만 해도 애플은 살아남으려 버둥대고 있었고 고객층도 다양하지 않아서 그곳에 참가하는 몇 안 되는 골수팬들은 이미 그 지역에 살고 있던 실리콘밸리 컴퓨터광들이었다. 샌프란시스코시는 이 괴짜들이 비수기인 1월에 몰려오는 것에 고마워했다. 성수기인 봄과 여름이 되면 대규모 콘퍼런스들이 열려 외지인들이 많이 몰려오는데, 그걸 피해 일찍 찾아와주는 게 고마웠던 것이다.

그러나 이를 반대로 생각하면 애플 직원들은 매년 연말연시 연휴 기간을 제대로 쉬지 못했다는 의미이기도 했다. 세상이 두쪽 나도 1월 1일까지는 모든 준비를 마쳐야 했기 때문이다. 당신이 애플의 특정 팀에 근무한다면, 가족들은 추수감사절부터 새해 벽두까지 당신의 그림자도 못 볼 각오를 해야 한다. 팀원들 대부분은 맥월드 콘퍼런스가 끝난 뒤에야 초췌하지만 개선장군 같은 얼굴을 하고선 그 모습을 드러냈다. 눈부신 햇빛 때문에 제대로 눈도 못 뜨지 못하면서. 그런 일이 해마다 끊임없이 이어졌다. 마침내 스티브 잡스의 입에서 "그만 때려칩시다!"라는 말이 나올 때까지 말이다.

그는 애플이 이제 맥월드를 그만두어도 될 만큼 강해졌다고 결론 내렸다. 그리고 새로운 심장박동을 만들었다.

예전의 심장박동은 1월에 맥월드 콘퍼런스에서 중대 발표를 하고 6월에 애플 세계 개발자 콘퍼런스WWDC에서 덜 중요한 제품을 출시하고 다시 9월에 덜 중요한 제품을 출시하는 식이었다. 그러나 새로운 심장박동은 3월에 덜 중요한 발표를 하고 여름에 열리는 애플 세계 개발자 콘퍼런스에서 중대 발표를 한 뒤, 가을에 다시 덜 중요한 발표를 하는 것으로 바뀌었다. 현재 애플은 워낙 얘기할 사안이 많아 3월과 6월, 9월과 10월에 그리고 연말연시 연휴 직전에 발표를 하지만 1월에는 절대로 발표를 잡지 않는다. 뼈아프게 얻은 교훈의 결과다.

유감스럽게도 당신이 늘 당신의 심장박동을 통제하지는 못한다. 때론 다른 누군가의 콘퍼런스, 때론 다른 누군가의 제품이 당신 심장박동의 토대가 되기도 한다. 오랫동안 애플의 매킨토시 컴퓨터가 그랬다. 매킨토시는 IBM, 모토로라, 인텔Intel 같은 기업들에 늘 출시가 좌지우지됐다. 어떤 새로운 프로세서 제작이 지연되면 새로운 매킨토시 출시도 지연되는 식이었다. 그건 업계에서 가장 신뢰도가 높은 인텔 프로세서에 너무 오랫동안 의존한 결과였다. 그러나 인텔조차 100퍼센트 예측 가능하진 않아서 그들의 일정에 조금이라도 변화가 생기면 애플은 심한 혼란 속에서 일정을 다시 조정해야 했다.

그렇게 인텔 프로세서에 의존하는 한, 매킨토시 컴퓨터 고객들을 위한 꾸준한 심장박동도, 애플 팀을 위한 합리적인 리듬도 생겨나기가 어려웠다. 결국 잡스는 중대 발표 일정을 자신이 직접 결정했듯, 프로세서도 애플이 직접 만들기로 결정했다. 그것이 모든 걸 예측 가능하게 만들 유일한 방법이었다.

예측 가능한 세상보다 사람들이 더 좋아하는 건 없다. 우리는 흔히 일정에 지배되지 않는다고, 또 언제든 습관의 사슬에서 벗어날 수 있다고 생각하지만 실상 대부분의 사람은 습관의 노예다. 인간은 다음에 일어날 일을 알아야 마음이 편하다. 자신의 삶과 자신의 프로젝트들을 직접 계획하기 위해서도 그럴 필요가 있다.

모든 게 예측 가능할 때 비로소 당신 팀은 언제 아래쪽을 내려다보며 일을 하고 또 언제 고개를 들어 다른 팀들과의 공조를 해야 하는지 알 수 있으며, 자신들이 여전히 올바른 방향으로 나아가고 있는지 확인할 수도 있다(제1.4장 '고개를 들어 앞을 내다보라' 참조). 또 당신은 매번 처음부터 다시 시작하지 않고 제품 개발 과정을 문서화할 수 있다. 각종 체크포인트와 이정표, 일정, 새로운 직원들의 훈련 및 교육 계획들을 문서화할 수 있는 것이다. 이게 바로 우리의 방식이다. 이게 바로 제품을 만드는 방식의 뼈대다.

궁극적으로 모든 게 예측 가능할 때, 당신은 데드라인을 맞출 수 있다.

외부 심장박동을 깨는 일은 어떻게 해서든 피해야 하지만, 가끔은 그런 일이 일어나기도 한다. 완전히 새로운 무언가를 만들어낼 때면 어딘가 항상 문제가 생기고 뭔가가 예측했던 것보다 더 오래 걸리는 법이다. 모든 걸 처음부터 시작해야 하고 모든 걸 한 번에 알아내려 하는 버전 1 제품 개발 과정에선 거의 항상 그런 일이 일어난다. 그러나 일단 모든 과정을 무사히 마쳐 마침내 버전 1 제품을 출시하면, 그때 심장박동도 진정된다. 그 심장박동이 꾸준히 계속 이어지게 된다.

그 후 시간이 흘러 버전 2를 출시하면, 당신은 마침내 모든 걸 제시간에 맞춰 해내게 될 것이다. 그때가 되면 당신의 팀과 고객들 그리고 언론 등 모두가 당신의 리듬을 느끼게 될 것이다.

제6장

모든 것을 제대로 해내려면
3세대가 필요하다

'하룻밤 사이에 성공하려면 20년이 걸린다'는 유머가 있다. 비즈니스의 경우에는 그 기간이 주로 6년에서 10년이니 상황이 그나마 좀 나은 편이지 않나 싶다. 이렇듯 제품 또는 시장 적합성을 찾고 고객들의 관심을 끌고 완전한 해결책을 강구해 돈을 벌기 위해서는 생각보다 더 오랜 시간이 걸린다. 혁신을 일으키는 새로운 제품을 제대로 만들어 이익을 보려면 대개 적어도 3세대분의 제품을 만들어야 한다. 이는 B2B와 B2C, 원자 또는 전자 또는 그 둘 모두를 가지고 제품을 만드는 기업들, 그리고 완전히 새로운 스타트업들과 완전히 새로운 제품들의 경우도 마찬가지다.

잊지 말라. 수익성에는 다음과 같은 세 단계가 있다.

1. **전혀 수익성이 없는 단계:** 당신이 아직 시장을 테스트 중이고 제품도 테스트 중이고 고객들을 찾느라 노력 중인 '버전 1' 제품의 경우가 바로 이 단계다. 많은 제품과 기업이 단 한 푼도 벌지 못한 채 이 단계에서 죽어나간다.

2. **단위 경제 효과 또는 매출 총이익을 내는 단계:** 버전 2 제품의 판매나 유료 서비스를 이용하는 고객 덕에 매출 총이익gross margins을 창출하게 되는 단계. 잊지 말라. 뛰어난 단위 경제unit economics(사업의 고객 단위당 수입과 비용—옮긴이) 효과만으로는 수익을 내는 회사가 되지 못한다. 계속해서 사업을 해나가고 판매와 마케팅을 통해 고객들을 끌어들이려면 많은 돈을 써야 한다.

3. **기업 경제 효과 또는 순이익을 내는 단계:** 버전 3 제품의 판매나 유료 서비스를 이용하는 고객 덕에 순이익net margins을 내는 단계다. 그러니까 매출액이 사업 관련 비용들을 앞질러, 당신 회사가 전반적으로 돈을 벌고 있다는 뜻이다.

매출 총이익을 내는 데 그렇게 오랜 시간이 걸리고 순이익을 내는 데 훨씬 더 오랜 시간이 걸리는 이유는 배우는 데 시간이 걸리기 때문이다. 당신 회사와 고객들에 대해서 말이다.

당신 팀은 버전 1의 제품 적합성과 시장 적합성을 찾아낼 방법들을 알아내야 하며, 그런 다음 그 제품을 잘 다듬어 버전 2를 가지고 보다 많은 고객들을 상대로 적절한 마케팅을 해야 한다. 그래야 비로소 사업을 최적화하는 데 집중해 사업의 지속 가능성을 높이고 버전 3 제품으로 더 많은 수익을 낼 수 있다.

고객에게는 당신의 제품을 알아볼 시간이 필요하다. 절대 다수의 사람들은 얼리 어답터가 아니기 때문이다. 그들은 새로운 제품을 바로 사용해보려 하지 않는다. 아이디어에 익숙해질 시간이 필요하고 상품평들을 읽을 시간이 필요하고 친구들에게 물어볼 시간이 필요하며, 그런 다음 새로운 버전이 나올 때까지 기다릴 시간이 필요하다. 다음 버전의 제품이 훨씬 더 나을 것이기 때문이다.

. . .

1992년인가 1993년에 《제프리 무어의 캐즘 마케팅》을 읽으며 제너럴 매직 홀을 걸어 다니던 기억이 난다. 우리를 비롯한 많은 사람이 그 책을 읽었고 논쟁을 벌였으며 그 책이 얼마나 시의적절한지에 대해 얘기를 나눴다. 당시 우리는 깊은 '틈새' 안으로 점점 더 깊이 빠져들고 있었고, 결코 그 틈새에서 빠져 나올 수 없을 듯했다(위 책의 원서 제목은 'Crossing the Chasm'로 '깊은 틈새를 넘어서'라는 뜻을 담고 있다.—옮긴이).

그 틈새는 비단 조기 수용자(얼리 어답터)들뿐 아니라 일반 사람들조차 제품을 구입하지 않을 때, 기업들이 빠질 수 있는 깊은 구멍이었다. 오늘날 그 틈새는 제품 적합성이나 시장 적합성을 찾는 일로 불린다.

위 책에서 제프리 무어는 이제는 너무 유명해진 예의 그 '고객 수용 곡선'Customer Adoption Curve 차트를 선보였다. 이 차트를 뒷받침하는 아이디어는 아주 간단하다. 고객들 중 극히 일부만이 새 제품이 나오면 그게 어떻게 작동되든 관계없이 일찍이 그걸 구입한다는 것, 그러니까 순전히 가장 최근 제품이라는 이유로 구입한다는 것이다. 그리고 나머지 대부분의 사람은 한동안 제품을 구입하지 않고 기다린다. 새로운 제품의 각종 문제들이 바로잡힐 때까지 기다리는 것이다.

다음에 나오는 그림 3.6.1과 이어지는 표에 버전 1~3 제품이 어떻게 변화해야 하는지(제품 측면과 타깃 고객 측면에서) 그리고 그 버전에 따른 비즈니스 우선순위는 어떻게 바뀌어야 하는지를 정리해놓았다. 그러나 이게 전부는 아니다. 만일 이 표를 제품 및 회사 발전에 어떻게 적용해야 하는지 제대로 이해하지 못한다면 아주 중요한 퍼즐 조각을 놓치게 될 것이다.

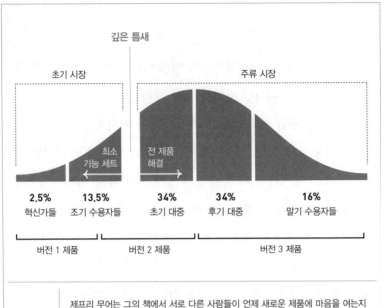

깊은 틈새

초기 시장 | 주류 시장

최소 기능 세트

전 제품 해결

2.5%	13.5%	34%	34%	16%
혁신가들	조기 수용자들	초기 대중	후기 대중	말기 수용자들

버전 1 제품 | 버전 2 제품 | 버전 3 제품

그림 3.6.1

제프리 무어는 그의 책에서 서로 다른 사람들이 언제 새로운 제품에 마음을 여는지 차트로 그려냈다. 그러나 그게 전부가 아니다. 당신의 버전 1, 버전 2 그리고 버전 3 제품들이 차트의 어디에 위치하는지는 물론, 그에 따라 당신이 집중하는 혁신이나 개선 또는 비즈니스가 어떻게 달라져야 하는지 이해하는 데도 아주 중요하다.

▶ 타깃 고객

버전 1 혁신가들과 조기 수용자들	버전 2 초기 대중	버전 3 후기 대중과 말기 수용자들
이들은 당신이 만드는 게 무엇이든 그걸 아주 좋아하는 사람들이다. 기계를 좋아하거나 기술에 집착하거나 당신의 공간에 푹 빠져 있는 사람들이다. 이들은 뭐든 새롭고 멋진 것에 감정적 반응을 보이며 어쩌면 하자가 많으리라는 걸 뻔히 알면서도 그걸 구입한다.	유행을 선도하는 사람들이다. 이들은 조기 수용자, 즉 얼리 어답터들을 유심히 지켜보며, 어떤 제품에 푹 빠지기에 앞서 먼저 상품평 같은 걸 읽는다. 그러면서 제품상의 하자가 해결되고 적절한 고객지원이 따르고 다루기 쉬운 방법이 나올 거라 기대하며 그 제품을 구입한다.	그 외의 모든 사람들이다. 완벽한 제품을 기대하는 절대 다수의 고객들 말이다. 이들은 시장에서 분명한 승리를 거둔 제품만 구입하며 그 어떤 귀찮은 상황도 참으려 하지 않는다.

▶ 제품

버전 1 기본적인 시제품을 출시한다.	버전 2 버전 1에서 잘못됐던 점들을 바로잡는다.	버전 3 이미 제대로 만들어진 제품을 다듬는다.
고객 획득 비용이 아주 높기에 제품에 꼭 집어넣고 싶었던 일부 기능들도 빠지고, 마케팅과 판매, 고객지원이 다소 불안정한 상태다. 필요로 하는 제휴 관계들도 맺지 못하고, 여전히 모든 게 잘못되었다고 느낀다.	이 단계에서 무엇이 문제이고 어떻게 그것들을 바로잡아야 하는지 알게 된다. 제품 출시 후에 예기치 못한 문제들이 나타나는 데다 처음 하는 일이라 제대로 하지 못한 것들도 많기 때문이다. 버전 2는 대개 버전 1 출시 후 바로 나오게 되는데, 이 단계에선 아주 많은 걸 아주 빨리 배워 그 모든 걸 조금이라도 빨리 다음 버전에 적용하고 싶어 하기 때문이다.	이 단계에서는 제품보다는 사업에 더 집중해야 하며, 고객 라이프 사이클의 모든 접점들을 다듬는 데 신경을 써야 한다.

▶ 아웃소싱 대 자체 제작

버전 1 모든 걸 알아내 아웃소싱한다.	버전 2 보다 많은 일들을 사내로 끌어들이기 시작한다.	버전 3 내부 전문지식을 보호하고 보다 덜 중요한 프로젝트들을 선별해 외주를 준다.
팀 규모가 작아 마케팅, 홍보, 인사, 법무 등 많은 기능들을 아웃소싱할 수밖에 없다. 덕분에 더 빨리 움직이고 더 많은 일을 할 수 있지만 비용이 많이 들고 규모가 늘지 않는다.	버전 1 제품 제작 시 제3의 팀들에게서 배운 모든 걸 활용해 자체 역량을 키우기 시작한다(제5.3장 '초심자로 머물기' 참조). 당신의 팀은 물론 전문지식의 수준도 성장한다.	몇몇 핵심 팀들이 회사를 차별화시켜주는 일에 집중한다. 다시 말해 자체적인 브랜딩을 하거나 회사의 성장에 있어 가장 중요한 일에 집중하는 것이다. 내부의 팀들이 성장해 더 많은 일을 하게 되면 다시 아웃소싱을 하게 되지만 이때의 아웃소싱은 버전 1에서의 아웃소싱과 다르다. 내부 팀이 꼼꼼히 감독할 수 있는 덜 중요한 일들만 아웃소싱하게 된다.

▶ 비즈니스 우선순위

버전 1 제품/시장 적합성	버전 2 수익 상품	버전 3 수익 사업
제품을 제대로 만들어 그걸 팔 수 있는 시장이 있다는 걸 입증함으로써 깊은 틈새를 넘어설 수 있게 됐다. 이 시점에선 최소한 얼리 어답터들만이라도 당신의 버전 1 제품을 구입한다는 걸 입증해 보여야 하며, 그게 아니라면 원점으로 되돌아가 처음부터 다시 시작해야 한다.	이 시점에서는 시장을 넓히고, 고객 경험의 보다 많은 부분들에 신경을 쓰며, 또 제품 하나당 약간의 수익을 창출하게 된다. 하지만 아직 각종 비용들을 회수할 정도에 이르지는 못한다.	만일 버전 2로 매출 총이익을 냈다면 아마 버전 3으로는 순이익을 내고 싶을 것이다. 이제 사업 파트너들과 협상을 시작해 더 나은 거래 조건을 끌어내고, 고객 지원 및 판매 채널을 최적화하고, 마케팅을 위해 새로운 종류의 미디어들을 활용해야 할 때다. 일이 잘 풀린다면 마침내 판매량이 늘어 제작비가 줄고 실제 돈도 벌게 될 것이다. 버전 3까지 출시한 이 시점에서는 제품과 회사 그리고 비즈니스 모델 등 모든 것이 제대로 돌아가게 될 가능성이 높다.

제품/시장 적합도를 알아내고 나면 그때부터는 수익성에 집중할 차례다. 원자를 가지고 제품을 만드는 기업이라면 매출 원가Cost of Goods Sold, COGS에 집중한다. 직접 인건비 외에 회사의 돈이 가장 많이 들어가는 곳은 주로 제품 판매 및 지원 분야다. 반면 원자들과 전자들을 가지고 제품을 만드는 기업이라면 매출 원가 외에 고객 획득 비용Customer Acquisition Cost, CAC에도 신경을 써야 한다. 일단 한 번에 하나씩만 신경을 쓰는 게 좋다. 먼저 매출 원가 문제를 해결하고 그다음에 고객 획득 비용 문제를 해결하도록 하라. 먼저 제품을 만들고 그런 다음 각종 서비스들을 추가하는 것이다.

원자와 전자, 즉 하드웨어와 소프트웨어의 많은 차이에도 불구하고,

양쪽 모두를 똑같이 옥죄는 것 하나는 바로 '시간'이다. 당신이 지금 무엇을 만들고 있든 수익을 내려면 당신의 생각보다 시간이 더 걸린다. 버전 1에서는 아마 십중팔구 돈을 벌지 못할 것이다. 그러니 적어도 세 번은 다른 모습을 보여주어라. 어떨 때는 그보다 더 많이.

설사 작업 일정이 줄어들거나 어떤 앱 개발 속도를 높인다 해도, 당신의 제품은 여전히 먼저 기는 법을 배우고 그다음에 걷는 법을 배워야 한다. 그래야 달릴 수 있다. 앱이나 서비스의 구축도 하드웨어 제품 출시만큼이나 시간이 오래 걸릴 수 있다. 고객들의 피드백에 대처하고 진화하고 변화하는 데도 시간이 걸린다. 또한 제품 자체의 개선만큼이나 고객 경험 개선에도 많은 신경을 써야 한다. 마지막으로 고객들이 당신 회사에 대해 알고, 당신 회사의 제품을 써보고, 그게 쓸 만하다고 결정하는 데에도 여전히 시간이 필요하다. 수용 곡선adoption curve(새로운 기술이나 상품이 시간이 지남에 따라 얼마나 많은 사람에게 받아들여지는지를 나타낸 곡선 — 옮긴이)을 따라가는 데 일정한 시간이 필요하기 때문이다.

아이팟의 경우 수익성 있는 단위 경제 수준에 도달하는 데 3세대가, 그리고 3년이라는 시간이 걸렸다. 아이폰의 경우도 마찬가지였다. 버전 1은 순전히 얼리 어답터들을 위한 제품이었다. 3G 네트워크 서비스도 되지 않았고 앱 스토어도 없었고 가격 결정 모델도 문제투성이었다. 스티브 잡스는 아이폰으로 보조금 받는 것을 원치 않았다. 사람들이 아이폰의 가치를 제대로 알려면 실제 가격을 알아야 한다고 생각했기 때문이다. 또한 그는 데이터 요금제 인하 혜택도 거부했다(제6.4장 '빌어먹을 마사지' 참조). 그러나 아이폰은 깊은 틈새를 넘어설 운명이었다. 세상 사람들이 그 휴대폰을 너무도 좋아했기 때문이다. 다만 사람들은 구입하기에 앞서 먼저 세세한 부분들을 알아야 했다.

그러나 아무리 많은 사랑을 받는 제품이라 해도, 깊은 틈새를 넘어섰다고 하여 성공을 다 보장받지는 못한다. 실제로 돈을 벌기란 그보다 훨씬 더 힘든 일이다.

물론 이 같은 통념은 인터넷의 등장과 함께 새로운 비즈니스 모델들이 생겨나며 깨지고 있기는 하다. 그럼에도 인스타그램Instagram, 왓츠앱WhatsApp, 유튜브, 우버 같은 많은 기업들은 돈 버는 방법을 알아내기까지 최소 5세대에서 10세대 혹은 그 이상의 세대를 거쳤다. 한편 다른 많은 기업의 경우는 그렇지 못하다. 수익을 내지 못하는 기업들이 여전히 존재하는 이유는 막대한 벤처 캐피털 자금 지원을 받고 있거나 아니면 훨씬 큰 기술 기업들에 인수됐기 때문이다. 그런 기업들은 먼저 제품/시장 수익성을 찾고 사용자 기반을 구축하는 데 집중했고, 그런 다음 돈을 벌기 위한 비즈니스 모델을 반복할 생각을 했다. 그러나 그게 모든 기업에게 효과 있는 방법은 아니다. 막대한 벤처 캐피털 자금 지원을 통해 수익성을 올리려면 빠른 속도로 깊은 틈새를 넘어서야 하며, 오랫동안 죽어라 노력을 기울여야 한다. 그 과정에서 기업은 첫걸음을 내딛자마자 깊은 틈새에 빠져 치명상을 입을 수도 있다.

몇 년 전, 세계의 주요 도시들은 스쿠터 및 자전거 공유 기업들로 넘쳐났다. 갑자기 도시 곳곳에 스쿠터와 자전거들이 모습을 드러냈다. 그게 그들의 접근 방식이었다. 그 기업들은 고객을 확보하기 위해 최대한 시장점유율을 높이고 싶었던 것이다. 그들은 막강한 자금력을 동원해 어떤 자전거든 살 수 있는 건 다 사들였고, 그런 식으로 계속 사업을 확장하고 또 확장했다.

그러나 그 기업들은 결코 수익성을 높이진 못했다. 버전 2나 버전 3까지 발전시키진 못했다. 해결책을 알아보기 시작할 무렵에는 이미 자금이 바닥난 상태였다. 끝없이 솟아날 듯했던 샘이 말라버린 것이다.

이제 두 번째와 세 번째 세대의 스쿠터 및 자전거 공유 기업들이 생겨나고 있지만, 앞서 다른 기업들이 실패하는 걸 지켜본 그들은 현재 접근방식을 완전히 달리하고 있다. 이제 시장을 극도로 신중히 선택하고 자전거와 스쿠터 역시 적절한 원자들, 즉 놀랄 만큼 내구성이 강한 것 위주로 선택한다. 돈도 아주 조심스럽게 쓰고, 단위 경제를 속속들이 이해하기 위해 많은 노력을 기울이고 있다. 넓은 그물을 던지면서 최선의 결과를 기대하는 접근 방식보다는 이처럼 차별화되는 몇 가지 중요한 요소들에 집중하는 방식을 취하는 게 목표 도달 가능성이 훨씬 더 높다.

테슬라는 설립 초창기 때 자동차 그 자체에만 모든 관심을 쏟아붓느라 다른 것들은 거의 안중에도 없었다. 기본적으로 그들에겐 고객지원 기능도 없었고, 당연히 고객들이 전화상으로 얘기를 할 수 있는 직원도 없었다. 그래서 만일 고객의 테슬라 자동차에 문제가 생기면, 테슬라 직원이 집으로 와 그 자동차를 끌고 가버렸다. 자동차가 없어진 고객은 이젠 어찌 해야 하나 난감해질 뿐이었다.

다행히도 테슬라 본사가 있는 실리콘밸리에는 기술 열성팬들과 얼리어답터들이 차고 넘친다. 그중 한 명인 내 친구는 테슬라의 버전 1 제품인 초창기 테슬라 로드스터Tesla Roadster를 구입했다. 그 모델은 전기 자동차화된 로터스Lotus(영국의 스포츠카—옮긴이)로 처음부터 다시 완전히 재디자인된 자동차는 아니었지만, 테슬라의 핵심 특징들 중 하나인 회생제동 시스템regenerative brake system, 다시 말해 브레이크를 밟을 때마다 자동차가 모터를 발전기로 이용해 배터리를 충전하는 기능을 갖추고 있었다.

문제는 내 친구가 산꼭대기에 살고 있다는 점이었다. 그는 산꼭대기까지 차를 몰고 올라가 밤새 자기 자동차에 충전을 했지만 아침에 차를 몰고 내려올 때면 브레이크가 거의 작동하지 않았다. 알고 보니 그는 자동차를 100퍼센트 충전하지 못했고, 산을 내려오면서 계속 브레이크를 밟다 보니 배터리가 과충전되었다. 결국 테슬라 측에서는 내 친구가 충돌 사고 내는 걸 막기 위해 로드스터의 브레이크 및 충전 알고리즘을 손봐야 했다.

그러나 내 친구는 얼리 어답터의 끝판왕이었고, 자신의 로드스터를 너무도 사랑했다. 자동차가 자기 집 차고보다 수리점에 가 있는 시간이 더 많은 데다 문제가 생기면 직접 엔지니어에게 전화를 걸어야 했는데도 말이다.

얼리 어답터들은 버전 1 제품에 모든 걸 제대로 집어넣을 수 없다는 걸 잘 안다. 그 누구도 버전 1에 넣으려고 계획했던 모든 기능을 집어넣진 못하는 것이다. 제품과 고객층은 버전이 거듭되면서 계속 진화하고 성장하며, 그 모든 단계에서 여러 가지 다른 위험과 도전과 투자들이 생겨난다. 그 누구도 그 모든 걸 한 번에 해결할 수는 없다. 스타트업든 대기업이든 말이다. 그러므로 당신과 당신의 직원들과 고객들은 모두 '적절한 기대'를 해야 할 필요가 있다. 투자자들 또한 마찬가지다.

놀랍게도 너무도 많은 사람이 제품이 출시되고 사업이 시작되면서 바로 수익이 나길 기대한다. 필립스에 있을 때 나는 대부분의 신규 제품 카테고리와 사업이 계획 단계에서 취소되는 걸 지켜봤다. 심지어 출시 준비가 거의 다 된 제품들도 그랬다. 만들고 테스트하고 끝. 그 제품과 사업들은 최고위층 임원들이 자기 자리를 지키려 하는 바람에 열매도 맺지 못한 채 죽어나갔다. 제품 개발팀에 합류하는 임원들은 늘 새로운 제품이 돈벌이가 될 거라는 '보증'을 원했다(제2.2장 '옳은 결정은 없다. 적절한 결정이 있을 뿐' 참조). 그러니까 어떤 제품의 단위 경제 및 기업 경제의 견

실성을 미리 보여달라는 요구를 한 것이다. 그건 불가능한 요구였다.

그들은 우리에게 100퍼센트에 가까운 확신을 가지고 미래를 예측해 보라는 요구를 하고 있었다. 아직 걷는 법도 배우지 못한 아기가 마라톤을 완주할 수 있다는 증거를 요구하고 있었던 것이다. 그들은 아기에 대해 많은 걸 알지 못했다. 심지어 새로운 사업을 벌이는 법에 대해서도 아는 게 별로 없었다.

그렇게 많은 킥스타터Kickstarter(미국의 대표적인 크라우드 펀딩 서비스 —옮긴이) 프로젝트가 실패로 끝난 이유가 바로 이것이다. 그들은 이렇게 생각했다. "50달러에 만들어서 200달러에 팔게 된다면, 돈을 벌게 되겠지? 내 회사는 성공할 거야!" 안타깝게도 기업은 그렇게 돌아가지 않는다. 150달러의 이익은 새로운 사무실 의자 구입비, 직원들의 보험금, 고객지원용 통화 비용 그리고 인스타그램 광고비 등으로 사라진다. 제품뿐 아니라 사업도 최적화하기 전까지는 절대 지속성 있는 뭔가를 만들 수 없다.

이는 구글, 메타, 엑스, 핀터레스트Pinterest 같은 오늘날 거대 기술 기업들의 경우에도 마찬가지였다. 구글은 오랫동안 거의 이익을 내지 못했다. 구글이 실제 이익을 내기 시작한 때는 구글 애즈Google Ads(모바일 기기를 통해 구글 검색을 할 때 그 결과에 따라 나타나는 짧은 문자 또는 이미지 광고—옮긴이) 제도를 도입하고 나서부터였다. 메타는 먼저 사람들의 눈길을 끈 뒤 수익성 있는 비즈니스 모델은 나중에 생각해내기로 했다. 핀터레스트와 엑스도 마찬가지였다. 그들은 먼저 버전 1을 만들었고, 그다음 그걸 버전 2로 발전시켰으며, 그런 다음 버전 3 단계에서 사업을 최적화했다.

네스트 학습형 온도 조절기 역시 같은 패턴을 따랐다.

버전 2 단계에서는 모든 게 훨씬 쉬웠다. 미래에 대한 예측보다는 현실적인 문제들에 더 많은 신경을 쓸 수 있었기 때문이다. 우리는 고객들이 무얼 좋아하고 무얼 싫어하는지 잘 알았다. 또 그들이 무얼 원하며 어떤 기능들이 가장 큰 도움이 되는지도 잘 알았다. 버전 1에서 최대한 빨리 바로잡고 싶었던 많은 문제들을 바로잡을 수 있었다. 버전 2는 버전 1이 나오고 단 1년 만에 나왔다. 그만큼 하루라도 빨리 출시하고 싶었던 것이다.

3세대 네스트 학습형 온도 조절기는 3년 후에 출시됐다. 2세대 제품과는 눈에 띄게 달랐지만 업데이트된 건 그리 많지 않았다. 전체적으로 날렵해졌고 스크린은 더 커졌다. 대부분의 변화는 보이지 않는 데서 일어났다. 버전 3 단계에서 우리는 판매 제휴업체들과의 관계가 아주 안정됐다. 1세대 때는 소매업계를 제대로 뚫지 못했었다. 우리가 할 수 있는 일은 단 하나, 홈페이지인 네스트 닷컴에서 우리 온도 조절기를 팔아 사람들이 그걸 사고 싶어 한다는 사실을 증명하는 것뿐이었다. 2세대 제품이 나오자 소매업체들이 고민하기 시작했다. '오, 어쩌면 저걸 우리 가게에 들여와야 할지도 모르겠는데.'

우리의 3세대 제품은 이제 대형마트 타깃Target과 베스트 바이와 홈 디포Home Depot, 로우스Lowe's, 월마트Walmart, 코스트코Costco에 입점했고, 잘 보이지도 않는 뒷자리 선반이 아닌 전면에 놓이게 되었다. 우리는 또 각 매장에 스마트 홈 기기들만 진열하는 전혀 새로운 코너들을 만들어, 네스트 제품뿐 아니라 급성장 중이던 스마트 홈 생태계를 위한 공간까지 확보했다.

사업 파트너들은 우리가 대중의 많은 관심을 끄는 걸 보면서 거래를 계속하고 싶어 했고, 우리는 더 유리한 거래, 더 유리한 계약을 할 수 있

버전 1

버전 2

버전 3

그림
3.6.2

제품은 세대를 거치면서 더 날렵해지고 세련되어지며 제작비도 덜 들어가게 된다. 제품 자체가 버전 1에서 버전 2로 업그레이드되는 걸 볼 수 있다. 우리가 1세대 제품을 출시했을 때, 그건 시장에서 가장 현대적이고 아름답게 만들어진 온도 조절기였다. 그러나 2세대 제품을 내놓는 순간, 오리지널 온도 조절기는 바로 무겁고 투박하고 구식 같아 보였다. 그리고 3세대 제품을 내놓을 무렵에는 제품 자체의 변화는 크지 않았지만 각종 비용이 떨어지는 등 우리의 사업이 완전히 환골탈태했다. 우리는 새로운 판매 채널들을 통해 전 세계에 제품을 팔았고 신규 사업 파트너들도 생겼으며 고객지원 업무도 보다 능률적이 되었다.

었다. 또한 고객지원 기능도 개선했고 통화료도 낮췄으며 지식 기반도 넓혔다.

아마도 당신은 이렇게 생각할 것이다. 우리가 두 번째 제품인 네스트 연기/일산화탄소 감지기 제작에 착수했을 땐 모든 게 더 쉬웠을 거라고. 또 이미 구축해놓은 모든 기반들 덕에 몇 단계는 건너뛸 수 있었을 거라고. 그렇지 않다. 새로운 제품 개발에 착수하는 순간 다시 처음부터 시작 버튼을 눌러야 한다. 때론 두 번째 제품을 만드는 게 훨씬 더 힘들기도 하다. 그래서 제대로 해내려면 여전히 최소 3세대는 거쳐야 한다.

제품을 만든다. 제품을 손본다. 사업을 구축한다.

제품을 만든다. 제품을 손본다. 사업을 구축한다.

제품을 만든다. 제품을 손본다. 사업을 구축한다.

모든 제품이 그렇다. 모든 기업이 그렇다. 매번 그렇다.

제 4 부

당신의 기업을 만들어라

나는 이 회사를 시작해야 한다. 그렇지 않나?

빌어먹을!

스타트업은 나의 계획에 없었다. 내 계획은 오직 휴식을 취하는 것이었다. 그것도 매우 긴 휴식. 나는 휴식이 필요했다. 거의 10년간 아래쪽만 내려다보며 전력질주를 한 끝에 나는 마침내 2010년 애플을 떠났다. 우리는 초기 3세대의 아이폰을 출시했고 이제 큰일들은 다 끝낸 상태였다. 18세대에 걸친 아이팟을 내놓은 끝에 나는 제품 개발 과정이 어떻게 이루어지는지 잘 알게 됐다. 우리는 끝도 없이 다듬고 다듬고 또 다듬었다. 더 머물렀다면 어쩌면 애플에서 아이패드 개발에 착수할 수도 있었을 것이다. 기본적으로 그 구성이 아이패드는 아이팟 터치와 비슷했고, 아이팟 터치는 아이폰과 비슷했으니까.

그러나 내가 애플을 그만둔 가장 큰 이유는 가족 때문이었다. 나는 애플에서 아내를 만났다. 그녀는 인사 부문 부사장이었다. 당시 우리에겐 아주 어린 자녀가 둘 있었다. 우리는 아이들을 위해 늘 시간을 내면서 일도 엄청나게 했다. 이제 다른 삶을 살아볼 기회였다. 그래서 아내와 나는 함께 애플을 그만두었다. 그런 다음 미국을 떠났다.

우리는 세계 곳곳을 여행했고 일 생각을 하지 않으려 무지 애를 썼다. 그러나 어디를 가든 꼭 빌어먹을 한 가지 물건과 맞닥뜨렸다. 온도 조절기 말이다. 분통 터질 만큼 부정확하고 전력 낭비가 심하며 너무 멍청하고 프로그래밍하는 것도 불가능하고 늘 집안 일부를 너무 덥거나 너무 춥게 만드는 그 온도 조절기 말이다.

누군가가 그걸 바로잡아야 했다. 결국 나는 그 누군가가 내가 되리라는 걸 깨달았다.

큰 기업들은 그런 일을 하지 않을 게 뻔했기 때문이다. 허니웰과 다른 경쟁업체들은 30년간 아무 혁신도 하지 않았다. 게다가 온도 조절기 시장은 미국의 경우에도 연간 총매출이 10억 달러도 안 되는 사랑받지 못하는 죽은 시장이었다. 2007년과 2008년에 일어난 청정 혁신 운동이 실패로 돌아간 뒤, 청정 기술 분야 투자자들은 에너지 절약 기기들에 완전히 등을 돌려버렸다. 그러다 보니 온통 낯선 얼굴들로 이루어진 연줄도 없는 작은 스타트업은 신뢰도가 낮아 자금 조달을 하기 힘들었다. 나는 벌써부터 벤처 캐피털 관계자들이 이런 말을 하며 비웃는 모습을 상상할 수 있었다. "온도 조절기요? 정말요? 온도 조절기를 만들려 한다고요? 그 시장 작고 재미도 없고 힘든데."

그러던 어느 날 나는 랜디 코미사Randy Komisar와 함께 자전거를 탔다. 나의 오랜 친구이자 멘토인 랜디는 그 유명한 벤처 기업 클라이너 퍼킨스Kleiner Perkins에 몸담고 있는 파트너이기도 하다. 우리는 1999년 내가 스타트업 퓨즈 시스템즈에서 투자 설명회를 할 때 처음 만났다. 나는 그를 아주 깊이 신뢰했기 때문에 내 아이디어에 대한 반응을 살펴볼 생각으로 그에게 스마트 온도 조절기 얘기를 꺼내보았다.

내 이야기를 들은 그는 그 자리에서 수표를 긁어 내게 주었다.

나는 그야말로 투자자들이 마음에 쏙 들어할 만한 스타트업 설립자였다. 네 차례의 스타트업 실패와 다년간의 좌절 끝에 10년 동안 탄탄대로를 달린 사람이었으니까. 당시 나는 마흔 살이었으며, 기업 설립이 얼마나 힘든 일이며 또 어떤 실수들을 해선 안 되는지 정확히 알고 있었다. 게다가 작은 기업과 거대 기업 모두에서 하드웨어와 소프트웨어를 두루 개발해본 경험도 있었다. 나는 인맥도 있었고 신뢰도도 높았으며 충분한 경험을 쌓아 내가 무얼 모르고 있는지도 잘 알고 있었다. 게다가 내겐 아이디어가 있었다.

스마트 온도 조절기는 당신이 어떤 온도를 좋아하는지 또 '언제' 그런 온도를 좋아하는지를 학습해야 한다. 또한 당신의 스마트폰과 연결되어서 어디서든 온도 조절을 할 수 있게 해주어야 하며 당신이 집에 없을 때는 자동으로 꺼져 전기요금을 절약해주어야 한다. 그리고 물론 멋있어야 한다. 벽에 달려 있는 걸 자랑스러워할 그런 온도 조절기여야 한다.

당시 내게 없었던 건 단 하나, 과감히 뛰어들 의지였다. 나는 아직 또 다른 스타트업을 이끌고 나갈 마음의 준비가 되어 있지 않았다. 그땐 그랬다. 특히 혼자서는 말이다.

그런 상황에서 마법처럼 맷 로저스가 내게 손을 내밀어주었다. 맷은 아이팟 프로젝트 초기에 개발팀 인턴사원으로 입사한 후, 내가 지켜본 바로는 이미 세계 최정상급으로 구성됐던 제품 개발팀에서 다른 그 어느 누구보다 먼저 고속 승진의 길을 걸었다. 우리는 졸업 후에 그를 정식 사원으로 채용했으며 그는 곧 관리자가 되었다. 그는 팀을 구축하는 데 전력투구했고 질문하기를 절대 두려워하지 않았으며 온갖 한계들을 무너뜨렸고 사업의 모든 측면에 대해 지칠 줄 모르는 호기심을 보여주었다.

내가 애플을 떠난 뒤 맷은 돌아가는 상황에 좌절감을 느끼고 있던 참이었다. 그러던 어느 날 우리는 같이 점심 식사를 했고 그는 내게 앞으로 뭘 할 생각이냐고 물었다. 나는 스마트 온도 조절기 아이디어를 얘기했다. 그는 열정적이었다. 단순한 비유가 아니라 실제로 맷은 멈출 수 없는 에너지를 가지고 끝없이 움직이는 기계 같은 인물이다. 그는 곧 내 아이디어를 깊이 파고들기 시작했고, 이런저런 제안과 아이디어들을 내놓았으며, 오랜 시간 얘기를 나누면서 점점 더 흥분했다.

그런 추진력이야말로 당시 내게 절실히 필요한 것이었다. 나만큼이나 열심히 일해왔고 나만큼이나 모든 일에 열정적인 맷. 그는 무거운 짐을 나눠 질 수 있는 진정한 파트너였다. 우리는 어떤 식으로 함께 일해야 할지 이미 알고 있었고, 또 어떤 식으로 제품을 개발할지에 대한 생각도 같았다. 당시 내게 필요했던 사람은 할 수 없는 이유를 끊임없이 늘어놓는 수십 년의 경력을 자랑하는 중년의 또 다른 임원이 아니었다. 나는 진정한 공동 설립자가 필요했다. 맷 로저스가 필요했다.

우리는 내 아이디어를 가지고 함께 비전을 만들었다. 스마트 홈 온도 조절기를 만들겠다며 투자자들에게 설명했다. 그러나 맷과 나는 우리 회사가 온도 조절기 하나에서 끝내진 않으리라는 걸 알고 있었다. 우리는 많은 제품을 만들 계획이었다. 누구나 집에서 꼭 필요로 하는 중요하지만 사랑받지 못하는 물건들을 재발명하려고 했다. 무엇보다 중요한 '플랫폼'을 만들어낼 생각이었다. 스마트 홈 기기들을 구상했다.

사실 이런 콘셉트는 결코 새롭지 않았다. 스마트 홈 시스템은 이미 세상에 나온 지 20년이 지나 있었다. 나는 제너럴 매직 시절에 빌 앳킨슨이 1990년대에 이미 스마트 홈 기기를 만들려 했다는 걸 기억한다. 그는 뭔가 유용한 제품을 만들려 애쓰는 과정에서 그런 기기를 직접 만들고자 했다. 그러나 여러 해 동안 많은 부유한 기술 분야의 사람들이 자신들의 집 벽에 정교한 스마트 홈 시스템을 설치하려고 수십만 달러를 날렸다. 온도 조절기와 경보 시스템, 조명, 음악 기기 등에는 각종 센서와 스크린, 스위치, 조종 장치 등이 들어간다. 그 모든 게 아주 반짝거렸고 아주 비쌌다. 정말 형편없었다. 쓰레기였다. 제대로 작동되는 게 하나도 없었다.

투자자들은 우리가 투자 설명회를 하며 그런 얘기를 하면 움찔하곤 했다. 그렇다, 그들은 모두 세뇌되어 있었던 것이다. 그들의 배우자들 역시 그랬다.

우리는 그것과 다른 접근 방식을 취하고 싶었다. 그래서 누군가의 집에 모든 기능을 다 갖춘 완전한 형태의 플랫폼을 장착하는 대신 정말 뛰어난 단 하나의 제품으로 시작하기로 했다. 사람들의 집 벽에 10년 넘게 붙여놔도 좋을 멋진 온도 조절기로 말이다. 일단 우리 온도 조절기에 반하게 되면, 그것과 함께 작동될 다른 제품들도 구입할 테니까. 그러고 나면 고객들은 홈 서비스 기기들을 하나하나 사들여 자신의 집과 가족에게 어울리는 독특한 시스템을 구축하게 될 터였다.

결국 온도 조절기가 우리의 전초 기지가 되는 것이었다.

그러자면 먼저 온도 조절기를 만들어야 했다.

그걸 멋지게 만드는 일은 어려울 것 같지 않았다. 멋진 하드웨어, 직관적인 인터페이스. 그런 건 얼마든지 만들 수 있었다. 거기에 필요한 기술은 이미 애플에서 연마했으니까. 그런데 온도 조절기를 성공적이며 의미있는 제품으로 만들기 위해선 두 가지 큰 문제를 해결해야 했다. 바로 에너지를 절약해줄 수 있어야 한다는 것과 그걸 팔 수 있어야 한다는 것.

북미와 유럽에서 온도 조절기는 한 가정의 전기요금 절반을, 그러니까 연간 2,500달러 정도를 좌지우지한다. 그 비용을 낮추기 위한 온도 조절기 제조업체, 에너지 기업, 정부 단체의 과거 시도들은 다양한 이유로 전부 비참한 실패로 끝났다. 우리는 그 일을 제대로 해내야 했다. 또 고객들 입장에서 사용하기가 아주 쉬워야 했다.

그런 다음 그걸 돈을 받고 팔 수 있어야 했다. 그 당시에는 거의 모든

그림 4.0.1	1세대 네스트 학습형 온도 조절기는 2011년에 출시됐다. 가격은 249달러였다. 원 형태의 독특한 2.75인치짜리 스크린이 있었고, 크기는 3.2×3.2×1.6인치였다. 자체 모바일 앱과 함께 나왔으며, 인공지능이 내장되어 있어 고객의 일정을 학습할 수 있었다. 고객이 집을 비울 때 자동으로 꺼질 수도 있었다.

온도 조절기를 전문적인 공조 기술자들이 판매하고 설치했다. 우리는 그 기존 업체들의 아성을 뚫고 들어가지 못할 게 분명했다. 먼저 사람들의 마음을, 그런 다음 그들의 집을 파고들 방법을 찾아야 했다. 우리의 온도 조절기를 설치하기 아주 쉽게 만들어 그야말로 누구나 직접 설치할 수 있게 해야 했다.

그리하여 우리는 작업에 착수했다.

제품은 우리가 원했던 것보다 통통했다. 스크린은 내가 상상했던 것과 조금 달랐다. 사실 1세대 아이팟과 흡사했다. 그러나 작동은 잘되어서 고객의 휴대폰과 문제없이 연결됐다. 직접 설치하는 것도 가능했다. 고객이 어떤 온도를 좋아하는지도 학습했다. 집에 아무도 없을 때는 알아서 꺼졌다. 에너지도 절약해주었다.

무엇보다 사람들이 아주 좋아했다.

출시 전엔 사람들이 이렇게까지 관심을 가져줄지 알지 못했다. 그래서 돈을 낭비하고 싶지 않아 창고 안에 재고를 잔뜩 쌓아두지도 않았다. 믿기지 않게도 첫날 제품이 다 매진됐고, 2년 넘게 매진 행렬이 계속됐다.

우리는 재빨리 2세대 온도 조절기 개발에 돌입했고, 1세대 개발 단계에서 제대로 바로잡지 못했던 문제들을 모조리 바로잡았다. 그런 다음 또 다른 제품 개발에 집중했다. 모든 가정에 존재하면서 온도 조절기보다 훨씬 더 울화통 터지게 만드는 기기는 무엇일까?

그 답은 쉬웠다. 바로 화재감지기였다. 수시로 잘못된 경보를 울려 요리할 때도 울리고 새벽 두 시에도 울렸다. 어떤 멍청한 감지기가 배터리가 다 됐는지 확인해야 하는데, 찾아도 일반인은 손대기도 힘든 짜증 나는 화재감지기.

연기 및 일산화탄소 분야에서 혁신을 일으킨다는 게 얼마나 힘든 일인지 알았더라면, 우리는 아마 시작조차 하지 않았을 것이다. 우리가 알았던 건 단 하나, 화재감지기는 모든 곳에, 모든 집의 모든 방에 있다는 것뿐이었다. 그리고 그 물건들은 하나같이 끔찍했다. 정말이지 엄청나게 끔찍했다. 법적으로 모든 집에 설치해야 하는 까닭에 화재감지기 제조업체들은 그걸 더 좋게 만들 이유가 없었다. 끔찍하든 어떻든, 어디에나 설치되어야 했으니까.

화재감지기는 워낙 끔찍해 사람들은 그 요란한 소리를 잠재우기 위해 그야말로 목숨을 거는 위험까지 감수하곤 했다. 잘못된 경보가 하도 자주 울려대서 벽에 붙은 화재감지기에서 배터리를 빼내거나 아예 감지기 자체를 떼어내버리기도 했고, 한밤중에 느닷없이 울려대는 지긋지긋한

그림
4.0.2
소매가 119달러였던 네스트 화재 감지기는 크기가 5.28×5.28인치였고, 연기와 일산화탄소 감지 기능이 있었다. 잘못된 경보는 앱으로 끌 수 있었으며 위험한 일이 발생했을 때 고객의 휴대폰으로 경고 신호가 들어오게 되어 있었다.

경보 소리를 멈추기 위해 천장에 매달린 감지기를 골프채로 부숴버리기도 한 것이다.

그렇게 해서 2013년, 네스트 연기/일산화탄소 감지기가 태어났다.

나는 아이팟과 아이폰처럼 성공한 '제품'들을 만들어본 적은 있었지만, 네스트는 내가 처음으로 규모가 크고 성공한 '기업'을 만들어보려 한 경우였다. 단세포 같은 한 가지 아이디어를 가지고 모든 걸 처음부터 시작해 그 세포가 분열해 점차 완전한 형태의 아기로 커가는 걸 지켜본 첫 번째 경우였던 것이다. 우리의 아기. 우리의 회사.

만일 당신이 직접 회사를 차리거나 큰 기업에서 새로운 제품이나 프로젝트를 시작하려 한다면, 아니면 이미 시작해 기쁨과 두려움과 놀라움

속에 그 회사나 제품이나 프로젝트가 하나의 생명체처럼 커가는 걸 지켜보고 있다면, 이제 내가 그간 배운 것들을 알려주고자 한다. 아이디어를 선택하고 회사를 만들고 투자자들을 찾아내고 스트레스로 거의 쓰러지기 직전까지 가는 그 과정을 말이다.

자, 이제 성장의 매 단계에 대해 그리고 당신의 아기가 더 이상 아기가 아닐 때 어떻게 해야 하는지에 대해, 내가 지금까지 알아낸 것들에 대해 살펴보도록 하자.

제1장

비타민이 아닌 진통제 같은
아이디어를 찾아라

모든 위대한 아이디어는 다음과 같은 세 가지 특징을 갖고 있다.

1. '왜?'를 해결해준다. 어떤 제품이 쓸모 있는지 알아내기 전에 먼저 사람들이 그걸 왜 원하는지를 이해해야 한다. '왜?'가 '무엇'을 견인하기 때문이다(제3.2장 '왜 스토리텔링인가?' 참조).

2. 사람들이 일상생활에서 겪고 있는 어떤 문제를 해결해준다.

3. 늘 당신을 따라다닌다. 심지어 어떤 아이디어에 대해 조사를 하고 배우고 시험 삼아 해보고 그걸 제대로 실현시키기가 얼마나 힘든지를 깨달은 후에도, 그 아이디어에 대한 생각을 멈출 수가 없다.

어떤 아이디어를 실행에 옮기고 그 일에 전념하기에 앞서, 새로운 회사를 차리거나 새로운 제품을 개발하기에 앞서, 먼저 그 아이디어에 대해 조사하고 직접 시험 삼아 해보는 단계를 거쳐야 한다. "실행은 직감을 지연시킨다."Practice delayed intuition 노벨상을 수상한 뛰어난 경제학자이자 심리학자 대니얼인 카너먼Daniel Kahneman이 한 말로, 더 나은 결정을 내리기 위해선 생각의 속도를 늦춰야 할 필요가 있다는 단순한 개념을 설명하기 위해 쓴 표현이다.

어떤 아이디어가 놀라워 보일수록, 당신에게 직관적으로 더 와닿아 다른 모든 게 눈에 들어오지 않을수록 더 오래 기다리고 직접 테스트해보는 등 실행하기 전에 최대한 많은 정보를 수집해야 한다. 만일 어떤 아이디어가 여러 해 동안 머리에서 떠나지 않는다면, 적어도 몇 개월은 조사를 하고 세세한(그리고 충분한) 사업 및 제품 개발 계획들을 짜봐야 한다. 그러고 나서도 그 아이디어가 여전히 당신을 흥분시키는지 봐야 한다. 그 아이디어가 당신을 계속 따라다니는지를 보라.

모든 결정이 이런 식으로 힘들게 내려지지는 않는다는 사실을 잊지 말라. 특히 이미 존재하는 무언가를 되풀이하는 경우, 일상적인 결정들은 거의 다 빨리 내릴 수 있으며 또 그래야 한다. 그럼에도 여전히 시간을 내 여러 옵션들을 고려하고 다음 단계들까지 다 생각해봐야 하지만 모든 아이디어가 한 달 내내 당신을 쫓아다니지는 않는다.

· · ·

가장 뛰어난 아이디어는 비타민이 아니라 진통제다.

비타민은 건강에 좋긴 하지만 꼭 복용해야 하는 건 아니다. 아침 비타민은 하루 동안, 한 달 동안 아니 평생 건너뛰고도 그 차이를 전혀 느끼지 못할 수도 있다.

반면 진통제는 한 번만 복용하는 걸 잊어도 바로 그 결과가 나타난다. 진통제는 끊임없이 당신을 괴롭히는 고통을 없애준다. 수시로 당신을 짜증 나게 만들지만 없앨 수 없는 것. 그리고 가장 큰 고통은 당신이 살면서 직접 겪게 되는 고통이다. 그런 이유로 일상생활에서 뭔가에 너무 큰 좌절감을 느껴 그 문제를 파고들며 해결책을 찾아내려 애쓰는 사람들이 보통 스타트업을 차린다.

물론 모든 제품 아이디어가 자신의 삶에서 나와야 하는 건 아니지만, '왜?'는 언제나 설명하기 쉽고 명료해야 한다. 사람들이 왜 그 제품을 필요로 할지를 쉽고 분명하며 설득력 있게 설명할 수 있어야 한다. 그것만이 그 제품에 어떤 기능들이 들어가야 할지, 그 제품을 만드는 타이밍은 적절한지, 그 제품을 팔 시장이 작을지 방대할지를 알 수 있는 길이다.

일단 정말 확실한 '왜?'를 알았다면, 당신은 이제 위대한 아이디어라는 이름의 싹을 가진 셈이다. 그러나 싹만으로 기업을 만들 수는 없다. 먼저 그 아이디어가 기업을 끌고 갈 만큼 위대한 아이디어인지를 알아내야 한다. 또한 사업 및 실행 계획도 짜봐야 한다. 그게 당신이 앞으로 5년에서 10년간 하고 싶은 일인지도 알아봐야 한다.

그걸 알 수 있는 유일한 방법은 그 아이디어가 계속 당신을 따라다니는지를 보는 것이다. 아이디어가 당신을 따라다니는 과정은 늘 다음과 같다.

- 먼저 그게 얼마나 위대한 아이디어인지를 생각하면 넋이 나갈 정도다. 그러면서 '대체 어떻게 아무도 이 생각을 못했을까?' 싶다.
- 그런 다음 그 아이디어를 들여다보기 시작한다. 그런데 오, 이런! 사람들도 이미 같은 생각을 했었다. 그리고 직접 시도도 해봤지만

실패했다. 아니면 아직 그 누구도 시도해보지 않은 아이디어를 생각해냈을 수도 있다. 그 이유는 달리 돌아갈 길도 없는 말도 안 될 만큼 난감한 장애물이 있기 때문이다. 당신은 이 일이 얼마나 힘든 도전인지 이해하기 시작한다. 당신이 모르는 게 너무 많다. 그래서 그 아이디어를 옆으로 제쳐둔다.

- 그러나 그 아이디어를 머릿속에서 지울 수가 없어서 여기저기 조사를 해본다. 스케치를 해보고 코딩 작업도 해보고 정성껏 작은 시제품도 만들어보기 시작한다. 냅킨 같은 데 메모도 많이 하고 그림도 많이 그린다. 또한 당신의 노트에는 각종 기능 아이디어, 판매 아이디어, 마케팅 아이디어, 비즈니스 모델 아이디어 등이 잔뜩 적혀 있다. 그러면서 앞서 이 아이디어를 직접 실행하다가 실패한 사람들은 아마 잘못된 접근 방식을 취했을 거라고 생각한다. 또한 다른 사람들을 포기하게 만든 장애물이 이제는 새로운 기술로 제거될 수 있을지 모르며 바로 지금이 그 아이디어를 실현할 때인지도 모른다고 생각한다.

- 이제 당신의 아이디어는 점점 현실적인 아이디어로 변했다. 그래서 이제 제대로 들여다보면서 정보에 근거한 결정을 내려야겠다고 마음먹는다. 그 아이디어를 계속 파고들지 아니면 그만두어야 할지도.

- 어느 날 당신은 넘기 불가능해 보이던 장애물을 피해 돌아갈 길이 생겼다는 걸 깨닫는다. 온몸에 전율을 느낀다. 하지만 다시 거대한 장애물과 맞닥뜨린다. 이럴 수가! 아이디어가 전혀 먹히질 않는다. 당신은 포기하지 않고 계속 파고들며 이런저런 노력을 해보고 전문가와 친구들에게 조언도 듣는다. 그리고 다시 돌아가는 길이 있을지도 모른다는 사실을 깨닫는다.

- 이제 사람들이 당신의 프로젝트에 대해 묻기 시작한다. 언제 시작할 생각입니까? 나도 합류할 수 있나요? 엔젤 투자angel investment(개인이 돈을 모아 창업에 필요한 자금을 대주고 주식으로 그 대가를 받는 투자—옮긴이)도 받나요? 장애물은 기회로 바뀌고, 문제는 새로운 해결책을 찾는 원동력이 되어주며, 해결책은 당신에게 관심을 더 집중시킨다.

- 아직 알 수 없는 것들이 쌔고 쌨지만, 당신은 이제 많은 지식을 쌓았다. 이제 공간이 이해된다. 사업이 어떻게 될지가 보인다. 그간 해온 모든 조사와 극복해온 모든 장애물들 덕에 일에 탄력이 붙기 시작한다. 이제 모든 퍼즐 조각이 맞춰지는 기분이 든다. 직감적으로 이게 올바른 결정이라는 느낌이 든다. 그래서 이를 악물고 전력투구한다.

나의 경우 이 모든 과정을 밟는 데 10년의 세월이 걸렸다. 온도 조절기 아이디어가 그렇게 오랫동안 나를 쫓아다닌 것이다. 사실 이건 아주 극단적인 경우다. 어떤 사업이나 새로운 제품에 대한 아이디어가 있을 때 보통은 그 아이디어가 실행 가치가 있는지 판단하기 위해 10년씩이나 기다리는 일은 없다.

그러나 한 달이나 두 달 또는 여섯 달 정도는 열심히 조사를 하고 발품도 팔고 대략적인 시제품들도 만들어보고 나름대로의 '왜?' 스토리도 만들어봐야 한다. 한두 달 또는 여섯 달이 지나서도 아이디어에 대한 관심이 식지 않고 그 생각을 멈출 수 없다면 조금은 더 진지해져도 좋다. 적어도 몇 달, 가능하면 여섯 달까지 시간을 더 가지면서 그 아이디어를 모든 각도에서 보고 믿을 만한 사람들에게 상담도 해보고 사업 계획도 짜보고 프레젠테이션도 해보는 등 할 수 있는 모든 준비를 해보라. 막상 회사를 설립했다가 멋져 보이던 당신의 아이디어가 실은 아주 작은 압력에도 금이 가는 도자기처럼 빈약했다는 사실을 발견하고 싶지는 않을 것 아닌가.

실리콘밸리의 스타트업들은 대부분 '실패하려면 빨리'fail fast 마인드를 갖고 있다. '실패하려면 빨리'는 주의 깊게 계획한 후 만들기보다는 일단 만들고 나중에 문제 해결책을 찾는 요즘 트렌드를 보여주는 말이다. 즉, 성공을 '찾아낼' 때까지 반복하라는 것이다. 이는 현실에서 보통 두 가지 방식으로 나타난다. 한 가지 방식은 빨리 어떤 제품에 실패한 뒤 훨씬 더 빨리 사람들이 원하는 뭔가를 다시 만들어내는 것이다. 또 다른 방식은 직장을 그만두고 나와 쉬면서 직접 스타트업을 만들 아이디어들을 짜다가, 결국 성공 가능성이 높다고 생각되는 사업을 찾아내는 것이다. 전자의 방식은 때때로 성공하지만 후자의 방식은 대부분 실패한다.

위대한 아이디어를 찾아내는 건 벽을 향해 다트를 던지는 일과 다르다. 뭔가 가치 있는 일을 하는 데는 시간이 걸린다. 이해할 시간, 준비할 시간, 제대로 해낼 시간이 필요하다. 많은 일을 빨리 할 수도 있고 많은 것을 아낄 수도 있지만, 시간을 속일 수는 없다.

그렇기는 해도 10년은 좀 많긴 하다. 사실 나는 오랫동안 온도 조절기에 대해 생각해왔지만 그걸 직접 만들 생각은 전혀 없었다. 그때는 애플에서 대규모 팀을 이끌고 1세대 아이폰을 만들고 있었으니까. 나는 산더미 같은 일 속에서 부딪히고 배우고 성장하고 있었다. 마침내 결혼했고 아이도 가졌다. 정말 바빴다.

그러다 다시 또 너무 추웠다. 뼛속까지 시릴 만큼 추웠다.

매주 금요일 밤 퇴근 후 차를 몰고 레이크 타호에 있는 스키 캐빈을 찾아갈 때마다, 우리는 그다음 날까지 스노우 재킷을 입고 있어야 했다. 그 스키 캐빈은 밤새 히터가 돌아갔다. 에너지 및 돈 낭비를 막기 위해 이용하지 않을 땐 방이 얼지 않을 정도로만 난방을 해두었기 때문이다.

그 때문에 나는 고통스러웠다. 냉골 같은 집 안으로 걸어 들어갈 때면 정말이지 미칠 것 같았다. 우리가 거기 도착하기 몇 시간 전에 집을 따뜻하게 할 방법이 없다는 게 도무지 이해가 안 갔다. 그래서 나는 보안 및 컴퓨터 기기를 아날로그식 전화기에 연결해 온도 조절기를 원격 조정할 수 있게 만들고자 많은 시간과 수천 달러를 썼다. 휴가의 절반은 방바닥에 배선 및 전자 장비들을 산더미처럼 쌓아놓고 보낸 것 같다. 아내의 눈이 휘둥그레졌다. "당신 지금 휴가 온 거예요!" 그런데도 아무 소용없었다. 스키 캐빈에 도착한 첫날 밤은 늘 똑같았다. 우리는 몸을 잔뜩 웅크린 채 얼음덩어리 같은 침대에 누워 우리의 숨결이 안개처럼 변하는 걸 지켜봐야 했고, 다음 날 아침이 되어서야 마침내 재킷을 벗고 돌아다닐 수 있었다.

그러다 월요일이 되면 다시 애플로 돌아가 1세대 아이폰 개발 작업에 몰두했다.

결국 나는 직접 완벽한 온도 조절기용 리모컨을 만들어야겠다고 생각했다. 공조 시스템을 내 아이폰에 연결시킬 수만 있다면 어디서든 온도 조절기를 제어할 수 있을 텐데! 그러나 그때만 해도 아직 그걸 가능하게 해줄 기술과 신뢰할 만한 저비용 통신도, 값싼 스크린도, 프로세서들도 존재하지 않았다. 그래서 나는 그 아이디어를 옆으로 제쳐놓고 그냥 하던 일에나 집중하려 했다. 추위 따위는 생각하지 않고.

1년 후 우리는 타호 레이크에 에너지 효율이 아주 좋은 집을 새로 짓기로 마음먹었다. 낮에는 아이폰 개발 작업에 매달리고, 집에 오면 새로

지을 집의 세세한 면들을 설계하고 각종 마감재와 건축 자재 그리고 태양 전지판들을 골랐으며, 마지막으로 공조 시스템 문제를 해결하려 애썼다. 그러다 보면 다시 또 온도 조절기 생각이 머릿속에서 떠나질 않았다. 최신식 온도 조절기들은 죄다 보기 흉한 베이지색 박스로, 기이할 정도로 혼란스런 사용자 인터페이스를 갖고 있었다. 제조업체들은 자신들의 온도 조절기에 터치스크린이 있고 시계와 달력 기능이 있다고 떠들어댔으며, 디지털 사진들을 자랑스레 내보였다. 그 어떤 온도 조절기도 원격 제어가 되지 않았다. 게다가 가격도 400달러쯤 했다. 참고로 그 당시엔 아이폰이 499달러에 팔리고 있었다. 대체 어떻게 이토록 볼품없고 형편없는 온도 조절기가 애플의 최첨단 기술 제품과 가격이 거의 맞먹는단 말인가?

타호 집 공사에 참여한 건축가와 엔지니어들은 내가 이 말도 안 되는 온도 조절기에 대해 불평불만을 늘어놓는 걸 귀에 못이 박히게 들어야 했다. 나는 그들에게 이렇게 말했다. "언젠가 내가 이걸 뜯어고칠 겁니다. 농담 아니에요!" 다들 대체 뭔 소리야 하는 표정을 지었다. 저 친구 또 투덜대기 시작하는군!

처음엔 그게 다 하도 어이가 없어 그냥 해본 말들이었다. 그러다 모든 게 변하기 시작했다. 아이폰이 대성공을 거두면서 예전 같으면 만져볼 수도 없었던 정교한 부품들의 가격이 떨어졌다. 또한 갑자기 고품질의 커넥터와 스크린과 프로세서들이 값싸게 대량 생산되기 시작했고, 또한 다른 첨단 제품들에도 쓰일 수 있게 되었다.

게다가 내 삶 역시 변하고 있었다. 나는 애플을 그만둔 뒤 가족과 함께 세계 곳곳을 여행하기 시작했다. 그 어떤 호텔 방, 어떤 집, 어떤 국가, 어떤 대륙에서도 온도 조절기는 다 형편없었다. 어디를 가나 너무 덥거나 너무 추웠고, 대체 어떻게 사용해야 하는지도 잘 알 수도 없었다. 전 세계가 같은 문제를 안고 있었다. 어느 집에든 다 있지만 사랑받지도 못하고 잊힌 물건. 온도 조절기는 사람들의 돈을 엄청나게 낭비시키고 있었고, 또 엄청난 양의 에너지를 낭비해 지구 온난화를 부채질하고 있었다.

그 이후 온도 조절기 아이디어는 더 끈질기게 나를 쫓아다녔다. 나는 휴대폰과 연동되어 작동하는 온도 조절기에 대한 생각을 떨쳐버릴 수가 없었다. 제대로 된 '스마트' 온도 조절기, 내 문제를 해결해주고 에너지를 절약해줄 온도 조절기, 내가 그때까지 개발한 모든 기술을 십분 활용할 수 있게 해줄 온도 조절기를 말이다.

나는 그 아이디어가 계속 나를 따라다니게 내버려뒀다. 그리고 실리콘밸리로 돌아가 일을 시작했다. 나는 기술에 대해 조사했고, 그런 다음 기회, 사업, 경쟁, 사람들, 금융, 역사에 대해서도 조사했다. 내 삶과 가정의 평화를 깨고 크나큰 모험 속에 뛰어들어 5년에서 10년간 전혀 아는 것 없는 분야에서 전혀 만들어본 적 없는 뭔가를 만드는 데 전념하려면, 이것저것 많은 걸 배울 시간을 가져야 했다. 많은 디자인을 스케치해봐야 했다. 제품 기능들을 계획해보고 판매와 비즈니스 모델에 대해서도 생각해봐야 했다.

그 무렵 나는 나 자신은 물론 내가 진정 존경하는 사람들을 상대로도 작은 게임을 벌였다. 그들은 내게 물었다. "대체 요즘 뭣 때문에 그렇게 바빠요? 뭐에 관심이 있어요?" 그러면 그들에게 아이디어가 있다고, 어쩌면 위대한 아이디어가 있다고 말해줬다. 그러고선 좀 더 자세한 얘기를 해주면서 그들의 반응과 생각과 질문들을 살펴봤다. 또한 스티브 잡스가 그랬던 것처럼 설득력 있는 제품 스토리를 만들어내려 했다. 그러다 몇 주에 걸친 조사 끝에 어느 정도 전략이 짜여지자, 아직은 아이디어 단계라는 말 대신 제품을 만드는 중이라는 말을 하기 시작했다. 물론 그 때까지는 사실이 아니었지만 말이다. 그러나 나는 실제인 것처럼 느끼고 싶었다. 그들이 (그리고 내가) 세세한 데까지 파고들길 바랐다. 그들을 설득하고 싶었고, 그들이 이의를 제기해주길 바랐고, 그들에게 제품 스토리를 들려주고 싶었다. 그 모든 게 잘 통하나 알아보고 싶었다.

시제품과 양방향 모델을 만들고 소프트웨어를 만들고 사용자 및 전문가들과 얘기를 나누고 친구들과 함께 직접 테스트해보는 데 9개월에서 12개월 정도가 걸렸다. 그런 다음에야 맷 로저스와 나는 본격적으로 뛰어들기로, 또 투자자들을 끌어들이기로 마음먹었다.

우리에겐 우리의 성공을 입증해줄 완벽한 데이터도 없었다. 아무리 많은 조사도, '지연시킨 직감'delayed intuition도 성공을 보장하진 못한다. 우리는 회사 창업에 따른 위험의 40~50퍼센트를 알고 있었으며, 그 위험을 완화시키기 위한 아이디어도 갖고 있었다. 그러나 우리 앞에는 여전히 거대한 미지의 세계가 펼쳐져 있을 뿐이었다. 온갖 노력과 준비를 다했지만 결국 우리의 결정은 '의견 중심의 결정'이었으니까 말이다(제2.2장 '옳은 결정은 없다. 적절한 결정이 있을 뿐' 참조). 우리는 직감을 믿고 밀어붙였다. 아주 두려웠지만 그래도 그게 옳은 결정이라고 느꼈다.

흥미로운 사실은 아무리 그렇게 조사를 하고 테스트를 해도 두려움이 줄어들진 않는다는 것이다. 오히려 그걸 제대로 이해하면 할수록 두려움이 더 커진다. 잘못될 수 있는 모든 경우의 수를 생각하면서 당신의 아이디어와 당신의 사업과 당신의 시간을 죽일 수도 있는 온갖 사실들을 깨닫게 되기 때문이다.

그러나 당신을 죽일 수도 있는 것들을 앎으로써 당신은 더 강해진다. 게다가 또 이미 그 치명적인 총알들을 몇 차례 피해왔다는 사실을 깨달으면서 훨씬 더 강해진다.

이런 이유로 우리는 투자 설명회를 열 때 단순히 우리의 비전만 제시하고 끝내지 않았다. '왜?'도 제시했고 우리의 제품 스토리도 들려줬으며, 그런 다음 위험한 점들도 설명했다. 너무도 많은 스타트업이 자신들이 어떤 위험 속으로 걸어 들어가고 있는지 알지 못하거나, 심지어 실패의 위험을 감추려고까지 한다. 어쩌다 투자자들이 당신의 계획에서 당신이 완전히 놓쳤거나 무시했거나 아니면 의도적으로 눈감아버린 허점들을 찾아내게 되면 그들은 투자에 대해 확신하지 못한다. 그래서 우리는 우리가 안고 있는 위험들을 일일이 다 설명했다. 인공지능을 구축하는 일의 어려움, 다른(그리고 오래된) 공조 시스템 수백 종과의 호환성 문제, 고객의 자가설치 문제, 소매 채널 확보 문제 그리고 실은 이게 가장 큰 위험이었는데 과연 온도 조절기에 신경 쓰는 사람이 있을까 하는 문제 등. 세상 사람들이 과연 스마트 온도 조절기를 원할까? 회사를 무너뜨릴 수 있는 문제들과 그 문제들을 해결할 조치들이 번갈아가며 이어졌다. 우리가 그렇게 잠재적인 문제들을 일일이 열거하고 그 해결책을 제시하면서 솔직한 이야기를 하자, 투자자들은 오히려 확신을 갖게 되었다. 저들은 지금 자기들이 뭘 하고 있는지 아주 잘 알고 있다고. 그리고 모든 걸 잘해낼 거라고.

결국 각 위험은 팀을 결집시키는 계기가 되어주었고, 그렇게 우리는 위험을 피하지 않고 받아들였다. 우리는 속으로 계속 되뇌었다. "만약 이게 쉬운 일이라면 지금 다른 사람들도 다 하고 있을 것이다!" 우리는 혁신을 일으키는 중이었다. 우리의 차별점은 그 위험들을 극복해나갈 능력이 있다는 것이었다. 다른 사람들은 다 불가능하다고 생각한 뭔가를 우리는 해나갈 생각이었으니까.

이것이 궁극적으로 회사를 창업한 이유였다.

물론 그렇다고 해서 살아가면서 이런저런 소소한 결정들을 내릴 때 늘 끝없이 기다리고 조사해야 한다는 말은 아니다. 모든 걸 처음부터 시작하는 게 아니라면, 뭔가를 반복해서 다시 하는 거라면, 모든 일이 빨리 빨리 진행될 테다.

나의 경우 첫 온도 조절기를 만들 결심을 하기까지 10년이 걸렸다. 버전 2 온도 조절기를 만들 결심을 하는 데는 아마 일주일밖에 안 걸렸을 것이다. 사실 첫 번째 버전 제작을 끝내기도 전에 이미 우리는 두 번째 버전은 어떡해야 하는지 알고 있었다. 우리는 이미 시장 잠재력과 우리의 기술을 입증했고 이제 그 모든 걸 개선하기만 하면 됐다. 이미 가장 힘든 단계는 지난 것이다. 그렇게 우리의 2세대 온도 조절기가 탄생했다 (제3.4장 '첫 모험의 우선순위와 두 번째 모험의 우선순위' 참조).

당신이 만일 최적화 중이라면, 당신에겐 이미 당신을 이끌어줄 각종 데이터와 제약 그리고 경험이 있다. 버전 1에 도달하는 데 어떤 것들이 필요했는지 이미 잘 알고 있고, 따라서 버전 2에 도달하는 건 그리 힘든 일이 아니다. 미스터리도 아니다. 버전 2는 결코 버전 1만큼 두렵지 않다. 반면 버전 1은 언제나 너무도 두렵다. 원래 그런 것이다. 대단히 위대하고 새로운 아이디어는 그걸 갖고 있는 모든 사람을 불안에 떨게 만든다. 바로 그 점이 그 아이디어가 위대하다는 증거이기도 하다.

당신이 이 책을 읽고 있다는 얘기는 아마 그만큼 매사에 호기심도 많고 관심도 많다는 뜻일 것이다. 그래서 살아가면서 정말 멋진 아이디어들을 아주 많이 만날지 모른다. 멋진 아이디어는 어디에나 있다. 그 아이디어들이 정말 멋지고 위대한지를 아는 방법은, 혁신을 일으키고 의미 있고 중요하며 시간을 쏟을 가치가 있는지를 아는 방법은 단 하나, 그 아이디어들을 충분히 조사해 거대한 빙하처럼 수면 아래에 숨어 있는 문제들을 알아내는 것이다. 아이디어 뒤에 숨겨진 거대한 잠재적 위험들, 거대한 단점들을 말이다. 아마 그 시점에서 그 아이디어를 한쪽으로 치워놓을지 모른다. 다른 기회들, 다른 일들, 다른 여정들로 옮겨갈지 모른다. 그러나 결국 아무리 그래봐야 그 아이디어에 대한 생각을 멈출 수 없다는 걸 깨닫는다. 그러면 당신은 비로소 그 아이디어로부터 도망치기를 멈추고, 각종 위험들에 하나하나 맞서기 시작하며, 마침내 그 아이디어를 실행에 옮겨도 괜찮겠다는 확신을 갖는다.

그런 일이 일어나지 않는다면, 그건 위대한 아이디어가 아니다. 주의만 산만하게 만든 아이디어일 뿐이다. 그러니 당신을 놔주지 않는 아이디어를 만날 때까지 계속 나아가라.●

● 당신이 만일 아직도 어떤 아이디어를 계속 추구할지 말지를 결정하지 못해 전전긍긍하고 있다면, 팟캐스트 '다음 10억 달러를 위한 진화'Evolving for the Next Billion를 찾아보라. 거기에 내가 이 주제에 대해 좀 더 자세히 다룬 방송이 있다.

제2장

해보기 전에는 알 수 없는 것들

이 세상에는 뭔가 아이디어가 있어 창업을 하고 싶어 하는 사람들이 많다. 그들은 종종 내게 자신들이 창업할 준비가 됐는지 묻곤 한다. 내가 과연 성공적인 스타트업을 시작하는 데 필요한 것들을 갖췄을까? 아니면 그냥 큰 회사 안에서 내 프로젝트를 시작해야 할까?

그 답은 미안하지만 '직접 시도해보기 전까지는 절대 알 수 없다'이다. 그러나 어떻게 그런 준비를 할지에 대한 약간의 팁은 줄 수 있다.

1. 스타트업에서 일을 해보라.
2. 큰 회사에서 일을 해보라.
3. 당신이 그 모든 걸 헤쳐 나가는 데 도움을 줄 멘토를 찾아라.

4. 당신을 보완해주고 부담도 덜어줄 공동 설립자를 찾아라.

5. 사람들을 설득해 당신의 팀에 합류시켜라. 창업 멤버들은 뛰어난 사람들을 더 많이 끌어들일 수 있는 뛰어난 사람들이어야 한다.

...

어쩌면 '전형적인 기업가'의 모습으로 다음과 같은 이미지를 떠올릴 지도 모르겠다. 그는 스무 살 난 청년으로 자기 엄마 집 지하실에서 운 좋게도 기막히게 혁신적인 아이디어를 생각해낸 뒤 그 아이디어가 하룻밤 새에 번창하는 기업으로 발전하는 걸 지켜본다. 또한 자신의 천재적 재능을 활용해 어딘가 부족하지만 효과적인 리더십을 발휘하면서 수백만 달러를 벌어들인다. 그런 다음 진정한 우정의 가치를 배우기도 전에 고급 승용차를 구입한다.

그러나 그건 현실이 아니다.

물론 세상 일에는 늘 예외가 있는 법이어서, 믿을 수 없을 만큼 젊은 나이에 엄청난 성공을 거두는 사람도 있긴 하다. 그렇지만 성공한 기업가들은 대부분 30대 후반에서 40대 정도다. 투자자들이 처음엔 실패했더라도 두 번째 사업에 도전하는 기업가를 선호하는 데는 그만한 이유가 있다. 그런 기업가들은 20대 때의 실패를 통해 이미 많은 걸 배웠기 때문이다. 대부분의 기업가가 나와 비슷한 길을 걷는다. 열심히 일하지만 실패하고 또 실패하며, 위험을 무릅쓰고 스타트업을 시작하지만 또 실패한다. 그러고는 대기업에 들어가 맞지 않는 일을 하다가 운이 좋아 뛰어난 팀에 들어가며, 너무 일찍 그만두거나 충분히 일찍 그만두질 못한다. 또 그러고는 핀볼처럼 되돌아가 끊임없이 뭔가를 향해 돌진한다.

그러면서 배운다. 혹독한 시련을 거친다. 알리 타마세브Ali Tamaseb의 책 《슈퍼 파운더》에 따르면, 10억 달러 가치를 지닌 스타트업을 세운 창업자들의 약 60퍼센트는 대성공을 거두기 전에 또 다른 스타트업을 세웠다가 막대한 손실을 입었다. 그들의 약 42퍼센트만이 그 이전에 1,000만 달러 정도의 매출을 올린 바 있었다. 결국 벤처 캐피털의 관점에서 보자면 대부분의 창업자들은 이미 '실패'를 맛본 적이 있는 셈이다.

그러나 그들은 기본적인 스타트업 모델을 거쳤기 때문에 출발부터가 다른 창업자들과 달랐다. 또한 그들은 운영상의 세세한 면들을 잘 이해하고 있었을 뿐 아니라 소규모의 스타트업이 성공했더라면 어떠했을지 하는 부분도 이해하고 있었다. 그게 전부다. 그게 성공에 이르는 마법의 열쇠다.

문제는 그 수준에 도달하는 데 몇 년의 세월이 걸린다는 것과 모든 사람은 좀 더 빠른 지름길을 원한다는 점이다.

그러나 스타트업을 세우기 위한 준비로 또 다른 스타트업에서 직접 일하는 방법보다 더 좋은 방법은 없다. 어서 가서 일자리를 잡아라. 스타트업을 찾든가 아니면 창업주가 자신의 사업에 대해 잘 이해하고 있는 작고 민첩한 회사를 찾아라. 당신에겐 '따라 해야 할 롤모델'이나 '피해야 할 롤모델'이 필요하다. 사무실에서 일어나 모든 게 어떻게 돌아가는지 보고 또 기업의 기본 요소들에 대한 감을 익혀라. 기업 조직도는 어떤 것 같은가? 판매는? 마케팅 부문은 어떻게 돌아가야 하겠는가? 인사와 재무 그리고 법무 부문은?

굳이 각 부문의 전문가가 될 필요는 없지만 각 부문에 대한 실무 지식은 어느 정도 갖춰야 한다. 그래야 어떤 사람을 채용해야 하는지, 그들의 자격 요건은 어떠해야 하는지, 그들을 어디서 찾아야 하는지, 그들이 언제 필요한지를 알 수 있기 때문이다. 예를 들어 처음에는 인사팀이 필요치 않다. 사람들을 채용만 하면 되니까. 재무 부문도 필요치 않지만 경리 부문은 꼭 필요하다. 법무 부문은 아웃소싱을 줘도 좋은데, 크리에이티브 부문은 어떨까? 운영 부문은 언제 필요할까? 고객지원 부문은 언제 필요하고? 고객지원은 또 어떤 종류가 필요할까? 예를 들어 소매 거래 분야의 고객지원은 전자상거래 분야의 고객지원과는 아주 다를 것이다.

작은 규모의 스타트업에서 일하면서 당신이 창업하려는 사업 분야에 대한 이해도를 높여라. 그런 다음 다른 일자리를 알아보라. 이번에는 대기업으로 가는 게 좋다. 그래야만 보다 규모가 큰 기업들이 직면하는 문제와 과제를 다룰 줄 알게 된다. 특히 제품 자체를 뛰어넘어 조직과 작업 과정, 관리 그리고 정치적인 문제 같은 것들 말이다. 서로 다른 유형의 기업들이 어떻게 운영되는지 많이 관찰할수록 당신의 사업을 시작할 때 부딪힐 수 있는 문제들이 적어진다.

당신에게 설사 세상을 변화시킬 기막힌 아이디어가 있다 해도, 당신의 사업을 시작하면 직접 '회사 운영'을 해야 한다. 뭔가 새로운 제품, 새로운 서비스를 만든다는 건 아주 힘든 일이다. 마케팅 에이전시를 고용하느냐의 문제나 어떤 종류의 변호사를 고용하느냐의 문제로 밤잠을 설치지 마라. 당신이 해결하려 애쓰고 있는 문제, 그것에만 집중하라. 사업을 운영하기 시작하면 실수할 시간조차, 기본기를 다지느라 세월을 보낼 여유조차 없어지기 때문이다.

돈은 금방 바닥난다. 확신을 갖고 빠른 속도로 나아가지 못한다면, 여러 결정들을 앞두고 사람들의 조언을 듣느라 일의 진행이 더뎌지게 될 것이다. 계속 의견, 의견 또 의견 속에 파묻히게 될 것이다. 그러면서 머릿속에선 끊임없이 "어떤 게 최선일까? 어떤 게 가장 최신식일까?" 하는 말들이 맴돌 것이다. 목표에 도달하는 길이 한두 가지가 아닌 상황에서, 당신은 어디로 가야 하는지 방향 감각을 잃게 될 것이다.

물론 그렇다고 해서 그 누구에게도 조언을 들어선 안 된다는 얘기는 아니다. 혼자 한다는 건 불가능한 일이니까.

당신에겐 멘토나 코치가 필요하다.

신뢰할 만한 창업 멤버들이 필요하다.

어쩌면 공동 설립자도 필요하다.

사업은 이루 말할 수 없이 큰 스트레스를 받는 일이며 정말 엄청나게 많은 희생을 요구한다. 그래서 당신의 스타트업에서 함께 일하며 균형을 맞춰줄 파트너가 필요하다. 새벽 두 시에도 당신이 전화를 걸 수 있는 사람(그 시간에도 깨어 있으리라는 걸 알기 때문에). 기분이 다운될 때 당신에게 전화를 해 도움을 요청할 수 있는 사람. 사업을 시작하는 건 외롭고 고통스럽고 신나면서도 진을 빼는 일이기에 스스로 무너지지 않으려면 그 무거운 짐을 나눠 지는 수밖에 없다.

그러나 조심하라. 공동 설립자가 있더라도 CEO는 한 사람이어야 한다. 공동 설립자 수를 늘리는 것도 화를 자초하는 일이니 가능한 한 피하도록 하라. 공동 설립자는 두 명이 좋다. 가끔은 셋도 괜찮지만 그보다 많으면서 잘 돌아가는 스타트업을 난 본 적이 없다.

내가 거래를 했던 한 스타트업은 공동 설립자가 넷이었다. 모든 결정은 합의에 의해 내려졌는데, 그 바람에 모든 결정이 하세월이었다. 그들은 창업을 해본 경험이 전혀 없었다. 사람을 채용하고 제품을 교체하는 문제는 물론 누구에게서 자금 지원을 받을지, 어떤 식으로 합의에 도달할지 하는 가장 기본적인 문제에서조차 끝없는 토론을 벌였다. 합의에 도달하지 못하면 그들은 서로 멋지고 합리적인 사람이 되려 애쓰면서 자중지란을 벌여 각자 내놓는 의견들의 가치마저 희석시켰다. 결국 그 회사는 경쟁에 뒤처지고 돈이 바닥나면서 이사회가 개입할 수밖에 없는 상황에 놓였고, 그 바람에 일부 설립자들이 쫓겨나고 팀 전체가 바뀌는 혼란을 겪어야 했다.

이처럼 부담을 나누는 것과 서로 다 리더가 되는 건 다르다. 당신이 만일 어떤 팀을 이끌려 한다면 리더가 될 준비가 되어 있어야 한다. 눈을 감고 생각해봤을 때, 정확히 어떤 사람들을 맨 처음 팀에 합류시킬지를 이미 알고 있어야 한다. 잠시도 망설이지 않고 다섯 명의 이름은 적어 내려갈 수 있어야 한다. 사업을 시작하기에 앞서 그런 사람들의 명단을 확보하지 못했다면, 아마도 아직은 시작할 때가 아닌 것이다.

그러나 그 '명단' 확보만으로는 충분치 않다. 실제로 그 사람들을 '합류'시켜야 한다. 적어도 그중 몇 사람이라도. 그리고 그들이 "예! 아주 좋아요! 함께 일하고 싶어요."라고 말했다고 해서 그들이 합류하리라 기대하지 마라. 어떤 사업을 처음부터 같이 한다는 건 그렇게 쉬운 일이 아니다. 만일 그들을 당신 팀에 정식으로 합류시키지 못한다면 모든 걸 다시 생각해봐야 할 수도 있다. 처음에는 인사팀도 없으니 세계 최정상급 팀원들을 찾아내고 채용하는 데 도움을 받을 수도 없다. 아마 처음엔 채용 담당자조차 없을 것이다. 처음 약 25명의 직원들을 채용하는 일은 순전히 당신과 공동 설립자의 역량에 달려 있다. 당신의 비전, 당신의 인맥 그리고 지금 하고 있는 일에 대해 사람들을 설득시킬 수 있는 능력 등이 필요하다. 멘토들과 이사회(그리고 가능하다면 초기 투자자들)의 도움을 받을 수도 있고 그들에게 당신을 측면 지원해달라고 요청할 수도 있지만, 성공에 대한 당신의 비전을 세상에 어필해야 하는 사람은 결국 당신이다.

처음 채용하는 사람들이 중요한 결정적인 이유는 그들의 도움을 받아 미래의 기업 및 기업 문화를 구축해나야 하기 때문이다. 당신의 팀이 곧 당신의 회사다. 창업 멤버들은 모두 자신의 분야에서 최고의 능력을 입증한 사람들이어야 하지만(실패한 스타트업에서 일한 적이 있다면 금상첨화다. 이번에는 무엇을 피해야 하는지 잘 알 테니까) 아울러 올바른 사고방식 또한 가지고 있어야 한다. 0에서 1로 올라가는 건 엄청난 도약으로, 그 누구에게든 많은 걸 요구한다. 특히 실패의 가능성을 감안하면 더 그렇다. 따라서 당신에겐 열정을 가지고 당신과 함께 도약할 개별 기여자들이 필요하다. 당신의 아이디어에 대해 당신만큼이나 관심이 많거나 젊고 야심만만하거나 아니면 이미 상당한 경제적 성공을 이뤄 한동안은 집세 걱정을 안 해도 되는 개별 기여자들 말이다.

직책과 급여 그리고 기타 특전 등이 사람들을 끌어들이는 주요 요인이 되어선 안 되지만 그렇다고 해서 인색하게 굴 필요는 없다. 적절한 유연성을 발휘해 채용하고자 하는 사람에게 알맞는 보상책을 마련하도록 하라. 어떤 사람들은 주식 지분보다는 현금을 원하겠지만 그건 늘 선택 사항이 되어야 한다. 대부분의 창업 멤버들에게는 주식 지분을 후하게 주는 게 좋다. 그들 역시 아이디어의 소유자들이며 따라서 회사 소유자이기도 해야 하기 때문이다. 또 그렇게 소유자가 되어야 상황이 어려울 때에도 계속 당신과 함께할 수 있다.

특히 창업 초창기에는 함께 일하는 사람들이 그 무엇보다 임무를 중시해야 한다. 열정과 열의 그리고 올바른 사고방식을 가진 사람들을 찾게 된다. '시드 크리스털'seed crystal(여러 개로 또는 크게 불어나는 작은 씨앗 또는 수정 결정 등—옮긴이) 같은 사람들을 말이다. 시드 크리스털 같은 사람이란 워낙 사람이 좋고 많은 사랑을 받아 혼자서도 조직의 상당 부분을 구축해줄 수 있는 사람을 뜻한다. 그들은 대개 경험이 많은 리더로서, 규모가 큰 팀을 관리해본 적이 있거나 모든 사람이 귀 기울일 정도로 현명하다. 일단 그런 사람이 팀에 합류하면 대개 그 뒤를 이어 다른 뛰어난 사람들이 몰려오기 마련이다.

네스트에서 우리가 바로 그런 식으로 핵심 팀을 구축했었다. 그야말로 최고 중에 최고를 찾아냈고, 그들이 각자의 능력을 발휘해 더 많은 인재들을 끌어들였다.

창업 초창기에 투지 넘치고 활기차며 현명한 내 멘토 빌 캠벨Bill Campbell과 함께 사무실을 둘러보던 일이 기억난다. 그때 우리 두 사람은 나란히 서서 사무실을 둘러보며 흐뭇한 미소를 지었다. 나는 빌이 애플 이사회 이사로 재직 중일 때 처음 그를 만났다. 이후 네스트를 창업하면서 도움을 구하고자 다시 그에게 연락을 취했다. 감춰진 감정을 드러내는 미묘한 표정 변화를 읽으려는 듯 빤히 내 눈을 쳐다보며 그가 이렇게 물었던 게 기억난다. "내 코칭을 받을 수 있겠어요?" 그건 곧 "내 말에 귀 기울일 겁니까? 배울 준비가 됐어요?"라는 뜻이었다. 빌에게 코칭을 받는 데 필요한 자격은 그게 다였다. 내가 모든 걸 알진 못한다는 사실을 인정하는 능력 말이다. 실수할 수 있다는 걸 인정하고, 또 그 과정에서 뭔가를 배우고, 조언에 귀 기울이고, 그 조언에 따를 마음의 준비가 되어 있어야 했다.

빌은 기술과는 거리가 멀었고 엔지니어 일을 해본 적도 없었지만 사람들에 대해 잘 알았다. 사람들과 어떻게 함께 일해야 하는지, 또 사람들 각자의 능력을 어떻게 최대한 살릴 수 있는지 잘 알았다. 그는 이사회 회의를 끌어가는 법을, 팀이 수렁에 빠졌을 때 어떻게 해야 하는지를 가르쳐줄 수 있었다. 또 항상 저 앞에서 다가오는 문제들을 볼 줄 알았다. 그는 내가 잘못된 방향으로 가려 하는 걸 볼 때면, 손가락을 입 안에 넣고 퐁 소리를 내며 이렇게 말하곤 했다. "그게 뭘 의미하는지 알아요? 당신 지금 스스로 뭘 하려는 건지도 모르는 것 같아요."

당신이 회사를 창업하려 할 때 또는 아주 중요한 프로젝트를 새로 시작하려 할 때 필요한 게 바로 이런 것이다. 코치, 멘토, 지혜와 도움의 원천, 다가오는 문제를 알아보고 실제 문제가 일어나기 전에 당신에게 경고를 해줄 수 있는 사람. 그리고 지금 어려운 상황에 빠져 있다는 걸 조용히 알려주고 최대한 빨리 그 상황에서 벗어날 수 있게 조언을 해줄 수 있는 사람.

공동 설립자 없이도 잘해나갈 수 있다. 팀이 없어도 한동안은 살아나갈 수 있다. 그러나 멘토가 없이는 그렇게 할 수가 없다. 당신이 깊이 신뢰하는 사람, 또 당신을 신뢰하는 사람을 적어도 한 명은 찾아내라. 인생 상담 코치나 경영 컨설턴트는 필요 없고, 에이전시도 필요 없고, 시간 단위로 비용을 지불해야 하는 전문가도 필요 없다. 당신 부모도 안 된다. 그들은 당신을 너무 사랑해 공정한 시각을 유지하기 어렵다. 자신 역시 창업 경험이 있으며 당신을 좋아하고 당신을 돕고 싶어하고 실제 도움이 될 수 있는 현명한 멘토를 찾아라.

회사를 창업할 때뿐만 아니라 대기업 내에서 어떤 프로젝트에 착수할 때에도 멘토의 도움이 필요하다. 후자의 경우가 더 쉬울 거라고 생각하진 말라. 다른 누군가가 만든 기업 안에서 시작하므로 직접 창업에 따른 어려움들을 피해 갈 수 있을 거라 착각하지 마라. 대기업은 결코 지름길이 아니다. 그런 기업들의 널찍하고 매력적인 사무실 곳곳에는 혁신적인 소규모 프로젝트들의 잔해가 여기저기 흩어져 있다. 모두 처음부터 실패하게 되어 있던 프로젝트들의 잔해다.

당신이 대기업 안에서 '스타트업'을 만들 수 있는 경우는 단 하나, 그들이 당신한테 뭔가 독특한 것을, 다른 데선 활용할 수 없는 어떤 기술이나 자원을 줄 수 있을 때뿐이다. 이 경우 성공 가능성을 높이기 위해서는 반드시 적절한 인센티브와 조직 구조 그리고 경영진의 공중 엄호를 보장받을 수 있어야 한다.

이걸 명심하라. 당신은 코끼리 엉덩이에 붙은 작은 모기에 불과하므로 당신 팀보다 훨씬 더 크고 매출 규모도 엄청난 기업 내 다른 부문들과 경쟁을 벌이며 존재감을 잃지 않으려 애써야 한다. 당신이 설사 거의 무한한 자원을 가진 수십억 달러짜리 대기업에 있다 해도, 그 자원들이 알아서 당신 쪽으로 흘러 들어올 거라 기대해선 안 된다. 다른 부서의 사람들이 당신의 프로젝트를 위해 위험을 감수할 거라 기대해서도 안 된다. 뭔가 현실적인 보상 없이는 더 안정되고 존경받을 수 있는 자기 분야를 떠나 당신 팀에 합류하는 일은 절대 없을 거란 얘기다. 기업 밖에서 사람들을 채용하는 경우도 마찬가지다. 채용하려는 사람을 새로 시작되는 당신의 소규모 프로젝트에 동참하게 하려면(스타트업에 가는 대신), 당신의 프로젝트가 왜 성공할지, 왜 할 만한 가치가 있는지를 정말 잘 설명해야한다. 위험과 보상의 미적분을 설득력 있게 구사해야 하는 것이다.

우리가 애플에서 뛰어난 팀원들을 끌어 모아 아이팟을 만들어낼 수 있었던 이유들 중 하나도 그들에게 애플의 다른 부서에서는 받을 수 없는 비교적 푸짐한 스톡옵션 및 보너스를 보장해주었기 때문이다. 또 다른 중요한 이유는 우리 뒤에 스티브 잡스라는 든든한 후원자가 있었다는 점이다.

이 두 가지 이유로 우리는 뛰어난 사람들을 데려올 수 있었고(그들이 계약서에 서명하기 전에 무슨 일을 하게 될지 말해줄 수 없는 상황이었음에도 불구하고) 강력한 내부 반발도 잠재울 수 있었다.

잡스는 정말 작은 우리 팀에 불공평한 특혜를 주었다. 누구든 우리 일을 방해하려 하면 공중 엄호는 물론 폭탄 투하까지 해주었다. 가끔 애플 내부에서 반발이 일어 조직에서 우리를 내몰려는 움직임이 일어나기도 했는데 그럴 때면 우리는 늘 이런 말을 들었다. "저희 팀에겐 더 중요한 일들이 있어요. 도와주고 싶어도 그럴 시간이 없네요." 또는 "저희가 왜 이 프로젝트를 해야 하죠? 그건 우리 업무도 아닌데요."

그렇게 우리 일에 비협조적이던 팀들은 얼마 안 가 잡스로부터 이런 전화를 받곤 했다. "그들이 뭔가를 요청한다면, 어떻게 해서든 그 요청을 들어줘요! 이건 우리 회사에 아주 중요한 일이니까!"

그런 전화를 받고 싶어 하는 사람은 아무도 없었다. 그 이후 달려오는 열차 앞에 자기 몸을 던지는 짓을 하는 사람은 아무도 없었다.

만일 당신을 밀어줄 CEO가 없다면, 만일 위대한 팀원들을 공략할 보상책들을 갖고 있지 않다면 그리고 또 만일 대기업의 자원들을 활용하지 못한다면 다른 누군가의 기업 안에서 당신의 프로젝트를 시작하려 하지 말라. 가장 좋은 선택은 아마 직접 혼자 하는 것이 될 테다. 당신의 아이디어를 포기하든가 아니면 당신만의 스타트업을 차려라.

이제 막 대기업을 떠난 많은 사람이 그렇게 자기 스타트업을 세우곤 한다. 그들은 어떤 해야 할 일을 보고 상사들을 설득하지만 거절당하며, 그런 다음 독립을 선언한다.

나는 제너럴 매직에서 피에르 오미다이어Pierre Omidyar가 그렇게 하는 걸 보았다. 그는 여가 시간에 사람들이 서로 자신의 물건을 경매 처분할 수 있게 해주는 웹사이트를 구상했다. 그 구상이 무르익기 시작하자, 그는 제너럴 매직 측에 자신의 웹사이트에 관심이 있는지를 물었다. 답은

"아니, 별로!"였다. 경영진의 눈에 그건 말도 안 되는 아이디어였다. 그래서 그는 경영진에게 자신의 아이디어에 회사는 아무 법적 권리가 없다는 포기 각서 비슷한 걸 받아냈다. 그리곤 회사를 나와 작은 스타트업을 설립했다. 그게 바로 그 유명한 이베이다.

피에르가 성공을 한 데에는 많은 이유들이 있었다. 더없이 좋은 타이밍, 위대한 아이디어, 그 아이디어를 실현하려는 의지, 그걸 실행에 옮길 기술 그리고 리더가 될 능력 등등. 그 외에도 그에게는 사람들이 생각지 못한 아주 큰 장점도 하나 있었는데, 다름 아닌 스타트업 출신이었다는 것이다. 그는 스타트업이 어떻게 움직이는지 잘 알았고, 무엇을 해야 하고 무엇을 해선 안 되는지에 대한 많은 사례들을 알고 있었다.

나는 너무도 많은 사람이 필요한 준비는 하나도 하지 않는 채 기업의 세계에서 빠져나와 창업을 결심하는 모습을 자주 봐왔다. 만일 모든 걸 처음부터 시작해야 하는 작은 팀에서 일해본 경험이 전혀 없다면 그들은 물 밖으로 뛰쳐나온 물고기나 다름없다. 그들은 너무도 많은 돈을 너무도 빨리 날려버린다. 너무도 많은 사람을 채용한다. 시간을 쏟지 않고, 스타트업에 필요한 사고방식도 없으며, 어려운 결정들을 내리지 못하고, 많은 일들을 합의로 처리하려 한다.

이 모든 게 당신의 이야기가 되지 않도록 하라. 만일 회사를 창업하려 한다면, 뭔가를 시작하려 한다면, 뭔가 새로운 걸 만들려 한다면, 위대한 목표를 향해 밀고 나갈 준비를 해야 한다. 위대함은 결코 무에서 생겨나지 않는다. 다시 말해 '준비'를 해야 한다. 어디로 향하는지 알아야 하며 어디에서 왔는지를 기억해야 한다. 어려운 결정들을 내려야 하며 임무 중심으로 움직이는 '재수 없는 인간'이 되어야 한다(제2.3장 '조직 내 또라이들을 다루는 법' 참조).

일에 전념하라. 당신이 무얼 하려 하는지를 제대로 알라. 당신의 직감을 믿어라.

그리고 때가 되면, 당신은 준비가 되어 있을 것이다.

| 제3장 |

돈 때문에 하는 결혼, 투자

자본을 끌어모으는 일은 결혼과 비슷하다. 믿음과 상호 존중과 같은 목표를 토대로 한두 개인이 장기적인 헌신을 약속한다. 대형 벤처 캐피털 기업으로부터 돈을 끌어온다 해도 가장 중요한 것은 결국 그 벤처 캐피털 기업에 있는 한 파트너와 맺은 인간관계. 회사의 성패는 서로의 기대치가 얼마나 잘 조정되는지로 귀결된다.

결혼이 그렇듯이 자본을 끌어오는 데 있어서도 상대방이 당신에게 조금 관심을 보인다 해서 아무에게나 당신의 모든 걸 걸어선 안 된다. 시간을 갖고 당신과 잘 맞는 사람을, 당신을 상대로 장난질을 치거나 너무 많은 압력을 가하지 않을 사람을 찾아야 하며 지금 내가 정착을 하기에 적절한 순간인지도 잘 판단해야 한다. 당신 회사가 너무 어려 아직 자신이 누구인지도 모른다거나 앞으로 뭐가 되고 싶은지도 모르는 상태에서 결혼을 하고 싶진 않을 것이다. 혹은 순전히 친구들이 다 하니까 덩달아 결혼을 한다거나 지금 결혼하지 않으면 다른 인연을 만날 수 없을 거라는 두려움 때문에 결혼하고 싶지도 않을 것이다.

또한 파트너들이 어떤 사람인지, 그들이 무엇을 중요하게 여기는지도 제대로 알아야 한다. 예를 들어 벤처 캐피털은 자금을 댄 유한책임 투자자들limited partners(줄여서 LP라고 함. 벤처 캐피털에 자금을 위탁하는 투자자들로, 투자 금액만큼 책임을 진다. — 옮긴이)의 의견에 좌지우지된다. 투자자들에게 기업의 가치를 보여주기 위해 미처 준비도 되지 않은 당신에게 매각 또는 상장 압력을 넣기도 한다. 그리고 인텔이나 삼성처럼 아예 자체적으로 벤처 캐피털 부문을 보유한 기업들은 당신 회사에 대한 투자를 활용해 자신들에게 더 유리한 쪽으로 거래를 하려할 수도 있다.

설사 당신에게 투자를 한 사람들이 당신의 이익을 가장 중시한다 해도, 예를 들어 당신 어머니가 가장 중요한 엔젤 투자자라 해도, 그 돈이 꼭 위험 부담이 없거나 아무 조건 없이 제공되는 돈이라는 의미는 아니다.

· · ·

벤처 캐피털의 존재 이유는 거래를 촉진하는 데 있다. 당신은 돈이 필요하고, 그들은 돈을 준다. 그러나 그 작동 원리는 어디까지나 '관계'에 기반한다. 투자 설명회 과정에서 당신과 벤처 캐피털 사이에 오가는 것들, 거래가 성사된 후에 벤처 캐피털이 당신 회사의 임원 채용이나 이사회 운영에 도움을 주는 것들, 다음 자금 모집에 그들이 제공하는 인맥 등등. 벤처 캐피털은 단순히 돈에 의해서만 움직이지 않는다. 사람에 의해 움직인다.

모든 성공적인 관계의 원칙은 같다. 인생을 바꿀 만큼 중요한 관계에 당신의 모든 걸 던지기에 앞서 먼저 서로에 대해 알 필요가 있다. 서로를 믿어야 하고 서로를 이해해야 하는 것이다.

이를 반대로 돌려 말하면 당신은 다른 사람들에게 이모저모를 꼼꼼히 조사당한 뒤 십중팔구 부적합 판정을 받을 마음의 준비를 해야 한다. 아마 "노!"라는 말을 열댓 번은 들은 뒤에야 "바로 내 짝이야!" 하는 말을 듣게 될 것이다. 그야말로 아주 잔인한 형태의 데이트와 같다. 상대에게 커피나 술 한잔을 하자고 청하는 데이트가 아니라 돈을 좀 달라고 애원해야 하는 데이트. 당연히 재미있지는 않다. 더욱이 "당신 탓이 아니고 내 탓이야." 같은 말은 절대 듣지 못한다. 늘 당신 탓이다. 늘 판단의 대상은 당신의 회사, 당신의 아이디어, 당신의 인성이니까.

그런 식으로 속속들이 까발려지고 다 보여주는 일을 견디기란 무척 힘들다. 그러나 모든 게 이해할 수 없게 돌아간다 해도, 또 투자 설명회를 대충 한 사람이 자금 지원을 받는 것처럼 보인다 해도 그게 투자 세계의 냉혹한 현실이다.

1999년에는 그런 식이었다. 아니, 25년이 지난 지금도 그런 식이다.

투자 세계는 계속 순환한다. 투자 환경은 늘 창업자 친화적인 환경에서 투자자 친화적인 환경으로 왔다 갔다 하며 변화한다. 때론 매도자들에게 유리하고 또 때론 매수자들에게 유리한 주택 시장과 비슷하다고 보면 된다. 창업자 친화적인 환경에서는 워낙 많은 돈이 투자 시장으로 흘러 들어오기 때문에, 투자자들은 자칫 좋은 거래를 놓칠까 두려워 거의 모든 것에 투자하려 한다.

반면 투자자 친화적인 환경에서는 시장에 자금이 훨씬 부족해 투자자들은 더 까다로워지고 창업자들은 더 불리한 조건으로 투자를 받는다.

때로는 투자 시장이 미쳐 돌아갈 때도 있다. 마치 하늘에서 현금이 비처럼 쏟아지듯 모든 투자 원칙들이 휴지통에 처박히고, 그런 상황이 끝나지 않고 계속될 것만 같을 때 말이다.

물론 그런 상황은 끝난다. 2000년 경제 침체기에 그랬듯이. 결국은 늘 평균치로 회귀한다. 투자 시장이 미쳐버린 듯 돌아갈 때도 투자를 유치하기란 여전히 쉽지 않다. 당신은 여전히 투자 유치를 위해 백방으로 뛰어다녀야 한다. 쉬워 보여도 절대 쉽지 않다. 아주 어려운 경우와 거의 불가능할 정도로 어려운 경우의 차이만 있을 뿐이다.

그러니 이런 과정에 들어가기에 앞서, 먼저 당신 스스로에 대해 잘 알고 또 무얼 요청할 것인지를 분명히 하도록 하라. 진지해져야 한다. 준비해야 한다. 그리고 당신이 대체 무엇을 하려고 하는지 잘 알아야 한다.

제일 먼저 가장 기본적인 질문을 던져보라.

'이 사업이 지금 당장 외부 자금을 필요로 하는가?'

사전 준비 단계에 있는 많은 스타트업의 경우, 이 질문에 대한 답이 놀랍게도 종종 '아니오'다. 만일 당신이 아직 이것저것을 조사하는 중이고 아이디어의 실현될 가능성을 확인하는 중이라면 당장 자금 조달을 하려 애쓸 필요가 없다.

시간을 갖도록 하라. 직감에 브레이크를 걸고 잠시 멈춰서라. 혹 이제 자금 조달을 할 준비가 됐다고 생각된다면 그 자금을 정확히 어디에 쓸 계획인가? 시제품을 만들어야 하는가? 팀을 구축해야 하는가? 어떤 아이디어에 대해 조사해봐야 하는가? 특허를 내야 하는가? 정부에 뭔가를 청원해야 하는가? 파트너 관계를 맺어야 하는가? 마케팅 캠페인을 벌여야 하는가? 필요한 것을 충족시키기 위한 최소 자금은 얼마인가? 훗날 필요한 것이 변한다면 어느 정도의 자금이 필요한가?

일단 이런 사안들을 이해하고 나면 당신이 시작하려는 사업이 투자자들이 투자하고 싶어 할 만한 사업인지를 생각해볼 수 있다. 당신 회사가 꼭 벤처 캐피털이 투자하고 싶어 할 만한 회사라는 보장은 없다. 대부분의 대형 벤처 캐피털은 놀랄 만큼 위험을 꺼린다. 그들은 이미 분명한 성장 궤적을 그리고 있지 못하는 스타트업에는 투자하지 않으려 한다. 그들은 인터넷 시대에 걸맞게 투자에 앞서 각종 수치를 예측하는 일에 익숙하다. 성장률, 가입률, 클릭률, 탈퇴율 같은 각종 수치들 말이다. 그리고 벤처 캐피털에는 보고해야 할 상사들, 즉 자금을 대는 사람이나 조직을 뜻하는 유한책임 투자자들이 있다. 그래서 늘 그들을 상대로 자신들이 수익성 높은 현명한 투자를 하고 있다는 걸 보여줄 필요가 있다.

대형 벤처 캐피털이 당신에게 투자를 한다면 그들은 아마 이런 예상을 할 것이다. 당신이 당장 대규모 자금 조달을 필요로 하고 있으며 따라서 곧 큰 보상을 해줄 수 있을 거라고. 그런데 대다수의 스타트업들은 그런 예상, 그런 일정을 충족시키기 어렵다.

그러니 바로 대형 벤처 캐피털을 찾아가 자금을 끌어오겠다는 생각은 하지 말라. 당신에겐 많은 옵션이 있다. 대형 벤처 캐피털은 수백 개의 회사에 투자를 하며 수천만 달러에서 수억 달러에 이르는 큰돈을 댄다. 보다 규모가 작은 벤처 캐피털이나 지역 벤처 캐피털은 틈새시장을 노리는 소수의 기업들에 투자를 한다. 약간의 투자로 일단 창업을 할 수 있게 해주고 훗날 보다 큰 벤처 캐피털에서 자금 조달을 할 수 있게 도와주는 엔젤 투자자들도 있다.

또 자체적으로 투자 부문을 갖고 있는 기업들은 투자를 통해 당신의 제품을 이용하거나 자신들에게 유리한 거래 조건을 확보하려 한다. 비단 실리콘밸리뿐 아니라 미국 전역에 그리고 또 세계 곳곳에 이런 다양한 옵션들이 존재한다. 요즘은 어디에든 돈이 있는 것이다.

그러나 여기서 어떤 곳을 자금 조달원으로 골랐든지 간에 가장 중요한 건 결국 함께 일하게 될 사람들이다. 설사 팰로앨토에서 가장 규모가 큰 벤처 캐피털과 회의를 한다 해도, 그 기업 전체와 회의를 하진 않을 테니 말이다. 그 기업의 한 사람, 그러니까 당신의 파트너가 될 사람에게 좋은 인상을 주고 그와 좋은 관계를 맺어야 한다. 그 사람이 거래 조건들을 결정하고, 당신 회사의 이사회에도 참여하기 때문이다. 그 사람이 바로 당신의 결혼 상대인 것이다.

나는 한 유명 벤처 캐피털과 투자 협상을 벌인 한 기업가와 함께 일해 본 적이 있다. 그럴싸한 회의 후에 그 벤처 캐피털은 그의 회사에 관심이 있다면서 곧 거래 조건들을 알려주겠다고 했다. 한 주가 지나고 또 한 주가 지났다. 그러더니 갑자기 벤처 캐피털 측 실무 파트너가 회사 가치를 깎아내리려 하면서 장난질을 치기 시작했다. 그러고는 한 주 동안 그 기업가를 없는 사람 취급하더니 느닷없이 되돌아와 이런저런 질문들을 퍼부었다. 4주, 5주, 6주 동안… 계속 그런 식이었다.

그 사이에 그 기업가는 다른 벤처 캐피털들과 얘기를 나눴다. 투자 설명회를 하고 얼마 지나지 않아 그중 한 곳이 거래 조건들을 알려왔다. 그 기업가는 힘든 결정을 내려야 했다. 유명 벤처 캐피털이 관심을 보일 때까지 기다려야 하는가, 아니면 덜 유명하지만 훨씬 큰 관심을 보이는 투자자와 함께할 것인가? 어느 쪽이 더 나은 파트너일까? 장기적으로 어느 쪽이 더 도움이 될까?

고민 끝에 그는 유명 벤처 캐피털 측에 전화를 해 다른 벤처 캐피털과 계약을 했다고 이야기했다. 그러자 상대 파트너는 불같이 화를 냈다. 그러면서 옛날 영화 속 마피아들이 할 법한 험한 말들을 쏟아내기 시작했다. "뭔 개수작이에요? 어떻게 감히 내게 이런 짓을?" 부서져라 전화기를 내려놓더니 다시는 연락을 하지 않았다. 그리고 농담이 아니라 그 파트너는 지금까지도 그 기업가와 말도 섞지 않고 있다. 아예 존재하지 않는 사람 취급을 한다. 파티에서도 피한다.

그 재수 없는 파트너의 돈을 받고 계속 이래저래 시달리기보다는 없는 사람 취급을 받는 편이 훨씬 나았다. 그 기업가는 운 좋게 최악의 사태를 피한 것이다. 이런저런 핑계를 대가며 시간을 질질 끈 것은 그의 자신감을 흔들어 더 불리한 조건들을 받아들이도록 하려는 야비한 술책이었다. 그러다 그 말도 안 되는 게임이 역풍을 맞자 갑자기 못된 아이로 돌변한 것이다. 이런 사람은 결혼은 고사하고 침대에 같이 있고 싶지도 않은 상대다.

잊지 말라. 일단 어떤 투자자로부터 돈을 받으면 좋으나 싫으나 그 사람과 함께해야 한다. 그리고 힘의 균형이 깨진다. 벤처 캐피털은 창업자를 해고할 수 있지만 창업자는 벤처 캐피털을 해고할 수 없기 때문이다. 타협 불가능한 차이점들이 있어도 이혼할 수 없다. 그리고 상황이 더 악화되면, 결국 법적으로는 부부지만 서로 말조차 하지 않는 소원한 결혼생활로 이어지게 된다. 벤처 캐피털이 당신 회사를 자신들의 명단에서 지워버리면 기본적으로 당신을 무시하고 당신을 돕지 않는다. 다른 벤처 캐피털들에 연결시켜주지도 않는다. 파트너들 앞에서 당신을 지지하지도 않는다. 당신 회사가 파산할 상황에 놓여도 그냥 수수방관한다.

그래서 벤처 캐피털이 가장 신중히 행동해야 할 때, 당신과의 거래가 잘 풀려가고 조만간 합의점에 도달할 것 같을 때, 당신에게 어떻게 대하는지를 아주 면밀히 지켜봐야 한다. 만일 그들이 당신을 두고 장난질을 시작한다면, 이는 경고 신호다. 그 외에 다른 경고 조짐 몇 가지를 소개하자면 다음과 같다.

- 계약서에 사인을 받으려고 온갖 약속들을 다 하고선 그 약속을 지키지 않는 벤처 캐피털들. 그들은 종종 같은 말을 하고 또 하면서, 당신이 얼마나 많은 맞춤형 관심을 받을지, 얼마나 많은 도움을 받을지 또 얼마나 많은 이러저러한 것들을 받을지 강조해댄다. 그 벤처 캐피털과 함께 일해본 다른 스타트업 창업자들을 만나 그들이 영업사원처럼 열을 올리지 않을 때 실제 무엇을 제공하는지를 알아보도록 하라.
- 여기서 당장 사인을 하라며 합의를 강요해 당신을 패닉 상태에 빠뜨리는 벤처 캐피털들. 언젠가 한 벤처 캐피털은 내가 회의를 마치고 나가려 하자 거래 조건들을 알려주며 그 자리에서 사인을 하라고 몰아붙였다. 그때 나는 이게 무슨 중고차 거래냐며 거래 조건들을 다 읽어본 뒤에 사인을 하겠다고 말했다.
- 자신들이 아주 큰 지분을 확보할 수 있는 경우에만 투자를 하려 하는 탐욕스런 벤처 캐피털들. 벤처 캐피털은 대개 18~22퍼센트까지의 지분을 확보하려 한다. 그러므로 그 이상 요구하기 시작한다면 조심하도록 하라. 벤처 캐피털이 그들밖에 없다고 생각하지 말라. 만일 당신의 직감이 계속 더 찾아보라고 말한다면, 계속 더 찾아보도록 하라.
- 어떤 벤처 캐피털들은 경험이 아주 없는 스타트업을 자기들 마음대로 주무르기 위해 그리고 또 창업자와 CEO가 회사를 운영하게 내버려두기보다는 사사건건 간섭하기 위해 이런저런 술수를 부린다. 조언과 지시를 헷갈리지 말라.

- 때론 잠재적인 투자자가 당신 회사에서 뭔가 흥미로운 점을 발견한다. 어쩌면 당신 회사는 적절한 벤처 캐피털로부터 투자를 받아본 적이 없을 수도 있고, 현금이 부족할 수도 있고, 믿을 수 없을 만큼 큰 성공을 거두었을 수도 있다. 그래서 그들은 정말 솔깃한 거래 조건들을 제시한다. 그러나 그 조건들은 현재까지 당신 회사를 이끌어준 다른 투자자들을 배제하려 들 것이다. 크고 작은 많은 벤처 캐피털들이 공정하지 못한 방법으로 경쟁 우위를 얻으려 한다. 예전 투자자들의 영향력을 과도하게 제한하거나 새로운 투자자들을 움찔하게 만들 계약 조건들을 내걸기도 한다. 만일 향후 2~3년간 일이 잘 풀리지 않을 경우, 그들은 그야말로 대놓고 당신을 물 먹이려 할 수도 있다. 계약 조건들이 표준적이지 않거나 과도하게 좋다면 의심을 품고 살펴보도록 하라. 물론 당신 입장에서 단지 조금 양보하는 것으로 끝나는 경우도 있긴 하다. 그러나 직감적으로 왠지 느낌이 안 좋다면 그들이 어떤 경쟁 우위를 차지하기 위해 술수를 부리기 시작하는 것일 수 있다. 조만간 당신 회사를 자기들 마음대로 하고 싶은 것이다.

만일 어떤 벤처 캐피털이 과거에 CEO나 창업자들을 해고한 적이 있다면, 창업자 입장에선 불안한 일이겠지만 사실 이는 경고 신호라고 보긴 힘들다. 조사를 해보라. 그들의 예전 행각을 들여다보라. 잘 알려진 벤처 캐피털들 중에 오로지 회사에만 관심이 많아 다시 한 번 해볼 기회도 주지 않고 창업자의 목을 날리는 곳들도 있지만, 대부분의 벤처 캐피털은 창업자를 해고하기 주저한다(때론 너무 주저하기도 한다). 어쩌다 창업자를 해고하더라도 그럴 만한 이유가 있는 경우가 대부분이다.

어쨌든 어떤 기업 전체를 일반화해서 말하긴 어렵다. 결국 중요한 건 늘 그 기업에 몸담고 있는 사람들이다. 세상 모든 일이 다 그렇듯 말이다.

그러므로 어떤 투자자에게 투자를 요청하려 하고 있다면 적절한 사람을 찾아가도록 하라. 과거에 해당 벤처 캐피털과 함께 일해본 적이 있는 (그리고 함께 힘든 시기를 헤쳐 나온) 창업주들을 만나 얘기를 나눠보라. 어떤 파트너가 효율적이며 도움이 되고 똑똑한지, 또 어떤 파트너가 돈 문제에만 신경 쓰는지를 알아보라.

또 다른 창업자를 통해서든 아니면 당신의 멘토 또는 친구의 친구를 통해서든, 벤처 캐피털에서 일하는 괜찮은 파트너를 소개받아라. 설사 그 파트너가 소개해준 사람과 그리 가까운 사이가 아니라 해도, 아무 소개도 받지 않는 것보다는 낫다. 벤처 캐피털과 회의를 하기 위한 방법 중에 가장 힘든 방법이 무작정 전화를 거는 것이다. 전화를 걸기에 앞서, 언론에 노출되도록 해보고 홍보도 좀 해보라. 그러면 벤처 캐피털 측에서 당신을 만날 때 뭔가 눈여겨볼 만한 내용이 생긴다.

투자자들은 늘 여기저기서 투자 요청을 받고 있다는 사실을 잊지 말라. 특히 대형 벤처 캐피털들이 더 그렇지만, 규모가 작은 벤처 캐피털들도 마찬가지다. 늘 그들의 관심을 끌 방법을 찾아야 한다. 가장 좋은 방법은 설득력 있는 스토리를 만드는 것이다. 상대를 잘 알아야 한다. 심지어 실리콘밸리의 벤처 캐피털들도 특별히 기술 분야에 전문지식이 없다. 그러니 기술에 집중하지 말고, '왜?'에 집중하도록 하라(제3.2장 '왜 스토리텔링인가?' 참조).

투자자를 설득하려 할 때 당신이 말하고 싶은 모든 사안을 15장의 슬라이드 안에 집어넣기란 쉽지 않다. 당신이 말하고 싶은 모든 내용들이 한 이야기 속에 자연스레 녹아들고 그것이 감정적으로나 이성적으로 설득력이 있어야 한다. 사람들이 요점을 쉽게 파악할 수 있는 수준에서 설명하되, 세세한 부분들을 제대로 살펴보지 못했다는 느낌을 줄 정도로 넘어가서는 안 된다. 이 모든 게 일종의 기술이다.

그리고 모든 기술이 그렇듯 연습이 필요하다. 처음부터 완벽할 거라 기대하지 마라. 끊임없이 다듬고 변화시키고 수정하는 과정을 거쳐야 비로소 좀 들어줄 만한 스토리가 탄생한다. 조언하건대, 첫 투자 요청은 당신이 사는 지역에서 가장 규모가 큰 벤처 캐피털에서 하지 않는 게 좋다. 벤처 캐피털들끼리는 늘 서로 정보를 공유하기 때문에, 한 곳에서 당신을 거부하게 되면 그 정도 규모의 다른 기업들 역시 당신을 거부할 가능성이 높다. 가능하다면 먼저 '우호적인' 벤처 캐피털을 상대로 투자 요청을 하라. 그런 기업은 피드백도 금방금방 해주고 도움도 주려 할 것이며 일이 잘 풀리면 그다음 투자 요청에도 기꺼이 응해줄 것이다.

또 하나 이걸 잊지 마라. 첫 회의 때부터 완벽하게 세련된 모습을 보여줄 수가 없다는 사실을 말이다. 때론 이렇게 말해도 괜찮다. "이걸 미리 보여드리고 싶습니다. 아마 관심 있으실 겁니다. 평을 듣고 싶습니다." 그들의 피드백에 귀 기울이고 거기서 뭔가를 배워라. 조언이든 비판이든 일일이 다 받아들일 필요는 없지만 그 조언이나 비판 뒤에 숨겨진 이유들을 이해하고 그에 맞춰 바로잡도록 하라. 일단 체스판의 말들을 제대로 이해하고 나면, 더 나은 계획을 짤 수 있다. 또한 당신의 스토리를 이후 만날 사람들에게 맞춰 수정할 수도 있다. 그럼 이제 준비가 다 되었다는 느낌이 들기 시작할 것이다.

하지만 슬금슬금 다가와 당신의 엉덩이를 걷어찰 또 다른 요소도 잊어선 안 된다. 바로 시간이다.

투자를 받기 위해선 생각보다 더 오랜 시간이 걸린다. 3개월에서 5개월은 걸릴 거라고 생각하라. 창업자 지향적인 환경에서는 그보다 덜 걸릴 수도 있겠지만 장담할 수는 없다. 너무도 많은 기업들이 돈이 거의 바닥날 때까지 기다리다가 거의 파산 직전까지 몰려서야 비로소 그 어떤 투자든 받겠다며 필사적으로 매달리곤 한다. 투자 요청은 늘 돈이 실제로 필요하지 않을 때 시작하도록 하라. 자금 압박에 쫓길 때가 아닌 아직 자금 여력이 있고 힘이 있을 때 시작하는 것이다. 또 연휴 기간도 간과해선 안 된다. 예를 들어 여름휴가가 몰리는 8월과 중국 춘제, 추수감사절과 연말연시 등의 기간도 고려해야 한다. 당신의 회사에만 신경 쓰느라 연휴 때는 벤처 캐피털 사람들도 쉰다는 걸 잊는 경우가 많다.

투자 유치에 나설 때 명심해야 할 몇 가지 조언을 더 소개하자면 다음과 같다.

- 게임을 하지 말라. 당신이 당신과 게임을 하려 하는 투자자를 원하지 않듯, 상대 역시 그렇다. 당신이 솔직한 모습을 보여주지 않으면 투자자는 당신에 대한 관심을 끊어버릴 것이다.
- 당신의 투자 유치 활동과 계획에 대한 사람들의 피드백에 귀 기울이고, 그 피드백이 일리 있다면 계획을 수정하는 데 망설이지 마라. 그러나 당신의 비전과 '왜?'는 끝까지 고수해야 한다. 또한 만나는 투자자들의 변덕에 놀아나느라 에너지를 소비하지 말라.
- 투자자들에게 당신이 얼마나 많은 돈을 필요로 하는지, 또 그 돈을 정확히 어떻게 쓰려 하는지를 분명히 밝히도록 하라. 투자자들을 위해 가치를 만들어내고, 또 당신 회사의 가치를 올리기 위해 주요 일정들을 반드시 지키리라는 점을 분명히 알려라. 다음에도 그런 식으로 투자 유치 활동을 한다면, 기존의 투자자들과 직원들은 물론 당

신 자신의 존재감도 계속해서 가져갈 수 있다.

- 어떤 기업가들은 심지어 자신이 정한 주요 일정들도 지키지 않으면서, 자신의 가치가 늘 올라갈 거라고 생각하곤 한다. 그러나 투자자들은 사업을 하는 사람들이다. 당신이 약속을 지키지 않는다면, 당신 회사의 가치는 오르지 못하고 당신의 지분 역시 줄어든다. 어려운 시기에 직원들을 붙잡으려면 그들에게 지분을 더 주어야 하기 때문이다.

- 당신 회사가 주변의 다른 회사들과 마찬가지로 가치를 인정받게 될 거라고 생각하지 말라. 모든 투자에는 그 나름의 이유가 있는 법이다.

- 투자자들은 창업자나 임원들이 연봉이나 지분 등에서 과도한 기득권을 행사하는 모습을 보고 싶어 하지 않는다. 그들은 창업자나 임원들도 기업 성과에 따라 그 대우가 달라지길 바란다. 따라서 어떤 경우에는 창업자나 임원이 회사에 대한 자신들의 헌신을 새로운 투자자들에게 보여주기 위해 이미 갖고 있는 지분의 일부를 내놓아야 할 수도 있다.

- 투자자들은 언제나 참고 자료를 원한다. 그들은 돌다리도 두드려 보는 심정으로 당신 고객들과 얘기도 해보고 여러 자료들을 확인하고 싶어 한다. 그러니 그들이 쉽게 참조할 수 있게 자료실 안에 파일들을 잘 정리해두도록 하라.

- 후속 회의들에서는 당신이 직면하게 될 위험들과 그걸 완화시킬 방법들에 대해, 또 어떤 사람들을 채용할 필요가 있는지에 대해 그리고 또 앞으로 맞닥뜨리게 될 중요한 도전 과제들에 대해 솔직히 설명하도록 하라.

- 가능하면 비슷한 영향력을 가진 두 투자자를 찾아 서로 균형을 유

지할 수 있도록 하라. 모든 벤처 캐피털들은 서로 잘 알고 있으며, 늘 얘기를 나누고 있어 그 어떤 벤처 캐피털도 잠재적인 파트너들을 불쾌하게 만들고 싶어 하지 않는다. 만일 투자자들 중 하나가 당신과 게임을 하기 시작할 경우, 다른 투자자가 그런 짓을 하지 말라고 말할 수 있다. 그들 입장에서 당신 사업은 장기적으로 볼 때 그리 중요하지 않을 수도 있지만, 대개 그 어떤 벤처 캐피털도 벤처 캐피털들 사이에서 그리고 특히 유한책임 투자자들 사이에서 자신들의 평판이 나빠지길 원하지 않는다.

마지막으로 이걸 잊지 말라. 설사 믿을 수 없을 만큼 멋진 회의를 했다 해도, 다시 말해 모든 사람이 당신의 설명을 마음에 들어 했고, 당신은 투자자들이 마음에 들었고, 회의 자리가 그야말로 아주 화기애애했다 해도, 그들이 당신에게 돈을 주려면 회사로 돌아가 투자 위원회 사람들을 설득해야 한다.

벤처 캐피털들의 입장에서 그 과정은 다 다르다. 스스로 계속 다음과 같은 질문을 던지도록 하라. '예스'를 얻어내기 위한 다음 단계는 무엇인가? 그다음 단계는 무엇인가? 또 그다음 단계는 무엇인가? 이는 마치 체스 게임을 하는 것과 비슷하다. 당신은 늘 앞의 두 수를 그러니까 두 차례의 투자 유치를 염두에 두어야 한다.

이는 당신이 설사 아직 벤처 캐피털에 관심이 없다 해도 마찬가지다. 엔젤 투자자만 생각하고 있다 해도 마찬가지고.

엔젤 투자자들의 가장 좋은 점은 벤처 캐피털처럼 유한책임 투자자들에 의해 좌지우지되지 않는다는 것이다. 그들은 단순히 당신을 믿는다. 당신을 돕고 싶어 한다. 그리고 즉각적인 이익을 요구하며 부담을 주지도 않는다. 엔젤 투자자들은 대개 기꺼이 위험을 무릅쓰려 하며, 벤처 캐피털보다 더 신속히 투자하는 경우가 많고, 당신에게 훨씬 더 많은 자유와 시간을 주어 벤처 캐피털처럼 큰 부담 없이 회사를 운영해나갈 수 있게 해준다.

이는 대단한 이점이 될 수 있지만 반대로 제약이 적은 게 부담으로 작용하기도 한다(제3.5장 '수갑을 채우고 심장박동을 확인하라' 참조). 아니면 그만큼 책임감이 더 커지는 것이 부담으로 작용할 수도 있고. 나의 경험을 이야기해주자면, 스무 살 때 나는 애플 II 컴퓨터에 쓸 프로세서들을 만드는 스타트업 ASIC 엔터프라이지스를 설립하기 위해 삼촌에게 돈을 빌렸었다. 그러나 얼마 안 가 애플은 애플 II 컴퓨터 제작을 중단했고, 그 바람에 내 회사는 망했고 삼촌 돈도 날아가버렸다. 수년간 끔찍했다. 정말 끔찍했다. 그런 내게 삼촌은 아주 솔직하게 말해주었다. 자신이 내게 돈을 걸고 있다는 걸, 또 그 돈을 날릴 가능성이 높다는 걸 잘 알고 있었다고 말이다.

결혼은 50퍼센트가 깨진다. 한편 스타트업은 80퍼센트가 망한다.

당신이 창업을 한다면, 성공 가능성은 아주 낮다고 보는 게 맞다. 따라서 실패에 대한 그리고 다른 사람들의 돈을 날렸다는 정신적 고통을 극복할 수 있어야 한다. 만일 그런 시간이 다가온다면 솔직히 모든 걸 공개해야 한다. 또한 뭐가 잘못되었고 그 일에서 뭘 배워야 하는지를 인정해야 한다. 물론 그런다고 해서 상황이 더 쉬워진다는 얘긴 아니다. 벤처 캐피털의 돈과 당신 어머니의 돈은 별개의 것이니까. 만일 가족과 친구들로부터 돈을 빌린다면 벤처 캐피털에서 투자를 받는 경우보다 더 열심히는 아니더라도 그만큼은 열심히 일해야 할 것이다. 일이 잘못되면 그들에게 빈손으로 되돌아가야 할 수도 있다는 사실을 염두에 두어야 한다.

네스트를 창업하면서 나는 그런 부담은 지고 싶지 않았다. 그래서 프랑스 인터넷 서비스 공급업체인 프리Free를 설립한 놀라운 기업가이자 나의 좋은 친구인 자비에 닐Xavier Niel이 돈을 빌려준다는 걸 거절했다. 나는 더 이상 스무 살짜리 아이가 아니었고, 자비에는 재정적으로 내 삼촌과는 전혀 다른 위치에 있는 사람이었기 때문이다. 게다가 나는 실패의 그 끔찍한 기분, 내가 아끼는 누군가에게 그 사람의 돈을 다 날렸다는 말을 해야 하는 그 기분을 생생히 기억하고 있었다. 자비에는 계속 돈을 빌려주겠다고 했고 나는 계속 거절을 했다.

그러다 네스트가 본격적인 활동을 시작했을 때 마침내 그와 나는 수만 명의 청중이 모인 무대에 함께 섰다. 자비에는 사람들을 향해 이렇게 말했다. "이 사람이 내겐 투자를 허용해주지 않으려 해요." 그 무렵 네스트는 잘 나가고 있었으며 위험 근처에도 있지 않았다. 나는 마침내 그의 돈을 받는 데 동의했다. 결국 해피엔딩으로 마무리됐지만 처음만 해도 나는 우리의 관계를 망가뜨릴 그 어떤 일도 하고 싶지 않았다. 네스트 일만으로도 스트레스는 충분했으니까.

벤처 캐피털을 택하든 엔젤 투자자를 택하든 전략적인 투자를 택하든 아니면 자력갱생의 길을 택하든 창업은 힘든 일이다. 투자를 받는다는 건 그게 어떤 형태든 힘든 일이다. 지름길도 없고 쉬운 길도 없으며 뜻밖의 행운 같은 건 더더욱 없다.

그러나 적절한 방법과 적절한 사람들을 선택한다면 당신은 진심으로 투자자들을 좋아하게 될 것이고, 그들은 스타트업이 늘 맞닥뜨리는 힘든 시기들을 잘 헤쳐 나갈 수 있게 도와줄 것이다. 당신이 건강할 때나 아플 때 늘 곁을 지키며 결국 행복한 결혼생활로 이어지게 될 것이다. 설사 그런 사람들이 몇 안 된다 해도 말이다.

그러면 이제 남은 건 단 하나, 사업을 잘 해나가는 것뿐이다.

제4장

당신은 오직 한 고객만 섬길 수 있다

당신의 회사가 B2B 기업이든 B2C 기업이든 혹은 B2B2C(기업 연계가 포함된 소비자 거래)나 C2B2C(소비자가 기업을 통해 제품 및 서비스를 다른 소비자에게 판매하는 형태의 거래) 기업이든 그것도 아니면 아직 알려지지 않은 새로운 거래 형태의 기업이든, 당신은 오직 '한 주인'만 섬길 수 있다. 즉, 당신의 고객은 단 하나다. 당신은 모든 집중력과 브랜딩 노력을 소비자와 기업 모두가 아닌 어느 한쪽에만 쏟아야 한다.

당신의 고객을 제대로 이해하는 것, 고객들의 인구 통계와 심리 통계, 그들이 원하는 것과 그들이 겪는 어려움을 제대로 이해하는 것이야말로 당신 회사의 토대다. 당신의 제품과 팀, 문화, 판매, 마케팅, 고객지원, 가격 책정 등 그 모든 것이 고객에 대한 올바른 이해 위에 있을 때 비로소 그 존재 의미를 가진다.

거의 대부분의 기업이 고객에 대해 제대로 이해하지 못할 때 몰락의 길을 걷기 시작한다.

• • •

아직 리눅스Linux(핀란드 대학생 리누스 토발즈Linus Torvals가 개발한 컴퓨터 운영체제로, 인터넷상에서 무료로 제공되었다.—옮긴이) 서버들이 나오기 전, 그리고 윈도우 서버들이 컴퓨터 업계를 지배하던 시절에 애플은 B2B, 즉 기업 대 기업 거래를 시도해보기로 마음먹었다. 기업들을 상대로 애플의 서버를 구축하기로 한 것이다. 그 프로젝트는 내가 애플에 합류하기 직전에 시작됐는데, 당시 애플은 컴퓨터 판매를 늘리고 더 많은 프로그램 개발자들을 끌어들일 방법을 찾기 위해 필사의 노력을 기울이고 있는 중이었다. 기업 사용자들은 서버들을 이용해 모든 종류의 기업 소프트웨어를 돌릴 수 있어야 했고, 그래서 전형적인 소비자 중심 기업이었던 애플이 기업용 서버 구축에 나선 것이었다.

그 프로젝트는 실패로 끝났다. 기업용 서버를 구축하는 기술이 너무 어려워서가 아니었다. 사실 그건 더없이 쉬운 기술이었다. 문제는 애플의 DNA 안에는 기업 대 기업 거래가 없었다는 점이다. 그 기업들에게는 마케팅도 판매도 고객지원도 개발자들도 없었다. 게다가 기업의 최고정보관리책임자CIO들은 마이크로소프트와 윈도우가 제공하는 기업 차원의 수많은 서비스들에 익숙해져 있었다. 애플의 하드웨어는 그들의 구매 결정에 필요한 퍼즐의 아주 작은 한 조각에 지나지 않았다. 그런데도 애플 서버팀은 그 부자연스런 짝짓기를 강행하려 애쓰면서 스스로 자중지란에 빠졌다. 그러다 마침내 아이팟이 나타나 곤경에 처한 애플을 구해냈고, 다행히 서버 프로젝트는 자연스레 취소됐다.

스티브 잡스는 그 당시 배운 교훈을 명확히 알고 있었다. 물론 우리들도 잘 알고 있었다. 어떤 회사든 B2B와 B2C를 동시에 다 하려고 하면 필시 실패하게 된다는 교훈이었다.

당신의 고객은 인스타그램에서 광고를 보고 여동생 크리스마스 선물로 당신 회사 제품을 구입한 밀레니얼 세대의 '짐'인가? 아니면《포춘》500대 기업의 최고정보관리책임자인 '제인'인가? 그녀는 당신 회사 판매팀에서 보낸 콜드 이메일cold email(친분이 없는 사람에게 보내는 홍보 이메일—옮긴이)에 답장을 하고 수개월간 여러 제품들과 가격을 놓고 협상을 벌였으며, 현재 자기 회사 직원 5,000명을 훈련시키기 위해 고객 업무 분야의 전문 에이전트팀을 필요로 하고 있다. 당신은 이 두 사람을 동시에 머릿속에 두고 있어선 안 된다. 완전히 정반대인 두 고객을 만족시킬 제품을 만들 수는 없다. 한 제품으로 완전히 다른 두 가지 고객 경험을 안겨줄 수는 없는 법이다.

이는 기술 관련 제품에만 국한된 얘기가 아니다. 서비스에도 해당되고 매장에도 해당된다. 당신이 현재 식당을 운영하고 있다 해도 이 원칙은 변하지 않는다.

그러나 모든 규칙에는 예외가 있는 법. 당신이 B2C로 시작했다고 해서 절대로 B2B 거래를 할 수 없느냐 하면 그건 아니다. 일부 아주 특별한 기업들은 그 두 가지 거래를 다 잘하기도 한다. 호텔 및 항공사 같은 여행 관련 기업들과 코스트코와 홈 디포(이들은 일대 혁신을 통해 B2B 제품은 물론 B2C 제품들도 취급하고 있다) 같은 소매업체들이 그 좋은 예다. 일부 가정들은 소규모 기업처럼 운영되고 있기 때문에, 은행처럼 금융 상품을 다루는 기업들도 B2B 거래와 B2C 거래를 동시에 다 할 수 있다.

심지어 그런 기업들의 경우에도 주 사업 분야는 B2C 거래다. 이것이 또 다른 규칙이다. 즉, B2B 거래와 B2C 거래를 다 하고 싶다 하더라도 여전히 B2C 거래에 마케팅을 집중해야 한다. 일반 소비자들을 상대로 기업용으로 개발된 B2B 거래 제품을 쓰라고 설득할 순 없지만, 그 반대는 가능하기 때문이다.

이는 애플이 기업 내에서 자신의 존재감을 과시한 방법이기도 했다.

아이폰이 출시된 뒤에도 기업의 CIO들은 그 제품을 기업용으로 쓰는 데 인색했다. CEO들은 대개 IT 관련 제품의 사용 여부를 CIO들의 결정에 맡겼기 때문에 CIO가 움직이지 않으면 기업용 제품이 되기 힘들었다. 하지만 아이폰은 달랐다. 많은 CEO가 자신의 아이폰을 사랑했고 그 밑에 있는 직원들도 그랬다. 그들은 그런 아이폰을 사무실에서도 쓰고 싶어 했다. 그렇게 CEO가 직접 나서서 변화를 촉구하자 상황이 달라졌다.

이렇듯 소비자용으로 만들어진 애플 제품의 성공은 기업 내에서의 성공으로 이어졌다. 사람들은 자기 아이폰과 사랑에 빠졌고 그래서 왜 삶의 다른 부분들에서는 이걸 사용하면 안 되는지 의아해했다. 사용법을 익히는 데 여러 날 또는 여러 주가 걸리는 기업 내 엉터리 툴을 쓰고 싶어 하는 사람은 아무도 없었다. 그들은 쉽게 이해할 수 있는 사용자 인터페이스와 빠른 속도 그리고 멋진 하드웨어를 원했다.

앱 스토어가 만들어진 주요 계기들 중 하나는 사실 기업들로부터 나왔다. 아이폰을 채택하기 시작하면서 기업들이 애플에 직원용 및 판매용 앱들을 만들 수 있게 해달라고 요청한 것이다. 애플은 사람들이 직장에서도 계속 아이폰을 사용하길 원했고, 그러려면 기업들에게 자체 앱 개발이 가능하도록 장을 열어주어야 했다. 앱 스토어는 그렇게 탄생했다.

이제 애플은 B2B 거래를 총괄하는 별도의 팀을 운영하고 있지만 그 제품들은 결코 B2B 거래 고객들을 위한 것이 아니다. 애플은 100퍼센트 B2C 거래 특성을 그대로 유지함으로써, 자신들의 사업 우선순위나 마케팅을 크게 바꾸지 않고 또 핵심 사업을 약화시키지 않고도 추가로 B2B 거래도 할 수 있게 된 것이다.

스티브 잡스는 규칙들을 정했고, 애플은 그 규칙들을 그대로 따랐다. 그들은 게임이 어떻게 진행되는지 잘 알고 있었다.

그러나 만약 게임의 규칙이 변한다면 어찌 될까? B2B 거래나 B2C 거래가 더 이상 게임의 규칙이 아니라면 어찌 될까? 새로운 시장들, 새로운 서비스들, 새로운 비즈니스 모델들, 새로운 거래 규칙들이 생겨난다면 어찌 될까?

DICE는 내가 함께 일하고 있는 회사들 중 하나로, B2B2C 거래를 하는 차세대 음악 발견 및 티켓팅 플랫폼 회사다. 이 회사는 초창기에 세 종류의 고객들, 즉 음악 팬(소비자)과 공연 장소(기업) 그리고 뮤지션(기업)에 따라 사업이 세 방향으로 갈라졌다. 어찌 보면 이 회사의 주 수입원은 공연 장소였으므로 각종 툴은 주로 그곳들을 위한 것이어야 했다. 그러나 DICE 측은 음악 팬들에게도 멋진 고객 경험을 안겨주고 싶어 했고, 또 한편으론 회사 자체가 뮤지션 없이는 존재할 수 없었기에 뮤지션들에게도 관심의 초점을 맞춰야 했다.

어쨌든 DICE는 이 세 고객들을 다 끌어들여야 했다. 성공을 하려면 세 고객들을 계속 다 만족시켜주어야 했다. 그러나 이 회사에는 고객 관리팀도, 제품도 하나밖에 없었다. 또한 공연 장소들에 이것저것 양보할 때마다 음악 팬들과 뮤지션들은 안 좋은 경험을 해야 했다. 뮤지션들을 만족시키려 노력하면 이번엔 공연 장소들이 불만을 쏟아냈다.

내가 전한 조언은 단순명료했다. "아무것도 변하지 않았다. 규칙들은 여전히 유효하다. 당신은 하나를 선택해야 한다. 당신이 이 사업을 시작한 이유는 단 하나, 암표 상인들을 없애고 음악 팬들에게 멋진 경험을 선사하기 위해서였다. 당신 회사는 B2B2C 거래 기업이다. 그 거래 형태를 유지하되 당신의 임무는 잊지 말라. 기업들도 중요하다. 그러나 사용자들이 없다면 남는 건 아무것도 없다."

오늘날 DICE의 '황금률'은 다음 한 문장으로 요약된다. "우리의 유일한 고객은 음악 팬들이다."

이들은 지금 공연 장소와 뮤지션들을 상대로 이 황금률을 계속 상기시키며 그렇게 믿도록 만들고 있다. 자신들이 음악 팬들을 제대로 대우하면 그 외의 모든 것들은 저절로 따라올 거라는 사실을 말이다. 뮤지션들과 공연 장소들과 DICE는 모두 결국 한 주인을 섬긴다. 공연 티켓을 구입하는 음악 팬 말이다. 그저 멋진 공연을 보고 싶어 하는 한 사람.

B2B2C 기업과 관련해 기억해야 할 사실이 바로 이것이다. 얼마나 많은 기업들이 개입되어 있는지는 상관없다. 비즈니스 모델을 뒷받침해주는 건 결국 '최종 소비자'다.

안타깝게도 많은 기업이 이 사실을 자주 잊는다. 특히 그런 일은 B2C 기업에서 B2B2C 기업으로 진화할 때 가장 흔하게 일어난다. 그들은 대개 아무 비즈니스 모델도 없이 시작한다. 자신들의 제품을 많은 고객에게 무료로 제공함으로써 아무 이익도 내지 못하는 상태로 사업을 시작하는 것이다. 그러나 그 무료는 결코 진짜 무료가 아니다. 결국 기업들은 가장 수익성 좋은 옵션은 사용자들의 '데이터'를 대기업들에 파는 것이라는 사실을 깨닫는다. B2B 판매를 활용함으로써 소비자 데이터를 백 번이든 천 번이든 되팔 수 있는 것이다. 그게 바로 메타와 엑스, 구글, 인스타그램 등 많은 기업들이 채택한 스토리다.

때때로 그 스토리는 좋지 않은 결말로 이어질 수도 있다. 주 관심사가 소비자에게서 정말 수익성이 좋은 기업으로 옮겨가는 순간, 회사는 아주 후미진 골목길로 접어들기 시작한다. 그러니 주 관심사를 절대 잃지 말라. 두 주인을 섬길 수 있다는 생각은 접어라. 당신이 무엇을 만들든, 그걸 누구를 위해 만들고 있는지 절대 잊지 말라. 당신은 오직 한 고객만 선택할 수 있다. 현명한 선택을 하라.

| 제5장 |

열심히 일하고 제대로 쉬는 법

다음과 같은 두 종류의 일과 삶의 균형이 있다.

1. **진정한 일과 삶 간의 균형 상태:** 마법 같고 신화 속 이야기 같기도 한 상태로, 일과 가족, 취미, 친구들과의 만남, 운동, 휴가 등 모든 것을 즐길 수 있는 시간이 있다. 일은 그저 삶의 한 부분일 뿐이며 삶의 다른 부분에 어떤 영향도 끼치지 않는다. 그러나 당신의 회사를 설립했거나, 치열한 경쟁 속에서 주어진 일정에 따라 혁신적인 제품이나 서비스를 만들어내려 애쓰는 팀을 이끌고 있거나, 직장에서 초긴장 상태로 있어야 하는 시간을 보내는 중이라면, 이런 종류의 균형을 유지하기란 불가능하다.

2. **일을 할 때의 개인적인 균형 상태:** 이는 곧 일을 해야 한다거나 대부분의 시간

동안 일 생각을 하게 되리라는 걸 인지하고 당신의 뇌와 몸에 휴식을 줄 여유를 찾는, 일과 삶 간의 균형 상태를 의미한다. 이런 수준의 개인적 균형 상태에 도달하려면 일정을 잘 짜서 잘 먹을 시간(가능하면 가족 및 친구들과 함께)을 가져야 하며, 운동을 하거나 명상을 하고, 잠도 충분히 자고, 골머리 아픈 사무실 문제는 잠시 잊고 다른 생각을 할 여유를 가져야 한다.

'진정한 일과 삶 간의 균형'이 전혀 없는 상태를 잘 견뎌내려면 명확하면서도 조직적인 전략이 필요하다. 또 우선순위도 정해야 한다. 당신이 깊이 생각해봐야 할 모든 사안들을 하나하나 적어보고, 그것들을 언제, 어떻게 팀원들 앞에서 꺼낼지 계획을 짜야 한다. 이렇게 하지 않으면 일들은 당신 머릿속에서 끊임없이 소용돌이칠 것이며 당신은 잠시라도 일에 대한 부담에서 벗어나 쉴 기회조차 날리게 될 것이다.

내가 해주고 싶은 조언을 한마디로 정리하자면 다음과 같다. 결코 스티브 잡스처럼 휴가를 보내지 말라.

• • •

잡스는 대개 1년에 두 차례, 2주씩 휴가를 보냈다. 애플에서 우리는 늘 그 휴가를 두려워했다. 처음 48시간은 조용했지만 이틀이 지나면 그가 쉴 새 없이 전화를 해댔기 때문이다.

그는 매일매일 이런저런 걱정들을 했지만, 이런저런 회의들에 얽매이진 않았다. 그는 자유로웠다. 자유로웠기 때문에 밤이고 낮이고 늘 애플의 미래에 대해 꿈꿀 수 있었다. 자유로웠기 때문에 그 어떤 미친 아이디어가 떠오르든 언제든 전화를 걸어 우리의 생각을 물을 수 있었다. "비디오 아이팟으로 영화 감상을 할 수 있는 비디오 안경 어때요? 예스? 노?"
그는 우리가 그 자리에서 우리 생각을 말해주거나 빨리 답을 찾아내주
길 바랬다. 그래야 자신의 생각을 다듬을 수 있었으니까.

잡스는 사무실에 있을 때보다 휴가 중에 더 열심히 일을 했다. 그가 보
여준 그런 종류의 끊임없고 미친 듯한 집중력이 지금 애플에선 또 다른 전
설처럼 떠돌곤 한다. 미친 천재나 보여줄 법한 특성 같지만, 실은 그렇지
않다.

잡스의 경우는 좀 극단적이긴 하지만, 어쨌든 많은 사람이 머릿속에
서 일에 대한 생각을 지워버리지 못한다. 나도 그렇다. 감히 말하건대, 대
부분의 사람이 그렇지 않을까 싶다. 이는 비단 CEO와 임원들에게만 국
한된 얘기가 아니리라. 일을 하다 보면 초긴장 상태에 빠지는 순간들이
있다. 가뜩이나 할 일이 너무 많은데 더 많은 일들이 생길 거라는 걸 아
는 때. 그래서 사람들은 일하고 있지 않은 순간에도 일 생각을 멈추지 못
한다.

때론 그런 게 괜찮기도 하다. 정말이다. 때론 그게 당신의 유일한 옵션
이다. 그러나 밤새 직장 내 위기에 대해 생각하면서 머리를 쥐어짜는 것
과 자유분방하고 창의적인 방식으로 일 생각을 하는 건 하늘 땅 차이다.
후자는 같은 문제들에 대해 닳고 닳은 낡은 해결책들을 동원해가며 머
리 싸매고 고민하는 걸 멈추게 해준다. 그 대신 마음속 여기저기를 뒤져
새로운 해결책들을 찾게 도와준다.

나는 가끔 잡스가 이런 이유로 휴가를 갔다고 생각했다. 쉬기 위해서
도 아니고 애플에서 벗어나기 위해서도 아니고, 가족들과 함께 시간을
보내면서 마음속 여기저기를 뒤져보기 위해서라고 말이다. 일과 삶의 진
정한 균형을 찾기 위해서도 아니고 다른 누군가에게 그 균형을 대신 찾

게 해주기 위해서도 아니고, 자신이 발 벗고 나서 직접 부딪히기 위해서. 그는 가족을 제외하고 자신의 삶 속에 들어온 다른 모든 사람들을 극한 까지 내모는 방식으로 오직 애플만을 생각했다.

대부분의 사람은 압박감이 실로 커지는 결정적인 순간에 이처럼 일과 삶의 균형이 완전히 깨지는 경험을 한다. 그러나 잡스의 입장에서 그건 삶의 방식 그 자체였다. 당신이 스티브 잡스가 아니라면, 그래서 허구한 날 일 생각을 해야 하지만 그렇게 살고 싶진 않다면, 그에 맞는 시스템을 갖춰야 한다.

제정신을 유지할 방법을 찾아라. 불가피한 일들과 회의, 계획, 문제, 발전 그리고 두려움이 소용돌이치는 늪에서 빠져나와라. 그리고 일정을 잘 짜서 몸과 마음이 탈진해버리거나 형체를 몰라볼 정도로 와해되지 않게 하라. 이는 모든 걸 경험해본 사람으로서 하는 얘기다. 제너럴 매직에서 나는 육체적, 정신적으로 완전히 무너졌었다. 인간은 결코 스트레스 상태에서 다이어트 콜라만 가지곤 살아남을 수 없다.

그러나 제너럴 매직에 다닐 때만 해도 나는 사회 초년생이었고 나 스스로 폭발을 일으키기보다는 폭발에 휘말려 살았다. 애플의 경우는 전혀 달랐다. 그곳에서 처음 몇 년간 받은 압박감은 말로 표현하기 힘들 정도로 심했다. 특히 초반에 스타트업 퓨즈 시스템즈를 운영하면서 내 팀을 구하기 위해 애플과 계약을 맺고 일할 때 더 그랬다. 이후 애플에 들어가 아이팟 프로젝트를 진행하면서 그 압박감과 스트레스는 훨씬 더 심해졌다.

아이팟 프로젝트는 처음 시작할 때만 해도 부차적인 프로젝트였다. 그러나 몇 개월이 지나고 몇 년이 지나면서 아이팟은 매킨토시 컴퓨터 만큼이나, 때론 그 이상으로 중요해졌다. 그러자 회사 전체가 숨을 죽인 채 우리의 성공 여부를 예의주시했다. 우리는 전혀 새로운 제품을 만들어야 했다. 그것도 믿을 수 없을 만큼 빨리, 스티브 잡스의 까다로운 요구 조건들을 다 맞춰가면서 말이다. 모든 사람이 그 제품만 보면 애플을 떠올리도록 아름다우면서도 기분이 좋아지게 만들어야 했으며 상업적으로도 대성공을 거둘 수 있어야 했다.

잡스의 승인을 받은 뒤 나는 2001년 4월에 애플 본사로 들어갔고 그때 우리 팀은 그다음 연휴 시즌까지 아이팟 디자인과 제작을 끝내야 하는 상황이었다. 남은 기간이 7개월이었다. 그건 잡스가 말도 안 되는 데드라인을 정했기 때문이 아니었다. 데드라인을 그렇게 정한 사람은 나였다. 잡스는 12개월에서 16개월은 걸릴 거라고 예상했다. 모든 사람들이 그랬다.

우리가 그 데드라인에 맞춰 크리스마스 때까지 아이팟을 출시할 수 있을 거라 믿은 사람은 아무도 없었다. 당시 나는 필립스에서 막 4년을 보내고 온 상태였는데, 필립스에서는 프로젝트의 90퍼센트 이상이 취소되거나 폐기됐다. 프로젝트가 충분히 빨리 진행되지 않거나 지연될 경우 또는 프로젝트에 이런저런 문제들이 생길 경우, 경영진은 바로 개입해 더 이상 실수하지 못하게 손을 쓰거나 프로젝트를 빼앗아갔다(제2.3장 '조직 내 또라이들을 다루는 법' 참조). 나는 애플에서도 그와 같은 상황이 벌어지는 걸 원치 않았다. 소니에서 크리스마스 때 뮤직 플레이어를 출시해 우리의 존재감이 흐려지는 것도 원치 않았고, 필립스에서처럼 애플 내부의 정책들로 일이 지지부진해지는 것도 원치 않았다.

우리는 아주 작은 팀이면서도 애플의 주력 사업으로부터 많은 자원들을 끌어오고 있었고, 그 때문에 성공해야 한다는 압박감이 말도 못하게 심했다. 다른 팀들은 그런 상황을, 그런 상황을 만든 우리를 마음에 들어

하지 않았다. 우리를 바라보는 눈길들만 봐도 알 수 있었다.

그런 이유로 나와 팀원들은 우리의 능력을 스스로 입증해 보이기 위해 악착같이 일했다. 내가 할 일은 팀을 만들고 그 팀을 이끌어 아이팟을 만들어내는 것이었다. 그러면서 팀 자체도 공고히 구축해나가야 했다. 또한 매일매일 디자인 및 엔지니어링 일을 해야 했고, 경영진의 기대치도 충족시켜야 했으며, 판매 및 마케팅 부서들과 협력해 필립스에서의 실수를 되풀이하지 않아야 했고, 대만을 찾아가 제조가 제대로 되고 있는지 확인도 해야 했으며, 내 팀원들의 스트레스 문제도 해결해줘야 했고, 매일 잡스 및 다른 임원들과 논의도 해야 했으며, 그 와중에 가끔씩 눈도 좀 붙여야 했다.

이 모든 걸 늘 머릿속에 담아두고 살기란 불가능했다. 늘 새로운 위기가 찾아왔고, 늘 새로운 걱정거리가 생겨나 방금 전의 걱정거리를 대체했다. 귓속에선 늘 째깍째깍 시계 소리가 들리는 듯했고, 수많은 작은 부품들이 움직이는 듯했으며, 수많은 기어들이 다른 기어들을 돌리고 또 다른 기어들도 돌리는 듯했다.

나는 진정할 필요가 있었다. 여유를 찾을 필요가 있었다.

결국 내가 생각한 방법은 우선순위를 정하는 것이었다. 당시 나의 행동을 보고 사람들은 내가 미쳤다고 생각했다. 아마 지금도 그럴 것이다. 나는 어디를 가든 늘 종이뭉치를 갖고 다녔다. 그 종이뭉치 안에는 엔지니어링, 인사, 재무, 법무, 마케팅, 시설 등 회사 내 각 부서와 관련해 우리 앞에 줄지어 서 있는 주요 일정들이 적혀 있었고, 또 그 일정들을 지키기 위해 필요한 모든 내용도 적혀 있었다. 내가 시급히 해결해야 문제들도 죄다 적혀 있었다. 그래서 회의에 참석하거나 누군가와 얘기를 나눌 때면 나는 늘 그 모든 것을 죽 훑어볼 수 있었다. 가장 시급히 해결해야 할 문제는 무엇인가? 우리 고객들이 느끼고 있는 문제는 무엇인가? 이 팀이 현재 넘어야 할 장애물은 무엇인가? 중요한 다음 일정들은 무엇인가? 우리 팀이 약속한 다음 일정들은 무엇인가?

그 종이에는 가장 중요한 것, 즉 각종 아이디어들이 적혀 있었다. 누군가가 다 함께 논의해봐야 할 멋진 아이디어나 제품 또는 조직 개선에 필요한 아이디어를 내놓을 경우, 그것들을 다 적어놨던 것이다. 또한 그 주에 해야 할 일들의 목록 바로 옆에는 우리가 지체 없이 시작해야 할 모든 업무가 적혀 있었다. 나는 그것들을 수시로 읽어보며 제대로 이행되고 있나 확인했다. 그래서 나는 늘 고무적이고 활기찼으며 미래에 집중했다. 그건 팀원들에게도 아주 좋은 영향을 주었다. 내가 늘 자신들의 아이디어에 관심이 많고 또 그 아이디어에 대해 계속 생각한다는 걸 알았으니까.

각종 아이디어들, 일의 우선순위들, 넘어야 할 장애물들, 뭔가를 하기로 약속한 날짜들 그리고 우리 앞에 놓인 중요한 내부 및 외부의 심장박동 등, 내가 어느 것 하나 놓치지 않고 그 모든 일들을 기억할 방법은 단 하나, 모든 회의에 그 종이뭉치를 가지고 들어가는 것이었다. 컴퓨터로 입력해놓은 파일이 아니라 손으로 직접 쓴 종이 말이다(제3.5장 그림 3.5.1 참조).

나의 경우에는 손으로 직접 쓰는 게 아주 중요했다. 스크린을 들여다보면서 이메일에 정신을 빼앗기지 않아도 됐으니까. 컴퓨터나 스마트폰은 회의 자리에서 당신과 팀원들을 갈라놓고 집중력을 흐트러뜨리는 큰 장애물이다. 사람들에게 '내가 지금 스크린에서 보고 있는 게 여러분보다 더 중요합니다'라는 메시지를 보내는 것과 같다.

나는 매주 일요일 저녁마다 종이에 적힌 내용들을 살펴보면서 해야 할 일들을 재평가하고 우선순위를 재조정했으며 괜찮은 아이디어들을 찾아봤고, 그런 다음 그 모든 걸 컴퓨터상에 업데이트한 뒤 새로운 버전으로 프린트를 하곤 했다. 그런 식으로 일의 우선순위를 계속 재조정함으로써, 어떤 일들을 하나로 합칠지 혹은 제거할지 알 수 있었으며, 우리가 너무 많은 일을 하려고 무리하는 순간들도 파악할 수 있었다.

그걸 알아내자 우리가 왜 그동안 그렇게 심한 압박감에 시달리고 있었는지 깨달았다. 우리는 그간 너무 많은 일들에 '예스'라고 말해왔던 것이다. 이제 '노'라는 말도 해야 할 때였다. 그러려면 어떤 일들을 다른 부서로 넘기고 어떤 일들을 연기하며 또 어떤 일들을 할 일 리스트에서 빼야 하는지 어려운 결정을 내려야 했다. 그럴 때 나는 내가 머릿속으로 가장 중요하다고 생각하는 게 아니라 실제로 가장 중요한 걸 토대로 우선순위를 정할 수밖에 없었다. 그 덕에 당장 발등에 떨어진 불들을 끈다거나 그날그날 관심이 가는 일들에 집중하기보다 더 중요한 미래의 목표들과 일정들에 집중할 수 있었다.

그런 다음 일요일 밤에 이메일을 써서 그 모든 리스트를 관리팀에 보냈다. 각 항목에는 제목이 붙어 있었다. 직원들은 그 리스트만 봐도 그 주에 내가 어떤 일에 집중했는지, 자신들은 어떤 일에 책임이 있는지 그리고 이후의 중요한 일정들은 무엇인지 한눈에 파악할 수 있었다.

매주 월요일에는 그 모든 걸 다루기 위한 회의를 했다.

직원 대부분은 그 월요 회의를 아주 싫어했다. 내가 종이뭉치를 꺼내 몇 주 동안 계속 물어온 것들, 그러니까 아직 할 일 리스트에서 빠지지 않아 잊지 말고 계속 신경 써야 할 것들을 하나하나 확인해나갈 때면, 거짓말 하나 안 보태고 모두들 움찔움찔하는 게 보일 정도였다. "6월 3일에 월말까지면 준비가 다 될 거라고 했었죠. 지금 7월인데… 이 프로젝트는 어떤 상태인가요?"

그건 마이크로 매니지먼트가 아니었다. 권한 위임을 하지 않고 모든 걸 혼자 관리하려는 의도가 아닌, 사람들이 책임감을 갖도록 하기 위한 방법이었다. 나 스스로가 그 모든 걸 잊지 않기 위한 방법이기도 했다. 또한 내가 기억해야 할 그 모든 일들의 홍수 속에서 살아남기 위한 필사의 노력이기도 했다.

처음에는 종이 한 장으로 시작됐다. 그러다 점점 늘어나 여덟 장이 됐고, 열 장이 됐다. 노동집약적인 일이었고 끝이 없는 일이었다. 그러나 효과는 있었다. 결국 나의 팀원들도 그걸 이해하게 됐다. 나는 그렇게 진정될 수 있었다(상대적으로). 집중하는 데도 도움이 됐다. 그 누구도 내가 무슨 생각을 하고 있는지 궁금해할 필요가 없었다. 매주 업데이트되는 나의 우선순위들을 늘 한눈에 볼 수 있었으니까.

나는 결코 내가 썼던 방식이 모든 사람에게 통할 거라고 생각하지 않는다. 아마도 당신은 당신에게 맞는 나름대로의 방법을 찾아야 할 것이다. 그러나 방식이야 뭐가 됐든 당신의 일들에 우선순위를 정해야 하며, 당신 생각들을 관리하고 조직화하고, 예측 가능한 일정을 짜 팀원들이 당신의 생각을 알 수 있게 해야 한다.

그런 다음 휴식을 취해야 한다.

제대로 된 휴식 말이다. 산책을 하거나 책을 읽거나 아이와 놀아주거나 근력 운동을 하거나 음악을 듣거나 아니면 그냥 바닥에 누워 천장을 쳐다보도록 하라. 당신 머릿속이 일로 둘러싸여 미친 듯이 뱅뱅 도는 걸 멈추기 위해서라면 뭐든 해야 한다. 일단 해야 할 일들에 우선순위를 정하는 방법을 찾아내면, 그다음엔 당신의 육체적 건강과 정신적 건강을 최우선시하라. 그게 말처럼 쉬운 일이라면 이렇게까지 구구절절 이야기하지도 않았을 것이다. 당신이 이끄는 스타트업이나 프로젝트는 마치 어린아이와 같다. 아기들은 여차하면 계단에서 굴러떨어지고 전깃줄을 입에 넣고 씹는다. 끊임없는 주의가 필요하다는 얘기다.

일도 이와 마찬가지다. 당신이 만일 휴가를 가게 된다면 그건 난생 처음 아기를 베이비시터에게 맡기고 집을 떠나는 것과 같다. 베이비시터가 아기를 잘 봐주리라는 걸 믿지만 혹시 몰라 계속 확인하게 될 것이다. 한 시간 후에 확인하고 또 확인하고. 그리고 어쩌면 집에 오늘 길에 또. 혹 베이비시터에게 아기가 졸릴 때 재채기를 한다는 얘기를 했던가? 그렇게 또 전화하기를 멈추지 못한다. 그런 일이 반복되다 보면 결국에는 베이비시터를 믿게 된다. 그와 마찬가지로, 당신은 팀원들이 당신 없이도 모든 일을 잘해낼 거라는 걸 알게 된다. 그렇게 나 역시 몇 세대의 아이팟을 제작한 뒤 비로소 제대로 된 휴가를 갈 수 있었다.

적어도 나는 스티브 잡스와는 다른 휴가를 보냈다는 말을 하고 싶다. 내 가족과 함께 즐거운 시간을 보내는 데 집중했고 시간을 내 편히 쉬기도 했다고. 그러나 솔직히 말하면 그러지 못했다. 나 역시 모든 시간을 회사의 미래에 대해 생각하는 데 보냈다. 좀 변명을 하자면 사무실에서 매일 하던 것과 달리 덜 집중하는 방식으로 그렇게 했다. 그리고 그 누구에게도 전화를 하거나 이메일을 보내지 않았다. 진짜 시급한 상황일 때에만 얘기를 나눴다.

휴가를 떠날 때마다 나는 내게 보고를 하는 사람에게 지휘권을 넘겼다. "친구, 이제 모든 건 자네 책임이야!" 나의 휴가는 팀 전체가 한 단계 업그레이드되고 내가 하던 일들을 배울 수 있는 좋은 기회였다. 또 팀의 미래 역량을 키우고 앞으로 누가 당신 자리를 이어받게 될지 살펴보는 좋은 기회이기도 하다. 팀원들은 팀원들대로 당신이 없을 때 자신의 능력을 보여줄 수도 있고 말이다. 그러므로 아무리 스트레스를 많이 받는 일을 하고 있더라도 휴가는 꼭 가야 한다. 팀원들 입장에서 봐도 당신의 휴가는 매우 중요하기 때문이다.

억지로라도 휴식을 취하지 않는다면 휴식은 영영 없을 것이다. 그러니 잠자리에 들기 전에 해야 할 일을 다 하도록 하라. 밤늦게 카페인을 섭취하지 말고 설탕도 먹지 말고 침대 곁에 스마트폰을 두지도 말라. 당신은 중독자다. 우리 모두 그렇다. 스마트폰은 가급적 멀리 놓고, 충전도 다른 방에서 하도록 하라(나는 매일 그러고 있다고 말할 수 있다면 좋겠지만, 너무 큰 기대 말라. 나 역시 인간이다).

그런 다음 당신의 스케줄에 잠시 숨 돌릴 시간을 집어넣아라. 자칫 잘못하면 하루 종일 회의에, 회의 또 회의만 전전하기 쉽다. 뭘 먹을 시간도, 화장실 갈 시간도 없이 말이다. 그럴수록 숨 돌릴 시간을 가져야 한다. 문자 그대로, 숨 돌릴 시간을 가져야 한다. 안 그랬다간 무너져버리게될 테니까. 우리는 갓난아기를 돌보느라 진이 빠진 부모들을, 완전히 무너지기 직전의 부모들을 봐왔다(아니면 우리가 그런 부모들이었다). 꼭 그런 식이다. 완전히 일에 미쳐 애꿎은 팀원들에게 화풀이나 해대는 리더가 되지 않는 것도 당신이 해야 할 일들 중 하나다.

당신의 일정표를 잘 들여다보라. 그리고 그걸 잘 조정하라. 향후 3개월에서 6개월의 일정을 종이에 적어보라. 대표적인 하루가 어떤 모습일지 적어보고 대표적인 한 주 또는 두 주가 어떤 모습일지도 적어보라. 다음 달에도 그걸 계속 해보라. 그다음 달에도, 그다음 6개월 동안에도.

이제부터라도 당신의 하루, 한 주, 한 달 일정을 재조정해 온전히 인간답게 느껴질 만한 시간을 할애하도록 하라. 점심 식사 후 10분간 흥미로운 '미디엄'Medium(영감을 주는 글들이 많이 올라오는 오픈 플랫폼. 독자 수가

1억 명이 넘는다. — 옮긴이) 기사를 읽어도 좋고 앞으로 6개월 후 일주일 휴가를 떠나 야자나무 아래에서 쉬는 것도 좋다. 어쨌든 일정을 재조정해 그런 휴식 시간을 가져야 해야 하며, 그런 다음 다른 사람들이 휴식을 취하려 할 때도 같이 보조를 맞춰야 한다.

며칠마다 또는 1주 또는 2주마다 무엇을 할 것인가? 8~12주마다는? 6~12개월마다는? 이렇게 장기적으로는 휴가 계획들을 짤 필요가 있다. 단기적으로는 다음과 같이 하면 좋다.

- 1주에 2~3회: 평일에는 하루 일정 중간중간에 생각과 사색을 할 수 있는 시간을 빼놓도록 하라. 명상을 하라. 당신 분야와 무관한 주제와 관련된 뉴스를 읽어라. 뭐든 좋다. 당신의 일과 관계가 있다 해도 그게 실제 업무가 되어선 안 된다. 당신의 뇌에 잠시 쉴 시간을 주어라. 늘 배우고 호기심을 갖되, 끝없는 일과 회의에만 빠져 지내진 말라.

- 1주에 4~6회: 운동을 하라. 일어나라. 나가서 자전거를 타거나 달리거나 근력 운동을 하거나 아니면 그냥 산책을 하라. 나는 필립스 재직 시절부터 요가를 시작해, 지금까지 25년 넘게 계속 해오고 있다. 정말 어마어마하게 큰 도움이 된다. 주변이 완전히 조용한 상태에서 이런저런 요가 자세들에 제대로 집중하다 보면 내 몸을 잘 알게 되고 몸 상태가 안 좋을 때 이를 금방 알아차릴 수 있다. 요가와 비슷한 운동을 찾아보라. 그러면 육체적으로나 정신적으로 한계점에 도달했을 때 이를 바로 알아차리고 상황이 더 나빠지기 전에 바로잡을 수 있다.

- 잘 먹어라. 당신은 극한 스포츠 선수로, 당신의 스포츠는 일이다. 스

스로에게 적절한 연료를 공급해주어라. 너무 많이 먹지 말고, 너무 늦게 먹지 말고, 정제 설탕과 담배와 술을 멀리하라. 늘 자신의 몸이 쓰레기같이 느껴지지 않게 하라.

만일 시간을 내 헬스클럽을 다니거나 몇 달간 휴가를 가는 건 고사하고 매일 쏟아져 들어오는 이메일들을 처리하기도 바빠 이 모든 조언이 이론상으로만 완벽한 이야기처럼 들린다면 당신의 할 일 리스트에 다른 뭔가를 추가해야 할지도 모른다. '비서' 말이다.

당신이 만일 규모가 상당히 큰 기업의 상당히 높은 위치(책임자 또는 그 위)에서 상당히 큰 팀을 이끌고 있다면, 비서를 두는 것을 진지하게 고려해봐야 한다. 기업의 CEO라면, 절대적으로 비서가 있어야 한다.

젊은 리더들은 대개 비서를 두길 불편해한다. 나 역시 그랬다. 자신의 나약함을 인정하는 일처럼 느껴지는 데다, 거들먹거리는 임원처럼 보이는 게 싫기 때문이다. 내가 해야 할 일을 비서에게 시키는 게 누군가를 이용하는 일처럼 느껴져 기분이 좋지 않다. 게다가 아직 엔지니어링 책임자도 채용하지 못했고 판매 부서에 생긴 공석도 메우지 못했는데 비서를 채용할 수는 없지 않은가. 모든 일에는 우선순위가 있는 건데.

그러나 리더인 당신에겐 해야 할 일이 있다. 만일 당신이 그 일의 상당 부분을 회의를 하거나 이메일을 처리하는 데 쓴다면 또는 최악의 경우 그마저도 못한다면 문제가 생기게 된다. 누구나 그런 종류의 리더를 만난 적이 있을 것이다. 아니면 어쩌다 보니 그런 유형의 리더가 되었거나. 이 유형의 리더는 낙오된 리더로, 2주 동안 이메일들을 무시하며 겹겹이 세 차례의 회의 일정을 잡은 뒤 그 회의들에 참석도 하지 않는다. 그야말로 빽빽한 일정에 치여 그 어떤 일도 제대로 하지 못하는 것이다. 이런 리더들은 자기 자신은 물론 자기 팀의 이미지까지 손상시킨다. 나아가 자기 회사의 이미지까지 손상시킨다.

절대 그런 리더가 되지 말라.

만일 사람들의 시선이 신경 쓰인다면 비서를 혼자 쓰지 말고 다른 사람들과 공유하라. 유능한 비서는 세 명, 네 명 아니 심지어 다섯 명의 일까지 도울 수 있다. 아니면 팀 전체를 지원하는 비서를 고용하는 것도 방법이다. 팀원들의 지출 품의서를 대신 맡아 쓰거나 프로젝트와 관련된 모든 업무를 돕는 사람을 채용하는 것이다.

다만 이건 잊지 말라. 당신 마음을 바로바로 읽을 수 있는 완벽한 비서는 없다. 당신에게 필요한 비서는 당신이나 당신 회사에 헛소문을 퍼뜨리는 사람이 아니라, 우려되는 헛소문을 당신에게 전해주는 사람이다. 당신에게 필요한 비서는 뭐든 빨리 배우고 한 번만 말해도 다 알아듣는 사람이며, 시간이 지나면서 당신이 필요로 하는 것들을 예측하고 문제가 생기기 전에 그걸 해결해줄 수 있는 사람이다. 비서가 더없이 큰 도움을 주는 사람이 되기까지는 3개월에서 6개월 정도 걸리지만, 일단 자리를 잡고 나면 당신은 마치 새로운 초능력이 생긴 듯한 느낌이 들 것이다. 팔다리가 더 많아진 것처럼 느껴지기도 하고 하루가 6시간 정도 더 길어진 듯 느껴지기도 한다.

그런 비서는 단순한 직원이 아니다. 파트너나 다름없다. 그러니 그런 사람을 종처럼 부리는 어리석은 짓은 하지 말라. 놀랍도록 다재다능하고 똑똑하고 친절한 내 비서 빅키Vicky는 한때 그런 남자 밑에서 일한 적이 있다고 했다. 그녀의 말에 따르면, 그 남자는 어느 날 아주 외떨어진 지역에 있었음에도 당장 유기농 칸탈루프(녹색 껍질 안에 오렌지색 과육이 꽉 차 있는 멜론의 일종─옮긴이)가 필요하다며, 그것도 아주 절실히 필요하다며 그녀를 보내 몇 시간 동안 그걸 찾아다니게 만들었다. 그건 당신의 삶에 며칠 또는 몇 주의 여유를 가져다줄 귀한 사람을 대하는 태도가 아니다.

때론 뛰어난 능력을 가진 비서를 두는 걸로도 부족할 때가 있다. 직장에서의 압박감과 스트레스가 너무 심하고 해야 할 일과 참석해야 할 회의가 너무 많아 감당하기 힘든 순간도 있기 때문이다. 그럴 때에는 잠시 밖으로 나가라. 나가서 산책을 하라. 나 같은 경우에 일이 걷잡을 수 없이 힘들어질 때면 잠시 사무실 밖으로 나가 회의 계획들을 수정하곤 했었다. 그리곤 이렇게 말했다. "오늘은 많은 날들 중 하루일 뿐이다. 지금보다 더 나빠지게 하진 말자."

리더는 고사하고 한 인간으로서의 기능도 제대로 하지 못하는 순간들을 맞닥뜨렸다면 잠시 사무실 밖으로 나가라. 좌절감에 빠져 혹은 너무 과로를 한 나머지 잘못된 결정을 내리는 일은 없도록 하라. 일단 사무실 밖으로 나가 머리와 마음을 추스르고 다음 날 맑은 정신으로 올바른 결정을 내리도록 하라.

이 모든 일은 엄청난 혁신과 변화를 요구하는 일이 아니다. 초등학교 시절에 이미 배운 내용들이다. 해야 할 일들의 리스트를 적어라, 화가 날 땐 심호흡을 하고 조용히 혼자 있는 시간을 가져라, 싱싱한 야채를 먹어라, 운동을 하고 잠을 푹 자라. 당연히 알지만 까맣게 잊어버리게 되는 일들. 우리 모두 그렇다. 지금 당장 일정표를 꺼내 휴식을 위한 계획을 짜보라. 그럼에도 한동안은 계속 일에서 벗어나지 못할 것이다. 상관없다. 영영 그럴 건 아니니까. 어쩌면 당신은 너무 오랫동안 똑같은 망치로 문제들을 때려왔는지도 모른다. 이제는 뇌 속을 뒤져 쇠지렛대를 찾아야 할 순간이다. 아니면 불도저를 찾든가. 당신의 마음에 잠시 숨 돌릴 시간을 주어라.

그런 다음 잠자리에 들기 전에 스마트폰을 치워라. 그리고 요가를 좀 하라.

제6장

모든 위기는
뭔가를 배울 수 있는 기회다

당신은 결국 위기를 맞닥뜨릴 것이다. 새로운 것을 만드는 모든 사람은 필연적으로 위기를 맞는다. 만약 위기를 겪지 않는다면 지금 중요한 일을 하고 있지 않거나 한계까지 밀어붙이고 있지 않은 것이다. 혁신을 불러일으키는 새로운 제품 혹은 서비스를 만들 때는 어떤 시점에서 갑자기 완전한 실패를 맛보게 된다.

그건 어쩔 도리가 없는 외부적인 위기일 수도 있고 아니면 모든 기업이 겪는 점진적인 고통 또는 내부적인 위기일 수도 있다(5.2장 '성장하든가 아니면 죽든가' 참조). 어떤 쪽이든 그런 위기가 닥쳐올 때는 다음과 같이 하도록 하라.

1. 문제를 어떻게 해결할지에 집중하라. 누구를 탓할까에 집중하지 말고. 책임 소재는 나중에 밝히면 된다. 초기에는 그저 집중력만 분산시킬 뿐이다.

2. 당신은 리더이므로 잡초를 헤치고 직접 들어가봐야 한다. 권한 위임을 하지 않고 모든 걸 혼자 하려는 듯한 인상을 주지 않을까 걱정하지 말라. 위기 상황에서 사람들에게 무엇을 어떻게 하라고 말해주는 것이 리더가 할 일이기 때문이다. 그러나 일단 모든 사람이 마음을 가라앉히고 자신의 일로 돌아가면, 당신의 감시나 영향력 없이 일을 할 수 있게 내버려두어라.

3. 조언을 구하라. 멘토나 투자자들, 이사회 이사들 또는 당신이 알고 있는 사람들 가운데 비슷한 위기를 헤쳐 나온 적 있는 사람에게 도움을 청하라. 모든 문제들을 혼자 해결하려 하지 말라.

4. 일단 사람들이 초기 충격에서 벗어나면 당신이 할 일은 그들과 꾸준히 커뮤니케이션을 하는 것이다. 얘기를 하고 또 하고 또 해야 하며(팀원들, 회사의 나머지 사람들, 이사회 이사들, 투자자들 그리고 잠재적인 고객들 및 언론과), 얘기를 듣고 또 듣고 또 들어야 한다(팀원들이 우려하는 점과 문제들에 대한 얘기를 들어야 하며 패닉 상태에 빠진 직원들과 심한 스트레스를 받고 있는 홍보 부서 사람들을 진정시켜야 한다). 과다 커뮤니케이션을 걱정하진 말라.

5. 위기가 당신 또는 당신 팀의 실수로 야기됐다거나 우연한 사고로 야기됐다 해도 그건 중요하지 않다. 그 위기가 고객들에게 미치는 영향에 대해 책임을 인정하고 사과하도록 하라.

• • •

네스트 연기/일산화탄소 감지기의 핵심 기능들 가운데 하나는 '웨이브 투 허시'Wave to Hush('조용히 시키기 위한 흔들기' 정도의 뜻—옮긴이)라 불렸다. 아침 식사 준비를 하다 음식을 태웠을 때 경고음이 울리는데, 그 소리를 끄기 위해 연기 감지기를 향해 미친 듯이 타월이나 빗자루를 흔들 필요가 없다는 데서 붙여진 이름이었다. 그냥 연기 감지기 밑에 서서 조용히 팔을 두 번 흔들어주면 됐던 것이다.

웨이브 투 허시 기능은 기막히게 잘 작동됐다. 고객들도 그 기능을 아주 좋아했다. 다른 어떤 것보다 네스트 연기/일산화탄소 감지기는 정말 사람들에게 도움이 됐다. 그건 단순히 골치 아픈 오작동 문제를 해결하는 차원이 아니었다. 우리는 감지기 덕에 불이 난 집에서 무사히 탈출을 했다거나 일산화탄소 중독을 피할 수 있었다는 사용자들의 놀라운 경험담을 들었다. 우리는 우리의 제품에 대해 그리고 그 제품이 구해준 생명들과 가정들에 대해 엄청난 자부심을 느꼈다.

그런데 제품이 출시되고 몇 달 후, 우리 연구실에서 정기 테스트를 하던 중 불길 하나가 치솟았다. 불은 우리가 그때까지 봐온 그 어떤 불길보다 훨씬 크고 높게 번졌다. 불길은 위로 올라가며 춤을 추었고… 마치 손짓하듯 흔들거렸다. 손짓하듯 말이다. 오 이런, 경고음이 꺼졌다.

가슴이 철렁 내려앉았다. 명치를 한 대 맞은 기분이었다. 우리는 그게 얼마나 심각한 문제인지 그때 처음 깨달았다. 위기 각본을 고쳐 써야 했다. 이런 일이 재연될 수 있을까? 잘못된 테스트에서 우연히 일어난 일일까? 이런 일이 실제 가정에서 일어날 수 있을까? 그렇다면 그 확률은? 1,000분의 1? 아니면 10억분의 1? 실제 일어날 수 있다면 정말 위험한 일이었다. 그다음 상황은 정말 끔찍할 수 있었다. 제품 리콜을 해야 하고 고객들에게 경고를 하고 당국에도 알려야 했다. 안 그러면 최악의 경우 말도 안 되는 이 불길이 실제 집안 화재에서 나타날 수도 있었다. 그러면 그 불길은 누군가가 경고음을 절실히 필요로 할 때, 그걸 꺼버릴 수도 있었다.

우리는 모든 가능성을 열어놓고 죽어라 연구를 해봐야 했다.

1. 모든 네스트 연기/일산화탄소 감지기를 리콜한다. 이 경우 우리 제품과 우리의 브랜드 평판과 우리의 제품 판매는 다 끝장날 것이다.
2. 이 문제는 소프트웨어 업데이트로 해결할 수 있다.
3. 이건 단지 테스트 과정에서 일어난 에러일 뿐이다.

이 일은 뒤로 물러나 팀원들에게 스스로 해결책을 찾아내게 할 사안이 아니었다. 나는 사람들에게 정확히 어떤 일을 해야 하는지 알려주어야 했고, 또한 그들에게 최대한 빨리 해결책을 찾아낼 수 있게 필요한 툴들을 제공해주어야 했다. 나는 지휘 및 통제를 해야 했다.

위기 상황이 닥치면 모든 사람은 각자 맡은 바 일을 제대로 해야 한다.

- 당신이 만일 개별 기여자라면, 출동 명령을 받고 출동해야 한다. 문제 해결 방법을 찾고 다른 옵션들도 제시하면서 당신의 주 업무를 하도록 한다. 괜한 추측을 하거나 소문을 퍼뜨리지 마라. 뭔가 우려되거나 의심스러운 게 있다면, 지휘 계통에 따라 보고한 뒤 다시 하던 일을 하도록 하라.
- 당신이 만일 관리자라면, 경영진으로부터 받은 정보를 팀원들이 놀라거나 우왕좌왕하지 않게 잘 전달해야 한다. 하루에 두어 번씩 팀원들을 점검하되, 그 이상의 대응으로 그들을 힘들게 하진 말라(사람들은 매시간 메시지를 보내는 것만으로도 힘들어한다). 늘 팀원들 곁에서 힘이 되어주고, 일이 제대로 되어가고 있는지 또 팀원들에게 별일이 없는지 잘 지켜보도록 하라. 당신은 팀원들이 지쳐 쓰러지는 걸 막아줄 첫 방어선이다. 각종 압박과 스트레스, 충혈된 눈 그리고 한밤중에 먹는 나쁜 음식 등이 다 적신호다. 아마 위기 상황에서

도 모든 사람에게 숨 돌릴 틈을 주어야 할 것이다.

기대치와 한계들을 명확히 해야 한다는 것 또한 잊지 말라. 위기 상황에선 아마 주말에도 일해야 할 것이다. 괜찮다. 그런 일은 흔히 있으니까. 하지만 팀원들에게 어떤 계획인지 말해줘야 한다. "토요일에도 일하게 될 텐데, 모두들 오후 5시에는 퇴근하세요. 일요일 밤에 점검이 있을 겁니다."

- 당신이 만일 보다 큰 집단이나 기업의 리더라면, 아마 여러 해 동안 마이크로 매니지먼트 경향을 떨쳐버리려 애쓰며 지냈을 것이다. 그러나 위기 상황이 닥쳤다면, 다시 마이크로 매니지먼트에 돌입해야 한다. 권한 위임을 하기보다는 모든 걸 직접 처리해야 한다.

세세한 부분들, 모든 세세한 부분들에 관심을 쏟아라. 그러나 모든 결정을 당신 혼자 내린다거나 모든 문제를 당신 혼자 해결할 수는 없다. 당신 주위의 전문가들에게 도움을 받아라. 세세한 조치들을 실행에 옮기되, 그들이 당신 없이도 그 조치들을 취할 수 있게 해주어야 한다. 매일 아침과 퇴근 무렵에 팀원들을 상대로 각종 점검을 하라. 평상시에 하던 주간 또는 격주간 보고는 잠시 멈추고 대신 매일 회의를 해라. 그 회의에 꼭 참석해 팀원들의 말을 듣고 질문도 하고 필요한 정보도 얻도록 하라. 당신은 그렇게 얻은 정보를 이 위기 상황을 숨죽이며 지켜보고 있을 회사의 나머지 사람들과 투자자들, 기자들 그리고 기타 모든 사람에게 전하는 전달자가 되어야 한다. 또 위기 상황과 관련된 모든 이해당사자의 질문에 답할 수 있어야 한다. 그들의 신뢰를 절대 잃어서는 안 된다.

당신의 일정표에서 불필요한 회의들은 지워라. 전적으로 문제 해결에 집중하라. 당신도 인간임을 꼭 기억하면서 균형을 잃고 쓰러지는 일이 없도록 하라. 당신 스스로 평정심을 잃고 계속 신경 써야 할 일들을 간과함으로써 상황을 더 악화시키는 일은 없어야 한다. 그러기 위해 운동을 하거나 휴식을 취하거나 가족들과 함께 저녁을 먹거나 10분간 의자를 젖히고 나직한 음성으로 좋아하는 노래를 불러보라. 뭐든 당신에게 필요한 일을 하라.

그리고 잊지 말라. 당신의 팀원들도 인간이다. 그들도 집에 가고 잠을 자고 뭔가를 먹을 필요가 있다. 상황이 나아지고 있다는 느낌을 받을 필요가 있다.

팀원들이 누구 때문에 이런 혼란에 빠지게 됐다며 남 탓을 하게 만들지 말고 오직 당신이 제시하는 문제 해결책에만 집중하게 하라. 그렇게 하지 않으면 절차나 원칙들이 무시됐다며, 이 팀 탓이라며, 서로가 서로를 비난하는 가운데 온갖 소문들이 사무실 안을 떠돌게 될 것이다. 이 모든 혼란의 근원을 찾는 일은 중요하지 않다. 그건 당신 팀이 할 일도, 당신이 할 일도 아니다. 나중에 결국 모든 혼란의 근원을 알게 되겠지만 지금 당신이 해야 할 일은 일단 구덩이에서 빠져나가는 것이다. 혼란의 근원은 잘못된 일들을 바로잡고 앞으로 해야 할 일들을 정한 뒤 찾아도 늦지 않다.

여기서 이걸 잊지 말라. 처음의 충격이 사그라들고 모든 사람이 가슴을 쓸어내리며 원래 하던 일로 되돌아간 뒤에도, 속에는 여전히 불안감 같은 게 남아 있다. 그건 당신도 마찬가지일 것이다. 이 위기를 헤쳐 나갈 길을 찾아야 하는 경우라면 특히 더 그렇다. 위기 상황을 헤쳐 나가고 있는 그들을 위해 당신이나 관리자에게 자유롭게 의견 제시를 할 수 있는 소통 창구를 마련해두도록 하라.

당신은 항공모함 위에 여러 전투기들이 착륙하는 걸 돕고 있지만 그러면서 동시에 언론 브리핑도 해야 하고 가끔 직원들에게 심리 상담의 자리도 마련해줘야 한다. 아마 말도 안 되게 걱정되겠지만, 그렇다고 머리카락을 쥐어뜯어선 안 된다. 당신이 할 수 있는 일은 단 하나, 차분한 어조로 이렇게 말하는 것뿐이다. "그래요. 나도 걱정돼요. 여러분들처럼요. 겁나는 상황이니까요. 하지만 우리는 헤쳐 나갈 겁니다. 과거에도 이런저런 도전들에 맞서 함께 헤쳐 나갔으니까요. 자, 여기 계획이 있어요."

위 말은 네스트에서 내가 늘 반복해서 했던 말이다. 그러다 보니 일종의 주문처럼 되어버렸다. "우리는 이걸 헤쳐 나갈 거예요. 전에도 그랬으니까. 자, 여기 계획이 있어요. 우리는 이걸 헤쳐 나갈 거예요. 전에도 그랬으니까. 자, 여기 계획이 있어요."

다시 문제의 불길 이야기로 돌아가면 다행히도 아직 현장에선 그 묘하게 길고 좁다란 불길이 나타난 적이 없었다. 오직 테스트 과정에서만 본 것이다. 알고 보니 그 불길은 우리가 예측할 수도 없고 일부러 만들어낼 수도 없는 우연의 일치들 중 하나였다. 그 누구의 잘못도 아니었던 것이다. 실제 세계에서 그런 일이 일어날 확률 또한 아주아주 낮았다. 그러나 그건 문제가 아니었다.

해결책은 일단 네스트 연기/일산화탄소 감지기 판매를 중단하고, '웨이브 투 허시' 기능을 점검한 뒤 소프트웨어 업데이트를 통해 그 기능을 끄는 것이었다. 고객들은 여전히 스마트폰을 통해 경고음을 끌 수 있었지만, 팔을 흔들어 감지기를 끄는 기능은 더 이상 쓸 수 없었다. 그런 다음 우리는 고객들에게 그간 있었던 일을 솔직히 얘기했다. 은폐하려 하지 않았다. "우리 탓입니다. 혹 환불을 원하시면 환불해드리겠습니다."

확실히 그건 효과가 있었다. 네스트 연기/일산화탄소 감지기도, 우리 브랜드도 살아남은 것이다.

기업들은 늘 난해한 법률 용어를 써가며 모든 걸 두루뭉술하게 덮고 넘어가려는 유혹에 사로잡히곤 한다. 실수가 있었다고 말하면서도, 자신들의 잘못은 절대 인정하지 않으려 한다. 그러나 그건 통하지 않는다. 사람들은 결국 모든 걸 알아내고 나아가 분노한다. 뭔가가 당신의 잘못이라면, 사람들에게 당신이 한 일을 그대로 말하라. 그 일을 통해 어떤 교훈을 얻었는지 말하라. 또한 다시는 그런 일이 일어나지 않게 무엇을 어떻게 할 것인지 말하라. 피하거나 남 탓 하려 들지 말고 변명도 하지 말라. 그냥 책임을 받아들이면서 어른답게 처신하라.

모든 위기는 뭔가를 배울 수 있는 기회다. 당신은 여러 교훈들을 얻으면서 위기를 헤쳐 나가게 될 것이다. 다만 굳이 혼자 헤쳐 나갈 필요는 없다. 위기의 순간에는 당신에게 유용한 조언을 해줄 수 있는 누군가와 얘기를 나누어야 한다. 당신이 아무리 아는 게 많고 아무리 뛰어난 사람이라 해도, 당신을 도와 잠재적인 해결책을 제시해줄 수 있는 사람은 늘 있는 법이다. 이미 과거에 비슷한 위기를 겪어봤고 어두운 터널을 빠져나올 길을 알려줄 수 있는 사람 말이다.

당신이 직면하고 있는 해결 및 예측 불가능하며 끔찍해 보이는 위기는 실은 성장 중인 대부분의 기업이 직면하는 위기로, 당신이 보지 못한 확실한 해결책이 존재하는 경우가 많다. 다시 말해 당신의 회사가 너무 빠른 속도로 성장 중이라 이젠 기업 문화를 문서화하고 관리층을 두텁게 하며 회의 방식도 바꿔야 하는 시기일 수도 있다는 얘기다(제5.2장 '성장하든가 아니면 죽든가' 참조). 언제든 물이 불어나고 있다고 느낀다면 멘토와 얘기를 나눠보라. 또는 이사회 이사들, 투자자들과 이야기를 나눠라.

위기가 닥쳤을 때 혼자 해결하려 하지 않는 것 또한 리더인 당신의 책임이다. 스스로 방 안에 갇혀 기를 쓰고 혼자 문제를 해결하려 들지 말라.

숨지 말라. 사라지지 말라. 1주일 내내 잠도 안 자고 죽어라 노력하면 혼자서도 해결할 수 있을 거라 생각하지 말라. 조언을 구하라. 심호흡을 하라. 계획을 짜라.

그런 다음 장화를 신고 밀려드는 물살 속으로 걸어 들어가라.

좋은 소식이 있다. 일단 위기가 지나가면, 그 위기에서 당신이 살아남으면 당신의 팀은 고난을 뚫고 나온 팀, 그러면서 더 강해진 팀이 된다는 점이다. 그리고 위기의 근원에 대해 알아볼 시간을 갖게 된다. 대체 왜 이런 혼란이 일어난 걸까? 어떻게 하면 다시는 이런 일이 일어나지 않을까? 결국 누군가가 해고될 수도 있고 팀이 재조직될 수도 있고 서로 간의 커뮤니케이션 방식에 일대 변화가 일어날 수도 있다. 그 과정은 아주 길고 불쾌할 수 있다.

그러나 그 모든 일이 끝나면 그땐 자축을 하라. 파티를 열고 사람들에게 지금까지의 이야기를 전해주어라. 위기 상황을 헤쳐 나왔을 때 얻을 수 있는 가장 소중한 것은 당신 회사가 어떻게 폭풍에 휩쓸려가버릴 뻔했으며, 팀원들이 어떻게 힘을 합쳐 그 상황을 극복해냈는가 하는 '스토리'다. 그 스토리는 아예 당신 회사의 DNA 안에 합쳐져 필요할 때 언제든 되돌려볼 수 있어야 한다.

장담하건대, 당신의 미래에는 더 많은 위기들이 닥칠 것이다. 모든 게 허물어지는 순간들을 마주할 것이다. 그러나 그 스토리를 되풀이해 말할 수 있다면, 그 어떤 위기가 닥친다 해도 당신이 헤쳐 나온 첫 위기 때만큼 암울하진 않다. 당신 팀원들을 돌아보며 이렇게 말할 수 있을 테니까. "보세요! 우리가 힘을 합쳐 어떤 고난을 헤쳐 나왔는지 봐요! 그런 위기도 잘 헤쳐 나왔으니, 우린 어떤 위기든 극복할 수 있을 겁니다."

사람들에게 어떤 일이 일어날 수 있는지, 그 일에서 무엇을 배웠는지 그리고 미래에 비슷한 위기를 겪지 않으려면 어떻게 해야 하는지 상기시켜줄 기업 스토리는 기업의 엄청난 자산이다. 그 스토리는 회사 경영 측면에서도, 문화적인 시금석으로도 유용하다. 여기서 가장 중요한 건 그 스토리가 '진짜'라는 점이다. 당신 팀은 진짜로 위기를 헤쳐 나왔다. 이제 그 어떤 위기도 헤쳐 나갈 수 있다.

제5부

당신의 팀을 만들어라

2016년에 내가 네스트를 떠날 무렵, 회사는 팰로앨토 지역에 건물 세 채를 쓰고 유럽에도 두 채를 더 쓸 정도로 성장했다. 직원 수는 거의 1,000명이었고 제품 라인도 여럿이었으며 많은 국가에서 판매 제휴처들이 계속 늘고 있는 상황이었다. 고객은 수백만 명에 달했으며 우리 회사 가치를 알리는 거대한 벽보들도 많았고 검정 나비넥타이를 매야 하는 휴가 파티도 자주 열렸다. 공격적인 인수 합병과 급속한 성장에도 불구하고 네스트는 여전히 네스트다웠다.

그건 정확히 한 가지 이유, 즉 사람들 때문이었다.

모든 '네스트다움'의 원천은 그리고 네스트의 성공 비결은 우리가 채용한 사람들, 그들이 만들어낸 기업 문화와 그들이 생각하고 조직하고 함께 일하는 방식이었다. 결국 가장 중요한 건 팀이었다.

뭔가를 만드는 일 중에서 늘 가장 힘들고도 가장 보람 있는 부분은 팀을 구축하고 그 팀을 이끌고 많은 과도기를 헤쳐 나가는 것이다. 특히 네스트의 경우에는 처음부터 그랬다. 우리에겐 고객도, 제품도 하나 없었으니까.

당시 우리에겐 다람쥐들밖에 없었다.

그 녀석들은 회의를 할 때마다 차고 안을 들락날락거렸다. 물론 비도 큰 문제여서 우리는 종종 천장에서 떨어지는 물을 받기 위해 차고 바닥을 양동이로 도배하다시피 해야 했다. 차고 문은 바람이 불 때마다 요란

하게 삐거덕거렸다. 팀 전체가 쓸 수 있는 화장실은 기이한 느낌의 분홍색 대리석 화장실 하나뿐이었고, 낡아빠진 80년대 의자들, 특히 인조가죽이 씌워진 커다란 임원용 의자들은 정말 끔찍했다. 당시 차고 안에 다리 네 개가 제대로 바닥에 닿는 의자는 없었던 것 같다.

네 발 달린 멀쩡한 의자야말로 우리가 원하던 것이었다.

때는 2010년 여름이었고, 장소는 팰로앨토였다. 우리가 임대한 차고 주변에는 거대 기술 기업들과 수없이 많은 멋진 스타트업들의 넓고 아름다운 캠퍼스가 펼쳐져 있었고, 그들은 고급스런 사무실과 무료 맥주 그리고 자유 근무 제도 등으로 직원들을 유혹하고 있었다. 그러나 그런 것들은 우리에게 별 의미가 없었다. 맷 로저스와 나는 그야말로 일에만 몰두했고, 우리처럼 목적의식이 뚜렷한 사람들 그리고 부티 나고 화려한 회사 분위기와 사무실 내 당구대 같은 것들에 현혹되지 않을 사람들을 채용했다(제6.4장 '빌어먹을 마사지' 참조). 그래도 우리는 아주 즐거웠으며 빈둥대는 사람 하나 없었다.

그때만 해도 그야말로 네스트의 초창기로, 팀원 수는 10명에서 15명 정도였다. 직원들 중 상당수는 애플 출신이었고 몇몇 직원들은 제너럴 매직 시절부터 알아온 사람들이었다. 회사의 마케팅 부사장은 필립스에서 알게 된 친구의 친구였다. 대부분의 팀원이 이미 자기 분야에서 아주 큰 성공을 거둔 사람들이었다.

그러나 우리는 너 나 할 것 없이 다 똑같이 형편없는 의자에 앉아 균형을 잡아가며 일했다. 가구며 간식이며 실내장식 같은 걸 하자면 다 돈이 필요했고, 결정적으로 많은 시간도 들여야 했다. 누군가는 자리에 앉아 이런저런 생각들을 해야 했기 때문이다. '갈색 소파를 들여올까 파란색 소파를 들여올까? 과일은 어떤 과일? 치즈는? 맥주는?' 당시 형편상 우리는 사업에 꼭 필요하지 않은 것들에는 단 1센트도, 단 1분도 허비할 수 없었다. 게다가 투자자들에게도 보여줘야 했다. 우리가 세계 최정상급 팀이며 아주 적은 예산으로도 기적 같은 성과들을 거둘 수 있다는 걸. 사무실 안으로 다람쥐들이 뻔질나게 드나들고 천장 여기저기에서 물이 새는데도 불구하고, 우리 팀은 사무실을 꾸미는 데 많은 돈을 쓰고 아무 제품도 출시하지 못하는 실리콘밸리의 다른 스타트업들과는 전혀 다르다고 호언장담했다. 우리는 모두가 정확히 한 가지 일에, 즉 임무에 전념했다. 그렇게 그 차고 안에 있던 그 사람들과 우리의 비전을 입증해 보여야 하는 절박함이 네스트를 특징짓는 임무 중심의 열정적인 기업 문화의 핵심이 되었다.

팀을 제대로 키워나가는 일은, 다시 말해 우리가 어떤 사람들을 필요로 하고, 그들을 어떻게 채용해야 하며, 팀을 구축하고 조직문화를 만드는 방법을 알아내고 실천하는 일은 제품을 제대로 만드는 일만큼이나 중요했다. 회사의 조직 구조 및 규범들 중 일부는 우리가 좋아하는 기업들과 그들의 문화들로부터 빌려왔고, 나머지는 아예 처음부터 다시 만들어냈다. 우리는 직접 일하고 수정하고 적응하면서 그것들을 알아냈고, 결국 다 함께 놀라운 것을 만들어낼 수 있는 팀과 문화를 구축해냈다.

당신이 만일 팀을 만들려 하는 중이라면, 어떤 사람들을 어떻게 채용할지를 알아내려 하는 중이라면, 다음 사항들을 참조하라. 이는 거의 모든 스타트업의 핵심 팀과 핵심 역량에 대해 그간 내가 배워온 것들이다.

디자인
마케팅
제품 관리

판매

법무

　이는 또한 핵심 팀들의 성장 과정에서 내가 배운 것들이기도 하다. 성장하고 또 성장하면서 말이다.

제1장

언제나 '사람'이 먼저다

완벽에 가까운 팀은 똑똑하며 열정적이지만 불완전한 사람들로 이루어져 있어 서로가 서로를 보완한다. 팀원 수가 10명, 20명 그리고 50명이 넘으면 다음과 같은 것들이 필요해진다.

- 막 졸업해 매사에 의욕적인 졸업생과 인턴들이 경험 많은 팀원들로부터 배울 수 있어야 한다. 시간을 내 신입 직원들을 교육시키는 것은 당신 기업의 장기적이고 건강한 발전을 위한 투자나 다름없다.
- 채용 절차를 명확히 해 취업 희망자들이 함께 일하게 될 여러 부서 사람들과 면접을 볼 수 있게 해야 한다.
- 회사 발전을 꾀할 때는 기업 문화가 약화되지 않도록 신중한 접근 방식을 택

해야 한다.

- 신입사원이 출근 첫날부터 기업 문화에 적응하도록 하는 과정들을 수립해야 한다.
- 경영진과 그 아래 관리팀들이 인사 및 채용을 최우선시하게 해야 한다. 그리고 인사 및 채용은 모든 팀 회의에서 가장 먼저 다루는 주제가 되어야 한다.

이 외에 사람들을 해고하는 절차도 필요해진다. 해고하는 걸 두려워 말되, 그렇다고 너무 냉혹하게 굴지도 말라. 사람들에게 여러 차례 경고를 하고 궤도를 수정해 사규에 따를 기회도 주도록 하라. 그런 다음 힘들겠지만 그들을 도와 보다 나은 기회를 잡을 수 있게 해주어라.

∙ ∙ ∙

이자벨 궤넷Isabel Guenette은 나와 맷 로저스 다음으로 네스트에 합류한 사람들 중 한 명이었다. 대학을 갓 졸업했던 그녀는 당시 스물두 살로, 총명하고 공감 능력이 뛰어나며 아주 다정다감했고 세상을 바꿀 마음의 준비가 되어 있었다. 우리가 그녀를 채용한 이유는 '미국에는 얼마나 많은 종류의 난방 시스템들이 존재하는가?', '대부분의 가정집 벽에는 어떤 종류의 전선이 내장되어 있는가?' 등 우리가 알지 못하는 수없이 많은 것을 조사하는 데 도움이 필요했기 때문이다.

그녀가 온도 조절기 만드는 법을 모른다는 사실은 아무 문제도 되지 않았다. 그 당시 온도 조절기 만드는 법을 알고 있던 사람은 아무도 없었으니까. 중요한 건 그거였다. 우리는 '배울' 필요가 있었다. 그렇게 이자벨이 합류했다.

그녀는 너무도 많은 것들을 너무도 빨리 배웠고, 결국 온도 조절기 제품 관리자가 되었으며, 5년간 세 버전의 온도 조절기를 성공적으로 출시했다(제5.5장 '당신의 메시징이 곧 당신의 제품이다' 참조).

이자벨은 똑똑한 데다 호기심도 많고 역량도 뛰어나 스스로 성공을 이뤄냈다. 그러나 그녀가 젊다는 것도 그 성공에 한몫을 하지 않았나 싶다. 어쩌면 자기 앞에 놓인 일이 얼마나 힘든 일인지 깨닫지 못했을 수도 있다. 그냥 한 것이다. 그것도 기쁜 마음으로.

최고의 팀은 여러 세대의 사람들로 이루어진 팀이다. 네스트는 스무 살부터 일흔 살까지의 사람들을 채용했다. 경험이 많은 사람들은 풍부한 지혜를 갖고 있어 다음 세대의 젊은이들에게 그 지혜를 전수해줄 수 있고, 젊은 사람들은 오랫동안 이어져오는 이런저런 가정들에 과감히 이의를 제기할 수 있다. 또한 경험이 많은 사람은 어려운 일들을 해내는 과정에서 어려움만 보는 데 반해, 젊은 사람들은 새로운 기회들을 찾아내는 경우가 많다.

또한 젊은 사람들은 회사와 함께 성장한다. 처음에 당신 회사에 합류했던 신뢰할 만한 사람들은 결국에는 자신의 길을 찾아 떠나게 되어 있다. 그러나 떠나기 전에 그들을 위해 멘토가 되어주거나 교육을 시켜줄 수도 있다. 회사는 그런 식으로 계속 성장해간다. 또 그런 식으로 소중한 유산이 만들어진다.

네스트는 언제나 갓 졸업한 대학생들을 채용하고 인턴 프로그램을 운영하는 것을 방침으로 삼았다. 회사가 창업을 하고 10년 후를 되돌아봤을 때 회사에 서른다섯 살 넘는 사람들만 넘쳐나는 상황은 당신도 아마 원치 않을 것이다. 물론 누구나 그 방침을 환영하지는 않았다. 특히 인사팀 담당자들은 그 제도에 불만이 많았다. 그들은 그저 경험 많은 사람을 채용해 조직이 문제없이 굴러가도록 하고 싶었을 것이다.

회사를 그런 식으로 운영하면 단기적으로는 편하다. 팀에는 늘 뭔가를 이미 해본 경험이 있고 그걸 다시 할 수 있는 한 사람이, 아니면 많은 사람이 있는 법이니까. 그러나 만일 전도유망한 젊은이나 열의에 찬 이직자들을 교육시키는 데 얼마나 많은 시간이 걸릴지에만 신경 쓴다면, 그들이 장차 어떤 직원이 될지 알아내는 과정에서 야심 찬 인재의 힘이나 투지는 보지 못하게 된다. 한때 누군가는 당신을 채용하기 위해 위험을 감수했다는 점을 기억하라. 그 사람은 이런저런 실수를 하는 당신을 이끌어주었고, 당신이 성장할 수 있도록 시간을 내 도와주었다. 다음 세대를 위해 그런 일을 하는 건 당신의 의무일 뿐 아니라, 회사의 장기적 성공을 위한 좋은 투자이기도 하다.

우리는 매년 채용하는 인턴들 열 명 가운데 1~3명 정도는 그다음 해 여름에 인턴으로 재취업 요청을 하거나 아예 정규직 직원으로 채용했다. 또한 우리에게서 재취업 요청을 받지 못한 인턴들도 제품과 각종 기능을 만드는 일을 하면서 자신이 하고 싶어 하는 일이 뭔지를 좀 더 잘 알게 됐다. 몇몇 인턴들은 자신의 첫 사회 경력이 미래에 어떤 의미가 있는지를 깨달으면서 전공을 바꾸기까지 했다. 그리고 자기 친구들에게 네스트에서의 경험을 이야기해주었다. 그렇게 몇 차례의 여름을 보내자 갑자기 세계 유수의 대학들에서 아주 뛰어나고 재능 있는 젊은이들이 우리 회사로 몰려들기 시작했다.

인사팀 담당자들의 불만이 사그라든 건 바로 그때였다.

뛰어난 인재를 찾는 일은 전쟁과도 같다. 특히 팀을 성장시키려 애쓰는 상황에서는 인구의 특정 집단을 무시해선 안 된다. 당신 회사에 지대한 영향을 줄 수 있는 뛰어난 인재들은 세상 곳곳에 흩어져 있다. 젊은이와 노인, 여성과 남성, 트랜스젠더와 젠더퀴어genderqueer(중성적, 양성적 젠더 정체성을 가진 사람―옮긴이), 흑인과 라틴계, 아시아계, 동남아계, 중동계, 유럽계 그리고 토착민 등 그 어떤 인구 집단도 무시해선 안 된다. 서로 다른 사람들의 관점과 배경과 경험은 당신 회사를 개선하는 데 도움을 준다. 또한 고객을 더 깊이 이해하는 데도 도움을 준다. 이제껏 보지 못했던 세계의 일면들을 보게 해준다. 새로운 기회들도 만들어낸다.

다양하면서도 재능 있는 팀원들을 채용하는 일은 당신 회사의 성공에 절대적으로 필요한 일이므로 회사에 들어오는 모든 지원자의 면접을 직접 다 보고 싶어질 수도 있다. 현실은 그럴 수는 없다. 당신의 하루는 24시간밖에 안 되니까. 회사의 '시드 크리스털'들 역시 그리 오래 일하지 못한다(제4.2장 '해보기 전에는 알 수 없는 것들' 참조). 결국 당신은 스스로 이런저런 선택들을 할 수 있게 팀을 믿어야 할 것이다.

그렇다고 그게 채용이 중구난방이 되어야 한다는 뜻은 아니다. 제대로 구축된 어떤 과정과 시스템이 필요하다. 기업들은 대개 사람을 채용할 때 다음 두 방법 중 하나를 선택한다.

1. 예전 방식: 인사부 채용 담당자가 어떤 취업 희망자를 발견해, 해당 팀에 근무하는 몇 사람과 면접 일정을 잡고, 그런 다음 취업 희망자를 채용한다. 간단하다. 단도직입적이다. 하지만 어리석다.

2. 최근의 방식: 어떤 사람의 채용 여부에 대한 결정이 많은 직원(대개는 무작위로 선정된 직원들)과 그럴싸한 채용 기준을 통해 이루어진다. 취업 희망자는 여러 사람들과 면접을 보고, 면접관은 각기 자신의 관점에서 취업 희망자를 평가하면 그 채용 기준에 따라 요약서가 출력된다. 그 취업 희망자가 채용 기준들에 모두 부합할 경우, 인사부에서 그 사람을

채용한다. 이상적이다. 새롭다. 그러나 역시 어리석다.

예전의 채용 방식은 기업 내에 있는 너무 많은 사람을 무시해버린다. 반면에 최근의 채용 방식은 신중해야 할 채용 결정에 굳이 없어도 될 사람들까지 포함시켜 사람들의 진을 뺀다. 회사가 성장해 더 이상 기존 직원들의 소개나 추천에 의존할 수 없게 될 경우, 공석 하나를 메우자고 15명의 지원자를 불러모으는 일도 생긴다. 그러다 보면 바쁜 와중에 계속해서 면접을 봐야 하는 직원들 입장에서는 하기 싫고, 짜증이 난다. 그들은 결국 면접 평가지를 대충 작성한 뒤 자기 자리로 되돌아가버린다.

이런 일이 벌어지지 않게 하려면 방법은 하나다. 취업 희망자를 적절한 직원들과 면접을 보게 하는 것이다. 우리는 그 누구도 혼자 고립된 채 일하지 않는다. 모든 사람에겐 내부 고객들, 즉 제품이나 서비스를 제공해야 할 사람들이 있다. 예를 들어 앱 디자이너들은 엔지니어들이 쓸 수 있는 디자인들을 만들어낸다. 이 경우 엔지니어들은 앱 디자이너들의 고객들이다. 따라서 만일 앱 디자이너를 채용하려 한다면 엔지니어와 면접을 보게 하는 게 좋다.

네스트에서 채택한 시스템이 바로 이런 방식이었다. 우리는 그걸 '세 개의 왕관들'Three Crowns이라고 불렀다. 세 개의 왕관들은 다음과 같이 작동됐다.

1. 왕관 1은 인사부 채용 담당자다. 그들은 역할을 승인받아 취업 희망자들을 찾아낸다.
2. 왕관 2와 3은 취업 희망자의 내부 고객에 해당하는 관리자들이다. 그들은 자신의 팀에서 취업 희망자를 면접할 사람을 한두 명 고른다.

3. 각종 의견들을 모으고 공유하고 논의한 뒤, 세 왕관들이 모여서 누구를 채용할 건지 결정한다.

4. 맷 로저스나 나는 그 모든 과정을 지켜보다가 드문 일이긴 하지만 세 왕관들이 합의점에 도달하지 못할 때 최종 결정을 내리곤 했다. 우리가 개입하게 될 때 그 답은 대개 "아뇨, 됐어요. 패스!"였다.

우리는 어떤 사람을 채용하든 이 세상에 완벽한 사람은 없다는 인식을 늘 가지고 있었다. 언제나 비판도 있고 도전도 있는 법이다. 그래서 처음부터 잠재적인 문제점들을 알고 그걸 경영진 및 취업 희망자와 함께 이야기해보고 새로운 팀원이 그 모든 도전들을 헤쳐 나갈 수 있게 코치해주는 것이 인사부 채용 담당자가 할 일이었다. 미스터리도 없었고 블랙박스도 없었다. 모든 게 공개적이었다. 모든 사람들이 무엇을 기대해야 할지 알고 있었다.

그런 다음 우리는 전념을 다 했다. 우리는 그들을 채용했다. 이런저런 우려들에도, 또 개선할 여지들이 많았음에도, 100퍼센트 신뢰를 가지고 일을 시작했다. 일단 누군가를 철저히 평가하고 소개서들도 읽어본 뒤 채용하기로 결정했다면 그다음엔 그 사람을 믿어야 한다. 그 누구든 믿음 없이 시작한 상태에선 자신을 입증해 보일 수 없는 법이다.

새로운 직원을 채용하든 새로운 직장을 가든 새로운 파트너를 만들든, 그 어떤 여정에 오르게 되든 그게 괜찮은 여정이 될 거라고 믿어야 한다. 그들이 잘할 거라고 믿어라. 물론 실망하는 경우도 생길 것이다. 어떤 사람들은 당신의 믿음을 90퍼센트, 50퍼센트 아니 0퍼센트까지 떨어지게 만든다. 그럼에도 불구하고 당신이 계속 상대를 믿어준다면 인간관계가 깨지는 일도, 좋은 기회를 잃는 일도 없을 것이다.

이렇게나 채용이 중요하지만 당신이 도저히 그럴 여유가 없다면 어찌해야 할까? 그런 이유로 뛰어난 채용 담당자가 꼭 필요하다. 당신 회사와 제품에 대해 당신만큼이나 애정과 관심이 많은 채용 담당자 말이다.

네스트에서 우리의 첫 채용 담당자는 호세 콩Jose Cong이었다. 호세는 아이팟팀과 아이폰팀에 정말 뛰어난 인재들을 끌어모아 주었던 인물로, 우리는 네스트 채용 담당자로 호세가 아닌 다른 사람은 상상도 할 수 없었다. 그의 남다른 점은 두 가지였다. 먼저 인재를 보는 눈이 아주 뛰어났다. 게다가 또 자신의 일에 믿을 수 없을 만큼 열정적이었다. 그 열정은 전염성이 있었다. 그리고 가장 중요하게는, 아주 정직했다. 그는 네스트가 세상을 변화시킬 거라는 걸 100퍼센트 확신했다. 열정적으로 또 기쁜 마음으로 '왜?'를, 그러니까 회사의 스토리를 들려주어 취업 희망자들의 마음을 움직였다(제3.2장 '왜 스토리텔링인가?' 참조).

호세는 계속해서 회사에 아주 뛰어난 인재들을 데려왔다. 그다음은 우리 몫이었다. 누가 우리 팀에 적절한 사람일지 한 사람 한 사람을 면접하며 판단을 내려야 했다. 그래서 우리는 몇 가지 기본 원칙들을 세웠다. 우리 팀원 모두는 면접 자리에서 지원자의 어떤 점을 중점적으로 보고 또 어떤 사안에 집중해야 하는지 잘 알고 있었고, 그런 부분에 더 매진할 수 있었다. 우리는 지원자들이 임무 중심적이고 자립심이 강하고 기업 문화에 잘 적응하며 고객들에게 열정을 보이길 바랐다. 또한 우리에겐 '재수 없는 인간들' 정책도 있었다. 따로 설명할 필요가 없을 만큼 분명한 정책이었는데 아주 도움이 됐다. 만일 어떤 사람이 서류상으로 봤을 땐 경력도 아주 풍부하고 우리가 찾던 바로 그런 사람인데, 참기 힘들 만큼 오만하거나 사람을 지배하려 하거나 정치적인 스타일인 경우, 그 이력서는 바로 쓰레기통으로 들어갔다.

물론 면접을 보러 오는 지원자가 재수 없는 인간인지 아닌지를 알아내려면 면접을 어떻게 해야 하는지를 잘 알고 있어야 한다.

전혀 놀랍지 않은 말이겠지만 나는 대하기 편한 면접관은 아니다. 나는 지원자의 심리 상태를 알아보려 하며, 심지어 스트레스를 주어 스트레스를 어떻게 처리하는지도 보는 등 정말 깊이 파고든다. 사람은 다 스타일이 다르지만 아무리 저자세를 취한다 해도 결코 지표면 아래까지 내려가진 못하며 결코 본모습을 숨길 수는 없는 법이다. 면접 자리는 절대 한가한 한담 자리가 아니다. 다 이유가 있어 그 자리에 있는 것이다.

면접 자리에서 나는 늘 세 가지 기본적인 사항, 즉 상대가 어떤 사람인지, 어떤 일을 해왔는지, 왜 그런 일을 했는지를 가장 눈여겨본다. 그리고 대개 다음과 같이 중요한 질문들로 면접을 시작한다. "어떤 것들에 호기심이 있나요? 어떤 것들을 배우고 싶나요?"

이런 질문들도 한다. "마지막 직장은 왜 그만두었나요?" 결코 창의적인 질문은 아니지만 그에 대한 답은 아주 중요하다. 나는 산뜻하고 분명한 스토리를 원한다. 만일 상대가 어떤 나쁜 관리자에 대해 또는 자신이 회사 방침에 희생된 것에 대해 불만을 토로하면 그래서 그 문제를 해결하기 위해 어떤 행동을 했는지를 묻는다. 왜 더 열심히 싸우지 않았는가? 문제를 그대로 두고 그만두었는가? 올바른 방식으로 그만두기 위해 무엇을 했는가?(제2.4장 '때론 그만두는 게 도움이 된다' 참조). 그리고 왜 이 회사에 들어오고 싶어 하는가? 그 이유는 이전 회사를 그만둔 이유와는 완전히 다른 게 더 좋다. 자신이 무엇에 관심이 있는지, 어떤 사람들과 함께 일하고 싶은지, 어떻게 성장하고 싶은지에 대해 새롭고 설득력 있는 스토리를 갖고 있어야 한다.

또 다른 좋은 면접 기법은 모의 작업을 같이 해보는 것이다. 즉 지원자들에게 어떻게 일하는지를 묻는 대신 그냥 같이 일해보는 것이다. 어떤 문제를 선택한 뒤 함께 그걸 해결해보라. 양쪽이 다 익숙하되 어느 쪽도 전문가가 아닌 그런 주제를 선택하도록 하라. 만일 취업 희망자가 몸담았던 분야의 문제를 선택한다면 늘 상대가 더 똑똑해 보일 테고, 당신 분야의 문제를 선택한다면 늘 당신이 더 잘 알 것이다. 그러나 주제가 무엇인지는 상대의 사고 과정을 지켜보는 것보다 중요하지 않다. 화이트보드를 걸어놓고 적어보라. 어떤 종류의 질문들을 하는가? 어떤 접근 방식들을 사용하는가? 고객들에 대해 묻는가? 공감 능력이 있는가 아니면 그렇지 않은가?

면접은 그 사람이 현재 자신에게 요구되는 일을 제대로 할 수 있는지 알아보기 위해서뿐만이 아니라 아직 일어나지 않은 일, 그러니까 미래에 일어날 일을 내다보는 데 필요한 재능이 있는지 알아보기 위해서도 필요하다.

스타트업들은 늘 진화하며 그 안에 있는 사람들 역시 늘 진화한다. 네스트는 그런 사실을 잘 알았기에 팀원들을 믿고 실제 채용 과정을 구축함으로써 100명, 200명 나아가 700명의 회사로 성장했다. 그러나 우리는 성장 속도가 너무 빨라지는 걸 경계했다. 창업 멤버들의 DNA를 끝까지 지켜나가고 싶었기 때문이다. 허름한 차고 안에서 삐걱거리는 형편없는 의자에 앉아 일하던 그 소그룹의 절박함과 집중력을 계속 지키고 싶었다. 그렇게 할 수 있는 방법은 단 하나, 새로운 사람들을 적절한 속도로 기업 문화에 통합시켜 창립 멤버들과 함께 일하고 또 그들을 지켜보면서 뭔가를 알려주고 또 체계적으로 기업 문화를 흡수할 수 있게 해주는 것이었다. 기업 문화를 공유 및 흡수시키는 데 가장 좋은 방법은 개인 대 개인 접근 방식이다. 성장 속도가 빠른 스타트업의 경우 막 채용된 직원들이 다시 직원을 채용할 책임자의 자리에 올라갈 가능성이 높기 때문에 1주일간의 오리엔테이션 갖고는 어림도 없다.

기업 문화를 잘 알고 있는 사람이 50명인데 그렇지 못한 사람 100명이 추가된다면, 그 기업 문화는 사라지게 될 것이다. 이건 뻔한 이치다. 새로운 직원들, 특히 임원들을 채용할 때는 바로 일에 투입하면서 회사 노트북을 건네준 뒤 할 일을 다 했다고 생각해선 안 된다. 처음 한두 달은 아주 중요한 시기로, 긍정적인 마이크로 매니지먼트가 필요하다. 모든 걸 세세히 관리해주어야 하는 것이다. 너무 시시콜콜 간섭하는 게 아닌가 하는 걱정은 하지 말라. 처음에는 그런 걱정을 할 필요가 없다. 회사에 새로 들어온 사람들은 기업 문화에 제대로 녹아들 수 있게 가능한 한 모든 도움을 받아야 한다. 이곳에서는 어떤 식으로 일을 해야 하는지 자세히 설명해주어, 그들이 실수를 하거나 소외감을 느끼지 않게 해주어야 한다. 그들에게 회사 안에서 무엇은 통하고 무엇은 통하지 않는지, 당신이 그들의 위치에 있을 땐 무엇을 했는지, 무엇은 장려되고 무엇은 금지되는지, 누구에게 도움을 청해야 하는지 또 누구를 조심해야 하는지 등을 말해주도록 하라. 그게 새로 들어온 사람들을 팀의 문화와 스타일에 녹아들게 해주는 가장 좋은 방법이다. 그들을 출발선에 혼자 서 있게 내버려두지 말고 함께 달릴 수 있게, 그래서 나머지 팀원들이 제대로 따라올 수 있게 도와주도록 하라.

늘 이걸 기억하라. 새로운 팀에 합류한다는 건 두려운 일이다. 아는 사람도 하나 없고, 제대로 적응할 수 있을지도 모르고, 성공할 수 있을지도 모르니 당연한 일이다.

내가 CEO와 점심 도시락 같이 먹기를 시작한 이유도 바로 이 때문이다. 맷 로저스 역시 그런 자리를 가졌다. 2주에서 4주마다 새로 입사한 직원 15~25명과 기존 직원들이 한자리에 모여 격의 없는 점심 식사를 하는 자리를 가진 것이다. 우리는 다른 부서들의 다른 사람들이 함께 어울려 바람직한 융합을 이뤄내려고 했다. 그 자리에는 관리자들도 없었고 임원들도 없었고 주제 발표도 없었다. 직원들 입장에서는 베일에 가려져 있는 최고경영자를 알 수 있는 기회였고 내 입장에서는 그들을 알 수 있는 기회였다. 그들은 내게 회사의 제품들과 회사의 운영 방침들에 대해, 나와 맷 로저스에 대해, 애플에서의 우리 이야기에 대해 물었다. 우리 회사는 왜 마사지를 허용하지 않는지 또 회사 내에 암호명이 왜 그리 많은지에 대해서도 물었다(제6.4장 '빌어먹을 마사지' 참조). 그리고 나는 그들에게 무엇에 관심이 많고 무엇에 공을 들이고 있는지, 왜 우리 회사에 들어왔는지 등을 물었다.

또한 내 입장에서 그 점심 식사 자리는 직원들의 역할이 얼마나 중요한지를 강조하고, 그들이 속한 팀의 목표가 어떻게 회사 전체의 목표에 도움을 주는지를 알려주고, 우리의 기업 문화와 제품과 새로운 프로젝트에 대해 그리고 어떤 것이 잘 진행되고 있고 어떤 것이 그렇지 않은지에 대해 얘기해줄 수 있는 좋은 기회였다. 새로 입사한 직원들의 입장에서는 CEO를 직접 만나 궁금한 것들을 물어볼 수 있는 기회였으며 이미 우리 기업 문화에 뿌리내려 자신들을 도와주고 모범이 되어줄 기존 직원들을 만날 수 있는 기회였다.

어떤 직원이든 1년에 다섯 번은 CEO와 점심 도시락 같이 먹기에 참여할 수 있었다. 그 자리는 '문화적 예방접종'이나 다름없었다. 무관심과 냉담함을 막아주는 백신, 자신이 하는 일이 중요하지 않다는 생각과 회사 고위층은 당신이 누군지 모른다는 생각을 하지 못하게 해주는 백신 말이다.

그렇게 우리는 성장했다. 팀들은 계속 가지를 쳤고 개별화되었다. 개별 기여자들은 관리자들이 되었다. 관리자들은 책임자들이 되었다. 많은 사람이 도전을 잘 극복해냈다. 많은 사람이 기대치를 뛰어넘었다. 안타깝게도 일부는 그러지 못했다. 회사가 성장하면서 때론 초기에 채용한 사람들이 팀과 잘 맞지 않는다는 사실을 깨닫기도 한다. 때론 처음부터 사람을 잘못 채용한 경우도, 때론 그들이 다른 면에서는 뛰어나지만 기업 문화에는 잘 맞지 않는 경우도 있었다.

또 때론 채용한 사람이 그냥 회사 생활을 성공적으로 잘하지 못하는 경우도 있다. 그런 경우, 당신은 그들을 해고해야만 한다.

이걸 잊지 말라. 갈등의 순간은 늘 힘들지만 결코 길지 않다. 그런 순간에 집착해 너무 오래 머물지 않도록 하는 게 CEO 혹은 리더인 당신이 해야 할 일이다. '제대로 되는 게 없어'라는 생각에서 빨리 벗어나 그 직원이 더 잘하고 더 좋아할 만한 일을 찾을 수 있게 도와준다는 생각으로 옮겨 가야 한다. 직관에 반하는 얘기이긴 하지만 전혀 맞지도 않고 적응도 못하는 일을 하고 있는 누군가를 해고하는 것은 그 사람에게 놀라울 정도로 긍정적인 경험일 수도 있다. 나의 경우 누군가를 해고할 때면 늘 그 사람과 회사 양쪽에 더 좋은 결과로 이어졌다.

우리의 삶은 때때로 수많은 제거 과정의 연속이다. 때론 해고당하는 게 좋은 일일 수도 있다. 그러나 그게 너무 갑작스러워 충격적인 일이 되어선 안 된다. 정상적인 상황에서라면, 그 누구도 자신이 해고당한다는 사실에 충격을 받아선 안 되며 또 왜 그런 일이 일어나게 됐는지 물어봐서도 안 된다. 물론 그들이 해고에 동의하지 않을 수도 있다. 그러나 문제가 있는 사람은 매주 또는 한 달에 두 번 그 문제와 관련해 1 대 1 면담 시간을 가져야 한다. 그 자리에선 모든 문제들이 솔직하게 논의되고 이런저런 해결책들이 강구되어야 하며, 무엇이 효과가 있고 무엇이 효과가 없는지, 다음에는 어떻게 될지와 관련해 적절한 후속 조치들도 모색해야 한다.

사람들이 당신 회사에 합류할 때 회사를 위해 헌신하듯, 당신 역시 그 사람들을 위해 헌신해야 한다. 당신이 만일 어떤 회사나 조직을 이끌고 있다면, 사람들에게 도전 과제를 주고, 더 나아질 수 있도록 코칭도 해주며, 그들이 회사 내에서 자신의 능력을 제대로 펼칠 수 있는 분야를 찾도록 도와주어야 한다.

그러나 그 모든 선의와 좋은 의도에도 불구하고, 때로는 문제의 직원에게 다음과 같은 사실이 분명해질 수도 있다. 그 직원의 문제들은 해결 불가능하며, 그는 팀원들에게 신뢰를 잃어버렸고, 세상에는 다른 멋진 기회들이 차고 넘치게 많으며, 그 직원이 보다 행복한 삶을 살 수 있는 훨씬 덜 힘든 직장도 얼마든지 많다는 사실 말이다. 그 사실이 분명해졌을 때가 바로 그 직원이 그만두어야 할 때다(대개는 자발적으로). 이 과정은 한 달이 걸릴 수도 있다. 아니면 두 달이나 세 달 정도. 하지만 대개는 원만하게 끝나고 모두가 더 나은 결과를 얻는다.

다시 한번 하는 얘기지만 때론 '재수 없는 인간'을 채용했다는 사실을 깨닫는 경우도 있다.

규모가 작은 스타트업에서는 재수 없는 인간 하나가 그 회사를 끝장내버리기도 한다. 어디 그뿐인가. 재수 없는 인간들은 어떤 규모의 기업에서든 모든 성장 단계의 팀과 제품들을 망칠 수도 있다. 어떤 면에서는 팀 규모가 클수록 은밀히 숨어들어 우물에 독을 푸는 게 더 쉽다. 만일 당신이 신뢰할 수 없는 치졸한 폭군을 관리하고 있다면, 아마 거의 즉각적으로 그 암 덩어리 같은 존재를 빨리 제거해버려야겠다는 결론에 도달하게 될 것이다. 그러나 그런 상황에서도 역시 시간을 가져야 한다. 상대에게 상황을 설명해주고, 잘못된 걸 바로잡을 기회를 주어야 하는 것이다. 사람을 해고하는 규정은 사는 지역에 따라 다르기에 그 규정들을 제대로 알고 정확히 따를 필요가 있다. 어떤 직원이 자신의 해고가 부당하다고 생각해 고소를 진행할 수도 있으니 말이다. 당신이 참 괜찮은 사람이라고 생각했던 많은 사람이 마지막 순간 당신 회사나 조직을 끌어내리려는 모습을 보일 수도 있다.

이는 회사가 성장하면서 겪게 되는 가장 고통스런 일들 중 하나다. 처음에는 함께 산을 오를 수 있을 거라 믿은 놀라운 핵심 멤버들과 모든 일을 같이한다. 대개 그런 상태가 영원히 지속되지는 않는다. 결국 점점 더 많은 사람을 팀에 합류시켜야 하기 때문이다. 때론 당신 스스로 일을 망치기도 하고, 당신이 재수 없는 인간이나 일도 제대로 못하고 기업 문화에도 제대로 적응하지 못하는 사람을 채용하기도 한다. 그러나 회사가 성장하면서 보다 자주 겪게 되는 정말 충격적인 일은 따로 있다. 바로 시간이 지나면서 그저 그런 사람들을 끌어들이게 된다는 것이다. 초기에 영입했던 뛰어난 사람들과 비교하면 별로 특별할 것도 없는 그저 그런 사람들 말이다.

물론 그렇다고 해서 세상이 끝나지는 않는다. 회사가 성장하면 모든 수준에서 모든 종류의 사람들이 필요하기 때문이다. 공석이 생길 때마다 완벽한 A+급 지원자가 나타나길 기다릴 수는 없다. 어쨌든 사람을 채용해야 한다. 최고 중에 최고인 사람들은 규모가 큰 팀에 합류하고 싶어 하지 않을 수도 있고, 이미 다른 직장에 매어 있을 수도 있으며, 그들이 원하는 직책이나 권한을 주지 못할 때도 있다. 그리고 기대하지도 않았던 사람들이 놀라운 능력을 발휘하는 경우도 많다. 당신이 B 또는 B+ 정도로 생각한 사람들이 당신의 세상을 완전히 뒤흔들어놓기도 하는 것이다. 그들은 믿을 만하고 유연하며 위대한 멘토나 팀원이 되어 당신의 팀을 똘똘 뭉치게 만든다. 그들은 겸손하면서도 따뜻하며 묵묵히 일을 잘해낸다. 그야말로 다른 유형의 '록스타'들이다.

회사 성장 과정에서 겪게 되는 가장 힘든 부분은 단연 최고의 인재들을 찾아내는 일이다. 당신은 당신 팀이 그런 인재들을 채용할 거라는 걸 믿고, 그들이 행복하면서도 발전적인 삶을 살 수 있게 해주어야 한다. 그러니 그 일을 회피하지 말라. 그걸 당신의 최우선 과제로 삼도록 하라. 그걸 모든 사람의 최우선 과제가 되게 하라.

내가 본 바에 따르면 많은 기업이 인사 관련 문제를 팀 회의 말미에 잠깐 다루거나 별도의 인사 또는 채용 관련 회의로 넘겨버린곤 한다. 그러나 당신의 최우선 과제는 당신의 팀, 그 팀의 건강과 성장이다. 사람들에게 그걸 주지시키는 가장 좋은 방법은 매주 회의 때 인사 관련 문제를 첫 안건으로 삼는 것이다.

네스트에서 나는 매주 월요일 아침에 열리는 부서장 회의를 다음과 같은 문제들로 시작했다. 누가 우리가 채용하고자 하는 최고의 인재들인가? 우리는 지금 채용 목표나 이직 방지 대책을 제대로 세우고 있는가? 그렇지 않다면, 무엇이 문제인가? 장애물들은 무엇인가? 우리 팀은 어떻게 하고 있는가? 사람들은 지금 어떤 문제를 안고 있는가? 인사 고과 문제는 어찌 되어가고 있는가? 누가 보너스를 받아야 하는가? 우리가 지금 이 성취를 어떻게 자축해야 팀원들의 자부심이 높아질까? 그리고 가장 중요한 사안으로, 사람들이 이직을 하고 있다면 그 이유는 무엇인가? 우리 회사를 다른 그 어떤 회사보다 더 의미 있고 더 만족스럽고 더 신나는 직장으로 만들려면 어떻게 해야 하는가? 우리 직원들이 더 성장하려면 어떻게 도와줘야 하는가? 우리는 이렇게 중요한 인사 관련 문제들을 논의한 후에야 다른 얘기, 이를테면 현재 만들고 있는 제품 얘기 등으로 넘어갔다.

팀의 관리자들도 내가 인사 관련 문제를 얼마나 중시하는지를 잘 알아, 매주 팀 회의를 할 때 제일 먼저 인사 관련 문제를 논의했다. 언제나 '사람' 먼저. 그렇게 이는 네스트의 방식이 되었다.

무엇을 만드느냐 하는 문제는 결코 누구와 함께 그것을 만드느냐 하는 문제만큼 중요하지 않다.

제2장

성장하든가 아니면 죽든가

회사가 성장하다 보면 중단점breakpoint(소프트웨어 개발에서 프로그램을 의도적으로 잠시 또는 아예 멈추게 하는 지점 — 옮긴이)에 도달하는 시점이 온다. 점점 더 많은 사람이 합류하면서 당신의 조직 설계 및 커뮤니케이션 스타일에 변화가 필요한 시점이 오는 것이다. 그렇지 않으면 팀이 고립되거나 기업 문화가 손상될 수 있다.

중단점은 거의 대부분 새로운 관리자층을 추가해야 하고 그 결과로 불가피하게 커뮤니케이션 문제와 각종 혼란 및 지연이 발생할 때 찾아온다. 보통 스스로 자기관리를 하는 창업 초에는 한 사람이 효과적으로 직접 관리할 수 있는 정규 직원의 수가 최대 8명에서 15명 정도다. 그러나 회사가 성장하면 그 수는 약 7~8명으로 줄어든다. 팀의 규모가 이 정도 수준에 도달하면 선제적으로 새로운 관리자층을 만들어야 하며(가능하면 내부 승진을 통해), 그런 다음 효율적이며 효과적인 커뮤니케이션을 가능하게 할 시스템을 구축해야 한다.

회사가 이처럼 중단점에 도달해 문제들이 발생하고 직원들이 대거 이직하는 사태가 일어나는 걸 막으려면, 관리 측면에서 서둘러 변화를 주고 팀원들에게 새로운 계획을 설명해주어야 하며 또한 팀원들이 이제까지와는 다른 역할을 맡을 수 있게 멘토링을 해주어야 한다.

. . .

팀원이 여섯 명이라면 1년에 6일은 누군가의 생일이 된다. 그러니 생일 케이크를 구해 오후에 생일 파티를 열어주도록 하라. 아주 좋지 않은가?

그러다가 팀원이 300명이 되면 거의 1년 내내 누군가의 생일이 찾아온다. 그런데도 일일이 다 생일 파티를 열어주어야 할까? 오후에 생일 파티를 열기 위해 팀 전체가 일을 중단해야 할까? 계속 생일 케이크를 구해야 할까? 기업 문화에 생일 케이크가 그리 중요할까? 팀원들을 위해 모든 걸 다 해주고 싶겠지만 현실은 냉엄하다. 하늘이 무너져도 지켜야 할 데드라인들이 있다. 예산 문제도 있다. 그런데 그 잘난 생일 케이크에 너무 많은 돈을 쓰게 된다.

물론 생일 케이크는 회사 성장에 따른 여러 문제들 중 하나에 불과하다. 나는 지금 그야말로 현실적인 얘기를 하고 있는 것이다. 그런데 묘하게도 사람들은 그 잘난 생일 케이크 하나에 목숨을 걸곤 한다. 생일을 맞은 직원을 위해 전사적인 생일 파티를 여는 걸 중단할 경우 늘 조그만 위기가 찾아온다.

회사가 성장하다 보면 이런 식으로 종종 예기치 못한 문제에 부딪히곤 한다. 모든 게 잘 풀려 이제 그 무엇도 당신을 멈출 수 없다고 느껴질 때 꼭 일이 헝클어지기 시작하는 것이다. 그리고 중단점은 대개 모든 일이 아주 잘 풀리고 있는 순간에 찾아온다. 사업이 비약적으로 발전하거나 아니면 적어도 제품 개발이 아주 순조롭게 진행되는 순간에 말이다. 마침내 성공 비법을 찾아내 모든 걸 정상 궤도에 올려놓은 듯한 순간에.

그건 마치 아이를 키우는 것과 비슷하다. 아이들에 대해 모든 걸 알고 있고 잘 통제하고 있다고 생각하는 순간, 그 아이들은 계속 먹고 자고 걸으면서 무럭무럭 자라난다. 그렇게 모든 걸 알고 잘 통제하던 단계는 끝이 난다. 아이들이 걷는 것도 이젠 옛날이야기이다. 아이들은 다 자라 예기치 않은 언행들로 당신을 당혹스럽게 만든다.

항상 그런 식이다. 그리고 당신이 할 수 있는 일은 단 하나, 그 모든 변화를 받아들이는 것뿐이다.

그간 나는 회사가 성장해 직원 수가 120명을 넘는 게 너무 싫어 자신의 스타트업에서는 그런 일이 일어나지 않게 할 거라고 말하는 기업가들을 여럿 만나봤다. 그러나 성공한 기업에서 그런 말이 지켜지는 걸 본 적이 없다. 성장하든가 아니면 죽든가 둘 중 하나다. 현상 유지는 곧 정체다. 변화하는 것 외에는 선택의 여지가 없다.

변화한다는 게 어디 말처럼 쉬운 일이던가.

중단점은 팀 규모가 커져가는 과도기에 생겨난다. 독립된 기업이든 아니면 보다 큰 기업에 속한 팀이든, 규모가 커져가는 과정은 늘 힘든 법이다.

조직의 규모가 15~16명일 때

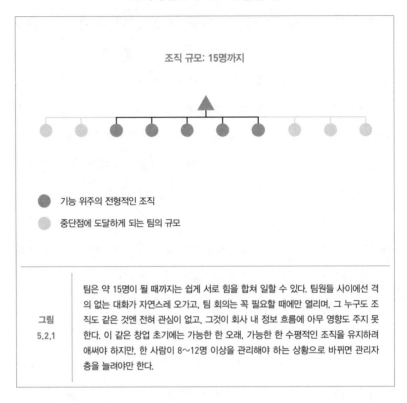

조직 규모: 15명까지

● 기능 위주의 전형적인 조직

● 중단점에 도달하게 되는 팀의 규모

그림
5.2.1

팀은 약 15명이 될 때까지는 쉽게 서로 힘을 합쳐 일할 수 있다. 팀원들 사이에선 격의 없는 대화가 자연스레 오가고, 팀 회의는 꼭 필요할 때에만 열리며, 그 누구도 조직도 같은 것엔 전혀 관심이 없고, 그것이 회사 내 정보 흐름에 아무 영향도 주지 못한다. 이 같은 창업 초기에는 가능한 한 오래, 가능한 한 수평적인 조직을 유지하려 애써야 하지만, 한 사람이 8~12명 이상을 관리해야 하는 상황으로 바뀌면 관리자층을 늘려야만 한다.

- 조직: 모든 사람들이 모든 일들을 조금씩 함께 하며, 큰 결정과 작은 결정들을 함께 내린다. 관리는 따로 필요하지 않은데, 팀 리더가 비전과 각종 결정들을 밀고 나가는 데 도움을 줄 뿐 아니라 마치 동료처럼 행동하기 때문이다.
- 커뮤니케이션: 자연스레 이루어진다. 모든 사람들이 한 방 안에(또는 한 채팅방 안에) 있어 대화를 다 함께 들을 가능성이 매우 높기 때문에, 정보 병목 현상도 없고 정기적인 회의를 할 필요도 없다.

조직의 규모가 40~50명일 때

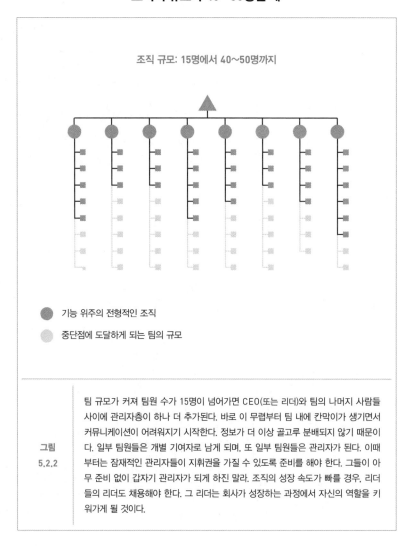

조직 규모: 15명에서 40~50명까지

● 기능 위주의 전형적인 조직

● 중단점에 도달하게 되는 팀의 규모

그림
5.2.2

팀 규모가 커져 팀원 수가 15명이 넘어가면 CEO(또는 리더)와 팀의 나머지 사람들 사이에 관리자층이 하나 더 추가된다. 바로 이 무렵부터 팀 내에 칸막이가 생기면서 커뮤니케이션이 어려워지기 시작한다. 정보가 더 이상 골고루 분배되지 않기 때문이다. 일부 팀원들은 개별 기여자로 남게 되며, 또 일부 팀원들은 관리자가 된다. 이때부터는 잠재적인 관리자들이 지휘권을 가질 수 있도록 준비를 해야 한다. 그들이 아무 준비 없이 갑자기 관리자가 되게 하진 말라. 조직의 성장 속도가 빠를 경우, 리더들의 리더도 채용해야 한다. 그 리더는 회사가 성장하는 과정에서 자신의 역할을 키워가게 될 것이다.

* 조직: 팀원의 수가 15~16명이 넘어가면 7~10명으로 이루어진 하위 팀들이 생겨나기 시작한다. 핵심 창립 멤버들 가운데 일부는 맡고 있는 책임을 줄이고 관리 일을 시작해야 하지만, 팀 규모는 여전

히 작아 모든 건 여전히 아주 유연하고 격의 없는 상태를 유지한다.

• 커뮤니케이션: 처음으로 모든 사람이 참여할 수 없는 회의들이 생기면서 일부 그룹은 정보를 접하지 못하는 상황에 놓인다. 당신은 이제 직원들과의 소통 스타일을 약간 공식화할 필요가 있다. 다시 말해 꼼꼼히 메모를 하고 그 메모를 계속 업그레이드한 상태로 공개해 팀원 모두가 최신 정보를 접할 수 있게 해주어야 하는 것이다.

조직의 규모가 120~140명일 때

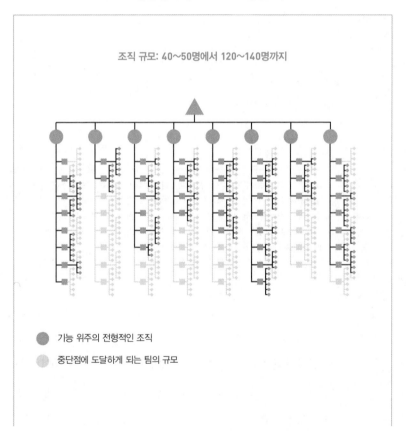

CEO(또는 리더)와 매일매일 일을 하는 상당수의 팀원들 사이에 두 관리자층이 존재하면서 커뮤니케이션 방식이 재검토되어야 할 시점이다. 또한 '관리자들의 관리'를 위해 즉, 누가 관리를 잘하고 있는지, 누가 미래의 관리자가 될 수 있는지 그리고 누가 도움을 필요로 하는지를 알기 위해 코치를 영입해야 한다. 팀원들과 효과적인 커뮤니케이션을 할 수 있는 방법을 찾아내야 하며, 관리자들이 정보를 자기 팀원들에게 잘 전달할 수 있게 만들어야 하고, 각종 정보가 맨 아래에서부터 맨 위까지 올라올 수 있게 해야 한다. 맨 아래에서부터 맨 위까지, 그리고 다시 맨 위에서부터 맨 아래까지 정보가 제대로 전달되지 않으면 사람들 사이에 불신이 생겨나기 쉽다. 또한 정보가 부족할 경우 그 빈 공간을 불신이 메우게 된다.

- 조직: 조직이 커져 팀원 수가 50명을 넘어서면 일부 사람들은 '관리자들의 관리자'가 되는데, 이는 단순히 개별 기여자들을 관리하는 것과는 차원이 다른 일이다. 이때부터 인사부의 역할이 정말 중요해진다. 승진 문제를 다루고 직무 및 직급, 복리후생 등의 원칙들을 정할 부서가 필요해지는 것이다.

  기능 위주의 팀들이 성장하면서 보다 규모가 큰 팀들의 하위 팀들도 생겨난다. 각 팀은 자신들이 하는 작업의 종류에 따라 각기 나름대로의 작업 스타일을 발전시켜나간다. 전문화가 점점 더 필요해지는 시기가 바로 이때다. 그리고 대부분의 팀원이 온갖 일을 다 하는 팔방미인이 되기보다는 한 가지 길을 택해 한 분야만 집중적으로 파고들기 시작한다.

- 커뮤니케이션: 리더들 간의 회의가 공식화되어야 하듯, 팀 내 커뮤니케이션 역시 공식화되어야 한다. 복도에서의 대화는 이제 더 이상 공식적인 회의를 대신할 수 없다. 이제부터는 전체 회의를 정기적으로 열어, 그 회의를 통해 모든 팀들이 서로 공조를 강화하고 임원들 역시 서로 협조하여 최신 정보를 접할 수 있어야 한다.

이 시점에 이르면 회사 임원들은 각기 자신의 커뮤니케이션 스타일을 명확히 해야 한다. 당신은 경영진과 어떻게 연결되어 있고 어떻게 우선순위들을 정하는가? 당신은 회의를 어떻게 이끌고 있는가? 당신은 회사 전체를 상대로 어떻게 프레젠테이션을 하는가? 이 시점에서 경영진은 폭발적으로 늘어나는 사람들 문제를 관리하기 위해 매주 인사부 측과 회의를 해야 한다.

조직의 규모가 350~400명일 때

- 조직: 이 시점에서 당신은 아마 같은 자원을 놓고 서로 경쟁을 벌이는 여러 프로젝트들을 진행하고 있을 것이다. 경영진은 이제 그 어느 때보다 더 고립될 뿐 아니라 실제 제품과도 멀어지며, 대부분의 시간을 조직을 관리하고 팀들 간의 우선순위를 조정하는 일에 보내게 된다.

- 커뮤니케이션: 이제 각종 회의들이 당신의 통제권을 벗어나고 정보는 병목 현상을 겪는다. 이 단계에서는 각종 회의들을 재조정하고 커뮤니케이션 스타일도 재고해야 한다. 전체 회의는 점점 줄어들고, 정보를 전파하는 일보다는 회사의 비전을 강화하는 데 더 집중하게 될 것이다. 다시 말해 사람들에게 관련 정보에 보다 쉽게 접근하고 또 그걸 보다 쉽게 전파할 다른 방법들이 필요해진다.

오늘날과 같이 원격 근무가 일상이 된 세상에서도 이 모든 건 여전히 중요하다. 아니 오히려 더 중요해졌다. 원격 근무로 커피머신 옆에서 나누던 자연스러운 커뮤니케이션도 함께 사라졌기 때문이다. 이제 사내 커뮤니케이션 문제에 대해 훨씬 더 신중하면서도 엄정하고 의도적인 접근 방식을 택해야 한다. 사람들이 서로 잘 소통할 수 있는 로드맵을 제시해야 하는 것이다.

늘 이걸 잊지 말라. 성장은 결코 계단 식으로 진행되지 않는다. 직원 수가 119명일 때 아무 일 없던 회사가 120명이 되었다고 갑자기 모든 문제가 터지는 일은 발생하지 않는다. 그러므로 중단점에 도달하기 한참 전에, 즉 중단점에 도달하기 적어도 두세 달 전 그리고 그 이후 몇 개월 동안, 어떻게 중단점 위기를 잘 넘기고 계속 성장할 건지 그 전략을 짜기 시작해야 한다. 당신은 이제 조직 설계 및 커뮤니케이션 스타일에 대해 깊이 생각해봐야 하며 개별 기여자들을 훈련시켜 관리자로 만들지 아니면 새로운 관리자들을 영입할지를 결정하고 각종 회의들을 재조정하며 사람들이 잘 따라오는지를 봐야 한다. 사람들과 얘기를 나누어봐야 한다. 그것도 아주 많이.

꾸준함이 가장 중요하다. 당신이 만일 큰 회사에서 어떤 프로젝트를 진행하고 있거나 스타트업을 운영하고 있다면, 팀원 전체를 잘 이끌어 이 과도기를 현명하게 헤쳐가야 한다. 회사는 이제 사춘기를 벗어나려 하는 중이다. 아직 애송이 티도 벗지 못한 상태에서 어색하지만 중요한 대화들을 나누어야 한다. 그런데 당신은 아직 똑같은 언어를 사용하고 있다. 성장하는 회사에서 흔히 일어나는 일이다. 자연스런 일이다. 걱정하지 말라.

이 과도기가 당신과 회사에게 얼마나 두려운 일인지 공개적으로 이야기하라. 과도기를 거치며 잃는 부분도 생기리라는 걸 인정하라. 관리자들과 팀원들을 이 과정에 동참시켜 변화를 뜻밖의 일이 아닌 자연스러운 일로, 나아가 적극적으로 받아들이게 만들라. 이 과도기를 제대로 헤쳐 나가려면 그들의 도움이 필요하다.

중단점이 다가오는 걸 볼 수 있으면 미래를 설계할 수 있다.

그러나 무엇보다 먼저 중단점에 대한 두려움을 극복해야 한다. 그렇다면 사람들이 가장 두려워하는 건 무엇일까? 그 두려움을 극복하려면 어떻게 해야 할까? 다음과 같은 방법들을 생각해볼 수 있다.

전문화

모든 생명체는 단세포 상태로 출발한다. 그 세포가 두 개로 나뉘고 네 개로 나뉘고 열여섯 개로 나뉜다. 처음 각 세포는 똑같지만 이들은 빠른 속도로 분화되며 개별화된다. 이 세포는 신경이 되고, 저 세포는 근육이 된다. 생명체가 성장할수록 각 세포는 더 차별화되고 시스템은 더 복잡해진다. 그러면서 회복력도 더 좋아져 몇 년 또는 몇십 년간 살아남을 수 있게 된다.

기업도 이와 마찬가지다. 그러나 사람은 줄기세포stem cell(미분화된 세포로, 특정 조직 세포로 분화할 수 있는 능력을 갖고 있음—옮긴이)가 아니다. 대부분의 사람은 자신의 책임이나 권한이 줄어드는 걸 자연스럽다거나 불가피한 일로 받아들이지 못하고 두려운 일로 받아들인다. 직원 모두가 온갖 일을 다 하는 데 익숙하고 사실상 새로운 관리자층도 없고 모든 사람이 함께 방향을 정하고 전력질주하는 초기 시절에는 이런 과정이 특히 더 두렵게 느껴진다. 그러나 그 후에도 규모가 큰 기업들에서도 그런 일은 계속 일어난다. 심지어 거대 기업들에서도.

그 두려움은 모두가 온갖 일을 다 하는 데 익숙해진 상황에서 누군가가 새로 들어와 그 모든 일을 가져가버린다는 데서 비롯된다.

그럴 땐 사람들이 '기회'에 관심을 집중하도록 만들어라. 그러면 사람들은 무언가 잃는다는 사실에 두려워하기보다 장차 무엇이 자신의 일이 될지에 대해 더 궁금해한다. 그들은 관리자가 되고 싶어 하는가? 아니면 팀 리더? 그들은 뭔가 다른 분야에 대해 더 많은 걸 배우고 싶어 하는가 아니면 자신이 정말 좋아하는 뭔가를 더 깊이 파고들고자 하는가? 그들이 배우고 싶어 하는 건 무엇인가?

제일 먼저 해야 할 일은 직원 스스로가 자신이 어떤 일을 하고 싶은지 알아내도록 하는 것이다. 누군가는 이 순간을 활용해 뭔가 완전히 새로운 일을 시작해볼 수도 있다.

모든 사람에게 지금이야말로 자신의 길을 찾을 수 있는 좋은 기회임을 상기시켜주도록 하라. 사람들은 스스로 자신의 경력을 책임져야 한다. 그러니 그들에게 이런 말을 해주어라. "미래를 내다보면서, 자신이 어떤 사람이 되고 싶은지 또 어떤 일을 하고 싶은지 알아내도록 하라."

조직 설계

회사가 성장하면 사람들이 전문화되어야 하듯 팀 역시 마찬가지다. 제품이 하나밖에 없을 때는 기능으로 조직을 나눌 수 있다. 하드웨어 엔지니어링팀 하나, 소프트웨어 엔지니어링팀 하나. 그러나 제품군이 늘어나면 그런 조직으로는 제대로 대처해나가기 불가능해진다. 제품 다섯 개로도 아니, 단 두 개만으로도 휘청거릴 수 있다.

문제는 맨 꼭대기에 있는 사람, 즉 팀 리더가 한정된 수의 프로젝트만 처리할 수 있다는 것이다. 아무리 능력 있는 리더라도 처리해야 할 프로젝트가 6~7가지로 늘어나면 부하가 걸릴 수밖에 없다. 하루는 모두에게 공평하게 24시간밖에 안 되니까. 그래서 어떤 프로젝트들은 이후 한쪽으로 밀려나버리고 나중에는 완전히 잊힌다.

그러므로 조직을 특정 제품군별로 나누어 각 제품에 필요한 관심을 기울여야 한다. 예를 들어 이 팀은 온도 조절기에 집중하게 하고 저 팀은 연기/일산화탄소 감지기에 집중하게 하는 것이다. 그런 다음 다시 그 하위 팀들을 만들어야 한다. 네스트에서 우리는 액세서리별로 팀을 만들었다. 안 그랬다면 그 액세서리들은 결코 만들어지지 못했을 것이다. 주력 제품을 만드는 팀은 늘 자신들이 할 거라고 말했지만, 액세서리 프로젝트는 결코 그들의 최우선 관심사가 아니며 따라서 불가피하게 다른 일들을 더 우선시할 수밖에 없다.

각 제품군에는 헌신적인 엔지니어링팀, 헌신적인 마케팅 전문가, 헌신적인 디자이너와 작가가 속해 있다. 그것만으로도 그들은 기업 내의 작은 스타트업과 같다. 보다 작고 보다 빠르며 보다 독립적인 스타트업 말이다. 그 결과 부수적인 프로젝트에 쓸 자원을 끌어오기 위해 안간힘을 써야 하는 기존 팀에 비해 의사결정도 빠르고 모든 사람이 한 가지 분명한 목표를 공유한다.

이 방법은 분명 효과적이지만 그렇다고 해서 사람들이 이런 상황을 항상 달가워할 거라고 생각하진 말라. 개별 기여자들도 그렇지만 팀 또한 세분화되는 걸 그리 환영하지 않는다. 그러나 개별 기여자들과 개인적 행보와 관련된 대화를 나누었듯, 팀과도 집단의 행보와 관련된 대화를 나눌 수 있다. 이런 식으로 조직을 나누면 조직이 수평적이 되고 많은 간접비가 사라지며 더 많은 성장 기회가 생겨나고 자신이 더 돋보이고 인정받을 수 있는 것을 찾아내 파고들 수 있는 가능성 또한 더 높아진다.

어쨌든 사람들은 언제든 팀을 바꿀 수 있다. 낡은 제품이나 서비스의 또 다른 버전을 만들어내고, 그런 다음 아주 멋진 새 제품이나 서비스로 옮겨 가라. 예를 들어 먼저 온도 조절기에 관여해보고, 그다음에 연기/일산화탄소 감지기에 관여해보는 것이다. 누군가가 관심을 갖고 전념하는 일이 있다면 그 일엔 분명 해볼 만한 뭔가가 있는 법이다.

개별 기여자에서 관리자로 올라가기

놀라운 성과를 올리는 스타 개별 기여자들은 종종 성장 중인 새로운 팀을 이끌어달라는 요청을 받곤 한다(제2.1장 '관리자가 된다는 것' 참조). 어떤 사람들은 그 관리 요청을 받아들이겠지만 어떤 사람들은 깜짝 놀라 뒷걸음질할지도 모른다. 이는 변화에 대한 두려움일 수도 있고 위험에 대한 두려움일 수도 있다. 아니면 자신이 하고 있는 일과 있는 그대로의 회사를 너무 좋아해서일 수도 있다. 이럴 때는 그 사람에게 관리자층을 추가해야 하는 당위에 대해 이해시켜야 한다. 팀이 너무 비대해졌다, 이제 우리는 전문화해야 하며 더 큰 성장에 대비해야 한다 등등. 그리고 그들에게 다음 두 옵션 가운데 하나를 선택하게 해야 한다.

1. 개별 기여자로 남되 다른 누군가의 관리 밑으로 들어간다. 이는 꼭 나쁜 일만은 아니다. 새로운 관리자가 같은 회사에서 오랫동안 같이 일해온 친구일 수도 있으니까. 아니면 외부에서 뭔가 배울 점이 많은 아주 뛰

어난 리더를 영입할 수도 있다. 그러나 이 옵션을 선택하면 지금까지와는 다른 방식의 관리를 받게 될 것이고 팀의 성장에도 영향을 줄 수 없으리라는 걸 인정해야 한다.

2. **관리자의 일을 해본다.** 당사자에게 직접 관리자의 일을 맡겨 그 기분이 어떤지를 느끼게 해주어라. 당신은 휴가를 떠나고, 새로 관리자가 될 사람에게 팀원들에 대한 통제권을 넘겨줘라. 팀원 모두에게 그 사람이 관리자라고 말해줘라. 아니면 새로 관리자가 될 사람을 관리자 회의에 데리고 가라. 그에게 회의에 참석해달라고 요청하라. 또한 점점 더 큰 프로젝트들을 맡아달라고 요청하라. 당신의 여러 일 중 일부를 넘겨주어 관리자가 할 일이 무엇인지를 직접 경험하게 해주어라. 인사 관련 일들을 경험시켜주고 회의 계획들도 짜보게 하라.

그런 다음 그 사람에게 물어보라. 진짜 관리자 일을 해보겠느냐고. 그러겠다고 하면 관리자 교육을 받도록 연결해주어라. 당신의 회사가 너무 작아 적절한 관리자 교육이 없다면, 경험 많은 관리자를 코치로 붙여주어라(이는 공식적인 절차여야 하며 또 관리 코치의 OKR, 즉 '목표 및 핵심 결과 지표'들 중 하나가 되어야 한다. 그러니까 '이 사람 좀 도와주지 않을래요?' 하는 단순한 부탁이 아니라 핵심 목표여야 한다).

그런 다음 나머지 팀원들을 한 사람씩 1 대 1로 만나 당신이 특정 직원을 승진시킬 계획이라는 걸 공지하라. 이때 무엇보다 팀원들 사이에 불만이 없기를 바란다는 말도 꼭 해야 한다. "한번 해봅시다! 무슨 문제가 생기면 내게 와요."라는 식으로 말이다. 먼저 팀원 모두가 특정 직원이 관리자가 된다는 생각에 익숙해지게 만들고, 관리자가 되려는 사람에겐 능력 발휘를 할 시간을 주어라.

그런 다음 그 사람이 자기 능력에 어느 정도 자신감을 갖게 되고 팀원들이 그 사람의 새로운 역할을 편안하게 느끼게 되면, 그 사람에게 진짜 관리자 일을 해볼 기회를 주도록 하라. 관리자 교육을 제공하고, 경험 많은 다른 관리자들과 얘기를 나눠볼 자리를 마련해주어라. 관리의 가장 중요한 부분은 팀원들을 도와 어려운 문제를 풀 창의적인 해법을 찾는 것임을 설명해주도록 하라. 관리자 혼자 모든 일을 다 할 필요는 없으며 팀원들이 일을 잘하는 데 큰 도움을 주게 되리라는 점 또한 설명하라.

나는 리더십 재능이 있는 사람들이 위기 상황에서 제 역량을 발휘하는 모습을 많이 봐왔다. 그러나 이건 알아야 한다. 어떤 사람은 관리자로 올라가 제 역량을 발휘하지 못한다는 사실을 말이다. 어떤 사람들은 실패로 끝난다. 또 어떤 사람들은 중도 하차할지도 모른다. 어떤 사람들은 관리자의 일 자체를 싫어하기도 하며 어떤 사람들은 그저 그런 관리자가 된다. 그런 순간이 닥쳤을 때, 그들이 사내나 사외에서 다른 기회를 찾을 수 있게 도와주는 것이 바로 당신의 일이다. 그들은 뭔가를 시도했다가 실패했으며 그 과정에서 뭔가를 배웠다. 그걸로 오케이다. 삶은 하나하나 무언가를 제거해나가는 과정이며 지금 그들은 자유롭게 뭔가 새로운 걸 시도해볼 수 있는 상황이다.

'관리자들의 관리자'로 올라가기

직원 수가 120명가량 되면 책임자들이 필요해진다. '다른 관리자들을 관리하는 관리자들' 말이다. 이 책임자들은 개별 기여자보다는 CEO처럼 행동해야 한다.

그들은 팀원들을 훨씬 더 신뢰해야 하며 그들에게 보다 많은 책임을 위임해야 하고 그러면서 코치 역할도 해야 한다. 그들은 팀에 가깝지만 제품으로부터는 더 멀며, 보다 큰 전략적 변화들을 이끌어야 하지만 완진히 독립적이진 못하다. 결국 뭔가 가시적인 성과를 내놓아야 한다.

따라서 이 새로운 책임자들을 아무 지원도 없이 그냥 일 속에 내던져선 안 된다. 처음부터 교육을 시켜주어야 하며 코치도 할당해주어야 한다. 그게 당신이든 다른 사람이든 상관없다. 중요한 건 관계를 '공식화'하는 것이다. 새로운 책임자들에게 아무도 그들이 모든 걸 다 알리라 기대하진 않는다는 걸 깨닫게 해주어라.

회의 조정하기

회사가 빠른 속도로 성장할 때 대부분의 직원이 가장 먼저 불만을 토로하는 부분은 갑자기 회의가(그리고 이메일과 메시지가) 늘어난다는 것이다. 팀 회의, 관리자 회의, 전체 회의, 인사 관련 회의 등등. 사실 그런 회의들은 어느 정도 불가피하긴 하다. 직원들끼리 서로 얘기를 나눠야 하는데, 그룹 채팅방들은 너무 커져 비생산적이기 때문이다. 직접 만나든 다른 방식이든 회의는 어쨌든 필요해진다.

그러나 더 이상 회의 시간을 효과적으로 또는 효율적으로 쓰지 못한다면, 회의와 커뮤니케이션 과정을 잠시 중단시키고 방식에 변화를 주어야 한다. 특정 회의를 현황 업데이트 보고서로 대체한다거나 회의에 참석하는 사람들의 수를 줄이는 방법이 대표적이다. 이때 너무 많은 보고서가 남발되지 않게 조심하라. 아무도 읽지 않을 보고서를 만들어내느라 각 팀이 많은 시간을 허비하는 건 원치 않을 테니 말이다. 그야말로 끝없는 전투가 아닐 수 없다. 관리자들은 각 팀이 얼마나 많은 시간을 회의하는 데 쓰는지 관심을 기울여 그 시간을 적절한 선에서 통제해야 한다.

회사 직원 모두가 참석하는 전체 회의가 아주 좋은 예다. 처음에, 그러니까 직원 수가 40~50명 미만일 때는 전체 회의가 대부분 매주 또는 격주로 열린다. 대개는 격식에 얽매이지 않는 지극히 전략적인 모임으로 시작된다. 한 시간 동안 바닥이나 책상에 편히 앉아 빵을 나눠 먹으면서 이번 주 일을 하기 위해 알아야 할 사안들에 대해 논의하고, 중요한 다음 일정들을 발표하고, 지금 하고 있는 재미있는 일에 대해 얘기하고, 경쟁 업체들의 현황을 점검한다. 필요할 경우 때론 심각한 소식도 전한다. 그러나 대개는 앞을 내다보면서 임무에 대해 또는 진전 상황에 대해 얘기하고, 그런 다음 마지막으로 팀워크를 다진다.

직원 수가 늘어나면 참석자 모두와 깊은 연관이 있는 회의나 다루고 싶은 주제를 전부 다루는 회의는 불가능해진다. 자연스레 전체 회의는 줄어든다. 나아가 회의에서 다루는 내용도 변하기 시작한다. 현재 일어나고 있는 일들에 대한 얘기는 줄어들고 보다 큰 기업 비전과 현재 계획 중인 큰 변화들에 대한 얘기가 늘어나게 되는 것이다.

그렇게 매주 또는 격주로 빵 부스러기가 떨어진 바닥에 편히 앉아 자유롭게 서로 자기 얘기를 하던 즐거운 전체 회의는 추억 속으로 사라진다.

이 모든 변화를 깨닫지 못하면, 당신은 덫에 걸려 옴짝달싹하지 못하게 될 것이다. 구글의 경우처럼 말이다. 아주 최근까지만 해도 구글에서는 직원 14만 명이 전부 2~3시간 정도 걸리는 전체 회의, 즉 그 유명한 (또는 악명 높은) 'TGIF 회의'에 매주 참석했다. TGIF는 'Thank God it's Friday'('와, 금요일이다!'라는 뜻으로 주말이 다가왔다는 해방감을 나타내는 말—옮긴이)의 줄임말이지만 구글 아시아 지사의 직원들도 참석해야 했기 때문에 시차에 맞춰 실제 회의는 목요일에 열렸다.

간혹 임원들의 정감 어린 농담도 오가긴 했지만, 회의 시간 대부분은 회사 내 각 팀이 하고 있는 일을 설명하는 데 할애됐다. 그 내용이 아주 흥미진진할 때도 종종 있었다. 그러나 대부분의 경우는 그렇지 못했다. '필요한 정보를 효과적인 방법으로 전달한다'는 회의의 목적은 이미 여러 해 전부터 의미를 상실한 상태였다. 대부분의 구글 직원들은 세 시간이 소요되는 회의 내내 밈젠Memegen이라는 내부 앱을 가지고 이 회의에 대한 밈을 만드는 데 보냈다. 이런 방식의 회의가 효율적이라거나 일을 더 잘하는 데 도움이 된다고 주장할 수 있는 사람은 아무도 없다.

게다가 비용도 많이 들어갔다. 회사의 전 직원이 매주 몇 시간씩 밈을 만드는 데 보내면서 나가는 비용은 차치하고서라도, 이 회의와 관련된 준비 작업 또한 장난이 아니었다. 구글에는 TGIF 회의 전담팀이 있었고, 거기에서 수십 명의 직원들이 매주 나오는 이 '작품'을 위해 수백 시간씩을 쏟아부어야 했다.

그러니 전체 회의는 꼭 필요할 때를 위한 특별한 회의로 만들도록 하라. 정기적으로 열되 그 간격이 아주 긴 회의 말이다. 가능하면 보다 규모가 작은 사내 집단들끼리 한데 모여 필요한 정보를 공유하게 하라. 그들은 바닥에 편히 앉아 빵을 집어먹으며 이야기할 수도 있을 것이다. 이때 회의의 목표는 아주 명확해야 한다. 사람들이 직장에서 보내는 시간에는 명확한 목표가 있어야 하는 법이다.

인사팀 구축하기

처음에는 인사팀이 전혀 필요 없다. 사람 수가 5명, 10명 또는 50명일 때는 그냥 외부 채용 전문가를 활용해 팀 규모를 늘려 나가면 되고, 문제가 생길 때는 서로 의견을 나누면 되며, 기본적인 인사 문제들(의료보험, 기업연금 등)은 외주를 주면 된다.

그러나 사람 수가 60~80명에 도달하면 사내에 인사팀을 만들어야 한다. 직원 수가 그 정도 되면 단순히 60~80명의 문제를 처리하는 데서 끝나지 않기 때문이다. 실제로는 240명 아니면 320명의 문제가 되어버린다. 대부분의 직원은 가족이 있으니까. 배우자나 파트너 또는 딸린 식구 등. 그리고 직원들에겐 뭔가 도움이 필요한 일이 생기기 마련인데, 그 도움을 주는 게 바로 당신이 해야 할 일이다. 그들은 아플 수도 있고 임신할 수도 있고 치아 교정을 해야 할 수도 있고 휴가를 가고 싶어 할 수도 있고 아니면 그저 복리후생 문제와 관련해 궁금한 게 있을 수도 있다.

이렇게 인사 문제를 외주 처리하는 비용이 갈수록 커지고 시간도 많이 들기 시작하면 그때는 사내에 인사팀을 신설하라. 직원들에게 인사팀은 그들과 기업 문화를 보호하기 위해 있는 거라는 사실을 상기시켜주어라. 도움이 필요할 때 도움을 주기 위해, 필요한 돈을 제때 주기 위해, 이 회사에 다니는 것이 안전하다는 느낌을 주기 위해서 말이다. 공식적으로 인사팀 기능을 추가한다 해서 없어지는 건 아무것도 없다. 직원들과 그 가족들에게 더 나은 지원을 해줄 수 있게 되는 것뿐이다.

코치와 멘토 영입하기

코치 및 멘토 제도는 회사가 중단점에 도달하기 전에 꼭 갖추어야 한다. 특히 직원 수가 30~40명으로 늘어나면서 관리자들이 등장하는 과도기에, 또 직원 수가 80~120명 정도로 늘어나면서 관리자들이 책임자로 승진되는 시기에 꼭 필요하다.

그러나 잊지 말라. 코치와 멘토는 엄연히 다르다.

코치는 기업에 도움을 주는 존재다. 이 회사, 이 일, 이 순간 등 기업의 업무와 관련된 모든 일에 관여한다. 멘토는 보다 개인적인 존재다. 사람들의 업무와 관련해 도움을 줄 뿐 아니라, 그들의 삶과 가족 문제와 관련해서도 도움을 준다. 코치는 기업을 잘 알기 때문에 도움이 된다. 반면에 멘토는 당신을 잘 알기 때문에 도움이 된다.

가장 이상적인 형태는 코치 제도와 멘토 제도를 적절히 섞는 것이다. 두 세계를 다 아는 사람, 즉 코치 겸 멘토는 기업이 필요로 하는 것과 관련해 직원들이 보다 큰 그림을 보도록 해줄 뿐 아니라, 그들이 개인적으로 필요로 하는 것과 관련해서도 보다 큰 그림을 보도록 해준다.

초창기에 당신이 리더라면 당신은 동시에 멘토이기도 하다. 사람들을 큰 과도기에 대비하게 하고, 또 그들을 코치하며 함께 헤쳐 나가야 한다. 그러나 팀 규모가 커지면 당신의 부담을 덜어줄 공식적인 멘토나 코치를 영입할 필요가 있다. 그러다가 직원 수가 약 120명에 이르면 경영진을 도와 새로운 책임은 물론 새로운 커뮤니케이션 및 조직 전략들에도 잘 대처할 수 있게 해줄 임원 코치도 영입해야 한다.

기업 문화

기업 문화는 정확히 찾아내기도 아주 어렵고 그만큼 잘 유지하기도 매우 힘들다. 규모가 작은 기업에서도 각 팀은 나름대로 뚜렷한 팀 문화를 만들어낸다. 그래서 그 문화의 가장 중요한 부분이 사라져버리면 직원들이 퇴사로 이어질 수가 있다.

당신이 사랑하는 것들을 지키고 싶다면, 팀원들에게 그들이 가장 소중히 여기는 것이 무엇인지 적게 하고, 그것을 계속 유지할 계획을 세우게 하라. 그리고 이걸 잊지 말라. 팀원들이 적어내는 그 일들이 꼭 회사 발전에 중요한 일일 필요는 없다. 사소한 일이어도 좋고 우스꽝스러워 보이는 일이어도 좋다. 네스트의 경우, 회사 규모가 정말 작을 때 몇몇 팀원들이 주차장 안에서 바비큐 파티를 열기 시작했다. 그 파티는 정말 멋졌다. 모두가 편히 쉬면서 얘기도 나누고 바비큐도 먹었다. 회사 규모가 커지면서 그 바비큐 파티는 쉽게 중단될 수도 있었다. 15명이 먹을 바비큐를 굽는 것과 50명이 먹을 바비큐를 굽는 건 전혀 달랐으니까. 500명이 먹을 바비큐를 굽는 건 더더욱 달랐고. 그래서 우리는 그 바비큐 파티에 마치 사업 투자하듯 투자했다. 파티 규모는 점점 더 커져갔고 점점 더 많은 정성, 점점 더 많은 비용이 들어가게 되었지만 우리는 그 파티를 없애지 않았다. 우리의 기업 문화에 꼭 필요한 일부분이었고, 임원들과 직원들, 디자이너들과 엔지니어들, 품질보증팀과 IT팀 그리고 고객지원팀 등 회사의 모든 사람이 함께 시간을 보낼 소중한 기회였기 때문이다. 단순한 바비큐 파티였지만 우리에겐 너무도 소중했다. 우리에게 그 파티는 전체 회의보다 훨씬 좋았다.

기업 문화는 조직을 통해 생겨나지만 그걸 유지하려면 성문화시켜야 한다. 그러니 당신의 회사가 소중히 여기는 가치들을 적은 뒤 이를 건물 벽에 내걸거나 온라인상에 게시하도록 하라. 그것을 새로운 직원들과 공유하라. 채용 면접에 온 지원자들에게도 이를 꼭 밝혀라. 당신 회사가 중요시하는 게 무언지, 무엇이 당신 회사의 문화를 규정짓는지를 모든 사람이 알아야 한다. 회사가 가장 중시하는 가치들을 정확히 모른다면, 그걸 새로 들어오는 직원들에게 넘겨줄 수도 없고 유지할 수도 없고 발전시킬 수도 없으며 그 가치에 맞는 사람들을 채용할 수도 없다.

또한 모든 팀을 대상으로 어떻게 일하는지를 자세히 적어보게 하라. 마케팅 과정은 어찌 되는가? 엔지니어링 과정은? 제품 개발 과정의 각 단계들은 어떤가? 어떤 식으로 함께 일하는가? 이러한 과정들이 사람들의 머릿속에만 머물게 해선 안 된다. 사람들은 떠난다. 그리고 새로운 사람들이 들어온다. 당신 회사가 기하급수적으로, 동시에 여러 방향들로 성장하게 되더라도 그 중심에는 아주 강력하면서도 안정된 핵심 가치들이 있어야 한다. 경험이 풍부한 직원들이 새로 들어오는 직원들에게 일하는 방법에 대해 자세히 알려줘야 하는 것이다. 그러지 않으면 모든 사람이 길을 잃고 헤매고 만다.

나는 그간 우리가 투자했던 많은 기업이 중단점에 도달해 무너지는 모습을 지켜봤으며, 나 스스로도 그런 쓰라린 경험을 한 적이 있다. 필립스에서 거의 30만 명에 달하는 직원들 속에서 새로운 팀을 키우려 했을 때도 애플에서 직원 수가 3,000명에서 8만 명으로 늘었을 때 말이다. 그리고 중단점은 늘 사람의 허를 찌르는 것 같다. 잘나가는 사업이나 비전에서 또는 새로운 제품들에서 눈을 뗀 채 모든 걸 재고하고, 재조정하고 싶은 사람은 아무도 없을 테니까.

가뜩이나 신경 써야 할 일이 많은 상황에서 중단점에 대비한 계획까지 세워야 한다는 건 예삿일이 아니다. 그건 정말 힘든 계획이다. 사람을 끝없이 괴롭히는 정말 어렵고 골치 아픈 계획. 그래서 늘 미뤘다가 다음에 세우고 싶은 계획.

그러나 '고장 난 게 아니면 고치지 말라'는 말은 이 세계에선 통하지 않는다. 중단점에 미리 대비하지 않고, 팀원들에게 미리 경고하지 않고, 원칙을 중심으로 조직을 조심스레 재정비하지 않고, 새로운 관리자들을 추가하지 않고, 각종 회의와 커뮤니케이션 방식들을 재평가하지 않고, 사람들을 교육시키거나 코칭하지 않고, 기업 문화를 유지하기 위해 적극적인 노력도 하지 않을 경우, 그 결과는 불 보듯 뻔하다.

- 나는 무엇보다 먼저 최고의 조직은 어떤 형태여야 하는지를 고민하지 않고 또 자기 팀을 그 역할에 맞추려 애쓰지 않고, 오직 기존 직원들의 마음을 사기 위해 그들을 중심으로 조직을 구축하려 애쓰는 리더들을 봐왔다.
- 그러면 역할과 책임이 서로 중복되는 데다 위로 올라갈수록 남아도는 인력이 많아져 그들을 위해 새로운 기이한 직책들을 만들어야 한다. 직원 모두가 대체 무엇을 위해 일해야 하는지도 모르게 된다.
- 일의 진행 속도가 점점 느려진다.
- 직원들은 기업 문화가 죽었다며 불만을 토로한다.
- 사람들이 이직하기 시작한다.
- 모두가 패닉 상태에 빠져 전사적인 위기에 빠진 것처럼 느껴진다.

이런 상태에서 헤어 나오는 데 대개 6개월에서 9개월 정도가 걸린다. 일반적으로 기업들은 중단점을 지나면서 모든 새로운 성장을 포기해야 하며, 모든 걸 처음부터 다시 시작하고 또 제대로 해야 한다. 무엇보다 당신이 제대로 해야 한다. 중단점을 무시하려 드는 기업은 살아남지 못하거나 현재 규모에서 벗어나지 못한 채 정체 상태에 빠지게 된다.

여기서 꼭 알아야 할 사실은 당신이 모든 걸 아무리 완벽하게 관리한다 해도 일부 직원들을 잃게 되리라는 점이다. 괜찮은 사람들은 이직할 것이다. 어떤 직원들은 그냥 지금보다 규모가 작은 기업들을 더 선호할 것이다. 또 어떤 직원들은 변화의 필요성은 인정하면서도 변화 그 자체를 싫어할 것이다. 또 어떤 직원들은 계속 경고하고 코치를 했음에도 관리자층이 추가되는 데 분개할 것이다. 그러나 믿었던 팀 동료와 친구들이 떠나는 걸 가슴 아프게 지켜보는 한이 있더라도, 그 손실은 감당할 만하다. 재난으로 이어지지는 않을 것이다. 적어도 당신의 기업과 기업 문화는 살아남을 테니까.

그리고 마침내 직원들을 안심시키고 관리자들을 교육시키고 수백 번의 면담을 통해 사람들의 불안감을 잠재우고 당신 회사의 모든 가치와 과정을 성문화하고 정기적인(그러나 너무 자주는 아닌) 전체 회의를 통해 기업 문화를 구축하고 강화하는 데 성공할 경우, 당신은 이제 잠시 시간을 내 당신 자신에 대해 생각해야 한다.

중단점을 앞두고 아마 당신 역시 두려울 것이다. 당연히 그래야 한다. 두렵지 않다면 상황을 심각하게 보고 있지 않다는 뜻이니까.

중단점은 비단 기업만 겪는 일이 아니다. 당신도 중단점을 겪는다. 당신이 CEO거나 창업자이거나 보다 큰 기업의 팀 리더라면, 그 조직이 커질수록 당신은 사람들 사이에서 더 고립되고 제품으로부터도 더 멀어지게 된다. 처음 사업을 시작할 때는 직원 모두의 채용에 관여하고 모두를 다 알고 많은 회의에 참석하고 늘 팀원들과 함께 뭔가를 만들었다. 그러다 직원 수가 120~150명을 넘어서면서 모든 게 변하기 시작했다. 이제는 당신이 모르는 얼굴들이 눈에 더 많이 띈다. 이 사람들이 우리 직원들인가? 파트너인가? 아니면 그냥 점심 식사를 하러 온 친구들? 당신은 이제 더 이상 진행 중인 일들의 세세한 면들을 다 알지 못한다. 어쩌다 회의 자리에 들어서면 모두들 당신을 보며 눈을 휘둥그레 뜬다. '왜 CEO가 이 자리에? 대체 무슨 일이지?'

중단점이 다가올 때가 되었다면 이걸 잊지 말라. 그간 팀원들을 어떻게 안심시켰던가? 이런 조언을 해주지 않았던가? "중단점이 다가오고 있으니 우리 모두 대비해야 합니다." 당신의 멘토와 얘기를 나눠보라. 모든 변화가 일어나기 전에 당신이 무슨 일을 해야 하는지 파악하고 그에 맞춰 계획을 세워라. 그리고 늘 이걸 잊지 말라. 변화는 성장이고, 성장은 곧 기회다. 당신 회사는 하나의 생명체다. 그 세포들은 분리되어 증식해야 하고, 차별화되어 뭔가 새로운 것이 되어야 한다. 당신이 잃게 될 것들에 대해 걱정하지 말라. 앞으로 어떻게 할 건지만 생각하라.

제3장

초심자로 머물기

새로 만들어지는 모든 것은 디자인되어야 한다. 이는 비단 제품과 마케팅에만 해당되는 얘기가 아니다. 모든 과정과 경험, 조직, 형태, 물질에도 공통으로 해당되는 얘기다. 본질적으로 '디자인'을 한다는 건 어떤 문제를 깊이 파고들어 멋진 해결책을 찾아낸다는 뜻이다. 누구나 할 수 있는 일이며 모든 사람이 해야 하는 일이다.

뛰어난 디자이너가 되려면 단순히 도안을 잘 그리는 차원을 넘어 생각을 정말 많이 해야 한다. 단순히 어떤 제품을 예쁘게 만드는 데 그치지 않고 그 제품을 더 쓸모 있게 만들어야 하기 때문이다. 전문적인 디자이너 없이 완벽하게 세련된 시제품을 만들 수는 없겠지만, 다음 두 가지 핵심 원칙들만 잘 따른다면 제법 멋진 시제품을 만들어낼 수 있다.

1. **디자인적 사고를 활용하라.** '디자인적 사고'design thinking는 세계적인 디자인 기업 아이디오IDEO의 창업자 데이비드 켈리David Kelley가 만들어낸 유명한 전략으로 고객과 그들의 불만 사항을 알아내고, 해결하려는 문제를 깊이 이해하고, 체계적으로 그 해결 방법을 찾아내는 사고 전략이다.

   예를 들어 어떤 사람이 TV 리모컨이 너무 많다며 불만을 늘어놓는다고 하자. 그런 경우 즉각 팔을 걷어붙이고 모든 리모컨을 하나로 합쳐 아주 커다랗고 복잡하기 그지없는 리모컨을 만들 게 아니라 먼저 시간을 갖고 고객을 이해해볼 필요가 있다. 그는 소파에 앉아 있을 때 무엇을 하나? TV에서 무엇을 시청하나? 언제 시청하나? 누구와 함께 시청하나? 각 리모컨을 어디에 또 얼마나 자주 사용하나? 리모컨을 어디에 놔두나? 잘못해서 엉뚱한 리모컨을 집어 들었을 때는 어떻게 되나?

   이렇게 파고들다 보면 고객이 실제 어떤 문제를 갖고 있는지 알게 된다. 그는 늦은 밤 집에 들어왔을 때 불을 켜 식구들을 깨우고 싶어 하지 않는다. 그래서 어둠 속에서 TV를 켜려 하는데 필요한 리모컨을 찾을 수가 없다. 좋다. 그렇다면 그 문제에 대한 해결책을 찾으면 된다.

2. **습관화되지 않도록 하라.** 사람은 누구나 각종 사물과 일에 익숙해지게 되어 있다. 이 세상은 크고 작은 불편들로 가득 차 있지만 당신은 더 이상 그 불편을 알아채지 못한다. 당신의 뇌가 그것을 '바꿀 수 없는 현실'로 받아들여 걸러내버리기 때문이다. 예를 들어 식료품점에서 농산물에 붙이는 조그만 스티커를 생각해보자. 사과를 사고 나서 그냥 먹는 게 아니라, 거기에 붙은 스티커를 떼어낸 뒤 남아 있는 끈끈한 풀 같은 걸 손톱으로 긁어내야 한다. 처음 몇 번 그 스티커를 접했을 땐 아마 짜증이 났을 것이다. 이제는 그냥 그런가 보다 하겠지만.

   그러나 디자이너의 관점에서 생각하면 직장에서 또 일상에서 더 나아질 수 있는 많은 것이 눈에 띈다. 이미 오래전 사람들이 그냥 늘 끔찍할 거라고 생각해 포기해버린 경험들을 개선할 기회를 찾아내게 된다.[*]

. . .

가끔은 우리가 알고 있는 어휘가 방해가 되기도 한다.

디자인. 그것은 단순한 직업이 아니다.

고객. 그것은 단순히 뭔가를 구입하는 사람이 아니다.

제품. 그것은 단순히 당신이 판매하는 어떤 물건이나 소프트웨어가 아니다.

당신은 당신이 하는 모든 일에 '디자인적 사고'를 적용할 수 있다.

당신이 지금 취업 면접을 보러 갈 준비를 하면서 옷장 안을 들여다보고 있다고 상상해보자. 당신의 고객이 면접관이고 제품은 당신 자신이며 지금 면접 날 입을 옷을 디자인하는 중이다. 청바지를 입어야 할까? 단추를 채워야 할까? 그 회사의 기업 문화는 격식을 중시하는가 별로 중시하지 않는가? 당신의 모습 중 어떤 점을 부각시킬 것인가? 이런 결정들을 내리는 게 바로 디자인적 사고 과정이다. 가장 나은 결과를 얻기 위해서는 설사 무의식적이라 할지라도 디자인적 사고가 필요하다.

자, 그러다 이제 취업이 됐다. 축하한다! 면접장에 청바지를 입고 간 게 통했다. 그러나 사무실이 16킬로미터 정도 떨어져 있는데, 당신에겐 자동차가 없다. 오늘의 디자인 과정에 온 걸 환영한다! 이제 고객은 당신 자신이다.

---

[*] 이 습관화 문제를 좀 더 깊이 파고들고 싶다면 나의 TED 강연을 참고하라.

당신은 무작정 뛰어나가 아무 자동차나 사지는 않을 것이다. 아마도 여러 가지 옵션들을 곰곰이 따져볼 것이다. 정말로 자동차가 필요하긴 한 건가? 버스를 타거나 스쿠터 또는 자전거를 살 수도 있지 않을까? 자동차를 산다면 그걸 출퇴근용으로만 쓸 건가? 예산은 어느 정도 되는가? 하이브리드 자동차가 좋을까, 전기 자동차가 좋을까? 교통 체증이 심할 땐 꼼짝없이 갇혀 있게 될 텐데 괜찮을까? 자동차는 도로에 주차할 건가 아니면 차고에 주차할 건가? 가족이나 친구들, 동료들 또는 반려동물도 태우고 다닐 건가? 주말에는 자동차를 끌고 여행도 다닐 건가?

디자인적 사고를 하다 보면 당신이 해결하려 애쓰는 문제를 제대로 이해하게 된다. 이 경우 문제는 '나는 출퇴근하는 데 자동차가 필요하다'가 아니다. 사실 문제는 그보다 더 광범위하다. '나는 어떻게 돌아다니고 싶은가?' 지금 당신이 디자인하는 '제품'은 당신의 삶에 필요한 '이동 전략'이다.

문자 그대로 정말 괜찮은 제품을 만드는 방법은 단 하나, 고객이 무엇을 필요로 하는지 깊이 파고들어 분석하고 가능한 모든 옵션들(재택근무를 한다거나 직장 근처로 이사를 가는 등 예상치 못한 옵션들도 포함)을 체크해보는 것이다. 완벽한 디자인은 없다. 디자인에는 늘 이런저런 제약이 따르기 마련이다. 그러나 당신은 그 모든 옵션 중 미학적으로나 기능적으로, 또 비용적으로 가장 나은 옵션을 선택해야 한다.

그런 게 바로 디자인 과정이며 내가 아이팟을 디자인한 과정이기도 하다. 내가 모든 걸 디자인하는 과정이기도 하고.

또 그런 과정이 바로 일부 사람들이 '디자이너가 아니면 할 수 없다'고 생각하는 과정이다(제2.3장 '조직 내 또라이들을 다루는 법' 참조).

나는 아주 오랫동안 여러 디자이너들과 손잡고 일해오고 있다. 그들 중 몇몇은 아주 명석하고 놀라운 재능을 가진 디자이너였다. 그런가 하면 디자인은 오직 디자이너들만 할 수 있다고 확신하는 고매하신 디자인 리더들과 치열한 설전도 벌여봤다. 그들은 힘든 도전에 직면할 때면 늘 그걸 해결해줄 전문가가 필요하다고 생각한다. 세련된 미적 감각과 놀라운 역량을 가진 사람들(기왕이면 자신들 같은 디자이너들) 말이다. 내가 그간 지켜본 바에 따르면, 이런 디자이너들은 자기들 외에는 고객이 필요로 하는 걸 제대로 이해하고 그에 맞는 해결책을 찾아내기 힘들다는 선입견 때문에 엔지니어링이나 제조 쪽에서 내놓는 아이디어들을 무시하는 경향이 있다. 디자이너가 아닌 사람들이 내놓는 해결책은 전혀 해결책이 못 된다고 말이다.

그런 디자이너들을 보면 정말 열이 뻗친다.

그런 식의 생각은 전염이 되기 때문에 특히 더 그렇다. 그간 나는 많은 스타트업이 힘든 디자인 문제에 직면할 때마다 깊이 생각해보지도 않고 그 문제를 해결할 전문가를 채용해야겠다고 바로 결정해버리는 모습을 자주 봐왔다. 우리는 충분히 알지 못한다, 우리에겐 전문지식이 없다, 그러니 우리 대신 문제를 해결해줄 누군가가 필요하다는 논리다.

그러나 직접 해결해보려는 노력도 없이 문제를 바로 아웃소싱해선 안 된다. 그 문제가 기업의 미래를 결정지을 중요한 문제라면 특히 더 그렇다. 만일 그렇게 중요한 문제라면 당신 팀은 그걸 직접 해내는 경험을 쌓고 그 과정을 기억해야 할 필요가 있다.

네스트 설립 초기에 마케팅 분야는 우리가 다른 기업들과 차별화를 꾀할 수 있는 아주 중요한 분야였다. 그래서 나는 먼저 앤톤 오에닝Anton Oenning을 마케팅 책임자로 영입해 온도 조절기 포장 일을 맡아달라고 요청했다. 앤톤은 놀라운 직관력과 공감 능력을 갖고 있는 마케팅 전문가

로 뛰어난 스토리텔러이며, 고객 경험을 중시하는 사람이지만 디자이너
는 아니다. 심지어 카피라이터도 아니다. 그는 그 당시의 일을 이렇게 회
상했다.

"네스트에 온 지 2주가 지났을 때 토니 퍼델이 내게 포장 디자인과 광
고 문안 작성에 대한 얘기를 했습니다. '네? 음… 좋아요. 그럼 함께 일해
온 프리랜서 디자이너와 카피라이터들에게 연락해볼게요.' 그는 '아뇨.
사내에서 비밀리에 진행해야 해요'라고 말했습니다. '아, 네. 좋아요. 한
번 해보죠.' 결과적으로 토니의 그 요청은 내 마케터 경력을 통틀어 가장
자유분방한 요청이었습니다."

그는 행동을 통해 배웠다. 또 실패를 통해. 그리고 또 재시도를 통해.
우리는 열 번 넘게 포장 문안을 재작성했고 동시에 메시지 전달 과정 및
체제를 구축했다(제5.4장 그림 5.4.1 참조). 그렇게 포장 디자인과 그 한계
들을 이해하고 광고 문안 작성에 대한 식견을 기른 뒤, 앤톤은 디자이너
및 카피라이터들과 함께 일하면서 일의 완성도를 높였다. 만일 그가 먼
저 직접 시도해보지 않았다면 그 모든 일은 일어나지 못했을 것이다. 그
에게 필요한 건 밀어붙이는 추진력뿐이었다. 누구든 똑똑하고 능력 있는
사람이라면 그저 스스로 빛날 마음만 먹으면 된다.

심지어 굳이 도안을 그리거나 미적 감각을 발휘할 누군가가 필요하지
않을 수도 있다. 예를 들어 모든 기업이 직면하는 문제인 제품명 짓기를
생각해보자. 제품명을 짓기 위해 바로 전문가나 전문업체에 연락을 할
게 아니라 자리에 앉아 디자이너처럼 문제에 접근해보라.

- 당신의 고객은 누구이며 그들은 어디에서 제품명을 보거나 들을까?
- 당신 제품에 대해 고객이 어떤 생각이나 느낌을 가졌으면 하는가?

그러기 위해 무엇을 할 것인가?

- 제품명을 부각시키는 데 가장 중요한 브랜드 특성이나 제품 특성은 무엇인가?
- 이번 제품은 어떤 제품군의 일부인가 아니면 완전히 독립적인 제품인가?
- 다음 버전의 제품은 뭐라고 부를 것인가?
- 제품명이 어떤 느낌이나 생각 또는 표현을 떠올리게 해야 하는가?

일단 일련의 제품명들을 생각해냈다면 그것을 직접 특정 문맥들 속에 넣어 사용해보라. 제품명이 문장 속에 들어갔을 때 어떤가? 제품명을 인쇄물에서는 어떻게 쓸 것인가? 제품명을 그래픽에서는 어떻게 쓸 것인가?

마음에 드는 제품명을 생각해내지 못할 수도 있지만 직접 제품명을 정하는 노력을 해봄으로써 적어도 제품명 짓는 과정을 제대로 이해할 수 있다. 또한 전문가나 전문업체와 함께 일하는 데 필요한 툴이나 이름 짓기에 필요한 방법들도 배울 수 있다.

물론 때론 전문가를 채용해야 할 수도 있다. 뛰어난 디자이너에게 의뢰해 당신 팀원들이 스스로 판 구덩이에서 빠져나오도록 사다리를 만들어달라고 해야 할 수도 있다. 그러나 그 과정에서 당신 팀원들은 그걸 지켜보고, 뭔가를 배우고, 질문을 하며 이후에 직접 사다리를 만들 수 있어야 한다.

이는 그야말로 모든 팀, 모든 직급에 속한 사람들이 자신들의 일상 업무(포장, 기기, 사용자 인터페이스, 웹사이트, 마케팅, 주문 등)에서 직접 디자인적 사고를 해볼 수 있는 방법이다. 또한 회사가 각종 비용을 결제하는 프로세스부터 고객이 반품하는 프로세스까지 모든 걸 디자인해볼 수 있는 방법이기도 하다.

그 과정을 통해 팀원들은 현재 자신이 어떤 구덩이에 빠져 있는지를 깨닫고 현상유지를 하려는 관성을 버리고, 모든 걸 좀 더 낫게 만들려는 노력을 기울이게 된다. 또한 다른 회사들은 어떻게 하는지 보고 그걸 흉내 내려 하기보다는 그야말로 모든 걸 고객의 입장에서 보기 시작한다. 예를 들면 고객 입장에 서서 '이 제품은 이렇게 반품하고 싶어' 하는 식으로 생각해보는 것이다. 그런 다음 그 과정을 다음과 같은 방식들로 처음부터 다시 디자인한다.

- 매 단계에서 '왜?' 그러니까 '지금 왜 이런가?'라는 질문을 해보라. 어떻게 하면 더 나아질 수 있겠는가?
- 전에 이 제품을 한 번도 사용한 적이 없는 사용자들의 입장에서 생각해보라. 그들의 의식 구조, 그들의 불편 사항들, 그들의 희망과 바람들을 파고들어가 보라.
- 모든 걸 단계별로 나눠보고 모든 제약들을 미리 가정해보라(제3.5장 '수갑을 채우고 심장박동을 확인하라' 참조).
- 제품을 제대로 이해하고 그 스토리를 들려주어라(제3.2장 '왜 스토리텔링인가?' 참조).
- 이 과정 내내 시제품들을 만들어보라(제3.1장 '당신의 제품은 그냥 제품이 아닌 사용자 경험 그 자체다' 참조).

모든 사람이 뛰어난 디자이너가 될 수는 없지만 모든 사람이 디자이너처럼 '생각'해볼 수는 있다. 디자인 능력은 태어날 때부터 당신의 DNA

에 내제된 능력이 아니라 배우는 능력이기 때문이다. 코치나 스승, 강좌, 책의 도움을 받아 모든 사람이 적절한 사고방식을 갖도록 해주어라. 힘을 합쳐 함께 해내라.

아무리 위대한 디자이너라도 모든 걸 혼자 해낼 수는 없다. 많은 사람이 애플의 디자인을 보며 이런 식으로 말한다. "이건 스티브 잡스의 작품이야.", "이건 조너선 아이브Jonathan Ive(애플의 최고디자인책임자―옮긴이)의 작품이야." 그러나 그건 전혀 사실이 아니다. 세상에 한두 명의 사람이 자신의 천재성을 스케치북에 쏟아붓고, 그런 다음 그걸 평범한 직원 몇 명에게 넘겨 실행에 옮기는 경우란 없다. 애플에는 디자인을 하는 사람들이 아주 많다. 서로 힘을 합쳐 뭔가 아주 새롭고 놀라운 제품을 만들어내는 건 바로 그들이다.

당신 혼자 방 안에 갇혀 지내서는 절대 위대한 디자이너가 될 수 없다. 위대한 디자이너가 되려면 혁신적인 아이디어를 내놓을 수 있는 팀원들, 고객들 그리고 다른 팀들과 손잡고 일해야 한다. 고객들이 무엇을 필요로 하는지 알아야 하며, 그것을 실현할 수 있는 다양한 방법도 알아야 한다. 어떤 문제를 여러 각도에서 바라볼 수 있어야 한다. 약간의 창의력도 있어야 한다. 무엇보다 먼저 '문제'를 알아낼 수 있어야 한다.

문제를 알아낸다는 게 별로 어려운 일이 아니라고 여길 수도 있다. 그러나 실은 그렇지 않다. 문제를 알아낼 수 있는 것과 그렇지 못한 것의 차이는 스타트업 직원과 창업자만큼이나 크다.

대부분의 사람은 자신의 일상생활이나 직장생활에서 이런저런 문제들에 워낙 익숙해져 있어, 더 이상 자신에게 문제가 있다는 사실조차 깨닫지 못한다. 그들은 그저 매일 바쁜 시간을 보내다 피곤해 잠자리에 들고 눈을 감는다. 그리곤 뒤늦게 아래층 주방 불을 끄지 않은 걸 깨닫고는 투덜거리며 계단을 내려간다. 이런 생각은 결코 하지 않는다. '왜 내 침실에는 집 안의 모든 불들을 끌 수 있는 스위치가 없을까?'

문제가 있다는 것조차 알아채지 못하면서 문제를 해결할 수는 없다.

내가 생각하는 아이팟의 성공 이유가 무엇인지 아는가? 그건 CD가 너무 무거웠기 때문이다. 나는 음악을 아주 좋아해서 당시 내가 모은 음악 CD만 해도 수백 장에 달했다. 각 CD는 플라스틱 재킷으로 조심스레 포장되어 휴대용 케이스에 50장씩 들어 있었다. 나는 주말에 각종 파티에서 재미로 음악 DJ 역할을 하곤 했는데, 그 CD들이 내 스피커보다 더 무거웠다.

1990년대에는 이렇게 대부분의 사람이 음악 CD를 갖고 다녔다. 그리고 가방에 넣어 다니기엔 부피가 너무 커서 다들 자기 자동차 안에 가죽으로 만든 CD 케이스를 갖고 있었다. 그 누구도 그걸 '해결이 필요한 문제'로 보지 않았다. 다들 그저 '삶의 일부'로 본 것이다. 좋아하는 음악을 듣고 싶다면 무거운 음악 CD들을 하나하나 갖고 다녀야 하는 삶.

그걸 문제로 인식하고 해결책을 꿈꾼 사람들은 대개 발명가들과 스타트업 창업자들 그리고 아이들이었다. 아이들은 세상을 보며 이런저런 의문을 갖는다. 또 바보짓을 수없이 반복해도 지치지 않는다. 세상 모든 게 지금 상태 그대로여야 한다고 생각지도 않는다. 그래서 끝없이 '왜?'라는 질문을 던진다.

그래서 당신의 뇌를 젊게 유지하는 게 아주 중요하다. 다른 사람들이 대충 넘기는 일들을 '문제'로 보는 게 중요하다. 디자이너 같은 어휘와 사고 과정을 활용해 그 문제들에 대한 해결책들을 찾아내는 게 더없이 중요하다.

스티브 잡스는 그런 걸 '초심자로 머물기'staying a beginner라고 불렀다. 그는 우리에게 늘 우리가 만들고 있는 기기를 새로운 관점으로 보라고 말했다. 우리는 우리 자신을 위해서가 아니라, 디지털 음악을 경험해본 적이 없는 사람들을 위해 아이팟을 디자인하고 있었다. 대형 카세트 라디오와 워크맨Walkman을 가지고 다니는 사람들과 자동차 안에 가죽으로 만든 CD 케이스를 넣어놓고 다니는 사람들을 위해서 말이다. 우리는 그런 사람들에게 전혀 다른 방식으로 음악을 듣는 법을 소개하려 하고 있었다. 그들에겐 소소한 부분이 전부 다 중요했다. 너무도 새로운 뭔가에 맞닥뜨리게 되면 좌절감을 느끼는 등 쉽게 낙담했기 때문이다.

스티브 잡스는 사람들이 박스 안에서 작고 멋있는 아이팟을 꺼내는 순간 바로 마음에 들어 하고 또 바로 이해할 수 있길 바랐다. 그러나 그건 불가능한 일이었다. 바로 마음에 들고 바로 이해할 수 있는 건 없었다. 그 당시에 하드 드라이브가 달린 가전제품은 일단 충전을 한 뒤 사용할 수 있었기 때문이다. 새로운 기기를 구입할 경우, 박스에서 꺼낸 뒤 한 시간은 플러그에 꽂아두어야 작동시킬 수 있었다. 짜증 나는 일이었지만 그게 그 당시의 삶이었다. 하지만 잡스는 이를 받아들이지 않았다. "우리 제품은 절대 그렇게 되지 않게 할 겁니다."

당시만 해도 전자제품을 만들 때 기기에 아무 문제가 없는지 확인하기 위해 공장에서 미리 30분간 작동시켜보는 게 일반적이었다. 그런데 우리는 아이팟을 두 시간 넘게 작동시켰다. 당연히 공장 가동은 그만큼 지연됐다. 제조팀은 불만이 많았다. 비용 부담이 커졌으니까. 그러나 그 추가 시간에 우리는 아이팟을 제대로 테스트할 수 있었을 뿐 아니라 배터리도 완전히 충전시킬 수 있었다.

물론 요즘은 전자제품들의 배터리를 완전히 충전한 상태로 출시한다. 잡스가 그 문제를 발견한 뒤 다른 사람들 역시 그게 문제라는 걸 깨닫게 되었기 때문이다. 사소한 일 같지만 그건 의미 있는 일이었다. 중요한 문제이기도 했고 말이다. 박스를 열면 그 안에 아름다운 아이팟이 들어 있었다. 당신의 삶을 바꿀 준비를 완전히 끝낸 채.

그건 마법이었다.

누구나 할 수 있는 마법.

당신은 그저 '문제'만 찾아내면 된다. 누군가가 당신 대신 그 문제를 해결해줄 때까지 기다리지 마라.

제4장

최고의 마케팅은
그저 진실을 말하는 것이다

마케팅이 꼭 부드럽고 간단명료해야 하는 건 아니다. 뛰어난 마케팅은 대개 인간 관계와 공감에 그 뿌리를 두지만 마케팅 프로그램을 만들고 실행하는 일은 철저하면서도 분석적인 과정일 수 있으며 또 그런 과정이 되어야 한다.

1. **마케팅은 그냥 맨 마지막에 쉽게 생각해낼 수 있는 게 아니다.** 어떤 제품을 개발할 때 제품 관리팀과 마케팅팀은 처음부터 함께 일해야 한다. 제품을 만들어가는 과정에서 계속 마케팅에 신경을 써 제품 스토리를 발전시켜나가야 하는 것이다.

2. **제품 스토리 초안을 만들 때는 마케팅을 활용하라.** 크리에이티브팀이 제품 스토리를 보다 생동감 있게 만드는 데 도움을 줄 수 있다. 이는 제품 개발과 병

행되어야 한다. 한쪽이 다른 한쪽에 도움을 주어야 하는 것이다.

3. **제품이 곧 브랜드다.** 회사의 브랜드는 광고를 통해 고객들에게 제품을 보여줄 때보다 고객들이 그 제품을 실제 경험하는 과정에서 훨씬 더 견고해진다. 당신이 그걸 깨닫든 깨닫지 못하든 관계없이, 마케팅은 모든 고객 접점customer touchpoint의 일부다.

4. **외부와 단절된 상태에서는 그 무엇도 존재하지 못한다.** 그저 광고 하나를 내놓고 모든 게 끝났다고 생각해선 안 된다. 광고는 웹사이트로 이어지고, 웹사이트는 웹스토어로 이어지며, 거기에서 설치 설명서가 포함된 제품을 구입할 수 있고, 이후 구입해주셔서 고맙다는 감사 이메일까지 받는다. 이 모든 경험이 애초부터 함께 디자인되어서 매 접점이 각기 다른 메시지를 전달하며 일관된 경험을 만들어낸다.

5. **최고의 마케팅은 그저 진실을 말하는 것이다.** 마케팅의 최종 목표는 진실된 제품 스토리를 들려줄 최선의 방법을 찾아내는 데 있다.

• • •

마케팅은 뭔가를 만들 때 맨 마지막에 오는 과정이라고 생각하는 사람들이 많다. 다시 말해 제품 개발과 아무 관계도 없는 사람들이 그냥 맨 마지막에 와서 눈길을 끌 만한 광고 하나를 만드는 일이라고 말이다. 코카콜라 광고가 행복해 보이는 북극곰들을 보여줌으로써 보는 이들이 코카콜라를 마시고 싶게 만들 듯 말이다.

그렇게 생각하는 사람들은 대부분 불필요한 과장 내지 필요악에 불과하다며 마케팅을 무시하려 든다. 마케팅은 사람들에게 헛소리를 지껄이는 것이며 쓸데없는 데 돈을 쓰게 만든다고 생각한다. 제품 개발 자체는 좋은 일이며 깨끗한 일이지만, 그걸 사람들에게 팔기 위해서는 조금은 추해질 수밖에 없다고.

그러나 좋은 마케팅은 결코 헛소리가 아니다. 마케팅은 뭔가를 보기 좋게 포장하는 게 이니고, 소설을 쓰는 것도 아니며, 제품의 장점을 과장하고 단점을 숨기는 짓도 아니다. 스티브 잡스는 이런 말을 자주 했다. "최고의 마케팅은 그저 진실을 말하는 것이다."

메시지가 진실로 느껴질수록 마케팅은 더 효과가 있다. 굳이 사은품을 걸거나 사람들의 이목을 끌려 애쓰거나 춤추는 북극곰들을 동원하지 않아도 된다. 그냥 당신이 무엇을 만들었는지 그리고 또 왜 그걸 만들었는지 최대한 잘 설명해주면 된다.

사람들에게 이렇게 제품 스토리를 들려주도록 하라. 감정에 호소하면 사람들이 그 제품 스토리에 귀 기울이도록 만들 수 있고 이성에 호소하면 당신의 제품을 구입하는 게 현명한 일이라고 설득할 수 있다. 사람들이 듣고 싶어 하는 이야기와 알아야 하는 이야기 사이에서 균형을 잘 잡도록 하라(제3.2장 '왜 스토리텔링인가?' 참조).

제품 스토리가 진실로 느껴지고 현실감이 있으려면 그 스토리를 시각화해줄 필요가 있다. 다음과 같은 메시징 구조가 필요한 것이다. 그림 5.4.1은 현재 내가 팔고자 하는 이 책에 대한 제품 스토리 메시징 구조다.

먼저 고객들이 느끼고 있는 또는 습관적으로 지나쳐온 불만 사항들을 죽 나열해보라.

각 불만 사항은 '왜?', 즉 당신의 제품이 존재해야 하는 이유다.

진통제는 '어떻게?', 즉 고객의 문제를 해결해줄 특징이다.

'왜 이것(책)을 원하는가?'는 고객들이 느끼고 있는 감정들을 설명해준다.

나는 왜 이 책을 원하는가?		나는 왜 이 책이 필요한가?		
		현재 불만인 사항들	진통제	
늘 판에 박힌 삶을 살고 있어 뭔가 새로운 게 하고 싶어 절실하다.	정체된 상태	나는 아직 학생이다. 혹은 직장을 그만두려 하고 있거나 창업을 하려 하는 중이다. 그런데 다음에 뭘 어떻게 시작해야 하는지 모르겠다.	이 책은 불꽃을 찾는 데 도움이 된다. 모든 사람은 자기만의 불꽃을 찾아야 한다. 이 책은 나만의 불꽃을 어디에서 찾아야 하는지 알려준다.	불꽃
어떻게 시작해야 할지 또 어느 방향으로 가야 할지 모른다. 나에겐 방향이 필요하다.	극심한 경쟁	나는 늘 다른 사람들이 다 하는 걸 해왔다. 그리고 점점 부족해지는 자원들을 놓고 경쟁을 받아들이는 일에 너무도 익숙해가고 있다.	이 책은 미래를 위한 정서적 틀을 구축하는 건 물론이고 그 틀에 이르는 지름길을 찾는 데도 도움을 준다.	도약
나는 마크 저커버그나 일론 머스크 같은 창업자들과는 아무 연관도 없다. 나와 같은 상황을 경험한 적 있는 누군가로부터 현실적인 조언을 듣고 싶다.	와닿지 않는 조언	나는 하버드교수나 스탠퍼드대학교 졸업생이 아닌 나와 연관이 있는 누군가로부터 배우고 싶다.	실리콘밸리에서 일한 저자의 이야기에는 공감할 만한 부분이 많다. 그는 그 과정에서 자신이 저지른 고통스런 실수들을 공유하고 있으며, 그래서 나는 그런 실수들을 피할 수 있다.	실행 가능
경영 자기계발서는 더 이상 필요 없다. 모든 걸 알고 있는 그대로 얘기해주고 빼 때리는 조언을 해줄 검증된 사람이 필요하다.	지쳐 있음	현실과 동떨어진 건 싫다. 거대한 장애물을 헤쳐 나갈 기대는 하지 않는다. 다만 시간이 지나면서 지속적이고도 큰 영향을 줄 그런 작은 장애물들이었으면 좋겠다.	여기 그 야망으로 맨땅에서부터 자신의 경력을 쌓아온 사람이 있다. 그의 한 걸음 한 걸음은 걸음이지만 작극적으로 앞을 향해 나아가는 걸음이며 열정과 상식이 모두 결부처해주고 있다.	신선함

그림 5.4.1 이 메시징 구조는 우리가 네스트에서 만들어낸 것으로, 나는 지금껏 정말 많은 스타트업에게 이 구조를 보여줬었다. 이 메시징 구조는 각종 의료 진단 도구부터 새 우 양식용 센서에 이르기까지 모든 분야에서 사용되고 있다. 그리고 지금은 이 책을 위해 사용하고 있다.

'왜 이것(책)이 필요한가?'는 제품을 사야 하는 이성적인 이유들에 해당한다.

이처럼 제품 스토리는 고객과 관련된 모든 불만 사항, 모든 진통제, 모든 감정적 이유와 이성적 이유 그리고 모든 통찰력을 보여준다. 제품 스토리가 이 모든 걸 다 담고 있어야 하는 이유를 정리하면 다음과 같다.

1. **제품 스토리는 제품 개발 과정에서 꼭 필요하다:** 제품 관리팀과 마케팅팀은 아예 처음부터 메시징 구조와 관련해 서로 협력해 일해야 한다. 뛰어난 제품을 만들기 위해선 고객들의 각 불만 사항을 꿰차고 있어야 하며 제품 기능 측면에서 진통제 역할을 해줄 수 있어야 한다. 메시징 구조는 제품 특징 및 기능(기본적인 제품 메시징의 토대가 되는) 목록과 아주 유사하다. 둘 다 '무엇?'과 '왜?'의 형태로 공존해야 한다.

2. **제품 스토리는 살아 있는 기록이다:** 제품이 진화하고 고객에 대한 당신 팀의 이해도가 높아지면 메시징 구조 또한 탄탄해진다.

3. **제품 스토리는 공유되는 자원이다:** 고객 접점을 책임지고 있는 사람이라면 전부 제품 스토리를 잘 살펴봐야 한다. 엔지니어링과 판매 그리고 고객지원팀 모두 제품 스토리에 따라 움직여야 하는 것이다. 모든 팀이 '무엇?'과 '왜?' 그리고 당신이 들려주는 제품 스토리에 대해 생각을 해야 한다.

그러나 메시징 구조는 단지 첫걸음일 뿐이다.

네스트 스토리의 모든 버전을 만들면서 우리는 고객들이 제기하는 가장 흔한 불만 사항들과 그 극복 방법들을 적었다. 즉, 어떤 통계 자료들을 사용해야 하는지, 사람들에게 웹사이트에 있는 어떤 페이지를 보내야 하는지, 어떤 파트너십이나 추천사를 언급해야 하는지 등을 모두 적어본 것이다. 그러면서 어떤 제품 스토리를 옥외 광고판에 내걸 수 있을지를 알아봤다.

누군가를 설득해 당신 제품을 구입하고 사용하게 하려면 무엇보다 먼저 고객들을 존중해야 하며, 서로 다른 사용자 경험 시점에 고객들이 무엇을 필요로 하는지도 알아야 한다. 면접 때 또는 데이트 중에 상대에게 이력서만 건네고 끝낼 수는 없듯, 옥외 광고판과 웹사이트 그리고 제품 포장에서도 고객들을 향해 가장 중요한 제품 특징 10가지만 외치고 끝낼 수는 없는 법이다. 물론 고객들에게 중요한 정보는 줘야 하겠지만 고객 경험이라는 여정의 서로 다른 순간들에는 서로 다른 접근 방식을 택해야 한다. 또한 당신의 메시지는 고객들의 상황과도 맞아떨어져야 한다. 모든 곳에서 모든 걸 얘기할 수는 없으니 말이다.

그래서 우리는 어떻게 하면 고객이 우리 온도 조절기를 구입할까에 대해 생각하며 그 첫 단계로 제품 광고와 입소문, 소셜 미디어, 각종 리뷰, 인터뷰, 매장 내 진열, 제품 출시 행사 등 고객들이 우리 브랜드를 '보게' 만들 온갖 방법들을 다 동원했다. 그런 다음, 고객들이 어떻게 우리 제품을 '알게' 할 것인가 하는 단계로 넘어갔다. 각종 팸플릿과 웹사이트 그리고 포장 등등. 그런 다음 '메시징 활성화 매트릭스'를 만들었다.

어떤 내용을 어느 채널로 내보낼지를 결정할 때는, 고객 경험이라는 여정의 다양한 순간에서 제품 스토리의 어떤 부분을 고객들에게 노출시킬지 아는 게 가장 중요하다.

- 대형 옥외 광고판에서는 새로운 종류의 온도 조절기에 대한 아이디어만 소개한다.

메시징 활성화 매트릭스

	웹사이트	보도자료	판매 관련 발표 자료	제품 설명서	포장	소셜 미디어	온라인 배너
임무/비전	✓	✓					
특징/베네핏 #1	✓	✓	✓	✓	✓	✓	✓
특징/베네핏 #2	✓	✓	✓	✓	✓		
특징/베네핏 #3	✓	✓	✓	✓	✓		
특징/베네핏 #4	✓		✓	✓			
특징/베네핏 #5	✓		✓	✓			
기술	✓		✓				
애플리케이션	✓		✓			✓	
제품 스펙	✓		✓	✓	✓		
사례 연구	✓	✓	✓				
추천글	✓	✓	✓		✓		
우리 회사에 대해	✓	✓	✓				

그림
5.4.2

메시징 활성화 매트릭스는 특정 정보를 언제, 어디에 포함시킬지 알려줄 수 있어야 한다. 그래야 고객 경험이라는 여정 중 다양한 접점에서 움직이는 고객들을 당혹스럽게 하거나 충분한 정보를 주지 못하는 일을 방지할 수 있다.

- 제품 포장에서는 가장 중요한 제품 특징 여섯 가지와 온도 조절기를 스마트폰에 연동시키는 방법을 강조한다.
- 웹사이트에서는 에너지 절약에 주안점을 두며, 온도 조절기가 어떻게 일상생활 속에 자연스레 녹아드는지를 보여준다.
- 제품 포장 안에 들어가는 사용 설명서에는 학습 알고리즘을 훈련시키는 방법과 에너지 절약에 필요한 팁들에 대해 보다 자세히 설명한다.
- 고객지원 사이트에서는 제품에 대한 전반적인 설명과 각 기능에 대한 철저한 설명을 하는 등 더 깊이 있는 내용으로 들어간다.

이는 메시징이 마케팅으로 변화되는 순간이기도 하다. 사람들이 알아주길 바라는 사실들이 광고와 동영상 그리고 트윗 등으로 변하는 순간 말이다. 바로 이때부터 변호사들이 개입하기 시작한다.

크리에이티브팀의 임무는 창의력을 발휘해 가장 품위 있고 설득력 있는 진실을 만들어내 제품 스토리를 멋지게 전달하는 것이다. 그런데 억제되지 않은 창의력은 종종 소송의 빌미가 되기도 한다. 이를 방지하기 위해 변호사들의 도움이 필요하다. 규모가 작은 스타트업들 중 상당수가 이 과정을 건너뛴다. 그들은 진실을 왜곡해도 아무도 알아채지 못할 거라 생각한다. 그러나 당신이 성공을 거두게 되면 사람들은, 특히 집단 소송 전문 변호사들은 십중팔구 그걸 알아챈다. 마케팅 과정에서 한 악의 없는 거짓말도 당신이 쌓아올린 모든 걸 한순간에 무너뜨릴 수 있다. 순식간에 고객의 신뢰를 잃을 수도 있는 것이다.

네스트에서 오랫동안 마케팅을 하면서 에너지 절약 주장을 대대적으로 할 수 없었던 이유도 바로 그 때문이었다. 우리가 할 수 있었던 최선은 우리의 시뮬레이션 모델을 설명하는 페이지를 마련하고, 그걸 우리의 웹사이트에 연결하는 정도였다. 결국 우리는 우리의 시뮬레이션들이 옳다는 걸, 그러니까 우리의 온도 조절기가 에너지를 절약해준다는 사실을 입증해주는 고객 데이터를 점점 더 많이 확보하게 되었다.

그러나 설사 무언가가 옳다고 해도, 그걸 꼭 공공연하게 말해도 된다는 의미는 아니다.

크리에이티브팀이 "네스트 학습형 온도 조절기는 에너지를 절약해줍니다."라는 말을 쓰면 법무팀은 그걸 "네스트 학습형 온도 조절기는 에너지를 절약해줄 수 있습니다."라는 말로 고쳤다. 또한 크리에이티브팀이 "고객들은 에너지 비용을 20~50퍼센트 절약했습니다."라는 말을 쓰면 법무팀은 빨간 펜을 꺼내 "일반적인 사용자들은 에너지를 20퍼센트까지 절약할 수 있었습니다."로 고쳤다. 그러면 크리에이티브팀 사람들은 눈을 휘둥그레 뜬 뒤 다른 옵션을 가지고 왔다. 그들은 그런 식으로 서로 밀고 당기며 협상을 했고, 결국 다 함께 우리가 필요로 하는 말들을 만들어냈다(제5.7장 '변호사처럼 생각하지 않는 변호사 고용하기' 참조).

그런 다음 그 말들을 가지고 나를 찾아왔다.

나는 우리가 만든 모든 말을 세상에 내놓아야 한다고 생각했다. 특히 처음에는 더 그랬다.

마케팅은 내 전문 영역이 아니었다. 나는 스티브 잡스가 아이팟과 아이폰을 판매하는 과정을 모두 지켜봤고 마케팅팀과도 긴밀한 협조하에 일했지만 내가 직접 마케팅을 해본 적은 없었다. 내가 마케팅을 배우고 마스터할 수 있는 길은 단 하나, 내가 직접 마케팅을 해보는 것뿐이었다. 내가 직접 고객 경험이라는 여정에 올라보고 또 모든 접점을 경험해보는 방식으로 말이다. 그래서 직원들에게 내게 뭔가를 보고할 때 반드시 전후 상황에 대한 설명도 같이 하도록 했다. 늘 이전엔 어찌 됐고 이후에는 어찌 됐는지를 알고 싶었기 때문이다.

나는 우리가 전달하려는 제품 스토리를 알아야 했고, 그걸 누구에게 그리고 고객 경험이라는 여정의 어느 시점에 전달하려 하는지도 알아야 했다. 광고는 그게 어디에 노출되는지 또 최종적으로 누구한테 도달하는지 알지 못하고서는 절대 제대로 이해할 수 없다. 웹페이지 또한 그게 최종적으로 누구한테 도달하는지, 사람들은 무얼 알아야 하는지 또 콜투액션(마케팅이나 홍보 활동에서 타깃의 행동을 유도하기 위한 문구로, 타깃이 어떤 행동을 해야 하고, 어디를 클릭해야 할지 등을 알려주는 것 — 옮긴이)은 어디에서 취해져야 하는지를 알기 전에는 승인이 날 수 없다. 모든 것은 서로 연결되어 있고, 모든 것은 큰 그림에서 이해되어야 하는 것이다.

그건 마이크로 매니지먼트가 아니었다. 그건 관심이었다. 나는 고객 여정의 마지막 부분에 쏟아부은 에너지와 시간을 시작 부분에도 그대로 쏟아부었다. 이런 일에 익숙하지 않은 사람들이 볼 때는 다소 불필요하다고 느낄 수도 있었겠지만 그게 내가 할 일이었다(제6.1장 '피라미드의 꼭대기에 선다는 것' 참조). 나는 우리 제품을 설명하는 데 사용하는 말과 이미지들이 제품 그 자체만큼이나 뛰어나길 원했다. 고객 경험이라는 여정 전체가 반짝반짝 빛이 나길 원했다. 마케팅팀이 엔지니어링팀과 제작팀만큼이나 엄격하길 원했다. 그 엄격함에서 뭔가를 배워, 나만큼이나 열심히 아니 그보다 더 열심히 자신들을 밀어붙이길 원했다.

나는 마케팅이 우리를 차별화시키는 요인들 중 하나, 즉 다른 모든 온도 조절기 제조업체들이 꿈꾸는 것보다 더 높은 곳으로 우리를 이끌어줄 요인이 되어야 한다는 걸 알고 있었다. 시간과 관심은 물론 돈도 쏟아부어야 할 만큼 중요한 요인 말이다.

돈은 중요하다. 그래서 우리는 한정된 자원을 가진 작은 회사였음에도 과감히 마케팅에 투자를 했다. 투자금은 결국 제품 판매로 돌아오게 된다는 점을 알고 있었기에, 최대한 멋지게 만드는 데 투자를 했다. 수많은 장소에서 값비싸고 멋진 온갖 사진들을 다 사용했다. 가능한 모든 곳에서 온갖 고품질 동영상들을 다 틀었다. 가장 효과가 괜찮을 만한 콘텐츠, 여러 해 동안 사용하고 또 재사용할 수 있는 콘텐츠를 찾았고, 그것들을 제대로 활용하기 위해 또 돈을 썼다.

10년이 지난 지금에도 구글 네스트는 여전히 그 당시의 사진들은 물론이고 창업하기도 전에 만들었던 지적 재산들까지도 여전히 사용 중이다.

그럴 수 있었던 이유는 아예 처음부터 마케팅이 제품 제작 과정의 일부였기 때문이다. 누구도 그 사실을 무시하지 않았고, 누구도 그걸 잊지 않았다. 우리는 그게 유용하다는 사실을 알고 있었고, 실제로 유용하게 사용했다.

이런 관점과 관심 덕에 우리는 네스트 특유의 일을 해낼 수 있었다. 제품 개발과 동시에 마케팅 측면에서 제품 스토리를 만들기 시작한 것이다. 이는 네스트 홈페이지(nest.com)의 '우리는 왜 이걸 만들었나?'Why We Made It 페이지를 보면 아주 분명히 알 수 있다.

'우리는 왜 이걸 만들었나?'라는 의문은 '사람들은 왜 이걸 구입해야 하는가?'라는 의문으로 바로 연결됐다. 그렇기에 우리는 그 웹페이지를 정말 제대로 만들어야 했다. 웹페이지를 작성하는 데만 몇 주가 걸렸다. 그리고 제품이 진화하면서 이 웹페이지 역시 함께 진화했다. 어떤 경우든 늘 마케팅팀이 함께했고, 엔지니어링팀과 제품 관리팀은 제품에 변화를 주는 상황에서도 '왜 이걸 만들었나?'라는 질문에 대해 늘 명쾌한 답

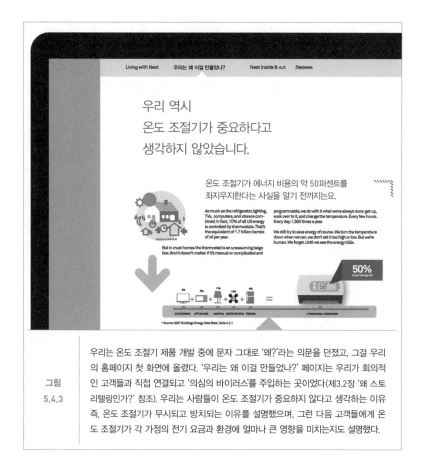

그림

5.4.3

우리는 온도 조절기 제품 개발 중에 문자 그대로 '왜?'라는 의문을 던졌고, 그걸 우리의 홈페이지 첫 화면에 올렸다. '우리는 왜 이걸 만들었나?' 페이지는 우리가 회의적인 고객들과 직접 연결되고 '의심의 바이러스를 주입하는 곳이었다(제3.2장 '왜 스토리텔링인가?' 참조). 우리는 사람들이 온도 조절기가 중요하지 않다고 생각하는 이유 즉, 온도 조절기가 무시되고 방치되는 이유를 설명했으며, 그런 다음 고객들에게 온도 조절기가 각 가정의 전기 요금과 환경에 얼마나 큰 영향을 미치는지도 설명했다.

을 내놓았다.

그 결과 마케팅팀은 제품 개발 과정에서 늘 제 목소리를 낼 수 있었다. 제품에 어떤 큰 변화가 일어나면 제품 스토리에도 변화가 일어날 수밖에 없었기 때문이다. 마케팅팀은 새로운 버전이 나올 때마다 포장과 웹사이트 그리고 제품 스토리의 모든 부분에 문제가 없는지 알아내야 했다. 또한 뭔가 문제가 생길 경우 목소리를 높여야 했다. 항상 제품 관리 및 엔지니어링에 대해 얘기하고 뭔가 해결 방법이 없는지를 알아봐야 했다.

'우리는 왜 이걸 만들었나?' 말고도 홈페이지에는 왜 고객들이 우리의 온도 조절기를 구입해야 하는지에 대한 이성적인 주장 또한 담겨 있었다. 그건 '전통적인 온도 조절기들은 에너지 낭비가 심하고 이는 고객은 물론 지구에도 별로 좋지 않다'였다. 그러나 우리는 감정적인 주장도 함께 만들어야 했고 그렇게 크리에이티브팀은 관련 동영상 하나와 '네스트와 함께 살아가기' 웹페이지를 만들었다. 그 페이지에서 우리는 네스트 온도 조절기의 아름다움과 단순함을 자랑했으며, 그걸 누구나 갖고 싶어 하는 물건으로, 또 집을 더 살기 좋고 편안한 곳으로 만들어주는 벽에 거는 예술 작품으로 홍보했다.

우리는 홈페이지의 각 페이지에서 제품 스토리의 서로 다른 부분을 강조했다. 그 덕에 제품 스토리를 속속들이 알게 되었고, 늘 제품 스토리와 함께 살고 숨 쉬게 되었으며, 가능한 한 가장 솔직하고 명료한 방식으로 제품 스토리를 다른 사람들에게 들려줄 수 있게 되었다.

제품 또는 제품 특징과 관련해 가장 솔직하고 가장 나은 설명을 찾아내기란 쉽지 않다. 팀 전체가 그 일에 전념해야만 하는 것이다. 제품 관리를 통해 제품 메시징, 즉 가장 중요한 제품의 특징과 문제 해결 방법을 만들어낼 수는 있지만, 제품 스토리를 고객들에게 가장 잘 '전달'할 방법을 찾는 건 쉽지 않은 기술이다. 그건 과학이다. 그것이 바로 마케팅이다.

물론 그렇다고 해서 우리가 항상 일을 잘했다는 얘기는 아니다.

온도 조절기를 수없이 써왔지만 결코 그 제품에 대해 깊이 생각해본 적 없는 사람들에게 어떻게 온도 조절기를 팔 것인가? 우리에게는 따라 할 만한 성공적인 모델이 전혀 없었다. 무엇이 우리 온도 조절기를 고객들과 연결해주고 무엇이 그러지 않을지, 또 사람들이 자신이 직접 설치

해야 하는 250달러짜리 온도 조절기를 보고 비웃을지 아니면 사랑에 빠질지 알지 못했다.

그래서 우리는 많은 시도들을 해봤다. 그 과정에서 많은 실수를 했다. 정말 많은 실수를 했다.

처음에는 많은 돈을 들여 회사 브랜드를 홍보하는 광고 캠페인을 시작했는데, 우리 제품을 알아보는 사람들이 생기기도 전이라 별 도움이 안 됐다. 또 처음에 만든 홈페이지는 전달하려는 정보가 너무 많아 누구도 거들떠보지 않았다. 우리가 생각했던 상상 속 고객들과 실제 우리 제품을 사러 나타나는 고객들은 달랐다. 그들은 모두 달랐고, 다른 것들을 필요로 했으며, 다른 것들을 기대했고, 우리가 힘들여 작성한 제품 설명서는 잠깐 쓱 훑어보고 넘겼으며, 우리가 미처 생각지도 못한 부분들을 더 깊이 파고들었다.

그런 실수들을 하면서 우리는 조금씩 더 나아졌다. 그러면서 배웠다. 브랜드 광고는 우리의 자긍심을 높여주었지만 판매로 이어지진 않았다 (고객이 당신 회사 브랜드만 보고 제품을 구입하는 경지에 이르려면 수년 동안 아주 뛰어난 제품들을 내놓아야 한다). 홈페이지는 짧고 달콤해야 했으며 제품은 사람들의 일상생활 속에 녹아들 수 있어야 했다. 고객지원 웹사이트는 보다 쉬운 검색이 가능해야 했는데, 그 이유는 고객들이 결코 우리가 깔아놓은 길대로 가지 않았기 때문이다.

다양한 시도들을 하면서 우리는 마케팅에 점점 더 익숙해져갔다. 나 역시도 마케팅에 점점 더 익숙해져갔다. 회사 전체가 마케팅에 점점 더 익숙해져갔다. 또한 메시징 구조 및 메시징 활성화 매트릭스는 소프트 아트soft art(완성보다는 창조 과정을 중시하는 예술―옮긴이)를 모든 사람이 이해할 수 있는 하드 사이언스hard science(논리학이나 수학 같은 형식과학과

물리학, 화학 등 자연과학을 통틀어 이르는 말—옮긴이)로 바꿔놓았다. 모든 사람이 그걸 이해할 수 있을 때, 그들은 그게 얼마나 중요한지 이해할 수 있다.

제5장

당신의 메시징이 곧 당신의 제품이다

내가 거래하는 기업들은 대개 PM, 즉 제품 관리자product manager가 존재한다는 건 알지만 그들의 역할을 잘 모른다. 기업들은 그걸 마케팅이라고 생각하거나, 프로젝트 관리라고 생각하거나, 언론 관계/커뮤니케이션이라고 생각하거나, 디자인이라고 생각하거나, 제품 금융이라고 생각하거나, 창업자 또는 CEO의 일이라고 생각한다. 모두 틀렸다! 이런 혼란은 주로 제품 관리 분야가 다른 여러 분야들과 교집합을 이루는 데다 기업에 따라 아주 달라 보이기 때문에 생겨난다. 또 PM이라는 약어 자체가 잘못 만들어졌기 때문이기도 하다. PM은 다음과 같은 여러 가지 뜻을 담고 있다.

- **제품 관리자**product manager **또는 제품 마케팅 관리자**product marketing manager:

제품 마케팅과 제품 관리는 기본적으로 같다. 아니면 적어도 같은 것이어야 한다. 제품 관리자는 제품이 어때야 하는지 잘 알고 그에 따라 제품 스펙(사양)은 물론 메시징(회사 입장에서 고객들이 알아주길 바라는 사실)을 만들어내는 사람이다. 그 제품을 시장에 내놓기 위해 기업의 거의 모든 부문들(엔지니어링, 디자인, 고객지원, 재무, 판매, 마케팅 등)과 협력을 한다. 또한 제품이 애초의 의도대로 잘 유지되고 이후 기능 저하가 일어나지 않도록 애쓴다. 그러나 무엇보다 가장 중요한 일은 고객들의 말에 귀 기울이며 모든 팀이 고객의 행복과 만족이라는 최종 목표를 소홀히 여기지 않도록 하는 것이다.

- **프로젝트 관리자**project manager: 프로젝트 관리자는 개별 프로젝트들을 제때 마치기 위해 각종 업무와 회의, 일정 등을 조정한다. 그렇다고 해서 그가 단순히 메모만 잘하는 사람이냐 하면 그렇지 않다. 제품 관리자가 제품을 대변하는 사람이라면, 프로젝트 관리자는 프로젝트를 대변하는 사람이다. 팀원들에게 프로젝트를 지연시키거나 궤도에서 이탈하게 할 수 있는 잠재적 문제들에 대해 경고해주고, 그 해결책을 찾는 데 도움을 주는 게 프로젝트 관리자가 할 일이다.

- **프로그램 관리자**program manager: 프로그램 관리자는 장기적인 사업 목표와 단기적인 결과물 모두에 중점을 두면서 각종 프로젝트와 프로젝트 관리자들을 감독한다.

이렇게 가뜩이나 복잡한데, 일부 기업들에서는 제품 관리자에 대한 호칭을 다르게 사용해 그 복잡함을 더하곤 한다. 예를 들어 마이크로소프트의 경우 제품 관리자를 '프로그램 관리자'라고 한다. 게다가 기술 분야 이외의 세계에서는 제품 관리와 비슷해 보이지만 전혀 다른 일들도 있다. 콜게이트-팜올리브Colgate-Palmolive 같은 소비자 제품 그룹CPG들은 제품 스펙을 쓰지는 않지만 여전히 고객들을 대변하며 제품 제작 일에 관여하는 브랜드 관리자들을 채용한다.

PM이라는 약어가 가져오는 혼란을 없애기 위해 이제부터는 다음과 같은 약어들을 쓰기로 하자.

PdM = 제품 관리자 product manager

PjM = 프로젝트 관리자 project manager

PgM = 프로그램 관리자 program manager

• • •

CEO들이 종종 '제품 관리자가 대체 무슨 일을 하는지 모르겠다'는 말을 할 때면 나는 늘 80년대의 디자인을 떠올리곤 한다.

1980년대에는 거의 모든 기술 기업들에 디자이너가 없었기 때문이다.

분명 그 당시에도 제품 디자인은 있었고 디자인은 오늘날만큼이나 중요했지만 그 누구도 멋진 사용자 경험을 만들어내기 위해 디자이너들을 채용하는 일은 없었다. 당시엔 디자인이 무언가를 '멋져 보이게 만든다'는 걸 의미했는데, 그런 일은 제품 개발 과정에서 그리고 엔지니어가 무언가를 설계하는 과정에서 얼마든지 할 수 있다고 생각했기 때문이다. 제품을 정말 멋져 보이게 만들고 싶다면 전문가에게 외주를 주면 그만이었다.

당시에는 디자인 학교도 없었다. 공식적인 디자인 교육도 없었다. 그리고 어쩌다 힘들게 기업에 채용된 디자이너들은 2등 시민 취급을 받았다. 그들은 엔지니어들이 절차를 무시하거나 어깨를 으쓱해 보이며 다음과 같이 말해도 반박할 권한이 없었다. "음… 우리는 디자이너가 요청하는 걸 거의 다 반영했습니다. 하지만 전부 다 할 수는 없어요. 시간도 많이 걸리고 비용도 많이 들어서요. 그대로 출시합시다!"

그러다 1990년대 들어 애플, 프로그Frog, 아이디오 같이 디자인을 중시하는 기업들이 등장하면서 디자인에 대한 인식이 달라졌다. 디자이너는 이제 더 이상 엔지니어에게 보고를 하는 사람이 아니었다. 또한 디자인 학교들이 설립됐다. 디자인이 공식적인 직업의 한 분야로 자리매김하면서 디자이너들은 더 많은 인정과 존경을 받게 되었다.

제품 관리는 이제 제 갈 길을 가고 있다. 그러나 유감스럽게도 우리는 아직 그러지 못하고 있다.

아이폰과 앱 경제app economy의 출현 이후 특정 기업들이 제품 관리를 제대로 이해하고 그 가치를 높이 평가하기 시작한 건 이제 겨우 5년에서 10년밖에 되지 않았다. 그런 까닭에 여전히 많은 기업이 제품 관리에 대한 이해가 부족한 것이 사실이다.

내가 많은 스타트업을 비롯해 보다 규모가 큰 기업의 프로젝트 팀들에서 흔히 발견하는 문제가 하나 있다. 그건 애초에 창업자나 팀 리더가 제품 관리자 역할을 하는 경우가 많다는 것이다. 그들은 직접 비전을 만들어내고 그걸 실현하기 위해 조직 내 모든 부문들과 호흡을 맞춘다. 그러다 직원 수가 40, 50, 100명으로 늘어나면 문제가 생긴다(제5.2장 '성장하든가 아니면 죽든가' 참조). 그 무렵부터 리더는 제품을 만드는 일상 업무에서 한 걸음 옆으로 물러설 수밖에 없고 회사나 팀에 대한 통제권 또한 다른 누군가에게 넘겨줄 수밖에 없다. 그러나 그들은 자기 자식이나 다름없는 제품을 다른 사람들에게 넘기는 일은 상상도 하지 못한다. 그 누가 그들만큼 제품을 잘 이해하고 사랑하고 잘 자랄 수 있게 도와주겠는가? 그리고 어떻게 그게 가능하겠는가? 또한 더 이상 제품 관리자 역할을 하지 않는다면 창업자나 팀 리더가 대체 어떻게 제품에 대한 영향력을 유지할 수 있단 말인가? 그렇다면 대체 창업자가 할 일은 뭐란 말인가?(제6.1장 '피라미드의 꼭대기에 선다는 것' 참조).

규모가 큰 기업들의 경우도 당황스럽긴 마찬가지다. 엔지니어들은 무엇을 만들지 알아내고, 판매팀은 그들에게 고객이 필요로 하는 게 무언지 말해준다. 그러니 제품 관리는 대체 어디에서 해야 한단 말인가?

2021년, 구글은 제품 관리자들에게 처음으로 보다 큰 권한을 주기로 결정했다. 구글은 늘 기술과 엔지니어링 중심이었지만 구글 서치Google Search가 재조정되면서 엔지니어들보다 제품 관리자들이 더 중시되는 쪽으로 바뀌고 있다. 이는 실로 엄청난 움직임이며 드라마틱한 문화적 변화이기도 하다. 그 이유는 간단하다. 고객들이 팀 내에 자신들을 대변해줄 사람을 필요로 하기 때문이다. 엔지니어들은 최첨단 기술을 이용해 제품을 만들길 좋아한다. 영업팀은 많은 돈을 벌어줄 제품을 만들길 바란다. 그러나 제품 관리자의 유일한 관심과 책임은 자기 고객들을 위해 제대로 된 제품을 만드는 것이다.

그것이 제품 관리자가 해야 하는 일이다.

당혹스러운 점은 기업마다 제품 관리자가 하는 일이 전혀 다르다는 점이다. 제품 관리자들은 덜 명확하면서 더 많은 역량을 요구받곤 한다. 모든 것, 즉 고객이 필요로 하는 것들, 기업이 필요로 하는 것들 그리고 관련 팀이 발휘할 수 있는 능력들 사이에서 조정을 잘해야 하기 때문이다.

뛰어난 제품 관리자는 그 모든 것을 잘 조정하며 다음과 같은 일들도 잘해야 한다.

- 제품이 어떠해야 하는지 그 스펙을 정하고 장차 어떤 방향으로 가야 하는지 로드맵을 짠다.

- 제품 메시징 매트릭스를 정하고 계속 유지한다.
- 엔지니어와 함께 스펙에 맞는 제품을 만든다.
- 디자이너와 함께 고객을 사로잡을 수 있는 직관적이고 매력적인 제품을 만든다.
- 마케팅팀과 함께 일하면서 그들이 효과적이고 창의적인 메시징을 만들 수 있도록 기술적으로 어려운 점들을 잘 가르쳐준다.
- 경영진 앞에서 제품 프레젠테이션을 하고 임원들로부터 피드백을 받는다.
- 판매팀 및 재무팀과 함께 제품 시장을 확보해 궁극적으로 돈을 벌 수 있게 한다.
- 고객지원팀과 함께 제품 설명서를 작성하고 각종 문제들을 관리하며 고객 요청 및 불만 사항들을 받아들인다.
- 홍보팀과 함께 대중의 인식을 개선하고 모의 보도자료를 작성해보며 가끔 대변인 역할도 한다.

이 외에도 제품 관리자는 제대로 정의할 수 없는 많은 일들을 한다. 고객들이 불만족스러워하는 부분을 찾아내고, 문제의 근원을 찾아내 팀원들과 함께 그 해결책을 찾는다. 또한 각종 프로젝트들을 진행하는 데 필요한 일들도 한다. 그러기 위해 회의에서 메모를 하기도 하고 각종 버그들을 분류하기도 하고 고객 피드백을 요약하기도 하며 팀 문서들을 정리하기도 하고 디자이너들과 머리를 맞대기도 하고 뭔가를 스케치하기도 하고 엔지니어들을 만나기도 하고 코드를 깊이 파고들기도 한다. 제품 관리자가 하는 이런 일들은 제품이 무엇이냐에 따라 달라진다.

제품 관리자는 가끔 기술에 아주 밝아야 할 때가 있다. 제품 사용자들 역시 기술에 아주 밝은 B2B 거래라면 특히 더 그렇다. 예를 들어 당신이 만일 자동차 회사에 브레이크 장치를 판매한다면, 브레이크에 대해 속속들이 알고 있어야 할 것이다. 브레이크를 손바닥 들여다보듯 할 때 비로소 고객들과 커뮤니케이션할 수 있고 그들이 무엇에 관심이 있는지도 알 수 있을 테니까.

그러나 만일 당신이 보통 사람이 쓸 자동차를 만든다면 브레이크가 어떻게 작동되는지 속속들이 알고 있을 필요는 없다. 그저 자동차를 만드는 엔지니어들과 커뮤니케이션할 수 있을 정도로만 알고 있으면 된다. 그런 다음 브레이크가 고객들에게 들려줄 제품 스토리 안에서 중요한 부분인지 아닌지만 판단하면 된다.

대부분의 기술 기업은 제품 관리와 제품 마케팅을 서로 다른 두 가지 일로 분류하곤 한다. 그래서 제품 관리팀은 제품 그 자체와 제품 제작에만 관여하고 제품 마케팅팀은 메시징, 즉 고객들에게 전달하고자 하는 내용을 작성하고 제품 판매에만 관여한다. 안타까운 일이지만 내 경험상 그런 분류는 잘못돼도 한참 잘못됐다. 제품 관리와 제품 마케팅은 원래 한 가지 일이며 늘 한 가지 일이어야 한다. '제품이 어떠해야 하는가'와 '제품을 어떻게 설명해야 하는가'는 분리될 수 없다. 이 두 가지 이야기는 처음부터 완전히 함께 움직여야 한다.

당신의 메시징이 곧 당신의 제품이다. 그리고 당신이 고객들에게 전달하려는 스토리는 당신이 만드는 제품에 영향을 준다(제3.2장 '왜 스토리텔링인가?' 참조).

나는 스토리텔링을 스티브 잡스에게서 배웠다.

제품 관리는 그레그 조스위악Greg Joswiak에게서 배웠다.

미국 미시건주 출신으로 아주 뛰어난 기업인인 조스위악은 1986년 애플에 입사한 이후 지금까지 수십 년째 애플의 제품 마케팅 부문을 이끌고 있다. 진정 위대한 모든 제품 관리자로서 그의 초능력은 다름 아닌 '공감 능력'이다.

조스위악은 단순히 고객을 이해하는 데 그치지 않는다. 그는 아예 스스로 고객이 된다. 그는 제품에 대해 자신이 알고 있는 깊은 지식을 다 털어내버리고, 마치 그걸 처음 접하는 보통 사람처럼 그 지식을 이용한다. 아마 이 사실을 알면 깜짝 놀라겠지만, 정말 많은 제품 관리자가 너무도 중요한 이 과정을 그냥 건너뛴다. 고객들의 말에 귀 기울이고, 거기서 통찰력을 얻고, 고객들이 필요로 하는 것에 공감하고, 그런 다음 고객의 입장에서 실제 제품을 써보는 과정 말이다. 그러나 조스위악에게 이 과정은 절대 건너뛸 수 없는 과정이다.

차세대 아이팟을 들고 세상에 뛰어들어 실제 테스트해보려 했을 때, 그는 마치 그 제품을 처음 접하는 사람처럼 반응했다. 다른 모든 기술적인 사항들은 다 제쳐두고 딱 한 가지만 챙긴 것이다. 배터리 수명 말이다.

자신의 아이팟이 장시간 비행 중에 또는 파티에서 디제이 역할을 하는 중에 또는 달리기를 하는 중에 배터리가 나가버리길 바라는 사람은 아무도 없을 것이다. 그러나 그 제품이 아이팟 클래식에서 아이팟 나노 iPod Nano로 진화하는 과정에서, 우리는 계속 줄다리기를 해야 했다. 제품이 계속 더 작아지고 더 우아해져 가면서 배터리 공간이 점점 더 줄어들었기 때문이다. 그런 상황에서 만일 충전을 하기 위해 계속 아이팟을 주머니에서 꺼내야 한다면 '1,000곡의 노래를 당신의 주머니 안에'라는 슬로건은 대체 어찌 되겠는가? 그런 이유로 아이팟 배터리는 한 번 충전으로 몇 시간이 아닌 며칠을 가야 했다.

고객들에게는 배터리 수명이 중요했다. 그건 스티브 잡스에게도 중요했다. 그래서 그에게 찾아가 "다음 아이팟 버전은 마지막 버전처럼 배터리 수명이 15시간이 아니라 12시간 정도 될 겁니다." 같은 말을 할 수는 없었다. 그랬다간 아마 회의실에서 쫓겨났을 것이다. 조스위악과 나는 잡스에게 숫자들을 갖고 가지 않았다. 대신 고객들을 데려갔다. 사라 같은 직장인들은 아이팟을 출퇴근할 때만 사용했고, 톰 같은 학생들은 하루 종일 사용하지만 주로 강의 시간 사이 또는 농구 경기 사이에 잠깐씩 사용했다.

우리는 각 계층별로 전형적인 모델 고객들을 설정하고 직접 그들의 삶 속으로 들어가 조깅 중에, 파티 중에 그리고 운전 중에 실제 아이팟을 사용해보았다. 그런 다음 그 결과를 잡스에게 보여주었다. 엔지니어들이 우리에게 제시한 배터리 수명은 12시간이었지만, 그 정도면 거의 모든 사람이 1주일 내내 쓸 수 있는 시간이라는 걸 말이다.

숫자들은 주어진 상황 속에서만 의미 있었을 뿐 고객들과 따로 떼어 놓고 보면 아무 의미도 없었다.

조스위악은 늘 그렇게 고객들의 상황을 정확히 이해했고 그걸 이용해 설득력 있는 제품 스토리를 만들어냈다. 우리는 그런 식으로 잡스를 설득했다. 기자들도 그리고 고객들도. 우리는 그렇게 아이팟을 팔 수 있었다.

그리고 바로 이런 이유 때문에 제품 관리에서는 제품 메시징이 꼭 필요하다. 제품 스펙은 어떤 제품의 기능들, 즉 그 제품이 어떻게 작동하는지를 자세히 보여주지만 메시징은 고객의 불만 사항들을 예측하고 그런 사항들을 줄이는 방법을 찾아낸다. 또한 "고객들이 왜 이 제품에 관심을 가질까?"라는 의문에 답을 해준다. 그 답은 누군가가 그 제품을 직접 사용해보기 훨씬 전에 나와야 한다.

어떤 제품을 만드는 과정에서 가장 힘든 부분은 무엇을 만들어야 하는지, 그걸 왜 만들어야 하는지를 알아내는 것이다. 그 일은 절대 혼자 할 수 없다. 제품 관리자의 역할은 어떤 제품의 스펙을 정해 나머지 팀원들에게 휙 던져주면서 끝나는 게 아니다. 그런 일은 처음부터 회사의 모든 팀이 함께해야 한다. 그렇다고 해서 제품 관리자가 사람들의 의견을 일일이 다 수렴해야 한다는 의미는 아니다. 다만 엔지니어링팀과 마케팅팀, 재무팀, 판매팀, 고객지원팀 그리고 법무팀이 그들 각자의 아이디어와 유용한 통찰력을 갖고 있음을 기억하라. 그 아이디어와 통찰력이 제품을 만들기 전 제품 스토리를 정하고, 나아가 제품이 진화하는 과정에서 제품 스토리를 개선하는 데 도움이 될 것이다.

제품 스펙과 메시징을 한 번 정하면 바꿀 수 없느냐 하면 그렇지 않다. 충분히 융통성을 발휘할 수 있고 필요에 따라 변화하기도 한다. 새로운 아이디어가 채택되거나 새로운 현실에 직면하면 언제고 변할 수도 있다는 얘기다. 제품을 만드는 일은 이케아 의자를 조립하는 일과 다르다. 사람들에게 설명서만 건네주면 끝이 아닌 것이다.

그보다는 노래를 만드는 일에 더 가깝다.

밴드는 마케팅팀, 판매팀, 엔지니어링팀, 고객지원팀, 제조팀, 홍보팀, 법무팀 등으로 이루어진다. 여기서 제품 관리자는 음악 프로듀서다. 모든 사람에게 멜로디를 숙지시키고, 그 누구도 불협화음을 일으키지 못하게 관리하며, 모든 사람이 맡은 바 역할을 잘할 수 있게 해주어야 한다. 제품 관리자는 지휘자처럼 각 악기 파트가 어떤 소리를 내는지 아는 유일한 사람이며, 그래서 바순 파트가 너무 크다든가 드럼 솔로 파트가 너무 길다든가 어떤 악기 파트가 제 소리를 못 낸다든가 어떤 연주자가 자기 파트에 너무 푹 빠져 큰 그림을 보지 못한다든가 하는 걸 알 수 있다.

그렇다고 해서 제품 관리자가 모든 걸 지휘하느냐 하면 그렇지는 않다. 제품 관리자가 할 일은 '제품의 최고경영자'가 되거나 일부 기업들이 말하는 이른바 '제품 소유자'product owner가 되는 것이 아니다. 제품 관리자 혼자 모든 걸 결정하고 지시하지는 않는 것이다. 때론 최종적인 결정을 내려야 하고, 때론 '노'라고 말해야 하며, 또 때론 앞에 나서서 사람들을 이끌어야 한다. 그러나 그런 일은 아주 가끔씩만 일어나야 한다. 제품 관리자는 주로 팀원들에게 권한과 자율권을 준다. 고객이 무얼 필요로 하는지 팀원 스스로 알게 해주어야 하며, 다 함께 힘을 합쳐 올바른 결정들을 내릴 수 있게 해주어야 한다. 만일 제품 관리자가 모든 결정을 내려 버린다면, 그 사람은 결코 훌륭한 제품 관리자가 아니다.

결국 화음을 제대로 내고 시끄러운 소리들을 멋진 노래로 만들려면 팀원 모두가 호흡을 잘 맞추어야 한다.

물론 그렇다고 해서 늘 멋진 노래가 나오는 건 아니지만 말이다.

엔지니어들은 아마 자신들이 만드는 제품에 대해 더 많은 발언권을 갖고 싶어 할 것이다. 기술에 관한 한 제품 관리자는 잘 모른다고, 또는 자신들이 가장 잘 안다고 주장할 것이다. 마케터들은 아마 주어진 각본에 얽매이고 싶어 하지 않을 것이다. 그들은 의도치 않게 제품을 잘못 설명할 수도 있는 말이나 이미지를 사용하는 등 보다 창의적으로 접근하고 싶어 한다. 사람들은 늘 이런저런 문제로 서로 잘 지내지 못할 것이다. 의견 중심의 결정들을 내리려면 지겨울 만큼 많은 논의를 거쳐야 하는데, 그 과정에서 팀은 서로 삐걱대고, 팀원들은 서로 분통을 터뜨리며, 결국 제품 개발은 전혀 엉뚱한 방향으로 흘러가게 될 것이다.

제품 관리자는 노련한 협상가이자 노련한 커뮤니케이터가 되어야 한다. 또 사람들을 '관리'하지 않고도 그들에게 영향력을 행사할 수 있어야 한다. 그리고 또 다양한 질문을 하고 귀 기울여 듣고 자신의 초능력, 즉 고객에 대한 공감 능력과 팀원들에 대한 공감 능력을 사용해 사람들 사이에 다리를 놓고 적절한 로드맵을 그려내야 한다. 팀 내에서 '나쁜 경찰' 노릇을 해야 할 때면 자신이 기꺼이 그 역할을 맡되 그 카드를 너무 자주 써서는 안 된다는 것을 알아야 한다. 또한 어떤 타이밍에 이기려고 달려들며 어떤 타이밍에는 한발 물러나야 하는지 알아야 한다. 또한 각 팀들이 각자의 관심사(일정, 요구 사항, 문제 등)를 대변하는 전체 회의에서 외롭게 혼자 고객들의 입장을 대변해야 한다.

제품 관리자는 고객들에게 제품 스토리를 들려주어야 하며, 또 그 스토리가 고객들의 마음에 제대로 가닿을 수 있게 해야 한다. 그것이 바로 그들이 변화를 일으키는 방식이다.

일전에 나는 놀랄 만큼 예리하고 공감 능력도 뛰어난 네스트의 제품 관리자 소피 르 귀엥Sophie Le Guen과 얘기를 나눈 적이 있다. 그녀는 내게 아주 초창기에 네스트의 새로운 제품인 네스트 시큐어 보안 시스템Nest Secure security system이 왜 필요한가 하는 문제를 놓고 엔지니어링팀과 회의를 했던 경험을 들려주었다. 대부분이 남성이었던 엔지니어링팀이 생각한 '왜?'는 간단명료했다. "내가 없을 때 내 가정을 지켜줄 보안 시스템이 필요하다."는 것이었다. 그러나 소피는 사람들과 인터뷰를 해오면서 남성들은 대개 '빈 집'에 관심이 많았던 반해 여성들은 '가족들이 있는 집'에 관심이 더 많다는 사실을 알아냈다. 여성들은 집에 혼자 있거나 아이들과 함께 있는 상황에서 추가적인 보호 장치를 원했던 것이다. 특히나 밤에.

소피가 할 일은 그 사람들의 이야기를 팀원들에게 전하고, 대부분 혼자 사는 남성 엔지니어들이 부모의 관점에서 제품을 생각해볼 수 있게 도와주는 것이었다. 또 그런 관점에서 필요한 기능들을 넣은 보안 시스템을 만드는 것이었다. 보다 안전해지길 바라는 가족들, 집 안에 있는 게 마치 죄수 같은 느낌이 들진 않기를 바라는 가족들을 위한 보안 시스템 말이다. 네스트 시큐어 보안 시스템이 출시됐을 때, 동작 센서들은 오직 버튼 하나로 작동됐다. 주택 소유주(또는 그들의 아이)는 그 버튼을 눌러 안에서 문이나 창문을 열 수 있었다. 모든 보안 시스템을 해제시킬 필요도, 오경보를 걱정할 필요도 없었다.

고객들의 이야기는 엔지니어들이 고객들의 고충을 이해하는 데 도움이 됐고, 그 고충을 해결하는 쪽으로 제품 개발을 이끌었다. 그리고 마케팅팀은 그 고충을 느꼈던 모든 고객들에게 그 제품을 사야 하는 이유를 담은 제품 스토리를 만들어냈다.

이처럼 모든 고객과 팀, 모든 고충과 바람을 한데 묶어주는 끈이 바로 제품 관리다. 성공을 거둔 많은 제품과 기업을 살펴보면 모든 팀의 노력이 결국 제품 관리로 모아지는 것을 볼 수 있다. 회사 전체가 제품 관리를 중심으로 돌아가는 것이다.

훌륭한 제품 관리자를 채용하고 훈련시키기가 힘든 이유도 바로 이 때문이다. 뛰어난 제품 관리자들이 그렇게 소중하고 그렇게 많은 사랑을 받는 이유 또한 같다. 그들은 제품과 관련된 모든 걸 이해하고 꿰뚫어봐야 하는 존재이기 때문이다. 게다가 그 모든 일을 혼자 한다. 그들은 기업에서 가장 중요한 팀 중 하나이며 가장 작은 팀 중 하나이기도 하다.

특히 각 제품과 기업이 필요로 하는 부분이 워낙 다르기 때문에 제품 관리자의 일은 상상을 초월할 정도로 힘들며(지금까지의 내용 참조), 제품 관리자를 채용하는 일 또한 상상을 초월하게 힘들다. 제품 관리자는 정해진 직무 기술서도 없고 기준이 되는 채용 조건 같은 것도 없다. 많은 사람이 제품 관리자가 기술에 밝아야 한다고 생각하지만, 절대 그렇지 않다. 특히 B2C 기업들에서는 더 그렇다. 나는 기술 분야에서 일한 적이 없는데도 엔지니어들과 좋은 관계를 유지하고 또 그들의 신뢰를 받는 뛰어난 제품 관리자들을 여럿 만나봤다. 기술에 대한 탄탄한 기본 지식과 더 많은 걸 배우려는 호기심만 있다면 엔지니어들과 호흡을 맞춰 충분히 좋은 결실을 맺을 수도 있다.

제품 관리 자격을 주는 별도의 4년제 대학 학위도 없고 제품 관리자들을 채용할 만한 어떤 한 분야를 딱 꼽기도 어렵다. 뛰어난 제품 관리자들은 대개 다른 역할들을 수행하다가 그 자리에 오르게 된다. 주로 마케팅이나 엔지니어링 또는 고객지원 분야에서 일을 시작하는 경우가 많다. 그들은 고객에 대한 관심이 워낙 많아, 단순히 다른 누군가가 만든 제품 스펙이나 메시징을 따라가기보다는 제품에서 발생하는 문제들을 고치고 그 기능을 개선하고자 노력한다. 하지만 모든 문제는 결국 사업으로 귀결된다는 기본 전제를 망각하지 않으며, 판매와 운영 분야에도 큰 관심을 갖고, 단위 경제와 가격 책정에 대한 전문지식도 쌓으려 노력한다. 그렇게 결국 그들은 뛰어난 제품 관리자가 되는 데 필요한 경험을 스스로 쌓아간다.

주변에서 그런 제품 관리자를 찾기란 건초 더미에서 바늘을 찾는 것만큼이나 어렵다. 거의 불가능한 일일지도 모른다. 그들은 체계적인 사고 능력과 예지력을 갖춘 리더여야 하며, 놀라운 열정을 갖고 있으면서 동시에 철저한 마무리를 할 수 있어야 하고, 남들과 어울리기 좋아하면서 동시에 기술에 매료된 사람이어야 하며, 엔지니어들과 함께 일하면서 그들과 커뮤니케이션도 아주 잘할 수 있어야 하고, 마케팅에 많은 관심을 쏟으면서도 늘 비즈니스 모델과 경제성, 수익성, 홍보 등도 잊지 않을 수 있는 사람이어야 한다. 또한 계속 밀어붙여야 할 때와 포기해야 할 때를 아는 등 강력한 추진력을 갖고 있으면서도 늘 미소를 잃지 않아야 한다.

사실 그런 사람들은 유니콘만큼이나 드물다. 믿을 수 없을 만큼 귀하다. 부디 당신에게 그런 사람을 찾을 수 있는 행운이 깃들길 바란다. 그런 제품 관리자는 당신의 회사가 정확히 가야 할 곳으로 가도록 도움을 줄 수 있고 또 실제 그렇게 할 것이다.

제6장

단기적 이익이 아닌
고객의 신뢰를 사는 법

판매사원들은 전통적으로 수수료를 받고 일한다. 고객과의 거래를 성사시켰을 때 판매 가격의 일정 퍼센트만큼을 수수료로 받든가 아니면 성사시킨 판매 건별로 포상금, 즉 보너스를 받는다. 거래액이 클수록, 성사시킨 거래가 많을수록 더 많은 수수료를 받는다. 그리고 판매 수수료는 대개 월말 또는 분기 말에 전액 지불된다.

이런 수수료 방식은 판매팀이 기업 목표에 맞춰 매출 목표를 달성함으로써 투자자들에게 기업이 성장하고 있다는 걸 보여주는 최선의 방법으로 여겨지곤 한다. 사람들, 특히 판매사원들은 아마 이렇게 말할 것이다. "이건 그동안 늘 해온 최선의 방식이며, 유일하게 효과적인 방식이고, 뛰어난 판매사원들을 끌어들일 수 있는 유일한 방식이기도 합니다." 그러나 이 말은 틀렸다.

얼핏 모든 게 잘 돌아가는 듯 보이지만 이같은 전통적인 수수료 모델은 적지 않은 문제들을 발생시킨다. 무엇보다 먼저 사내에 과도한 경쟁과 이기주의가 팽배할 수 있고, 장기적인 관점에서 볼 때 고객과 기업이 서로 윈윈하기보다는 쉽게 돈 버는 일에만 몰두하게 될 위험도 크다.

이와 다르게 장기적인 고객 관계를 소홀히 하지 않고도 판매팀 목표를 단기적인 기업 목표에 맞추는 또 다른 판매 모델도 있다. 그 판매 모델은 '확정된 수수료'를 토대로 삼는다. 다시 말해 판매사원들에게 거래 성사 후 바로 보상을 해주지 않고 오랜 시간에 걸쳐 수수료를 지불해, 판매사원들이 단순히 새로운 고객들을 끌어들이는 일뿐 아니라 기존 고객들도 잘 관리해 계속 만족감을 안겨주는 일에 신경을 쓰게 만드는 것이다. 결국 거래보다 '고객 관계'를 더 중시하는 판매 문화를 조성하는 방식이라 할 수 있다.

당신의 회사에 그런 문화를 조성하려면 다음과 같이 해야 한다.

1. 만일 새로운 판매 조직을 만들려 한다면 월말에 수수료를 현금으로 지급하는 전통적인 판매 방식을 택하지 말라. 회사에서 일하는 직원 모두에게 동일한 방식으로 보상해주는 것이 가장 좋다. 다시 말해 판매사원들에게 경쟁력 있는 급여를 지불하고 판매 실적이 좋다면 보너스로 장기간에 걸쳐 추가 스톡옵션을 주는 것이다. 그 경우 직원들은 회사에 큰 도움이 되는 장기 고객들에게 더 많은 신경을 쓰게 된다.

2. 설사 고객 관계 중심의 문화로 옮겨가려 한다 해도 당장 전통적인 수수료 지급 방식을 없애기 힘들 수도 있다. 그런 경우라면 판매사원들에게 주는 주식이나 현금(주식이 여전히 더 좋지만)은 장기간에 걸쳐 지급해야 한다. 즉, 처음에 수수료의 10~15퍼센트를 주고, 몇 개월 후 다시 수수료의 일정 퍼센트를 주고, 다시 몇 개월 후 일정 퍼센트를 주는 것이다. 그러나 만약 고객들이 떠난

다면 해당 판매사원은 그 나머지 수수료를 받지 못하게 된다.

3. 모든 판매는 팀 판매로 간주되어야 한다. 따라서 만일 당신의 회사에 '고객성공'customer success(기업이 제공하는 제품이나 서비스를 통해 고객이 원하는 바를 실제로 이룬 것. 여기서는 제품의 판매나의 서비스의 이용이 완료된 것을 의미한다.—옮긴이) 전담팀이 있다면 그 팀에서 모든 거래에 대한 승인을 해주어야 한다. 또한 판매 및 고객성공 업무는 같은 부서에서 한 명의 리더가 관리해야 하며 그 보상도 동일한 방식으로 이루어져야 한다. 만일 회사 내에 고객성공 전담팀이 없다면, 판매팀은 고객지원팀이나 운영팀 또는 제작팀과 아주 긴밀히 협조해야 한다.

· · ·

내가 이 모든 걸 배운 곳은 제너럴 매직도, 필립스도, 애플도 그리고 네스트도 아니었다.

나는 이 모든 걸 나의 아버지에게서 처음 배웠다.

나의 아버지는 리바이스 청바지가 전 세계적으로 엄청난 인기몰이를 하던 1970년대에 리바이스에서 판매사원으로 일했다. 그는 리바이스 제품을 소매점들에 판매해 큰돈을 벌었다. 아버지는 뛰어난 판매원으로, 해마다 온갖 판매 관련 상을 휩쓸었고 어린 시절부터 나는 아버지가 집에 가져오는 온갖 트로피와 표창장들을 구경하곤 했다. 아버지의 판매 방식은 매우 특별했는데, 그는 결코 단기적인 이익을 올리는 데 목표를 두지 않았다. 아버지의 목표는 고객들의 '신뢰'를 사는 것이었다.

아버지는 고객들에게 리바이스의 제품군을 전부 보여주면서 어떤 제품이 잘 나가고 어떤 제품은 잘 안 나가는지를 설명해주었다. 고객들이 인기 없는 제품들은 피하고 가장 잘 나가는 제품들을 사게 한 것이다. 만일 고객이 아버지가 갖고 있지 않은 제품을 원할 경우, 그 제품을 보유한 경쟁사를 소개해주었다.

고객들은 그런 아버지를 잊지 않았다. 그래서 그다음 시즌이나 그다음 해, 심지어 10년 후에도 다시 아버지를 찾아와 주문을 했다. 그다음 시즌에도 다시. 또 그다음 시즌에도.

당시 아버지는 수수료를 받고 일했지만 고객과 좋은 관계를 유지하기 위해 판매를 포기하는 경우도 종종 있었다. 이처럼 뛰어난 판매사원들은 설사 돈을 못 버는 한이 있더라도 고객과 좋은 관계를 유지하려 애를 쓴다.

그런 판매사원들이야말로 당신 팀에 필요한 사람들이다.

제대로 대우만 해준다면 그들은 진정 팀에 필요한 사람들이 될 것이다. 반면에 돈벌이에만 관심이 있는 판매사원들은 슬쩍 끼어들어 돈을 번 뒤 다른 회사로 훌쩍 떠나버린다. 많은 문제들을 남기고서 말이다.

판매 수수료에 기반을 둔 전통적인 판매 모델들이 위험한 이유는 두 가지 다른 문화, 즉 기업 문화와 판매 문화를 만들어내기 때문이다. 서로 다른 이 두 문화 속에서 직원들은 다른 방식으로 보상을 받고 다른 방식으로 생각하며 다른 것들에 관심을 갖는다. 물론 가장 이상적인 방향은 회사의 직원들 대부분이 임무에 집중하는 것이다. 뭔가 위대한 걸 함께 성취하고 공동의 큰 목표를 향해 함께 전력투구하는 것이다. 그러나 현실은 많이 다르다. 판매사원들은 임무에는 관심도 없고 그저 매달 얼마나 많은 돈을 버느냐에만 관심을 보인다. 그들은 어떻게든 거래를 성사시켜 돈을 받고 싶어 한다. 팔 수만 있다면 그게 어떤 제품인지는 상관하지 않는다.

회사 규모가 커질수록 이 두 문화는 점점 더 멀어지게 된다. 판매사원들의 세계에서는 거액의 수수료나 포상금을 받고 판매 콘퍼런스에 참가한다며 외국의 섬 같은 데로 떠나는 걸 멋지게 여기기도 한다. 그러나 그들 때문에 나머지 직원들의 사기는 땅바닥에 떨어진다. '저 친구들은 하와이에서 올해의 최우수 판매사원 트로피 사진을 찍으며 즐거운 시간을 보내고 있는데, 우리는 왜 여기서 일을 하고 있는 거지? 왜 이런 걸 만들고 있는 거지?'

나는 지금 판매가 중요하지 않다는 얘기를 하려는 것이 아니다. 판매는 더없이 중요하다. 회사가 살아 숨 쉬는 데 절대적으로 필요한 고객과 현금을 끌어들이는 존재가 바로 판매니까. 그렇다고 해도 판매가 엔지니어링이나 마케팅 또는 운영 또는 법무 같은 회사의 다른 부문들보다 더 중요하지는 않다. 판매는 회사에 꼭 필요한 많은 부문 중 하나일 뿐이며 그 모든 부문이 힘을 합쳐 뭔가 위대한 걸 만들어나가는 것이다.

그러나 만일 판매팀이 자기들의 일만 하느라 나머지 팀들과의 공조는 등한시하고 월별 실적 달성에만 매달린다면 고립된 실적 중심 문화가 싹틀 수도 있다. 일단 그런 문화가 싹트면 고객들은 그야말로 돈벌이 수단으로 전락해버릴 수 있다. 심지어 판매사원들이 돈을 벌기 위해서 고객들에게 잘해야 하는 문화가 정착됐다고 생각되는 기업들에서도 말이다.

나는 정확히 딱 한 번 수수료를 받고 일한 적이 있다. 열여섯 살 때 마샬 필즈Marshall Field's라는 백화점에서 크리스털 제품과 도자기 제품을 판매했을 때였다. 당시 나는 그 일을 아주 잘해서 특히 노부인들한테 많은 사랑을 받았다. 그들은 통통한 내 뺨을 살짝 꼬집기도 했고, 어머니에 대한 질문들을 하기도 했으며, 크리스마스 카드를 보낸다고 내 주소를 묻기도 했다. 그러고선 노부인들은 크리스털 잔들과 식기류, 정교한 자기 조각들을 한 아름씩 안고 매장을 떠났다. 다른 판매사원들의 시선은 곱지 않았다. 별 볼 일 없어 보이는 열여섯 살짜리 소년이 자기들 몫까지 다 쓸어갔으니 당연한 일이었다. 그래서 멋진 노부인이 내게 다가올 때마다 그들은 어떻게든 그녀와 내 실적을 뺏어가려 애썼다. 고객이 뻔히 보는 앞에서 제품을 팔겠다고 서로 아귀다툼을 벌인 것이다. 그들은 고객이 누구이고 무엇을 원하는지는 전혀 관심이 없었다. 그저 5달러 내지 10달러의 수수료만이 그들의 관심사였다.

그게 그 당시 마샬 필즈의 분위기였다. 수수료 금액이 커지고 스트레스도 커지면 이런 분위기는 점점 더 심해진다. 상황도 점점 더 악화된다. 그리고 사람들 또한 점점 더 역겨워진다.

아주 잘못된 판매 문화를 그린 영화는 많다. 〈보일러 룸〉Boiler Room, 〈더 울프 오브 월 스트리트〉The Wolf of Wall Street, 〈글렌게리 글렌 로스〉Glengarry Glen Ross 등이 그 좋은 예다. 물론 이 영화들은 다소 과장된 측면이 있긴 하다. 어쨌든 과다 경쟁은 진탕 마시고 노는 시끌벅적한 파티처럼 변해, 마치 누가 더 많이 마시나 내기라도 하듯 모든 것을 엉망진창으로 만들어버리곤 한다. 그나마 분별력 있는 사람들은 최대한 정신을 차리려 애쓰지만, 분별력 없는 사람들은 완전히 자제력을 잃고선 호텔 로비에서 토하기도 하고 회사 휴일 파티에서 경찰들의 손에 끌려 나가기도 한다.

이런 일들은 실리콘밸리와 뉴욕, 자카르타 등 그야말로 세계 모든 곳에서, 규모가 작은 기업이든 큰 기업이든 다 일어난다. 그러나 기업들은 자기네가 최악의 상황을 얼마든지 막을 수 있으며 또 이런 소소한 해프닝들은 훌륭한 판매팀을 운영하는 데 따르는 대가 정도라고 생각한다. 그런데 만일 모든 사람이 자신의 판매 목표를 달성한다면 어떤 문제가 생길까?

문제는 어느 날부터 뭔가가 잘못되기 시작하리라는 것이다. 제품에 하자가 생길 수도 있고, 당신에게 문제가 생길 수도 있고, 회사 운영 자체가 둔화될 수도 있다. 바로 그 순간, 그러니까 당신이 판매팀을 가장 필요로 하는 순간에 판매팀은 당신에게 등을 돌릴 수 있다. 그들은 판매가 잘되는 곳이라면 어디든 갈 것이다. 당장 돈을 벌 수 없다면 뭣 때문에 당신에게 매어 있겠는가?

아니면 그간 영업팀이 보여온 대단한 수치들이 실은 그리 대단하지 않았다는 게 밝혀지기도 한다. 어쩌면 그들이 고객의 요구에 맞추기 위해 영업팀의 능력이나 제품의 성능에 대해 선의의 거짓말들을 해왔을 수도 있다. 어쩌면 그간 끌어들인 고객들에게 실제로 불가능한 뭔가를 해줄 수 있다고 속여왔을 수도 있다. 이제는 그 고객들이 분통을 터뜨리고 있다.

창업 후 처음 끌어들이는 고객들은 말할 수 없이 소중한 존재다. 그들은 당신 회사를 사랑하는 사람들이고, 당신 회사를 믿고 위험을 감수하는 사람들이다. 당신 회사를 흥하게도, 망하게도 할 수 있는 사람들이다. 그들은 초기에 당신 회사를 위해 좋은 입소문을 내줄 수 있는 사람들이다. 처음에는 각 고객의 이름과 얼굴은 물론 SNS까지 아는 것처럼 느껴진다. 그러나 회사 규모가 커지고 전통적인 판매 문화가 정착되면 그 고객들은 더 이상 '사람'으로 보이질 않는다. 고객들이 한낱 '숫자'로 전락해버리는 것이다. 한 사람 한 사람이 다 돈으로 말이다.

당신의 회사가 아무리 고속 성장 중이라 해도 그들은 여전히 사람이다. 회사가 그들과 맺은 관계는 여전히 의미 있고 또 중요하다. 정말 뛰어나고 의식 있는 판매사원들은 그 관계를 아주 중요하게 여긴다. 그러나 이 훌륭한 소수를 제외하면 많은 판매사원이 그렇지 못하다.

만약 당신 회사의 판매 문화가 거래에 의해 좌지우지되고 있다면, 판매사원들이 만들어내는 고객 관계는 고객이 계약서에 서명하는 순간 바로 사라져버린다. 당신은 지금 가까이 다가가 필요한 돈만 빼내는 ATM과 관계를 맺는 게 아니다. 일단 고객들이 ATM처럼 느껴지기 시작한다면 그들을 다시 끌어들이기란 거의 불가능하다. 다시 믿어달라며 그들을 설득하려면, 그야말로 안간힘을 쓰며 필사의 노력을 기울여야 한다. 고객성공팀이나 고객지원팀은 내내 고객들에게 고개를 숙이면서 작은 소리로 판매팀을 원망하게 될 것이다.

그렇게 해도 아마 고객의 발길을 되돌리진 못할 테지만 말이다.

이처럼 고객 관계를 중시하는 판매 문화는 결코 간단하지 않다. 그러나 꼭 필요한 문화이며 또 그 효과가 입증된 문화다. 우리가 네스트에서 조성했던 판매 문화이기도 했으며 내가 스타트업 창업주 수십 명에게 채택할 것을 강권한 문화이기도 하다. 단언컨대, 거래 중심 문화보다 더 효과적이다. 우선 고객들이 더 행복해한다. 또 기업 문화도 더 행복해진다. 팀워크를 다지고 목표에 집중할 수 있으며 또한 그 목표를 향해 함께 나아갈 수 있다.

가장 이상적인 방향은 처음부터 당신 회사에 고객 관계 중심의 판매 문화를 정착시키는 것이다. 판매팀과 고객성공팀, 고객지원팀, 마케팅팀, 엔지니어링팀 등 모든 사람이 자사 주식을 배정받고 실적에 따른 보너스를 받는다. 이는 모든 사람이 같은 금액을 받는다는 얘기가 아니라 보상 모델이 함께 일하는 직원 모두에게 동일하게 적용된다는 얘기다.

그 누구도 혼자 판매하지 않는다. 판매사원들은 판매 과정에서 고객성공팀이나 고객지원팀의 지원을 받으며, 판매 이후에도 해당 팀 직원들에게 지원을 받는다. 거래를 할 때에도 그 팀들이 승인을 한다. 절대 깜짝 거래란 없다. 직원 모두가 새로운 고객을 만족시키기 위해 각자 무슨 일을 해야 하는지 정확히 안다. 그리고 판매사원들은 거래가 성사됐다 해서 자취를 감추지 않는다. 그들은 이후에도 계속 고객과의 접점 역할을 하면서 문제가 생길 경우 바로 개입해 문제를 해결하는 데 일조한다.

만약 당신 회사에 이미 거래를 중시하는 판매 조직이 있다면, 그걸 고객과의 관계를 중시하는 조직으로 바꾸고 싶다면, 일은 더 힘들어진다. 아마 많은 사람이 떠날 테고 그들 중 상당수가 당신이 제정신이 아니라고 말할 것이다. 그러나 그 정도는 감수할 만하다.

먼저 고객지원팀, 고객성공팀, 운영팀 등으로 이루어진 미니 내부 위원회 같은 걸 구성해 각 판매 거래에 대한 승인을 하게 하라. 그렇게 하면 늘 외로운 늑대처럼 혼자 움직이던 판매사원들이 서서히 팀의 일원으로 움직이게 될 것이다. 그런 다음 수수료 제도를 바꿀 거라는 얘기를 꺼내라. 수수료 제도를 없앤다고 말하진 말라. 그러면 사람들 사이에 혼란만 야기될 뿐 좋을 게 없다. 그냥 수수료 제도를 손볼 거라는 말만 하라. 수수료 규모를 늘리되 장기간에 걸쳐 나눠주는 방식으로 바꿔나가도록 하라. 판매팀 사람들에게 고객이 떠나게 되면 나머지 수수료는 받지 못할 거라고 정확히 말해주어라. 현금 대신 자사 주식을 받으면 훨씬 더 많은 수수료를 제공할 수 있다는 것도.

일단 판매 수수료를 고객 관계를 중시하는 방식으로 나눠 지급하기 시작하면 판매 문화를 어지럽히던 여러 가지 추한 일들이 사라지게 된다. 판매사원들은 고객을 만족시키기 위해 최선을 다하고, 과다 경쟁을 하지 않으며, 흥청망청한 분위기도 사라지고, 각 팀은 자신들의 기대치와 목표들을 조정하게 된다.

이러한 변화는 직원들 입장에서 봐도 더 좋은 일이다.

전통적인 수수료 제도는 시대착오적인 제도다. 그러나 재수 없는 인간들을 뿌리 뽑을 수 있다는 한 가지 측면에서는 유용하다. 아마 많은 판매사원들은 확정된 수수료를 나눠서 준다는 아이디어에 눈살을 찌푸릴 것이다. 그런 사람들의 경우에는 일단 앉혀놓고 설득을 해보라. 또 어떤 판매사원들은 그래 가지고는 아무도 여기서 일하지 않을 거라며 당신을 비웃을 것이다. 이런 사람들은 아마 설명을 하려 해도 듣지 않고 그냥 문을 열고 나갈지 모른다. 판매에 관한 한 당신보다는 자신이 더 잘 안다고 확신하면서 당신이 완전히 미쳤다고 생각하면서 말이다.

이런 사람들은 채용하지 말라.

확정된 수수료를 나눠서 주는 판매 방식에 흥미를 느끼는 사람들을 찾아보라. 그런 판매 방식으로도 충분히 돈을 벌 수 있음을 아는 사람들을 찾아보라. 판매만 잘하는 게 아니라 좋은 인간이기도 한 사람들을 찾아보라. 회사의 임무에 관심을 보이고 또 그 임무를 실현하기 위해 자신이 맡게 될 중요한 역할에 흥분할 사람들을 찾아보라.

그런 사람들을 찾기가 쉽지는 않을 것이다. 특히 재능 있는 판매사원을 찾기 위한 경쟁이 아주 치열할 경우 특히 더 그렇다. 완전히 새로운 판매 문화와 조직을 만드는 것이 불가능한 상황, 불가능한 업계도 있다. 당신이 속한 업계가 그런 곳이라면 고객 관계의 중요성을 잘 이해하는 판매 리더를 찾아보라. 이기주의나 과도한 경쟁을 지지하지 않을 판매 리더, 그리고 '재수 없는 인간'이나 돈만 아는 사원을 채용하지 않을 판매 리더 말이다. 그런 판매 리더는 자신의 조직 문화를 보다 '고객 관계 중심적인 문화'로 바꿔나갈 것이며, 시간이 흐를수록 사람들이 당신의 생각을 이해하게 되어 확정된 수수료를 나눠주는 판매 문화를 정착시키는 데 도움을 줄 것이다.

그런 사람들은 분명 존재한다. 그들 역시 거래 중심의 판매 문화에 염증을 느끼고 있다. 그들은 고객을 제대로 대하고 싶어 한다. 그들은 혼자 고립되기보다는 소속감을 느끼고 싶어 한다. 그런 사람들을 찾아 채용하라.

| 제7장 |

변호사처럼 생각하지 않는
변호사 고용하기

회사를 운영하다 보면 계약을 위해 또 소송으로부터 회사를 지키기 위해 그리고 어리석은 실수를 저지르거나 전혀 예측하지 못한 함정에 빠지는 걸 피하기 위해 변호사가 필요해지는 순간이 온다. 초기에는 외부 법률 회사의 도움을 받아가며 넘길 수 있을 테지만 계속 그러기에는 비용이 너무 많이 들어(얼마나 많이 드는지 알면 정말 놀랄 것이다) 결국엔 사내 전담 변호사 고용을 고려하게 된다.

만일 회사를 운영하고 있다면 법적 문제와 관련된 모든 결정은 전부 '비즈니스 중심적인 결정'이라는 사실을 잊지 말라. 순수하게 '법 중심적인 결정'은 오직 법정에서만 일어난다. 사내 법무팀의 존재 이유는 당신에게 선택권을 주기 위함이지 당신 대신 결정을 하기 위함이 아니다. 따라서 법무팀에서 '노'라고 한다 해서 그 대화가 끝나는 건 아니며, 오히려 시작된다고 봐야 한다. 뛰어난 변호사는 당신 앞에 놓인 장애물들을 미리 알아보게 도움을 줄 뿐 아니라 그 장애물들을 헤쳐 나갈 해결책까지 찾아준다.

• • •

대부분의 변호사들은 두 가지 일에 능하다. 하나는 '노'(또는 '어쩌면')라고 말하는 것이고 다른 하나는 비용을 청구하는 것이다.

그게 꼭 그들이 나쁜 변호사라서는 아니다. 그쪽 세계가 원래 그렇기 때문이다.

법률 회사들은 대개 시간당 비용을 청구한다. 대화를 시작하고 처음 15분간은 무료일 수도 있지만, 그 이후에는 15분마다 비용을 청구한다. 심지어 5분마다 청구하기도 한다. 샤워 중에 당신 회사에 대해 생각한 시간까지 비용 청구를 할지 모른다. 복사비, 여행비, 우편비까지도. 또 특수한 법률 지식을 가진 누군가와 통화하는 데 쓴 시간들까지도 전부. 그래서 만약 변호사가 당신에게 다른 변호사와의 화상 전화라도 연결해줬다 치면 입이 떡 벌어질 정도의 엄청난 비용을 각오하고 있어야 한다.

나는 예전에 한 변호사를 고용했는데, 그는 모든 대화를 시시껄렁한 잡담으로 시작했다. 가족들은 어떻게 지내냐, 날씨가 어떻다 같은 말들 말이다. 나는 결례를 범하고 싶지 않은 마음에 항상 그런 잡담을 하는 데 몇 분씩을 보냈다. 그러나 그렇게 예의 바른 잡담을 나눈다는 건 곧 이런 저런 질문에 대한 답을 들을 시간이 15분에서 30분 혹은 45분까지 늘어나게 된다는 의미였다. 놀랍게도 그 변호사의 비용은 시간당 800달러에서 1,000달러였다. 결국 나는 내 아이의 장기자랑에 대한 얘기를 나누고 수백 달러를 지불해야 했다. 서너 번의 대화를 나눈 끝에 나는 그가 무슨 짓을 하고 있는지 알게 됐고 그를 해고했다. 나는 전화 통화를 하지 않을 때 그가 대체 어떻게 비용 청구 시간을 부풀리고 있었는지 상상도 잘 안 간다.

외부 법률 회사의 도움을 받게 된다면 아마 말도 빨리 하고 시시껄렁한 잡담엔 관심도 없는 변호사를 고용하고 싶을 것이다. 적어도 정식으로 변호 일을 할 때는 말이다. 희소식을 전하자면 최근 일부 법률 회사들이 새로운 사업 모델을 택해 양측이 미리 비용에 대해 합의를 하는 협정 가격 계약 또는 초과 금지 계약 방식을 택하고 있다고 한다. 또한 어떤 법률 회사들은 소액의 비용이나 약간의 주식을 받고 약식 회사 설립 절차나 표준 법률 문서 작업 등을 도와주기도 한다. 또 중요한 여러 법률 문서들의 소스를 공개해 무료로 사용할 수 있게 하려는 새로운 움직임도 일어나고 있는 중이다.

그러나 설사 소스가 공개된 법률 문서들을 이용한다 하더라도, 여전히 세세한 내용을 다룰 변호사는 필요하다. 그런 변호사는 아마 샤워 중에 당신 회사에 대해 생각한 시간까지 비용 청구를 할 것이다.

그러므로 변호사를 최대한 잘 활용하려면, 법률 회사의 시스템이 어떤지 또 변호사들이 어떻게 일을 하는지를 잘 알아야 한다. 변호사들은 모든 걸 경쟁자의 관점이나 정부의 관점 혹은 실망한 고객들의 관점에서 보는 훈련이 되어 있다. 또한 분개한 사업 파트너나 직원, 투자자의 관점에서 보는 훈련도 되어 있다. 또 그들은 당신이 일하는 모습을 지켜보면서 이렇게 말할 것이다. "그런 식으로 일하면 아마 십중팔구 문제가 생길 겁니다." 아니면 정말 괜찮은 날에는 이렇게 말할 것이다. "그런 식으로 일하면 소송을 당하겠지만 아마 잘 대처할 수 있을 겁니다."

100퍼센트 소송을 막을 수 있는 방법은 없기에 그들에게서 "네, 계속

하세요. 아무 위험 없습니다." 같은 말은 절대 듣지 못한다. 적어도 미국에선 그 누구든 그 어떤 일로든 당신에게 소송을 걸 수 있다. 고객들은 자기가 좋아하는 뭔가를 바꿨다며 소송을 걸고, 경쟁업체들은 당신 회사를 망하게 하려고 사업 전략상 소송을 건다. 소송 결과는 어찌되든 상관 없을 수도 있다. 그들의 의도는 그저 번거로운 소송을 통해 당신 회사의 돈줄을 말리고 사업 의지를 꺾으려는 걸 테니까.

당신이 뭔가 혁신적인 제품이나 서비스로 적당히 성공했다면 공격 목표가 될 확률이 높다. 만약 크게 성공했다면? 100퍼센트 공격 목표가 된다.

따라서 소송 가능성은 늘 염두에 두어야 할 리스크로 봐야 한다. 소송을 당했다고 세상이 끝나는 건 아니다. 당신 변호사가 '아마' 또는 심지어 '노'라고 말했다 해서 반드시 하고 있는 일을 즉각 멈춰야 하는 것도 아니다. 물론 회사가 해야 하는 일들에 대한 또는 혁신과 성공을 위해 감수해야 하는 위험에 대한 변호사의 법적 조언은 깊이 고려해봐야 할 사안이다. 그러나 그 조언을 꼭 따를 필요는 없다. 법적 문제가 유일한 고려 사항이 되어선 안 된다는 얘기다.

당연한 말이지만 이는 불법적인 일과 거짓말에는 적용되지 않는다. 각종 계약 건과 인사 건 또는 개인정보 보호를 위해 당신의 앱에 부과한 법률 조항 등 변호사를 필요로 하는 기본적인 일들에도 적용되지 않는다. 그런 문제들에 관한 한 절대 질질 끌지 말라. 변호사의 조언에 귀 기울이고 그 조언을 그대로 따르라. 만일 사내에 변호사가 없다면 비용을 내더라도 법률 회사의 도움을 받아라. 고용 계약이나 기타 계약 조건을 어기는 등 말도 안 되는 어리석은 실수로 회사 문을 닫는 일은 없어야 한다.

애매한 부분들이나 까다로운 일들 혹은 당신 회사의 방향을 결정지을 수많은 미묘한 의견 중심의 결정들에 관한 한, 변호사들은 흑백논리가 지배하는 세상에 산다는 사실을 잊지 말라. 그들에겐 세상 모든 게 합법 아니면 불법이다. 변호 가능한 일 아니면 변호 불가능한 일이다. 그들이 할 일은 법에 대해 얘기하고 그 위험성을 설명하는 것이다.

당신이 할 일은 적절한 결정을 내리는 것이다.

애플에 있을 때 나는 처음으로 소송 문제를 다루게 되었다. 지금도 기억하지만 당시 나는 꼭 헤드라이트 불빛에 놀란 사슴 같았다. 소송 상대는 아이팟 다음으로 인기 있는 뮤직 플레이어를 만든 기업 크리에이티브Creative였다. 그들은 노래들을 아이팟으로 옮기는 아이튠즈 인터페이스와 그걸 가능하게 해준 기술과 관련해 애플에 소송을 걸었다. 우리가 법을 위반한 건지 아닌지, 또 우리가 이길지 질지 모든 게 불명확했고, 잡스는 걱정이 많았다. 우리는 여러 해 만에 위대한 신제품을 만들어냈는데, 이제 그 때문에 소송을 당하게 된 상황이었다.

당시 애플에서 지적재산권 관련 법률 문제를 총괄하고 있던 칩 러튼은 그 문제를 해결하기 위해 나와 아이튠즈 부사장 제프 로빈Jeff Robbin과 손잡고 일했다. 우리는 제품을 변경할 여러 가지 방안들을 제시했다. 그러나 잡스는 결국 그 문제를 해결하기 위해 '사업적인 결정'을 내렸다. 크리에이티브가 요구한 금액보다 더 많은 1억 달러에 합의를 본 것이다. 그는 크리에이티브가 우리 머릿속에서 완전히 사라져 다시는 나타나지 않길 원했다.

우리는 그 일로 '승리란 무엇인가?'라는 의문과 관련해 흥미로운 교훈을 얻었다. 그건 결코 적절한 '법적 승리'는 아니었지만(우리는 애플을 변호하지도 않았고 법정에 가지도 않았으니까), 스티브 잡스의 입장에서는 승리였다. 그에게는 돈을 절약하거나 체면을 세우는 일보다는 살아가면서 단 1초도 그런 소송에 대한 '걱정'을 하지 않는 게 더 중요했던 것이다.

네스트 학습형 온도 조절기를 출시하자마자 우리는 거의 바로 허니웰로부터 소송을 당했다. 이는 애플 소송과는 아주 다른 소송이었다. 그들의 목적은 소송을 통해 아예 우리의 존재를 지워버리려는 것이었다. 그들의 전략은 규모가 작은 우리 회사를 짓누르고 아주 적은 돈으로 우리의 기술을 탈취하려는 것이었다. 우리 법무팀은 우리의 승리를 확신했다. 그 소송은 급성장 중인 경쟁사를 짓누르기 위해 흔히 쓰는 터무니없는 전술이었기 때문이다. 그러나 애플에서의 경험으로 얻은 교훈이 있었기에 나는 어떻게 할지에 대한 결정을 내리는 데 법에만 의존할 수는 없었다.

변호사들은 싸워 이기는 걸 좋아한다. 절대 싸움을 포기하지 않고, 그야말로 죽을 때까지 싸운다. 그러나 이건 싸움이 아닌 사업이다. 죽음은 받아들일 수 있는 옵션이 아니다. 죽음을 통해 높은 투자수익률을 올릴 수는 없으니까.

법적인 문제가 포함된 협상을 벌일 때는 늘 변호사들을 끌어들이기 앞서 먼저 기본적인 '합의' 수준을 생각해봐야 한다. 뭔가를 위해 얼마나 많은 돈을 지불할 것인가? 얼마까지 기꺼이 쓸 수 있는가? 계약은 얼마나 오래 지속되어야 하는가? 독점권에 대해서는? 등등. 먼저 협상 조건을 대략 정해놓고, 변호사들에게 법적인 조언을 구하라. 그렇게 하지 않으면 협상은 끝도 없이 지지부진해질 테고, 변호사들이 서로 싸우는 동안 계속해서 많은 비용을 부담하게 될 것이다.

그렇게 되길 바라는 사람은 아무도 없다.

바로 그런 이유 때문에 우리는 허니웰과의 소송에서 승리를 목전에 두고도 법정 밖에서 합의를 봤다. 그 무렵 구글이 우리 회사를 인수했는

데, 허니웰은 구글의 중요한 고객이었다. 우리가 옳고 허니웰이 그르다는 건 중요하지 않았다. 그건 그냥 사업적인 결정이었다. 구글의 입장에서는 허니웰에게 배상을 해주고 좋은 관계를 유지하는 게 법정 공방을 이어가는 것보다 더 나았다. 특히 합의 비용이 자신들의 지갑이 아니라 네스트의 지갑에서 나오는 것이었으니까.

뛰어난 변호사들은 그런 상황을 잘 이해한다. 그들은 변호사의 관점에서만 생각하지 않고 기업의 사업 목표도 함께 중시한다. 당신이 법적 위험성들을 이해할 수 있게 도와주면서 동시에 그 이점들에 대해서도 아주 잘 알고 있다. 또 당신에게 해도 좋은 일과 해선 안 될 일들에 대해 얘기해줄 뿐 아니라 아주 합리적인 조언까지 해준다. 그들은 자신의 목소리가 합창의 일부라는 걸 잘 안다. 오래 함께 일하면서 서로를 잘 알게 되고, 업계의 치열한 경쟁 상황에 대해서도 알게 되고, 당신의 고객과 사업 파트너들에 대해서도 제대로 파악하게 되면, 뛰어난 변호사들은 그제야 약간은 느슨해진다.

이렇게 변호사들이 어떤 기업과 함께 일하면서 어떤 위험들을 걱정해야 하고 어떤 위험들은 무시해도 괜찮은지 제대로 이해하는 데는 몇 개월이 걸리며, 심한 경우 몇 년이 걸리기도 한다. 그러나 위험에 효과적으로 대처할 수 있는 경험 많고 노련한 기업 전문 변호사의 가치는 말도 못하게 크다.

그런 변호사를 확보하려면 회사 내에 전담 변호사를 두어야 한다. 그럼 그런 변호사를 고용할 준비를 해야 할 때는 언제일까? 바로 법률 관련 비용이 너무 많이 나가게 될 때다. 동일한 합의 사항이나 질문들을 너무 오래 다뤄야 할 때, 법적인 문제로 고민해야 하는 일이 너무 많을 때 또는 찾기 힘든 전문가들을 변호사를 통해 찾아야 하는 경우가 많아질 때도 마찬가지다.

물론 내부 전담 변호사를 둔다고 해도 세금과 인사, 자금 조달, 기업 인수합병, 지적재산권IP 및 특허, 정부 규제 분야의 전문가들로부터 자문을 받아야 하는 문제는 해결되지 못할 것이다. 그러나 일단 전담 변호사를 고용하면 전문가 자문료를 협상할 때 도움을 받을 수 있다. 자문료의 경우엔 늘 협상의 여지가 있기 때문이다. 경험이 많은 변호사는 법률회사의 비즈니스 모델은 물론 그들이 쓰는 각종 트릭들도 잘 알고 있기에 그들이 내민 청구서를 보고 이 일에 왜 이렇게 많은 시간이 걸렸는지 혹은 이 대화에 왜 이런 식으로 비용 청구가 됐는지를 캐물을 수가 있다.

첫 전담 변호사 고용을 고려할 때는 아마 모든 분야를 조금씩은 다 할 줄 아는 만능박사 스타일을 고용하고 싶을 것이다. 사람들은 흔히 그렇게 하면 외부 전문가 자문을 구할 일이 줄어들 거라고 생각한다. 실은 그 반대다. 이 무렵에는 폭넓은 지식을 가진 변호사를 고용할 필요가 없다. 그보다 당신 회사의 '핵심 사업'이 무엇인지 또 그 사업이 어떤 분야인지를 알고 그 분야의 법에 밝은 변호사를 고용해야 한다.

나는 자신들의 가장 큰 차별화 요소가 지적재산권 분야임에도 일반적인 계약 전문 변호사를 고용해 법무팀을 운영하는 기업들을 너무 많이 봐왔다. 돈만 낭비하는 크나큰 실수다. 그런 변호사는 결국 온갖 지적재산권 관련 업무를 외주로 내보내 비용 절감을 전혀 하지 못하며, 외부 전문가들의 조언을 구하는 데도 별 도움을 못 준다. 처음 고용한 전담 변호사가 꼭 필요한 분야에 대한 경험도, 전문지식도 없을 경우 그 법무팀은 결국 제 기능을 못하게 된다. 그 결과 위험 회피 성향이 심해지고 융통성이 줄어들며 회사 내 다른 팀들과의 공조 또한 약해져, 창의적인 문제 해결은 물론 효과적이며 장기적인 법률 전략 수립도 힘들어지게 된다.

네스트에서 우리는 처음부터 모든 것이 지적재산권 문제로 귀결된다는 사실을 알고 있었다. 네스트의 특별 소스는 늘 새로운 기술 혁신이었다. 그 혁신이 경쟁업체들의 손에 넘어가지 않게 하려면 늘 적극적으로 특허 출원을 해두어야 했다.

그런 이유로 우리의 첫 전담 변호사는 애플에서 나와 함께 아이팟 소송에 대처했던 바로 그 변호사 칩 러튼이었다.

우리는 우리 회사가 직면한 가장 핵심적인 문제에 대해 이미 잘 알고 있으며 출근 첫날부터 그 해결책들을 생각하며 그걸 염두에 두고 자기 팀을 구축해나갈 리더가 필요했다. 또한 도덕적인 면에서 나침반 역할을 하며 동시에 임원들과 엔지니어들, 마케터들과도 잘 협력할 수 있는 그런 리더가 필요했다.

결국 '사람'을 이끌 수 있는 리더가 필요했던 것이다. 제품 개발에 적극 동참할 만큼 사려 깊으면서도 존경받을 만한 리더 말이다.

칩 러튼과 그의 팀은 결코 뒷전으로 물러나 구경만 하고 있지 않았다. 그들은 제품의 특징에 대해 함께 고민했고, 우리가 우리 특허들을 지킬 수 있게 해주었으며, 마케팅 문구들을 검토해주었고, 소송에서 이기게 해주는 등 모든 일에서 늘 우리와 함께했다.

그리고 늘 나와 싸웠다.

마치 아기를 놓고 싸우듯 말이다.

2015년 6월에 우리는 보안용으로는 물론 팻 캠이나 아기 모니터로도 쓸 수 있는 비디오 카메라인 네스트 캠Nest Cam을 출시했다. 그런데 아기 방에 쓸 용도로 제작되는 전자제품들에는 다음과 같은 경고 문구가 적혀 있어야 했다.

나는 말했다. "절대 안 돼요. 우리의 신제품을 목이 졸려 죽어가는 아

경고

목졸림 위험: 아이들이 전깃줄에
목이 졸릴 수 있습니다. 이 전깃줄을
아이들 손에 닿지 않게(1미터 이상
떨어지게) 하십시오. 그리고 이 태그를
떼지 마십시오.

그림 5.7.1	밝은 오렌지색과 붉은색이 섞인 세상에서 가장 끔찍하고 가장 공격적인 경고 라벨. 아기 방에 사용될 수 있는 모든 전자 제품에 붙여야 하는 경고 라벨이다.

기 사진과 함께 출시할 순 없어요."

우리는 이미 그 제품 제작 과정 내내 앱과 설치 안내서와 사용 설명서
와 제품 설정표에 목졸림 경고를 붙여놓고 있었다. 그래서 그 경고를 무
시하기란 불가능했다. 경쟁사의 어떤 제품도 이 경고문에 대해 우리처럼
깊이 생각하지 않는 듯했다. 그 제품들에도 전부 같은 전선이 쓰이고 같

은 경고문 라벨이 붙어 있었으니 말이다.

나는 속상했다. 화가 났다. 미친 듯이 방 안을 왔다 갔다 했다. 그러면서 계속 안 된다고만 말했다.

그러자 칩 러튼은 차분한 음성으로 내게 이 법률을 따르지 않으면 생길 결과에 대해 얘기했다. 최선의 경우 무거운 벌금을 물고 리콜 조치를 취해야 했다. 최악의 경우 연방 정부와 소송을 벌여야 했다.

라벨 크기를 줄일 수도 없었다. 문구를 바꿀 수도 없었다. 심지어 다른 색깔을 쓸 수도 없었다. 미묘하거나 애매한 구석도 없고 논의도 필요 없는 문제였다. 법은 아주 엄격했다. 이건 의견 중심의 결정이 아니었다. 전략적인 사업상의 결정이 아니었다. 여기서 러튼의 조언을 무시한다면 어리석은 실수가 될 게 뻔했다. 대가를 치를 만큼 가치 있는 위험도 아니었다.

살다 보면 이렇게 당신의 신제품 바로 옆에 죽을 위험에 빠진 아기의 사진을 놔두어야 하는 경우가 있다. 네스트 캠을 아기 모니터로 마케팅하고 싶으면 반드시 경고 라벨을 붙여야 했다.

그런 상황에서도 칩 러튼은 나와 함께 해결책을 찾으려 애썼다. 그는 결코 그냥 "노!"라고 말하고 휙 나가버리지 않았다. 그는 늘 타협책을, 새로운 기회를 그리고 다른 방향을 찾을 수 있게 도와주었다.

우리는 결국 경고 라벨을 필요 이상으로 훨씬 더 크고 더 추하게 만들어, 아무리 안 보고 싶어도 보지 않을 수 없게 제품 바로 옆에 붙여놓았다. 우리는 모든 사람이 그 빌어먹을 라벨을 떼어내버릴 거라는 걸 알았고, 그래서 정말 떼기 쉽게 또 떼고 난 뒤에 스티커 자국도 남지 않게 만들었다. 제대로 떼어지는지 확인하기 위해 몇 차례 테스트까지 했다.

칩 러튼은 그렇게 우리를 위험에서 완전히 벗어나게 해주었다.

당신이 궁극적으로 찾아야 할 변호사는 바로 이런 변호사다. 당신이 빠질지도 모르는 구덩이가 뭔지 단순히 말만 해주고 가버리는 변호사는 필요 없다. 새로운 길까지 찾을 수 있게 도와줄 변호사를 고용하라. 건너갈 다리를 놓아줄 변호사를 고용하라. 변호사처럼만 생각하지 않는 변호사를 고용하라.

제6부

최고경영자가 되어라

홈 네트워크 서비스는 네스트 연기/일산화탄소 감지기가 시장에 등장하면서 활짝 꽃을 피웠다.

네스트 감지기는 네스트 온도 조절기에서 온도 및 습도 센서 역할을 하면서 방별로 온도 조절을 할 수 있게 해주었다. 또한 동작 센서를 활용해 집에 아무도 없는 걸 감지함으로써 난방 장치나 에어컨을 꺼 에너지도 절약할 수 있었다. 여기에 더해 네스트 감지기의 음성 기능은 단순한 위험 경고 이상의 일도 할 수 있었는데, 이를테면 커버 범위가 정말 넓은 스피커로 활용하는 것이었다. 우리는 집 안의 모든 방에 있는 경보 장치를 이용해 음악도 내보내고 인터폰 기능까지 할 수 있도록 계획을 세웠다. 주방에 있는 네스트 연기 감지기에 대고 저녁 식사 준비가 다 됐다고 소리치면, 아이의 침실에 있는 연기 감지기에서 당신 목소리가 나오는 식이었다.

거기에 비디오 카메라나 스마트 락 기능을 추가하면 방마다 설치된 센서들과 집 안 곳곳에 설치된 경보 장치들 덕에 붙박이 보안 시스템을 갖추게 된다. 새로운 네스트 제품들을 설치할 때마다 이전 네스트 제품들의 기능이 더 좋아지는 것이다. 기기들이 서로 연결되어 더 많은 일들을 하게 되면서 새로운 편의성 및 가능성의 길들이 열리는 셈이었다. 게다가 고객이 해야 할 일은 별로 없었다. 네스트의 제품들이 모든 걸 알아서 다 해줄 테니까. 홈 네트워크 서비스의 핵심은 '수월함'이었다. 당신이 집을 돌보는 게 아니라 집이 당신을 돌보는 것.

네스트 온도 조절기가 홈 네트워크 서비스의 가능성을 보여주자 수십 가지 다른 홈 네트워크 제품들이 우후죽순으로 생겨났기 시작했다. 우리는 그런 현실에 눈감지 않았다. 우리는 그런 제품들을 짓눌러야 하는 경쟁 제품들로 취급하는 대신 '스레드'Thread라는 저출력 네트워킹 기술로 홈 네트워크 서비스 생태계를 보강했다. 만일 당신이 괜찮은 스마트 기기를 설치한다면 그걸 네스트 시스템에 집어넣어 네스트 제품들과 연계시킬 수도 있다. 예를 들어 당신의 스마트 천장 선풍기를 네스트 온도 조절기에 연계시키는 것이다. 아니면 네스트 시스템이 집 안의 스마트 조명들에게 당신이 휴가 중이라는 사실을 알려주어, 마치 집에 있는 듯 조명들을 켜지게 해 잠재적 도둑들을 속일 수도 있다.

네스트는 플랫폼을, 다시 말해 우리 제품들과 다른 제품들을 모두 한 가지 앱으로 통제하는 생태계를 구축 중이었다. 모든 스마트 기기들이 마법같이 서로 연결되는 그런 홈 네트워킹 생태계를 말이다.

어쨌든 그건 비전이었다.

2014년, 구글이 그 비전을 32억 달러에 사들였다.

구글은 처음부터 네스트와 밀접한 관계를 유지했었다. 나는 제품 출시 전에 몇 가지 시제품들을 세르게이 브린Sergey Brin(구글 공동 설립자─옮긴이)에게 보여주었고, 구글은 2012년에 이미 우리 회사를 인수하고 싶어 했다. 그들은 우리의 비전이 더 빨리 실현되도록 돕고 싶다는 제안을 했다. 그러나 우리가 거절하자 대신 투자를 제안했다. 2013년 우리가 한참 또 다른 자금 조달에 성공하고 있을 때, 그들은 다시 네스트 인수에 박차를 가했다.

당시 나는 구글이 네스트 인수에 그렇게 열을 올린다는 건 스마트홈 하드웨어를 만드는 일에 그만큼 관심이 많다는 뜻일 거라고 생각했다. 만일 구글이 그렇게 큰 관심을 보인다면, 애플과 마이크로소프트, 아마존, 메타 같은 거대 기술 기업들 역시 큰 관심을 보이지 않겠는가. 네스트가 굴리기 시작한 작은 눈덩이가 점점 커져 이제 산사태를 일으킬 지경에까지 이르렀다.

조심하지 않으면 우리까지 바로 묻혀버릴 수 있었다.

당시 네스트는 제품을 만드는 족족 다 팔아치울 만큼 정말 잘하고 있었다. 온도 조절기는 이미 우리의 예상을 저 멀리 뛰어넘어 시장에 큰 충격을 주고 있었고, 우리는 주야장천 온도 조절기만 만들 수도 있었다. 사람들은 자기 집 크리스마스 트리 밑에 온도 조절기를 놓아두고 있었다. 세상에, 크리스마스 선물로 말이다! 제품이 품절되자 데이비드 레터맨David Letterman(미국의 유명 TV 토크쇼 진행자―옮긴이)과 칸예 웨스트Kanye West(미국의 힙합 가수―옮긴이) 같은 유명인들이 제품을 구해달라고 요청해올 정도였다.

우리는 플랫폼을, 그것도 수십 년간 지속될 수 있는 거대하고 의미 있는 플랫폼을 구축할 의지가 굳건했고, 그러자면 막대한 자원이 필요했다.

그러나 수익성 높은 수입원도 많고 제품도 엄청나게 많은 구글이나 애플 같은 거대 기업들이 뛰어든다면, 단기간 내에 그들의 플랫폼으로 네스트의 플랫폼을 대체할 수도 있었다. 그들이 해야 할 일은 단 하나, 홈 네트워크 서비스 분야에 뛰어든다는 계획을 발표하는 것뿐이었다. 그들의 플랫폼이 훌륭한지 아닌지는 중요하지 않다. 거대 기업이 사업 계획을 발표하면 그것만으로도 저울추가 확 기우니까. 그들은 우리의 잠재적인 사업 파트너들과 개발자들을 몽땅 빼내갈 수도, 아니면 '좀 더 지켜보자'는 자세를 취하면서 우리를 서서히 말려 죽일 수도 있었다.

나는 그동안 제품과 플랫폼 개발에 성공한 작은 스타트업들이 거대 기업들이 끼어들기 시작하면서 산소를 전부 빼앗기고 죽어나가는 모습을 너무도 많이 봐왔다.

구글이 합류한다면, 우리는 단순히 우리 자신을 지킬 뿐 아니라 우리의 임무를 더 빨리 완수할 수도 있었다. 우리 실무진을 흥분시킨 건 바로 그 점이었다. 성장 잠재력 말이다.

그래서 이런저런 불안감에도 불구하고 오랜 논의 끝에 우리 팀은 지금이 회사를 매각할 적기라는 결론을 내렸다. 높은 자금 조달 능력, 규모가 커진 투자자 집단, 굳건한 단위 경제 등 우리에겐 믿는 구석이 있었다. 우리 회사는 군살이 없었고 우리 온도 조절기들은 수익성이 좋았으며 또 다른 제품이 출하 중이었고 더 많은 제품들이 개발 중이었다.

게다가 구글은 5년간 우리 홈 네트워크 플랫폼에 40억 달러를 투자하고 각종 서버와 인공지능 알고리즘, 개발자 관계 등 필요한 자원들도 제공하겠다는 약속을 했다. 또 구글 측에서 시작한 홈 네트워크 하드웨어 개발을 접고 오로지 네스트 일에만 집중한다는 것에도 합의했다. 나아가 우리 쪽에서 통합 필요성을 느끼는 구글의 기술 팀들과 격주로 협력 회의를 한다는 것에도 합의했다.

문화 충돌에 대한 우려가 많았지만 구글은 네스트의 임무 중심 문화가 새로운 표준이 되어 구글의 문화 발전을 견인하게 될 거라며 우리를 안심시켰다. 그들은 또 우리의 매출이 비약적으로 늘어나 네스트가 독립된 기업 상태로 있을 때보다 몇 년은 더 빨리 우리 플랫폼에 활력을 불어넣을 수 있을 거라는 말도 했다. 그렇게 구글은 자신들과의 결합이 멋진 결혼으로 이어지리라고 장담했다.

3~4개월간 열띤 논쟁을 거친 끝에 우리는 2014년 1월, 함께 결혼식장으로 걸어 들어갔다. 비가 오나 눈이 오나 영원히 함께할 거라는 믿음을 가지고. 두 회사의 결합이 시너지 효과를 내고 함께 노력하면 그게 얼마든지 가능할 거라는 믿음을 가지고. 두 회사 모두 더없이 좋은 의도를 가지고.

그러나 누구나 알고 있듯 지옥으로 향하는 길은 원래 더없이 그럴싸하다.

구글에 인수된 지 몇 시간도 안 돼, 우리는 악의적인 언론 보도들을 잠재우기 위해 네스트의 기업 문화와 시스템들은 구글과는 별개로 유지될 거라는 발표를 해야 했다. 그러자 구글 측으로부터 바로 거부 반응이 나타났다. 구글 속에 내재된 자연 항체들이 뭔가 새롭고 다르고 이질적인 바이러스를 감지해냈고, 그들은 그걸 피하거나 무시하기 위해 자신들이 할 수 있는 모든 일을 다 했다. 그들은 겉으로는 여전히 미소를 짓고 있었지만 약속된 회의도, 경영진의 감독도, 통합 계획들도 모두 모르쇠로 일관했다.

다음과 같이 기본적이면서도 결정하기 쉬운 문제들조차 외면당했다. "네스트 제품들을 구글 스토어에서 팔 수 있나요?", "아뇨. 적어도 1년 동안은 안 됩니다.", "아마존 웹 서비스 이용을 중단하고 구글 클라우드를 이용할 수 있을까요?", "아뇨. 아주 큰 일련의 변화들 없이는 불가합니다. 게다가 사실 더 비쌀 겁니다."

그건 그리 놀라운 일도 아니었다. 실제로 모든 게 더 비쌌으니까.

구글에 인수되기 직전인 2014년에 네스트는 연간 직원 1인당 약 25만 달러를 썼다. 그건 제대로 된 사무실 공간, 괜찮은 의료보험, 가끔 나오는 무료 점심 그리고 가끔 이용 가능한 놀이공원 이용료까지 포함된 비용이었다.

그런데 구글에 인수된 뒤 그 비용이 1인당 47만 5,000달러까지 뛰었다. 그중 일부는 불필요한 요식 행위와 늘어난 급여, 늘어난 복리후생비 때문이었지만 대부분은 무료 버스, 무료 아침, 점심, 저녁, 많은 정크푸드, 시청각 기기들로 가득 찬 고급스런 콘퍼런스룸 그리고 새로운 사무실 빌딩들 때문이었다. 심지어 IT 관련 비용도 비쌌다. 각 직원의 컴퓨터를 구글 네트워크Google Network에 연결하는 비용이 연간 1만 달러나 됐는데, 그건 노트북 가격이 포함되지 않은 비용이었다.

물론 네스트 역시 완벽하진 못했다. 우리는 동시에 여러 프로젝트를 진행하고 있어 다 소화하기도 힘들 정도였다. 네스트 보안 시스템 개발은 계속 지연되고 있었는데, 그건 우리가 2세대 네스트 연기/일산화탄소 감지기와 3세대 온도 조절기를 출시해야 했기 때문이다. 또 드롭캠 Dropcam이라는 회사를 사들여 첫 네스트 캠을 만들었고, 그걸 네스트 앱에 연결시켰다. 거기에다 구글과의 통합 작업에 많은 시간을 쏟고 있었으며, 이메일 주소들과 기업 보안, 개인정보 보호 정책 그리고 누구의 서버에 어떤 데이터를 넣을 것인가 하는 문제 등으로 골머리를 앓고 있었다.

구글의 일부가 되었음에도 불구하고, 우리는 '구글인'이 되려는 시도는 거의 하지 않았고 구글 문화에 완전히 동화되려 하지도 않았다. '네스트인'들로 이루어진 소규모 파견대는 애플 출신들이었으며, 애플에서 구글인들은 주적이었고 멸시의 대상이기도 했다.

네스트의 행동 방식을 좋아했던 우리는 구글인이 되고 싶지 않았다. 나는 구글 신입사원들처럼 프로펠러 달린 모자를 쓸 생각이 없었다. 나는 당시 우리가 왜 유독 튀어 보였는지 그리고 왜 따뜻한 환영을 받지 못했는지 이제는 이해할 수 있을 것도 같다.

이 모든 문제들에도 불구하고, 구글에 인수된 것이 전적으로 나쁘기만 했느냐 하면 그건 아니었다. 더욱이 아직 진행 중인 일이었으니까.

네스트라는 우리 브랜드와 단위 경제는 탄탄했다. 우리는 여전히 빠른 속도로 성장 중이었다. 사실 구글에 인수되고 난 뒤, 많은 소매업체가 자신들의 매장에서 네스트 제품을 팔아도 좋겠다는 확신을 가졌다. 또한 예전보다 훨씬 더 많은 개발자들이 우리 생태계에 동참했다. 기대에는 훨씬 못 미치는 수준이었지만, 구글의 특정 팀들과도 소소한 교류를 하고 있었다. 5년간 진정한 스마트홈 플랫폼 구축으로 향하는 활주로를 닦자는 게 우리의 계획이었으니까. 우리에겐 아직 시간 여유도 있는 편이었다. 게다가 구글에는 뛰어난 사람들이 워낙 많았고 정말 대단하고 중요한 뭔가를 만드는 데 활용할 수 있는 놀라운 기술을 만들어낸 놀라운 팀들도 워낙 많았다. 우리는 계속 밀어붙이면 됐고, 그러면 목표를 이룰 수 있었다.

그러던 어느 날, 정확히는 기업 인수 후 1년이 조금 더 지난 2015년 8월, 구글의 공동 창업자 래리 페이지Larry Page가 자신의 사무실로 나를 불렀다. 그러곤 이런 말을 했다. "우리 회사를 위해 놀라운 기업 전략을 세웠습니다. 알파벳이란 회사를 세울 겁니다. 네스트가 새로운 전략의 모델이 되었으면 합니다."

그들은 회사 조직을 개편하려 하는 중이었다. 알파벳이라는 지주회사를 만들고 그 밑에 구글과 다른 모든 회사를 자회사로 두겠다는 계획이었다. 그런 식의 조직 개편을 통해 월가에서 구글 검색 및 광고Search and Ads 부문의 건강 상태를 손쉽게 알아보겠다는 목적이었다. 그렇게 되면 이제 구글 파이버Google Fiber, 캘리코Calico, 베릴리Verily, 캐피털 GCapital G, 구글 벤처스Google Ventures 그리고 많은 '문샷 프로젝트'moonshot project(불가능해

보일 만큼 혁신적인 프로젝트를 의미함 — 옮긴이)들을 진행 중인 구글 X_{Google X}는 물론 네스트도 이제 더 이상 구글의 일부가 아닌 독립된 자매 회사들_{sister companies}로 변화될 것이었다. 네스트는 하루아침에 가장 크고 가장 값비싼 구글의 자매회사들 중 하나가 될 터였다.

우리는 16개월간 구글과의 통합 작업에 집중하면서 구글이란 모회사를 통해 우리의 비전을 앞당겨 실현하는 데 필요한 자원들을 지원받으려 했는데, 그 모든 게 물거품이 된 것이다. 우리가 기업 인수에 합의한 가장 큰 이유가 바로 구글과의 통합과 그 자원 활용이었는데 말이다. 래리는 그 모든 계획이 끝났다고 말하고 있었다. 새로운 방향으로 간다고. 새로운 전략을 세웠다고.

"이 생각은 얼마나 오래 해온 겁니까?" 내가 물었다.

"여러 해 됐습니다." 그가 말했다.

"구글에서 몇 사람이 이런 생각을 해온 겁니까?"

"서너 명이 두어 달 동안요. 당신은 내가 처음 이 말을 하는 사람들 중 하나입니다."

나는 생각했다. "좋아요! 고마워요!" 그러곤 말을 이었다. "근데 모든 걸 조정하려면 자세한 내용을 알아야 할 것 같습니다. 구체적인 계획을 세워야 할 텐데, 어느 정도 시간이 있습니까? 몇 달쯤 되나요?" 나는 세세한 반박 없이 그냥 "노"를 해버릴 만큼 어리석진 않았다. 그러나 이 일을 무효화시킬 방법을 찾아내려면 그리고 우리 팀에게 유리한 협상을 하려면 시간을 벌어야 했다.

"몇 달 여유가 없습니다."

"8주 여유도요?"

"네."

"한 달은요?"

"다음 주에 발표를 할 예정입니다." 그가 말했다. "우리는 상장 기업입니다. 이 얘기가 언론에 새어나가면 재앙이 될 겁니다. 이건 순전히 재무 및 회계 차원의 변화입니다. 걱정 마세요. 우리가 방법을 찾아낼 겁니다."

나는 충격을 받았다. 말문이 막혔다. 다음 주라는 말에 붙잡고 있던 이성의 끈이 끊어지는 소리가 들렸다. 아무 계획도, 정말이지 아무 계획도 없었다. 나는 '행하고 실패하고 배워라.'를 전적으로 지지하는 사람이다. 사전 전략도 전혀 없이 기업 전체를 뒤집어놓을 수는 없는 법이다. 데이터 중심의 결정을 내려야 할 일에 대해 의견 중심의 결정을 내리다니, 정말 이해할 수가 없었다.

래리는 내게 투자의 귀재 워런 버핏Warren Buffett이 버크셔 해서웨이 Berkshire Hathaway(워런 버핏이 세운 투자 목적의 지주회사—옮긴이)를 통해 어떻게 이 전략을 펼치는지 지켜봐왔다고 말했다. 비행기를 타고 직접 네브래스카주로 날아가 버핏과 얘기를 나누기도 했다고 하면서. 그러면서 그는 버크셔 해서웨이는 무관한 기업들을 사들이고 있으며 그 기업들은 다 별도로 운영되고 있음에도 잘 돌아가고 있다는 말도 했다. "우리라고 그렇게 해선 안 될 이유가 뭐겠어요?"

나는 버크셔 해서웨이는 10년, 15년, 50년 된 기업들을 사들이고 있다는 걸 지적했다. 그 기업들은 완전히 자리를 잡은 데다 매출도 높은 기업들이었다. 다 자란 건강한 성인들이었다. 그러나 알파벳의 자매회사들은 아직 갓난아기거나 걸음마를 배우는 아기거나 자기의 정체성을 찾으려 애쓰는 청소년들이었다. 그 회사들은 여전히 혁신을 이루고자 안간힘 쓰며 수익을 내기 위해 애쓰는 중이었다. 회사의 기초 여건부터가 전혀 달랐다.

그러나 그건 중요하지 않았다. 이미 주사위는 던져진 상황이었다.

알파벳 설립 발표 이후 24시간도 안 돼 구글은 우리에게 이렇게 말했다. "이제 네스트는 더 이상 구글의 일부가 아닙니다. 따라서 이게 필요할 겁니다." 그러면서 자신들이 리모델링한 우리 새 사무실 사용료로 수백만 달러를 청구했다.

설상가상으로 직원 1인당 비용은 두 배 이상, 정확히는 2.5배가 인상됐다. 달라진 건 아무것도 없었다. 네스트의 모든 직원은 여전히 같은 장소에서 같은 일을 하고 있었다. 그런데도 이제 구글이 제공하는 모든 서비스를 이용하려면 알파벳 법인세를 비롯한 모든 비용을 우리가 지불해야 했다. 우리가 이용하던 정보기술, 법무, 재무, 인사 등 모든 기본 비용이 순식간에 2.5배로 불어난 것이다. 때론 그 비용이 터무니없이 높았다. 우리는 이런 말을 들었다. "이럴 수밖에 없어 유감입니다. 하지만 재무회계기준위원회FASB 요구 사항입니다. 우리가 상장 기업이기 때문에 피해갈 길이 없습니다."

또한 함께 통합 작업에 착수했던 구글의 기술팀 역시 기다렸다는 듯 우리와의 관계를 청산했다. "네스트는 구글이 아니니까요." 구글 내의 항체들이 전면 공세에 나선 것이다.

그들의 우선순위가 빠른 속도로 바뀌는 모습을 지켜보는 건 매우 충격적이었다. 하지만 더 최악은 헛소리를 들어야 하는 것이었다.

나는 '많은 생각을 하는 중'이란 말에 알레르기 증상을 보이게 됐다. 구글 고위직 임원들은 우리가 새로운 전략을 제시할 때면 늘 많은 생각을 하는 중이라고 말로 상황을 회피했다. "우리는 지금 네스트와 구글의 통합 문제에 대해 많은 생각을 하는 중입니다.", "우리는 지금 네스트가 알파벳의 자매회사가 되는 문제에 대해 많은 생각을 하는 중입니다.",

"토니, 걱정하지 말아요. 우린 이 문제에 대해 많은 생각을 해왔습니다."

그 말을 들을 때마다 나는 생각했다. '오, 안 돼! 또 시작이군. 이들은 많은 생각을 하는 중이라는 헛소리를 하면서 내가 그 헛소리를 팀원들에게 전해주길 바라고 있어.'

맷 로저스와 나는 1년 넘게 통합 작업을 위해 드럼을 쳐왔는데, 이제는 180도 바뀌어 알파벳을 위해 드럼을 쳐야 하는 상황에 놓이게 됐다. 나는 팀원들을 향해 모든 게 순조롭게 진행되고 있다는 거짓말을 해야 했다. 변화가 이미 시작된 상황에서 지금 구글 경영진은 땜질식 계획을 세우느라 '많은 생각을 하는 중'이고, 그 계획조차 다음 몇 달 동안 계속 바뀔 거라는 걸 뻔히 알면서도 말이다. 재무, 법무, 정보기술, 판매, 마케팅, 홍보, 설비, 인사팀이 참석해 매주 열리는 알파벳 실무 회의는 그야말로 엉망진창이었다. 예를 들어 하루는 통근 버스나 각종 시설 또는 법무 서비스를 이용하는 것에 대해 이런 식으로 비용 청구를 하겠다고 했다가 2주 후에는 그걸 재고하겠다고 말하는 식이었다.

그러다 네스트가 알파벳 자매회사가 되는 데 필요한 비용이 알려지자, 이번에는 또 갑자기 새로운 재무 관련 조치가 취해졌다. 알파벳 운영위원회 측에서 우리에게 네스트의 비용들을 현실화하고 수익성을 더 빨리 높이라는 요구를 해온 것이다. 그들은 네스트가 판매 목표들을 달성하고 있지 못하다고 지적했다. 나는 매출 목표를 높인 건 바로 그들이라고 지적했다. 그들은 네스트 제품을 구글 스토어에서 판매하기 시작하면 매출이 30퍼센트에서 50퍼센트는 늘어날 거라고 생각했던 것이다. 당시 구글 스토어 이용은 계속 미뤄지고 있었고, 구글의 개인정보 보호 정책에 대한 고객들의 우려로 네스트의 매출은 사실상 줄어든 상태였다.

내가 생각을 바꾸지 않으리라는 점이 분명해지자, 래리 페이지는 내게 수익성을 높여야 한다면서 이렇게 말했다. "과감성과 창의성을 발휘해 모든 걸 50퍼센트 줄이는 방법을 알아내주셨으면 합니다." 직원 수와 비용은 물론 우리의 로드맵까지 말 그대로 모든 걸 줄이라는 의미였다.

"뭐요?!" 내가 말했다. 변한 건 아무것도 없었다. 합의 사항들도 그대로였고 우리 계획도 그대로였다. 그런데 갑자기 내게 팀원의 절반을 해고하라니. 그 대부분이 지난 몇 달 사이에 채용된 사람들인데 말이다. 래리는 내게 사람들을 해고하는 문제는 걱정할 필요가 없다고 했다. 구글에는 빈자리가 많아 그들을 그리 보내면 된다면서 말이다. 그 말을 듣고 나는 생각했다. '이 사람은 과연 살아오면서 사람을 직접 해고시켜본 적이 있을까? 사람들의 삶을 저런 식으로 가지고 놀다니!'

그러나 구글은 월가를 상대로 자신들이 검색과 광고 분야 외에서도 실제 수익을 낼 수 있다는 걸 보여주고 싶어 했다. 스마트폰과 크롬 북Chromebook 등 그들이 만든 다른 하드웨어들은 죄다 적자를 보고 있었으니까. 수익 목표를 달성하고 있는 자매회사는 네스트뿐이었고, 그들의 관심은 온통 우리에게로 쏠려 있었다.

내 입장에서 네스트 인원을 절반으로 줄일 방법은 없었다. 전혀 없었다.

우리는 10~15퍼센트의 인원 삭감을 제안했고 로드맵을 바꾸라는 요구는 단호히 거절했다. 우리는 우리의 임무를 포기할 생각이 없었다.

당연한 말이지만, 양측 사이에 긴장감이 높아졌다.

4개월 후 나는 또 다른 폭탄 선언을 들어야 했다.

래리 페이지가 내게 '이혼'을 원한다고 말한 것이다. 그는 네스트를 매각하려 한다고 말했다.

그 말이 래리의 입에서 직접 나온 건 아니었다. 내 멘토이자 래리의 멘토이기도 한 빌 캠벨이 연말 연휴를 며칠 앞둔 어느 날, 이사회 회의가 끝난 뒤 내게 잠시 남아달라고 했다. 다른 사람들이 다 나가고 빌과 래리만 남게 되자 빌이 먼저 입을 열었다. "바로 본론으로 들어가겠네. 래리가 이 말을 하긴 쉽지 않을 테지만 나는 자네에게 허튼소리는 하고 싶지 않으니 그냥 말하지. 래리는 지금 네스트를 매각하려 하네. 그 이유는 나도 잘 모르겠지만 어쨌든 이게 래리가 하고 싶어 하는 거네."

놀란 표정으로 빌을 쳐다보며 래리가 말했다. "빌, 꼭 그런 식으로 말하셔야 했어요?"

그러나 빌은 그렇게 말했다. 그는 나를 잘 알았으니까. 래리는 나를 잘 몰랐으니까. 전혀. 그가 빌에게 같이 방에 있어 달라고 한 건 혹 내가 격분할까 걱정됐기 때문이 아니었나 싶다. 결별 현장에 합석해 분위기가 격해질 경우 증인 역할과 중재인 역할을 해줄 사람이 필요했던 것이다.

래리가 상황을 설명하려 애쓰는 동안, 나는 그의 말을 하나도 놓치지 않고 다 들으려 애썼으며 그의 얼굴에 나타나는 미세한 표정을 지켜보며 말없이 자리에 앉아 있었다.

한참을 듣고 난 뒤 나는 말했다. "래리, 당신은 네스트를 샀습니다. 원한다면 팔 수도 있죠. 하지만 나는 절대 함께하지 않을 겁니다."

내가 한 말은 그게 다였다.

빌이 래리 쪽을 보며 말했다. "이럴 줄 알았다니까. 그의 대답이 이럴 거라고 했잖소."

지금도 나는 구글이 왜 네스트를 매각하기로 했는지 정확한 이유를 모른다. 어쩌면 모든 게 문화 충돌에서 비롯됐는지도 모른다. 어쩌면 래리는 우리가 너무 다르다고, 공존하기 너무 힘들다고 생각했는지도 모른다. 내가 그 이유를 물었을 때, 그들은 늘 대던 이유를 댔다. 네스트는 더 이상 전략적 가치가 없는 걸로 결론지었다고 말이다. 구글 입장에서 너무 많은 비용을 지불하게 만드는 회사라고. 그러나 구글이 마음을 바꾸었을 뿐, 우리의 합의는 바뀐 게 없었다. 우리는 우리의 로드맵은 물론 미래의 계획도 솔직히 얘기했었다. 그들은 합의서에 서명할 때 네스트에 많은 투자를 해야 한다는 걸 잘 알고 있었다. 게다가 그들은 자진해서, 아니 사실 자진해서 정도가 아니라 간절히 원해서 합의를 했었다. 불과 2년 전에 우리의 비전에 투자하기로 했던 것이다.

"우린 지금 새로운 재무 전략을 갖고 있습니다." 그들은 그렇게 말했다. 아주 분명하게.

그 회의 이후 빌 캠벨은 흥분해 어쩔 줄 몰라 했다. "당신들 지금 인기 있는 제품들을 갖고 있고 재무 구조도 탄탄하고 성장 중이며 잠재력 큰 신제품들을 준비 중이지 않는가. 지금 하고 있는 프로젝트들보다 훨씬 더 많은 일들을 해낼 수 있을 텐데 왜…?" 그는 그렇게 말하며 두 손으로 머리를 감쌌다. "아무튼 납득이 안 돼. 이제 막 시작했는데 말이야!"

빌의 반대에도 불구하고, 구글 측에선 내가 '자산 가치를 지킬 수 있게' 은행 관계자들을 불러들였다. 이미 회사를 그만두겠다고 말했기에 내가 거기서 할 수 있는 일은 피해를 최소화하고 내 팀원들의 미래를 위해 최선을 다하는 것뿐이었다. 나는 구글 측에서 원하는 대로 했고, 은행 관계자들을 도와 네스트 매각에 필요한 서류들을 준비했다. 그들은 2016년 2월에 네스트 매각을 시작했다.

은행 관계자들은 인수 가능한 기업들의 명단을 작성했고, 몇몇 기업들이 협상 테이블로 나왔다. 당시 명단 맨 위에 오른 기업은 아마존이었다. 은행 관계자들은 래리에게 네스트를 아마존에 팔 생각이 있냐고 물었고 그는 이렇게 답했다. "네, 그럴 생각이 있습니다." 나는 다시 한 번 충격을 받았다. 경쟁 기업들 중 하나에 넘긴다고? 손바닥으로 뺨을 한 대 더 맞은 기분이었다.

이 얘기를 좀 더 하자면, 나는 내 약속을 지켰다. 네스트를 떠났다. 구글과의 결혼 생활을 끝냈다. 그들이 이혼을 원한다고 했기에 이혼을 해줬다.

내가 떠난 지 몇 개월 후, 구글은 마음을 바꾸었다. 또 다시.

결국 네스트를 팔지 않기로 결정한 것이다.

그들은 네스트를 알파벳의 다른 자매회사들과 한데 묶기보다는 구글의 일부로 놔두는 게 더 낫다고 판단했다. 그렇게 네스트는 다시 구글의 일부가 되었다.

구글에 합류시켰다가 떠나보냈다가 다시 구글에 합류시키기. 그게 그 당시 구글의 전략이었다. 그 과정에서 네스트의 경영진은 직원들 앞에 서서 모든 게 잘될 거라는 약속을 해야 했다. 그러나 이랬다저랬다 말을 바꾸는 동안 고객들과 팀원들과 그들의 가족들은 계속해서 고통을 받았다. 그런 상황 속에서도 구글은 우리 직원들이나 그들이 성취하려 하는 일에는 전혀 관심이 없었다.

마침내 2018년 네스트를 재합류시키면서 구글은 2015년에 내가 제안했던 대로 10~15퍼센트의 비용 삭감을 실행에 옮겼다. 또한 모기업에 재합류되면서 알파벳 간접비들도 사라졌다. 1인당 추가 15만 달러를 비롯해 많은 세금과 더 높은 수수료들이 사라진 것이다. 갑자기 네스트가 다시 아주 대단한 투자처로 변한 듯했다.

대체 어찌 설명해야 좋을지 모르겠다. 왜 네스트를 팔려고 했는지 그 이유에 대해 전혀 들은 바 없듯, 나는 그들이 왜 팔지 않기로 결정했는지에 대한 설명도 전혀 들은 바 없다. 어쩌면 아마존이 관심을 보인다고 하니 그제야 네스트가 소중한 자산이라는 사실을 깨달은 건지도 모른다. 아니면 그 모든 게 자신들의 요구대로 비용을 삭감하게 만들려는 정교한 치킨 게임이었는지도 모른다. 아니면 애초부터 제대로 된 계획 따윈 없었으며, 모든 게 순전히 일부 임원들의 변덕 때문에 일어난 일인지도 모른다. 이런 말을 들으면 놀라겠지만, 중요한 변화들이 그런 이유들로 일어나는 경우는 정말 많다.

사람들은 임원이나 최고경영자 또는 거대 조직의 리더에 대해 환상을 갖고 있다. 그런 자리에 있는 사람들은 다 충분한 경험을 갖고 있고 그래서 적어도 자신이 지금 하고 있는 일에 대해서 훤히 알고 있을 거라고 생각한다. 또한 어떤 중요한 거래를 하고 악수를 할 때는 신중한 전략과 오랜 시간에 걸친 생각, 합리적인 결정 등이 있었으리라고 믿는다.

어떤 날에는 그렇지만 어떤 날에는 그렇지 못하다.

내가 필립스에서 처음 경영진에 합류했을 때도 그랬고, 애플에서 부사장 자리에 올랐을 때도 그랬으며, 네스트의 CEO였을 때도 그랬고, 구글 임원이 됐을 때도 그랬다. 그 모든 자리는 믿기 힘들 만큼 다른 느낌을 주었지만 그 자리에서 짊어져야 하는 책임의 핵심은 같았다. 그건 당신이 직접 해야 하는 일은 점점 줄어들고 뭔가를 함께 도모하는 사람들은 점점 늘어난다는 것이다.

당신이 CEO라면, 거의 대부분의 시간을 사람들 문제와 커뮤니케이션 문제로 보내게 된다. 또한 업무적으로 뒤얽힌 복잡한 인간관계들을 잘 헤쳐 나가야 하고, 이사회의 의견에 귀 기울이되 때론 무시도 해야 하며, 기업 문화를 잘 유지해야 하고, 다른 회사를 사들이거나 당신 회사를 팔아야 하며, 늘 사람들의 존경을 받으면서 동시에 당신 스스로와 팀원들을 계속 독려해 뭔가 위대한 걸 만들어야 한다. 설사 대체 지금 무얼 만들고 있는지 더 이상 생각할 시간이 없는 상황이라 해도 말이다.

그만큼 CEO라는 자리는 정말 기이한 자리다.

만일 당신이 기업이라는 산의 꼭대기를 향해 오르고 있고, 손발이 동상에 걸리고 산소 부족으로 헉헉대며 셰르파의 도움만 기다리는 상황이라면, 그간 내가 배운 몇 가지 교훈들이 조금은 도움이 될 것이다.

제1장

피라미드의 꼭대기에 선다는 것

CEO만큼 어려운 자리는 없다. 심지어 규모가 큰 팀의 리더나 기업 내 부서 리더 자리 또는 임원 자리도 CEO 자리에는 비할 바가 못 된다. 리더의 자리에도 어쨌든 늘 위에 누군가가 존재하기 때문이다. 모든 책임은 결국 CEO가 진다. 그리고 당신이 CEO라면 회사 분위기를 결정짓는 사람도 당신이다. 설사 이사회와 사업 파트너들, 투자자들과 직원들이 있어도 모든 사람이 마지막에 쳐다보는 사람은 결국 당신이다.

CEO인 당신이 관심을 보이고 신경 쓰는 일들은 회사가 가장 중시하는 일들이 된다. 뛰어난 CEO는 사람들을 독려해 뭔가 위대한 목표들을 달성하게 만들고, 또한 사람들을 잘 보살펴 그들이 그 목표를 달성하도록 한다. 그러나 최악의 CEO는 그저 늘 현상유지를 하기에 급급하다.

CEO는 대개 다음과 같이 세 부류로 나눌 수 있다.

1. **베이비시터형 CEO.** 이들은 회사를 지키는 집사 같은 사람들로, 회사를 안전하고 예측 가능한 곳으로 만드는 일에 전념한다. 대체로 물려받은 기존 제품들의 성장에 신경을 쓰며 경영진이나 주주들을 불안하게 만들 소지가 있는 위험은 감수하려 들지 않는다. 그 결과 늘 회사가 침체와 쇠퇴의 늪에 빠진다. 대부분의 상장 기업 CEO들이 이 유형에 속한다.

2. **부모형 CEO.** 이들은 회사의 성장과 진화를 추구한다. 보다 큰 보상이 예상된다면 큰 위험도 마다하지 않는다. 일론 머스크와 제프 베이조스 같은 혁신적인 창업자들이 이런 부모형 CEO에 해당한다. 그러나 JP 모건 체이스JPMorgan Chase의 제이미 다이먼Jamie Dimon이나 마이크로소프트의 사티아 나델라처럼 직접 회사를 설립하지 않고도 부모형 CEO가 되는 사람들도 있다. 최근에 인텔 최고경영자 자리에 오른 팻 겔싱어Pat Gelsinger 역시 앤디 그로브Andy Grove 이후 인텔의 첫 부모형 CEO로 보인다.

3. **무능한 CEO.** 이들은 대개 미숙한 CEO나 창업자들로, 일정 규모를 넘어선 회사를 이끌기엔 부적합하다. 이들은 베이비시터형 CEO처럼 할 수도 없고 부모형 CEO처럼 할 수도 없다. 그 결과 회사는 고전을 면치 못하게 된다.

• • •

CEO가 할 일은 '신경을 쓰는 것'이다. 관심을 갖는 것이다. 그 대상은 회사와 관련된 모든 것이다.

언젠가 애스턴 마틴Aston Martin (영국의 자동차 제조업체―옮긴이)의 CEO와 회의를 하기 위해 그 회사 공장을 찾아간 적이 있다. 시간은 아침 9시였고, 그날은 아침부터 비가 퍼붓고 있었다. 우리가 비를 뚫고 공장 부지로 들어서는 순간, 밝은 노란색 우비에 장화를 신은 한 남자가 급히 앞을 가로질러 가는 바람에 우리는 차를 멈춰야 했다. 마침내 회의 장소에 도착했는데, 아까 봤던 우비를 입은 그 남자가 들어오는 게 아닌가. 그는 CEO 앤디 파머Andy Palmer였다. 생산 라인에서 나오는 차들을 직접 검수하려고 부지를 가로질러 가고 있었던 것이다.

CEO는 회사의 분위기를 좌지우지한다. 모든 팀이 무엇이 가장 중요한지, 또 무엇에 신경을 써야 하는지를 알기 위해 CEO와 경영진을 쳐다본다. 그래서 앤디는 그들에게 직접 보여준 것이다. 쏟아지는 빗속을 걸어가 엔진과 좌석 시트, 대시보드, 배기관 등 모든 걸 살펴보았다. 그 어떤 차든 완벽하지 않으면 퇴짜를 놨다.

만일 리더가 고객 외의 다른 것에 신경을 쓴다면, 그러니까 기업 목표나 주주들에게 보여줄 온갖 수치들로 가득한 스프레드시트들이 고객보다 더 우선시된다면, 기업 전체가 가장 중요하게 여기는 것이 무엇인지를 잊기 쉽다. 앤디는 회사의 모든 사람에게 그들이 가장 중요하게 생각해야 하는 것이 무언지를 몸소 보여주었다. 그는 완벽한 자동차를 만들기 위해서라면 비용이 얼마가 들든, 또 한 자동차를 몇 번이나 재작업하든 그런 건 신경 쓰지 않았다. 중요한 건 고객들의 기대에 부응하는 자동차를, 아니 기대 이상의 자동차를 인도하는 것이었다.

위대한 기업을 만들고 싶다면 기업 내의 모든 팀이 제 역량을 십분 발휘해주길 기대해야 한다. 또한 각 팀의 성과가 새로운 고객 경험을 만들어내기도 하고 망가뜨리기도 하므로, 각 팀은 하나같이 다 중시되어야 한다(제3.1장 '당신의 제품은 그냥 제품이 아닌 사용자 경험 그 자체다' 참조). 무시해도 괜찮은 부차적인 팀은 있을 수 없다. 그런 식으로 어떤 팀을 무시할 경우, 그 팀은 중요하지 않기 때문에 평범한 결과물을 내놓아도 무심코 받아들이게 된다.

모든 게 중요하다는 사실을 기억하라.

이는 비단 당신에게만 해당되는 얘기가 아니다. 예를 들어 만일 모든 팀이 최선의 결과물을 내놓는 것이 당신이 바라는 바라고 해보자. 그렇다면 당신은 회사 웹사이트에 올릴 고객지원팀의 글조차도 엔지니어링팀이나 디자인팀의 작품을 볼 때처럼 비판적인 눈으로 보게 된다. 아마도 그 글을 쓰는 사람들은 압박감을 느끼고 불만을 토로하며 스트레스를 받겠지만 결국은 평생 써온 고객지원 글들 가운데 가장 멋진 글을 쓰게 될 것이다.

이는 절대 비현실적인 예가 아니다. 네스트에서 나는 우리 제품들에 대한 중요한 고객지원 글들을 거의 다 읽고 하나하나 체크했다. 그 글들은 제품 구입 후 문제에 부딪힌 고객이 처음 보게 될 글들이었기 때문이다. 그런 고객은 실망해 짜증을 내며 심한 경우 분노를 표출하게 된다. 그러나 그 순간 더없이 기분 좋은 고객지원 서비스를 받으면 실망과 짜증과 분노의 순간은 바로 기쁨의 순간으로 변하고, 그 고객은 평생 우리와 함께하는 고객이 될 수 있다. 나는 '그래봐야 고객지원에 불과하다'는 이유로 그런 순간의 중요성을 무시할 수 없었다. 그래서 고객지원 글들을 처음부터 끝까지 다 읽었고 비판을 했다. 사실 그런 과정을 통해 나는 예전에 알지 못했고 좋아하지도 않았던 제품 경험에 대해 아주 많은 걸 배웠으며, 여러 가지 문제들을 해결하기 위해 애썼다.

또한 나는 그 글들을 고객지원팀은 물론 주변의 엔지니어링팀들과 함께 읽었다. 직원 모두가 글 내용에 대해 이런저런 의문을 제기하길 원했고, 또 우리의 고객지원 웹사이트가 마케팅 및 판매 관련 글만큼이나 단순명료하고 이해하기 쉽게 변화되길 원했다. 그러면서 그들의 일이 아주 중요하다는 걸 행동을 통해 직접 보여주었다. 그들이 고쳐 쓴 글을 가지고 되돌아올 때에도 또 읽었다. 그리고 계속 퇴짜를 놓았다. 각 글이 뭔가 의미 있는 스토리가 될 때까지. 단순히 고객들을 향해 헷갈리는 사용법을 떠들어대는 게 아니라 고객들이 쉽게 이해할 수 있도록 잘 이끌어줄 때까지.

당신이 정말 신경을 쓰고 관심을 보이면, 또 스스로 만족하기 전까지 느슨해지지 않으면, 또 일이 제대로 되기 전까지 계속 꼬투리를 잡으면 어찌 될까? 사람들은 몇 주 동안 쉬지 않고 일한 무언가를, 정말 많은 생각을 해보았고 자부심까지 느끼는 무언가를, 90퍼센트 수준으로 놀랍고 훌륭한 무언가를 당신에게 내놓을 것이다. 그때 당신이 해야 할 일은 그들에게 그걸 가지고 돌아가 더 낫게 만들어보라고 말하는 것이다. 그들은 충격을 받아 어리벙벙해질 테고 어쩌면 맥이 다 빠질 수도 있다. 그러면서 불만을 토로한다. 이미 충분히 좋다고. 우리는 정말 열심히 일했다고.

그때는 또 이렇게 말하라. '충분히 좋은' 정도로는 충분하지 못하다고. 그러면 그들은 못마땅한 몸짓으로 사무실을 나서 다시 일할 것이다. 필요하다면 또다시. 때론 일이 너무 복잡하게 뒤얽혀 있어 아예 처음부터 다시 시작하는 편이 더 쉬울 수도 있다. 그러나 그렇게 계속 되풀이해 새로운 버전을 내면서, 그렇게 계속 마음을 가다듬고 다시 생각하면서 그들은 새로운 걸 발견할 것이다. 뭔가 위대한 것을, 뭔가 더 나은 것을 말이다.

대부분의 사람은 90퍼센트 수준의 결과라면 만족해한다. 대부분의 리더는 팀원들을 가엾게 여겨 그쯤에서 끝내려 한다. 그러나 90퍼센트에서 95퍼센트로 올라가는 건 완벽을 향해 좀 더 올라가는 것이다. 목적지에 도달하는 유일한 방법은 여정의 마지막 순간에 제대로 더 나아가는 것뿐이다.

그러니 밀어붙여라. 당신 자신을, 팀원들을. 사람들이 얼마나 위대해질 수 있는지 그들 스스로 깨닫게 해주어라. 사람들이 반발하기 시작할 때까지 밀어붙여라. 지나치다 싶을 정도까지 밀어붙여라. 그렇게 계속 밀어붙이다 보면, 당신의 요구가 실제로 불가능한 일인지 아니면 그냥 너무 힘든 일인지를 알게 된다. 또한 그렇게 계속 밀어붙이다 보면, 참기 힘들 만큼 고통스러워지는 순간이 온다. 그런 순간이 오면 잠시 물러서 새로운 절충점을 찾아야 한다.

물론 이 모든 일은 쉽지 않다. 그러나 완벽을 향한 그 모든 관심, 그 모든 신경, 그 모든 시도는 결과적으로 팀원들의 기준을 높여준다. 그들 스스로의 기대치가 높아지는 것이다. 이런 과정이 반복되면 팀원들은 단순히 당신을 만족시키기 위해서가 아니라 스스로 세계 정상급 일을 해냈을 때 얼마나 큰 자부심을 느끼게 되는지를 알기 때문에, 믿을 수 없을 만큼 열심히 일한다. 기업 문화가 서로 자신의 역량을 100퍼센트 발휘해주길 기대하는 쪽으로 진화하는 것이다.

따라서 CEO인 당신이 할 일은 관심을 갖는 것이다.

당신 자체가 곧 관심이기 때문이다. 당신은 피라미드의 꼭대기다. 당신의 관심, 당신의 열정은 밑으로 흘러내린다. 당신이 마케팅에 관심을 보이지 않는다면 당신 회사의 마케팅은 엉망이 된다. 당신이 디자인에 관심을 보이지 않는다면 당신 회사의 디자이너들 역시 디자인에 관심을 보이지 않는다.

걱정 말고 밀어붙여라. 회사의 어떤 부문들에 관심을 보이고 어떤 부문들에 관심을 보이지 말아야 하는지를 정하기 위해 머리를 쥐어짜지 말라. 모든 부문이 다 중요하다. 우선순위를 정할 수야 있겠지만 그 명단에서 빠져야 할 부문은 없다. 어떤 부문을 무시하기 시작하면 결국 그 부문이 문제가 되어 돌아올 것이다.

네스트에서 나는 제품팀 및 마케팅팀과 격주로 만났고, 고객지원팀은 매달 만났다. 1년에 적어도 두 번은 회사 내 모든 팀과 만남을 가졌다. 어떤 팀이 고객을 대상으로 하는 제품이 아닌 인사팀이나 운영팀을 위한 내부용 소프트웨어 툴을 만들고 있는 중이라 해도, 결국 당신은 당신의 전략을 보여줘야 한다. 나는 프레젠테이션을 본 뒤 열심히 파고들었다. 우리에겐 이 일을 하는 데 필요한 적절한 정보기술 백엔드back end(웹 프로그래밍의 한 분야. 프론트엔드front end가 사용자 인터페이스 등 눈에 보이는 부분을 만드는 작업이라면 백엔드는 사용자가 웹 페이지를 이용하는 과정에서 필요한 모든 비즈니스 로직을 만드는 작업이다. ─옮긴이)가 있는가? 이 문제를 헤쳐 나가기 위해 어떻게 할 계획인가? 팀의 다른 사람들은 어떤 도움을 줄 수 있는가? 나는 어떤 도움을 줄 수 있는가?

팀이 고객들은 전혀 보지도, 쓰지도 않을 내부용 소프트웨어 툴을 만든다는 문제는 전혀 중요하지 않았다. 회사 업무는 그 내부용 소프트웨어 툴에 의존했기에 회사의 '내부 고객들' 역시 외부 고객들만큼이나 소중히 대해야 했다. 그래서 나는 그들의 말에 열심히 귀 기울였고 그들에게 깊은 관심을 보였으며(얘기 중에 스마트폰이나 컴퓨터를 체크하지 말라), 그들이 장애물들을 빨리 헤쳐 나갈 수 있게 도움을 주었다. 가끔은 그게 내가 할 일의 전부였다.

만일 당신이 내부용 소프트웨어 툴이나 홍보, 분석 또는 당신이 의견을 내야 할 어떤 일에 전문가가 아니라면, 또 무엇이 아주 좋고 무엇이 그냥 괜찮은 정도인지 확신이 서지 않는다면, 여러 질문들을 해보라. 나는 멍청한 듯하면서도 분명한 질문이나 고객의 관점에서 질문하기를 아주 좋아한다. 대개 "왜 그렇습니까?", "왜 이렇게 했습니까?" 식의 질문 서너 개만 던지면 당신이 알려고 하는 일의 뿌리까지 도달한다. 그러면 이제 거기서 더 깊이 파고들면 된다. 만약 그걸로 충분치 않다면, 그때 전문가들에게 도움을 청하라. 당신의 팀원들 가운데 (또는 외부 사람들 가운데) 경험 많은 사람에게 도움을 청하라. 당신의 직감이 옳은지 그른지를 확인시켜줄 수 있는 사람 또는 당신을 올바른 방향으로 이끌어줄 수 있는 사람에게 말이다.

다시 말해 당신이 모든 일에 전문가가 될 필요는 없다. 그저 모든 일에 '관심'만 가지면 된다. 당신의 리더십 스타일이 어떻든, 또 당신이 어떤 유형의 사람이든, 위대한 리더가 되고 싶다면 가장 기본적인 그 원칙 하나만 따르면 된다.

성공한 리더들의 또 다른 공통점들은 다음과 같다.

- 그들은 사람들이(그리고 자기 자신이) 책임감을 갖고 어떤 결과물을 내도록 밀어붙인다.
- 그들은 어느 정도까지는 자신들이 나서서 처리한다. 그러나 권한 위임을 하고 물러나야 할 때를 잘 안다.
- 그들은 늘 장기적인 비전에 시선을 두면서 동시에 세세한 면들도 전혀 등한시하지 않는다.
- 그들은 끊임없이 배우고 늘 새로운 기회, 새로운 기술, 새로운 트렌드, 새로운 사람들에게 관심이 많다. 그렇게 하는 이유는 집중력이 강하고 호기심이 많기 때문일 뿐 돈을 벌기 위해서가 아니다.

- 그들은 실수를 했을 때 그걸 시인하고 자신의 잘못을 인정한다.
- 그들은 다른 사람들이 혼란스러워하고 화를 낼 걸 뻔히 아는 상황에서도 어려운 결정을 내리길 두려워하지 않는다.
- 그들은 대개 자기 자신에 대해 잘 안다. 자신의 장점은 물론 단점들도 정확히 안다.
- 그들은 의견 중심의 결정과 데이터 중심의 결정의 차이를 구분할 줄 알며, 그때그때 상황에 맞는 결정을 한다(제2.2장 '옳은 결정은 없다. 적절한 결정이 있을 뿐' 참조).
- 그들은 그 어떤 것도, 심지어 자신이 시작한 일도 온전히 자신의 것이 아님을 안다. 그 모든 게 팀이 한 일이고 회사가 한 일이다. 또한 다른 모든 사람들의 성공을 축하해주고 모든 공은 자기 자신이 아닌 다른 사람들에게 돌리는 게 자신이 할 일이라는 걸 잘 안다.
- 그들은 늘 귀 기울인다. 자기 팀원들의 말, 고객들의 말, 이사회의 말 그리고 멘토들의 말에. 또한 주변 사람들의 의견과 생각에 관심을 보이며 믿을 만한 사람들로부터 새로운 정보를 입수할 경우 자신들의 관점을 수정하기도 한다.

뛰어난 리더들은 설사 자신의 머리에서 나온 아이디어가 아니더라도 누군가가 좋은 아이디어를 내면 그걸 인정할 줄 안다. 또한 좋은 아이디어는 어디에나 존재한다 사실을 잘 안다. 좋은 아이디어는 모든 사람에게서 나온다.

사람들은 종종 그런 사실을 잊곤 한다. 자신이 생각해낸 아이디어가 아니면 고려할 가치도 없다고 확신하곤 한다. 그런 종류의 이기심은 개인 차원을 넘어 조직 전체로 확대될 수도 있다. 그리고 많은 CEO가 자기 회사 일에만 푹 빠져, 경쟁업체의 아이디어는 무시하는 경우가 많다. 여기서 나온 게 아니면 절대 좋은 아이디어일 리 없다는 식이다.

이는 기업들을 사지로 몰아넣는 생각으로, 그런 생각 때문에 노키아가 무너졌고 코닥이 넘어갔다. 스티브 잡스가 앤디 루빈Andy Rubin을 만나길 거부한 것도 어쩌면 그의 머릿속에 그런 생각이 있어서였는지도 모르겠다.

나는 안드로이드Android(스마트폰과 태블릿 PC 등에 쓰이는 범용 모바일 운영체제. 여기서는 그 운영체제를 만든 회사 이름으로 쓰였다.—옮긴이) 창업자인 앤디를 잘 알고 있었다. 제너럴 매직 시절에 그와 손잡고 일한 적 있었기 때문이다. 앤디는 2005년 봄, 애플이 휴대폰을 개발하고 있다는 소문을 듣고는 내게 전화했다. 자신의 회사 안드로이드가 오픈 소스 모바일 운영체제를 개발 중인데 애플 측에서 자기 회사에 투자를 하거나 아니면 회사를 인수할 의사가 있는지 알고 싶었던 것이다.

나는 바로 잡스를 찾아갔다. 앤디 루빈의 팀은 아주 뛰어난 팀이며 대단한 기술을 보유하고 있다고 말했다. 그들의 기술을 활용하면 아이폰 개발이 아주 큰 힘을 받게 될 것이고, 아예 인수를 해버리면 강력한 미래의 잠재적 경쟁자를 제거할 수 있을 거라고. 그러나 잡스는 특유의 방식으로 퇴짜를 놓았다. "엿 먹으라 그래요! 우리는 직접 할 겁니다. 그 어떤 도움도 필요 없어요."

그러한 반응은 분명 잡스의 자신감에서 비롯된 것이겠지만 그중 일부는 '여기서 나온 게 아니면' 신드롬이었으리라.

나는 앤디와 그의 안드로이드 프로젝트가 야기할 위협을 잘 알았고 그래서 2주 후 애플 임원들과 아이폰 개발 리드들 앞에서 다시 한번 그 얘기를 꺼냈다. 잡스는 듣고 싶어 하지 않았다. 결국 1주일 후 나는 앤디에게 이메일을 보냈고 그는 아무 답도 없었다. 한 달 후 우리는 구글이 안드로이드를 사들였다는 발표를 접했다.

그때 만일 잡스가 그의 회사를 인수하지 않더라도 앤디를 단 한 번이라도 만나 그의 전략을 알아보기라도 했다면 어땠을까? 그랬다면 이 세상은 어떻게 변했을까? 애플은 또 어떻게 변했을까?

위대한 아이디어가 당신한테서만 나올 수 있다는 생각은 정말 독이나 다름없다. 당신만이 위대한 아이디어들을 한데 모을 수 있다는 생각 말이다. 그건 어리석은 일이며 낭비적인 일이다. CEO는 놀라운 아이디어라면 그게 어디서 나온 것이든 일단 알아봐야 한다. 그러나 애플은 스티브 잡스의 아기였고, 잡스에게 지구상의 다른 모든 아기들은 그의 아기보다 더 못생기고 더 멍청했다.

나는 일전에 기업가가 자신의 스타트업에 대해 생각할 때의 뇌 패턴이 부모가 자기 아이에 대해 생각할 때의 뇌 패턴과 아주 흡사하다는 연구 결과를 본 적이 있다. 당신은 문자 그대로 당신 회사의 부모다. 그래서 마치 당신이 낳은 아기인 듯, 또 당신 자신의 일부인 듯 회사를 사랑한다. 그리고 그 사랑 때문에 아이의 잘못들을 보지 못하거나 다른 일 처리 방식, 다른 사고방식의 우수성을 보지 못하는 경우가 많다.

한편 모든 걸 다 바치는 당신의 그 맹목적인 사랑은 회사를 앞으로 나아가게 하는 추진력이 되기도 한다. 부모인 당신은 아이를 끊임없이 걱정하며, 아이의 미래를 위해 각종 계획을 세우고, 더 잘하라고 또 더 나은 사람이 되라고 늘 독려한다. 부모가 할 일은 아이의 친구가 되어주는 것이 아니다. 부모의 일은 아이가 세상 밖에 나가 부모 도움 없이 혼자 힘으로 살아갈 수 있게 독립심 강하고 생각 깊은 인간으로 키우는 것이다. 아이들은 종종 그런 부모에게 분개한다. 당신이 TV를 그만 보라고 하거나 숙제를 하라고 하거나 취업을 하라고 할 때, 울기도 하고 문을 쾅 닫고 나가기도 하고 괴로워하기도 한다. 그러나 아이가 당신에게 화내는 걸 두려워한다면 좋은 부모가 될 수 없다.

때론 아이가 당신을 좋아하지 않을 수도 있다. 직원들 역시 때론 당신을 좋아하지 않을 수도 있다. 그냥 좋아하지 않는 정도를 넘어 당신의 직감에 진저리를 칠지도 모른다.

내가 회의 장소에 들어설 때마다 모두가 눈을 흘기며 한숨을 쉬던 게 기억난다. 그들의 얼굴에는 '오, 빌어먹을! 또 시작이군!'이라는 말이 쓰여 있었다. 그들은 내가 또 모두가 신물 나게 들어온 한 가지 얘기를 앵무새처럼 되뇔 걸 알고 있었다. 그 한 가지 얘기란 이미 90퍼센트는 아주 좋으며 그걸 바꾸려면 아주 많은 고생을 해야 하겠지만, 우리 고객들을 위해선 그렇게 하는 게 옳다는 얘기였다. 20명 가까운 사람들이 그런 식으로 당신을 쳐다보는 건 그리 기분 좋은 일은 아니다. 당신이 터무니없고 불합리하다고 말하는 표정들. 당신의 바람은 불가능한 일이라는 표정들.

최초의 아이폰이 출시되기 5개월 전, 스티브 잡스가 우리에게 화면 전면부를 플라스틱이 아닌 유리로 해야겠다는 말을 했을 때, 우리 모두 그런 표정으로 그를 봤다.

잡스는 터치를 통해 늘 만지게 되는 전면부야말로 아이폰에서 가장 중요한 부분이라고 생각했고 그래서 플라스틱은 맞지 않다고 지적했다. 위대한 제품을 만들고 싶다면 전면부는 유리여야 한다고 말이다. 어떻게 해야 할지 방법은 전혀 몰랐지만 어쨌든 그랬다. 그걸 가능하게 만들려면 우리 모두 가족들과 함께하는 시간을 희생하고 개인적인 계획도, 휴가도 다 희생한 채 다시 죽어라 일해야 한다는 의미임은 잡스 자신도 알고 있었다.

그러나 그는 부모형 CEO였다. 밀어붙이는 부모였다. 엄한 호랑이 엄마였다. 그는 우리가 다 같이 밀어붙이면 방법을 찾아내리라는 걸 알고 있었다. 그 희생이 헛되지 않으리라는 것도.

결국 그가 옳았다. 물론 그가 늘 옳았던 건 아니고 아이폰의 경우 그랬다는 얘기다. 잡스는 많은 위험을 무릅썼고 잘못된 결정들을 내렸으며 제대로 작동되지 않는 제품들도 출시했었다. 오리지널 애플 III, 모토로라 ROKR 아이튠즈 전화기, 파워맥 G4 큐브 등이 그 좋은 예다. 실패하지 않는다면 그건 충분히 열심히 노력하고 있다는 뜻이 아니다. 그는 실패들을 통해 배우면서 계속 진화했으며 자신의 뛰어난 아이디어들과 성공으로 그 실패들을 다 덮었다. 그는 끝없이 사람들을 몰아붙여 새로운 것들을 배우고 또 시도하게 만들었다.

잡스는 그러면서 팀원들로부터 존경을 받았다. 제품 개발 방향이 바뀌어 모든 직원이 엄청난 부담을 새로 떠안게 될 때에도, 우리는 그가 1,000분의 1초도 일정을 늦추지 않으리라는 걸 알았다. 그 때문에 미칠 지경이었지만 팀원들은 제품을 제대로 만드는 일에 모든 걸 쏟아붓는 그에게 존경심을 표했다.

CEO는 사람들에게 사랑을 받기보다 존경을 받아야 한다.

당신이 모든 사람을 즐겁게 해줄 수는 없다. 그러다가는 파멸할 수도 있다. CEO는 때때로 사람들을 해고해야 하고 진행 중이던 프로젝트들을 중단해야 하며 팀들을 구조 조정하는 등 엄청나게 인기 없는 결정들을 내려야 한다. 때론 단호한 조치를 취해야 하고 회사를 살리기 위해 사람들에게 상처를 줘야 하며 암 덩어리를 도려내야 한다. 종양을 건들고 싶지 않다고 수술을 하지 않을 수는 없는 것이다.

내리기 힘든 결정들을 미룬다거나 문제들이 절로 해결되길 바란다거나 유쾌하지만 무능한 사람들을 팀에 그대로 둔다면 당신 기분이 한결 나을 수도 있다. 당신이 좋은 사람이라는 착각이 들 수도 있다. 그러나 그런 결정들이 야금야금 회사를 좀먹고 당신에 대한 팀원들의 존경심마저 앗아가게 된다는 점을 기억하라.

그 지경이 되면 당신은 부모가 아닌 베이비시터처럼 변해버린다. 아이들은 처음에는 베이비시터를 좋아할 수도 있다. 베이비시터와 함께 공원에 놀러가고 영화를 보러가고 피자를 먹는 건 즐거운 일이니까. 한동안은 즐겁다. 그러나 결국 아이들은 더 멀리 나가고 싶고 더 많은 걸 하고 싶어 한다. 스케이트보드를 타고 탐험을 하고 싶어 한다. 마침내 어디까지 용인되는지 알아보기 위해 자신들의 한계를 테스트하기 시작한다. 그러다 베이비시터가 이렇게 하고 저렇게 하라고 말하면 눈이 휘둥그레진다. 베이비시터는 부모가 아니기 때문이다. 아이들은 자신을 잘 아는, 또 자신이 존경할 수 있는 그런 누군가를 필요로 한다. 적절한 순간에 자신을 밀어주고 성장할 수 있게 도와주는 그런 사람 말이다. 아이들은 자신의 희망과 열망들을 보여줄 수 있는 누군가를 필요로 한다.

구글에서 모든 사람에 대한 모든 것을 검색할 수 없었던 시절에는 사람들에게 리더가 존경할 수 있는 사람이었다. 리더로서 성공하려면 그런 사람이 되어야 했다. 또한 사람들은 링컨이나 처칠, 에디슨 또는 앤드루 카네기Andrew Carneigie같이 이상적인 리더를 믿고 의지하고 따를 수 있었다.

당신의 팀원들이 CEO로서의 당신이 아니라 한 개인으로서의 당신에 대해 너무 많은 걸 알게 되면 당신의 결정을 이해하기 위해 개인사를 파고들기 시작한다. 당신의 동기들을, 당신의 사고방식들을 말이다. 그러나 그건 집중력만 흐트러뜨리는 시간낭비일뿐 아니라 비생산적인 일이다. 당신이 뭔가를 하면서 그 이유를 설명해야 한다면 그건 모두 당신에 대한 것이 아니라 고객들에 대한 것이어야 한다. 그래서 CEO는 홀로 있는 편이 현명하다. 회사 내 그 누구와도 너무 가까워지지 않는 게 낫다. 예전처럼 팀원들과 한잔하고 싶더라도 너무 가까워지진 마라.

"정상에 오르면 외롭다."고 흔히들 말한다. 이 말은 사실이다.

대부분의 사람은 CEO 자리가 스트레스도 많고 바쁘고 압박감도 큰 힘든 자리라고 생각한다. 스트레스도 스트레스지만 고립감도 만만치 않다. 공동 창업자가 있다고 해도 공동 CEO는 없어야 한다. CEO의 일은 혼자 해야 하는 일이며, 당신은 늘 혼자일 것이다.

당신이 책임자라고 해서 뭐든 마음대로 할 수 있다는 뜻은 또 아니다. 당신은 당신의 하루 일정을 세우고 마침내 사람들과 얘기 나눌 시간도 있을 거라 생각하며 제품도 살펴보고 엔지니어들도 만난다. 그러다 보면 하루가 훌쩍 지나간다. 그 와중에 늘 새로운 위기가 닥치고, 늘 새로운 사람들 문제가 생기며, 누군가는 그만두고 누군가는 불평불만을 늘어놓으며 누군가는 문제를 일으킨다.

여기에 더해 당신은 지금 모든 걸 제대로 하고 있는지 결코 알 수가 없다. 만약 당신이 독립적인 개별 기여자라면 대개 당신이 그 주에 해놓은 뭔가를 보며 자부심을 느낄 수 있다. 관리자라면 팀원들과 함께 해놓은 결과물을 보면서 성취감과 긍지 같은 걸 느낄 수 있다. 당신이 CEO라면, 10년 후쯤 어쩌면 일부 사람들이 당신이 CEO로서 일을 잘했다고 생각해줄 거라는 상상을 할 수 있을 뿐이다. 당장은 지금 제대로 된 길을 가고 있는지 결코 알 수가 없다. 뒤로 물러나 앉아 일이 잘되고 있는지 볼 수 없는 것이다.

이처럼 CEO의 일은 자칫 잘못하면 사람 피를 말리기도 하지만 다른 한편으로는 일생일대 가장 자유로움을 느끼는 일이기도 하다. 어릴 적부터 나는 사람들을 설득해 내 미친 아이디어들을 따르게 만들고자 많은 애를 썼다. 사람들이 뭔가를 다른 식으로 하게 만들려고 많은 시간과 에너지와 감정을 소모했다. 아이디어가 미친 아이디어일수록, 그리고 일반적인 상식에 어긋날수록, 나는 그 아이디어를 실현하기 위해 더 오랫동안 더 죽어라 싸워야 했다.

너무도 자주 '노'라는 말을 들었다. 노. 지금 당장은 안 돼요. 애플이 시장에 뛰어들기 전까지 오랫동안 나는 MP3 플레이어와 비슷했던 초기 아이팟 아이디어를 리얼네트웍스, 스워치Swatch, 팜 등의 회사에 팔려 했었다. 모두가 거절했다. 노. 노. 어쩌면 다음 분기 때쯤 고려해볼 수 있겠네요. 어쩌면 내년쯤.

그러나 CEO라면 당신이 그냥 모든 걸 책임지면 된다. 물론 돈이나 각종 자원 때문에 또는 이사회로 제약이야 받겠지만, 당신의 아이디어에 관한 한 난생 처음 아무 제약도 받지 않게 된다. 마침내 다른 사람들이 다 살 수 없다고 거절하던 아이디어들을 테스트해볼 수 있다. 당신의 아이디어를 실현하기 위해 돈을 쓸 수 있는 기회가 생긴 것이다.

제약에서 벗어난 그 자유로움은 아주 짜릿하며 아주 큰 힘을 주면서 동시에 아주 큰 두려움도 준다. 마침내 자신이 원하던 걸 손에 넣게 되고 잘 되든 못 되든 모든 책임을 지는 일처럼 두려운 건 없다. 처지가 완전히 바뀌어 CEO가 된 당신은 이제 모든 사안에 대해 다 '예스'라고 할 수가 없다. 당신은 이제 '노'라는 말을 하는 사람이 되어야 한다. 이처럼 자유는 양날의 검과 같다.

그러나 그게 검이라는 사실에는 변함이 없다. 그 검을 이용해 재수 없는 인간들, 머뭇거림, 불필요한 요식 행위, 잘못된 습관 등을 쳐낼 수 있다. 그 검을 이용해 만들고 싶은 것이 무엇이든 다 만들 수 있다. 그 검을 이용해 올바른 길로 갈 수 있다. 당신의 길로 갈 수 있다.

이런저런 것들을 변화시킬 수 있다.

그래서 직접 회사를 설립하는 것이다. 그렇게 CEO가 되는 것이다.

제2장

직언을 두려워하지 않는
이사회를 구성하라

모든 사람에게는 책임을 질 상사 또는 어려운 시기를 잘 헤쳐 나갈 수 있게 도와 줄 코치가 필요하다. CEO도 마찬가지다. 아니 CEO에게는 특히 더 그러한 사람이 필요하다. 그래서 기업에는 이사회라는 제도가 존재한다. 이사회 이사들은 말하자면 기업의 책임자들이다.

이사회가 하는 가장 중요한 일은 CEO를 고용하고 해고하는 일이다. 어쩌면 그것이 이사회가 하는 일들 가운데 유일하게 중요한 일이기도 하다. 이사회가 하는 다른 일들을 요약하자면, CEO가 올바른 방향으로 나아가는 데 도움이 될 좋은 조언과 피드백을 해주는 것이다.

궁극적으로 회사 운영에 책임을 지는 사람은 CEO다. 그러나 CEO는 이사회를 상대로 자신이 일을 잘하고 있다는 걸 입증해야 하며 안 그러면 해고당할 각오를 해야 한다. 그런 이유로 이사회 회의는 아주 중요하며, 그래서 CEO는 필히 사전에 회의 안건을 제대로 이해하고 많은 준비를 해야 한다. 이사회 회의장에 들어가기도 전에 이미 그 회의 결과가 어떨지를 아는 뛰어난 CEO처럼 말이다.

• • •

무능한 CEO들은 이사회 회의에 들어가 이사회의 도움을 받아 중요한 결정들을 내리려 한다.

반면 뛰어난 CEO들은 이사회 회의에 들어가 회사가 과거에는 어땠고 현재는 어떤지 그리고 이번 분기, 나아가 앞으로 몇 년간 어떤 방향으로 가게 될지에 대해 프레젠테이션을 한다. 또한 이사회를 상대로 이런저런 일들이 잘 돌아가고 있다는 얘기도 하지만, 어떤 일들이 제대로 돌아가고 있지 않으며 그 문제를 어떻게 해결하고 있는지에 대한 얘기도 솔직히 한다. 또 완성도 높은 계획을 내놓아 이사회 이사들이 질문을 하거나 반대를 하거나 수정도 할 수 있게 한다. 회의 분위기가 조금 뜨거워지고 조금 거칠어질 수도 있지만 결국 모든 이사회 이사들이 CEO의 비전과 회사가 나아가는 방향을 제대로 알고 받아들이는 상태로 회의장을 나선다.

여기서 한 발 더 나아간 위대한 CEO들도 있다. 그들이 참석하는 이사회 회의는 순풍에 돛을 단 듯 순조롭게 진행된다.

나는 애플 이사회 회의에 참석한 스티브 잡스를 보고 있노라면 마치 오케스트라를 지휘하는 지휘자를 보는 듯했다. 그 어떤 혼란도 충돌도 없었다. 이사회 이사들은 이미 잡스가 어떤 말을 할지 거의 다 알고 있었다. 그래서 그가 말할 때면 그저 미소를 지으며 고개만 끄덕였다. 가끔 누군가가 '만일 ~라면?' 식의 논쟁을 시작하기도 했지만 그럴 때면 잡스는 잠시 가만히 앉아 그 논쟁이 이리저리 흐르게 내버려둔 뒤 이런 말을 하곤 했다. "우리 그 얘기는 이 회의 이후에 하기로 하죠. 아직 다뤄야 할 안건이 많아서요." 그러면 논쟁은 곧 조용히 수그러들었다. 그런 뒤 그는 특유의 인상적인 방식으로 사람들을 깜짝 놀라게 만들 흥미로운 뭔가를 불쑥 끄집어내곤 했다. 새로운 시제품이나 난생 처음 보는 데모 제품을 말이다. 결국 그곳에 모인 사람들은 잡스가 애플을 올바른 방향으로 이끌고 있다는 확신을 가진 채 행복한 마음으로 회의실을 나서곤 했다.

나는 내 멘토 빌 캠벨 덕에 잡스가 어떻게 그렇게 할 수 있었는지를 이해하게 됐다. 빌은 사람들을 놀라게 하거나 논란의 소지가 있는 안건이 있을 때 CEO는 회의 전에 이사 한 사람 한 사람을 다 만나 그 안건에 대해 자세히 설명해주어야 한다고 했다. 그 안건에 대해 이사들이 이런저런 질문을 하고 여러 가지 의견을 제시하면, CEO는 그 의견을 가지고 팀원들에게 돌아가 그들의 생각을 바꾸고 프레젠테이션과 계획도 바꿀 수 있었다.

이사회 회의 자리에서는 기분 좋게 놀랄 일들만 있어야 한다. "목표 수치들을 초과 달성했습니다. 지금 일정보다 빠른 상황입니다. 이 멋진 데모 제품을 보십시오!" 그 외에 다른 모든 건 이미 알고 있는 것들이어야 한다. 그리고 회의실 안에서는 가능한 새로운 논쟁을 벌이지 않아야 한다. 그런 논쟁을 다룰 시간도, 결론에 도달할 시간도 절대 나지 않기 때문이다. 늘 결론 없는 논쟁만 있을 뿐이다.

상장 기업 이사회 회의의 경우라면 이런 일은 특히 더 심하다. 회의 규모 자체에서 오는 문제인데, 이사회 이사만도 15명이 넘을 수 있어 의미 있는 논쟁이 거의 불가능하기 때문이다. 그뿐 아니라 이사회 회의와 관계된 요식 행위와 법이 많기 때문이기도 하다. 게다가 상장 기업 이사회는 주로 이사회 이사들과 임원들을 위해 일하며, 비공개 기업 이사회에 비해 훨씬 더 복잡하다. 회의를 열기에 앞서 위원회 회의들이 10여 차례 더 열릴 수도 있고, 그 모든 회의를 다 하려면 여러 날이 걸릴 수도 있다.

반면 비상장 기업 이사회 회의는 시간도 짧고 대개 더 조용하며 일과 멘토십에 더 집중된다. 덜 성과 중심적이며 덜 형식적이다. 스타트업 초기에는 위원회 같은 게 전혀 없으며, 성장 단계에 들어서야 비로소 한두 개(회사 재무 상태를 감독하는 회계 감사 위원회 등)가 생긴다. 비상장 기업 이사회의 가장 좋은 점은 그 규모를 작은 상태로 유지할 수 있다는 것이다. 이사회 인원은 3~5명이 가장 좋다. 사업에 꼭 필요한 특정 전문지식을 가진 내부인 한 명과 외부인 한 명 그리고 투자자 한 명 정도면 족하다.

그러나 이걸 잊지 말라. 이사회 규모가 작다고 해서 이사회 회의 참석자 수까지 적지는 않다. 회의에 당신 예상보다 두 배 많은 사람들이 참석할 수도 있다. CEO와 이사회 사람들 외에 변호사, 회사와 이해관계를 가진 공식 참관인들, 회사 임원들 같은 비공식 참석자들이 들어올 수 있는 것이다.

첫 제품이 출시되기 전, 그래서 아직 매출이 없는 상황에서는 이사회 회의 방향이 아주 명료하다. 당신은 대개 이사회 승인을 요하는 긴급한 안건을 설명한 뒤, 제품 제조와 관련된 진전 사항에 관심을 집중할 것이다. 제품 제작 일정은 어떻게 되어가고 있는가? 우리는 지금 예산대로 돈을 쓰고 있는가? 다시 말해 내부적으로 일이 어떻게 진행되고 있는지, 목표들을 제대로 달성하고 있는지 등이 주 관심사다.

제품이 출시된 후에, 다행히 매출이 발생하고 있는 상황에서 이사회 회의는 각종 데이터와 외부 상황들에 더 초점을 맞추는 방향으로 바뀐다. 경쟁업체들은 무얼 하고 있는가? 고객들은 어떤 걸 요구하고 있는가? 어떤 종류의 파트너 업체들이 생겨났는가? 그리고 늘 그렇듯, 각종 수치들을 내놓아야 할 경우일수록 스토리를 만들어내는 일이 훨씬 더 중요해진다. 이해하기 쉽게 스토리를 들려줘야 하는 것이다(제3.2장 '왜 스토리텔링인가?' 참조). 이사회 이사들은 당신처럼 매일 회사에 있는 게 아니라서 당신이 전후 상황을 설명해주지 않으면 미묘한 차이들도, 각종 수치들이 무얼 의미하는지도 금방 이해하지 못하기 때문이다.

이사회 이사들에게 회사가 어떻게 돌아가고 있는지 정확히 알려주는 일은 CEO인 당신에게도 도움이 된다. 뭔가를 더 잘 설명한다는 건 그만큼 그걸 더 잘 안다는 뜻이니까. 다른 사람을 가르치는 것이야말로 자신의 지식을 테스트해볼 수 있는 가장 좋은 방법이다.

당신이 만일 무얼 만들고 있는지 또 왜 만들고 있는지 설명하는 데 애를 먹는다면, 또 어떤 보고서를 프레젠테이션하면서 그 내용을 제대로 이해하지 못한다면, 또 이사회 이사들이 계속 당신이 대답 못할 질문들을 한다면, 당신은 회사에서 실제 일어나고 있는 일들을 제대로 파악하고 있지 못한 것이다.

그렇다면 지금 심각한 문제에 봉착해 있는 상태일 수도 있다.

그리 자주 일어나는 일은 아니지만 이사회는 종종 가장 중요하면서도 가장 즐겁지 못한 일을 해야 한다. 바로 CEO의 해고다. 물론 대개는 CEO가 잘못하고 있기 때문에 그런 결정이 내려진다. 그들은 뻔히 나락으로 떨어질 목표를 지지할 수도, 밀어붙일 수도 없다. 때론 창업자가 지금까지는 아주 일을 잘해왔지만 회사가 한 단계 올라서는 데 있어 다른 전문지식과 능력들을 가진 누군가가 필요할 수도 있다.

때론 CEO가 아닌 이사회가 문제인 경우도 있다.

"행복한 가정들은 다 비슷하다. 그러나 불행한 가정들은 다 다른 이유로 불행하다." 이는 톨스토이의 《안나 카레니나》에 나오는 유명한 글귀인데, 사실 이 말은 이사회에도 적용된다. 만족스럽고 제 기능을 제대로 하며 효율적인 이사회에는 과거에 직접 창업을 해본 적이 있어 자신을 멘토 또는 코치로 생각하고 실제 그런 일을 하기도 하는 경험 많은 사람들이 많다. 그래서 그들은 당신이 인재를 고용하려 하거나 자금을 조달하려 할 때 도움을 줄 뿐 아니라, 전문지식을 넓혀주고 사업 및 제품 전략을 강화시켜주며 지뢰들을 조심하라고 경고해주고 당신이 지뢰를 밟으려 할 때 바로 알려준다.

반면 문제가 있는 이사회는 모든 형태, 모든 규모의 기업에서 생겨나며, 수많은 방식들로 회사를 망친다. 그들이 회사를 망치는 방식은 대개 다음과 같이 세 가지 범주로 나뉜다.

1. **무관심한 이사회:** 이런 이사회는 이사들 대부분이 여기저기 한눈을 팔고 있을 때 생겨난다. 때론 한 투자자가 여러 이사회에 직함을 두고, '잘될 때도 있고 안 될 때도 있다'는 사고방식을 갖고 있으며, 당신 회사를 이미 안 되는 회사 명단에 포함시키고 있다. 때론 이사회 이사들이 잘못된 이유로 이사회 일을 보기도 한다. 그들은 배당금만 바랄 뿐, 회사나 회사의 임무에 대해선 아무 관심도 없다. 또 때론 CEO가 문제가 있다는 걸 뻔히 알면서도 그를 끌어내리려 하지 않는다. 어쨌든 그것도 일이기 때문이다. 온갖 서류 작업들과 감정적 소모를 거치고, 그런 다음 CEO를 대체할 사람을 찾고, 면담도 해야 하며, 골치 아픈 일도 많고, 내부 변화들도 필요하며, 언론 문제도 있고, 문화적 위기도 있는 성가신 일. 그래서 그들은 이렇게 말해버린다. "그리 나쁘진 않네요. 안 그래요?" 그렇게 아무도 문제를

바로잡으려 나서지 않기 때문에 모두들 현상 유지에 급급하게 된다.

2. **독재적인 이사회:** 지나친 간섭과 통제에 나서는 등, 무관심한 이사회와 정반대되는 이사회이다. 그들이 워낙 통제권을 남발하는 탓에 CEO는 독립적으로 회사를 이끌 자유가 없다. 이런 이사회에는 보통 통제권을 놓기 싫어하는 창업자 한 명(또는 두세 명)이 포함되어 있다. CEO는 CEO보다는 최고운영책임자COO처럼 행동한다. 다시 말해 이런저런 지시들을 받고 요청들을 이행하며 열차가 계속 달리게는 만들지만 어디로 가게 할 건지에 대해선 발언권이 별로 없다.

3. **미숙한 이사회:** 이런 이사회는 사업에 대해 잘 모르고 뛰어난 이사회나 CEO는 어때야 하는지도 잘 몰라, CEO를 끌어내리는 일은 고사하고 CEO에게 답하기 힘든 질문들조차 제대로 던지지 못한다. 또한 이런 이사회는 단호한 조치를 취하길 너무 두려워한다. 투자자들은 CEO에게 반기를 들면 다음 자금 조달 때 투자를 하지 못하게 될까 두려워하며, 또 창업자를 해고시켰다는 소문이 나면 새로운 스타트업 창업자들이 자신과 함께 일하고 싶어 하지 않을까 두려워한다.

대개 미숙한 이사회가 있는 기업들은 늘 자금난에 허덕인다. 그들은 단 한 번도 분기별 목표를 달성하지 못하며, 늘 CEO나 이사회 보다는 '시장'을 탓한다. 그들은 새로운 인재와 새로운 전문지식을 들여오는 방법도 모르며 그저 허구한 날 미소 짓고 고개를 끄덕이며 자멸의 길을 갈 뿐이다.

그러나 심하게 몰아붙이든, 제대로 일하지 않든, 별 볼 일 없든 간에 이사회는 꼭 필요하다. 그 어떤 회사든 이사회는 반드시 있어야 한다. 구글의 네스트 인수 과정에서 일어난 일들 중 가장 뼈아팠던 일은 우리 이사회를 잃어버린 것이었다. 네스트에는 놀라운 이사회가 있었다. 체계적이면서도 전문지식이 많고 전략적이고 적극적이었던 이사회. 우리는 언제든 이사회를 통해 명확한 전략과 계획에 대한 확실한 합의를 볼 수 있었다. "네, 그럼 이렇게 하겠습니다. 일주일 후 다음 조치들을 가지고 다시 찾아뵙겠습니다."

그러나 구글에 인수당하면서 사랑하던 우리 이사회는 해체됐고 대체되지 않았다. 그 무엇으로도. 우리는 구글 임원 몇 명으로 이루어진 관리 이사회를 둘 계획이었으나 갖기로 했던 회의들은 계속 연기되거나 아예 열리지 않았다. 우리가 앞으로의 계획을 제시하면 모두들 이렇게 말하곤 했다. "네, 좋아요. 그 문제는 좀 더 생각해보기로 하죠." 모든 건 아무도 참석하지 않는 다음 회의로 미뤄졌고, 우리는 늘 그저 두 손 놓고 멍하니 앉아 있어야 했다.

이런 상황을 보며 누군가는 이런 말을 할 수도 있을 것이다. "그게 뭐가 문제죠? 이사회가 지침을 주지 않는다면 그냥 당신이 직접 하면 되잖아요. 당신이 CEO인데."

그건 해결책이 아니다. 세상에서 가장 뛰어난 CEO들에게도 이사회는 필요하다. 꼭 회의는 열지 않더라도 경험 많고 똑똑한 사람들의 조언이 필요하다는 얘기다. 심지어 기업 내에서 진행되는 큰 프로젝트에도 미니 이사회를 두어야 한다. 프로젝트 진행자에게 조언을 해주고 일이 잘못될 때 개입할 수 있는 임원들 모임이 필요하다.

나는 언젠가 설립 초기의 한 스타트업에 다섯 명으로 이루어진 이사회가 있는 걸 본 적 있다. 문제는 그 이사회 이사 다섯 자리 가운데 무려 네 자리가 'CEO의 사람'으로 채워져 있었다는 것이다. 그 CEO는 네 자리에 그냥 자기 직원들과 친한 외부인들을 집어넣었고, 누구든 자기 의사에 반하는 투표권을 행사하면 바로 제거했다. 그래서 매우 능력 있었던 이사 한 명은 완전히 무력화되었다. 그 CEO는 완전한 자유를 누리며 회사를 자신이 원하는 대로 운영하고 자신이 꿈꾸던 제품을 만들었다. 그러나 팀의 능력을 과소평가하고 고객들을 향해 고함을 쳐대면서 회사를 자멸의 길로 몰고 갔다. 결국 수백만 달러의 손실이 발생했고 많은 사람들이 떠나갔다. 가장 뼈아픈 부분은 시간과 자원을 쓸데없는 데 허비했다는 것이었다. 그들은 그야말로 전혀 불필요한 싸움을 한 것이다.

제아무리 뛰어난 CEO라 하더라도 그 어떤 도전도 간섭도 없이 혼자 회사를 끌어갈 수는 없다. 모든 사람에게는 보고할 누군가가 있어야 한다. 설사 그 대상이 몇 개월 만에 한 시간씩 만나는 2인 이사회라 할지라도 말이다. 당신의 생각에 반대하고 머리를 흔들며 직언해줄 누군가가 우리에겐 늘 필요한 법이다.

당신이 제대로만 한다면, 절대 이사회의 희생양이 될 수 없다. CEO인 당신이 이사회 구성에 힘을 보태면 되기 때문이다. 이사회는 늘 CEO를 중심으로 변화한다. 예를 들어 스티브 잡스 시절의 애플 이사회는 팀 쿡Tim Cook 시절의 이사회와는 달랐다. 이사회는 CEO의 강점을 보완해주는 역할을 하는데, 두 CEO가 똑같은 경우란 없기 때문이다.

당신이 이사회 이사들을 선정할 때 고려해야 할 유형의 사람들을 소개하자면 다음과 같다.

1. **시드 크리스털들:** 팀을 키워나갈 때 점점 불어나는 수정 결정체 같은 시드 크리스털들이 필요하듯, 당신에게는 아는 사람들이 아주 많고 전에 이사회 이사 일을 해본 경험이 있으며 이사회나 당신 회사에

다른 뛰어난 사람들을 소개해줄 수 있는 그런 이사가 필요하다(제 4.2장 '해보기 전에는 알 수 없는 것들' 참조). 시드 크리스털은 당신의 이사회에 무엇이 부족한지를 지적해주며, 어떤 사람들에게 연락을 해야 하는지 알려주거나 대신 직접 그런 사람들에게 연락을 해준다. 네스트 이사회에서 시드 크리스털은 랜디 코미사였다. 빌 캠벨을 데려오자고 처음 제안한 사람도 바로 그였다. 그는 또 인재를 채용하거나 이상적인 후보를 영입하기 위해 도움이 필요할 때 내가 늘 찾는 사람이기도 하다.

2. **의장**: 꼭 필요한 사람은 아니지만 있으면 도움이 된다. 의장은 회의 안건을 정하고 회의를 주도하며 어려운 합의를 이끌어낸다. 때론 CEO가 의장을 맡고, 때론 다른 이사회 이사가 의장을 맡으며, 때론 아예 공식적인 의장을 두지 않기도 한다. 나는 이 세 가지 방식이 다 효과가 있다는 걸 알고 있다. 그러나 네스트 이사회에서 가장 효과적이었던 건 랜디 코미사를 비공식적인 의장으로 두는 방식이었다. 이사회 회의가 정해지면 그가 이사들을 한 사람 한 사람 다 만나 사전 협의를 해 이사회 전체의 의견을 갖고 회의에 나왔고, 그 덕에 나는 직접 이사회 이사들을 다 만나보지 않아도 됐다. 그는 또 네스트 경영진에 들어갈 사람들의 면접을 보는 등 경영진 구성에도 도움을 주었다. 의장은 이사회 이사들 가운데 CEO와 가장 가까운 사이이며 멘토이자 파트너이기도 하다. 의장은 CEO와 다른 이사회 이사들 간의 문제들을 해결하는 데 도움을 주기도 하고, 회사에 문제가 생겨 팀원들이 두려움을 느낄 때 개입하기도 한다. 직원 회의에 참석해 회사가 취하고 있는 조치들에 대한 이사회의 의견을 전하면서 이런 말을 하기도 한다. "CEO는 아무 데도 가지 않을 겁니다. 그녀

는 아주 잘하고 있어요." 또는 "이사회는 현재의 매출에 걱정하지 않습니다. 그러니 여러분도 걱정하실 필요 없습니다. 우리는 또 다른 투자를 망설여선 안 됩니다." 때론 이런 말도 한다. "네, 그 사람은 떠났지만 회사는 문제없을 겁니다. 우리 이사회는 다음과 같은 계획을 지지합니다."

3. **적절한 투자자들:** 투자자들을 선정할 때 이사회에 들어갈 투자자도 한두 명 선정하게 된다. 당신은 아마 돈벌이에만 관심 있고 뭔가를 만드는 일의 어려움을 이해하지 못하는 투자자가 이사회에 들어가기를 원치는 않을 것이다(제4.3장 '돈 때문에 하는 결혼, 투자' 참조). 그러니 당신이 하고 있는 일에 경험이 많고 그걸 제대로 하는 게 얼마나 힘든지 잘 이해해줄 수 있는 투자자를 찾도록 하라. 저녁 식사를 함께 하고 싶은 사람들을 찾아라. 당신이 충분히 매력적인 회사를 운영하고 있다면 사전에 투자자들과 얘기를 나눠보고 당신 회사 이사회에 참여시킬 사람을 선택하라. CEO는 때론 보다 나은 이사를 영입하기 위해 더없이 좋은 투자 거래를 무산시키기도 한다.

4. **운영자들:** 이 사람들은 과거에 CEO 자리에 있어 보았기에 롤러코스터 같은 기업의 냉혹한 현실을 잘 안다. 그래서 투자자 자격으로 이사회에 들어온 사람들이 목표 수치를 달성하지 못한 것에 대해 당신을 공격할 때 기꺼이 개입하여 당신 회사가 처한 현실들을 설명한다. 이들은 세상 일이 절대 계획대로 되어가지 않는다는 사실을 잘 알기에 당신이 새로운 기술과 새로운 툴을 활용해 새로운 계획을 짤 수 있게 도움을 준다.

5. **전문지식을 가진 사람들:** 때론 특허, 기업 간 거래, 알루미늄 제조같이 아주 전문적인 분야에 대한 깊은 지식을 가진 사람이 필요할 때

도 있다. 그런데 그런 사람들은 너무 경력이 많거나 현재 진행 중인 자신의 프로젝트에 너무 깊이 개입되어 있어 당신 회사로 끌어오기가 힘들다. 그럴 경우 그들의 도움을 받을 수 있는 유일한 방법은 이사회 이사로 임명하는 것이다. 애플이 처음 소매업 분야에 뛰어들 생각을 했을 때 스티브 잡스도, 이사회의 다른 그 어떤 이사도 그 방법을 알지 못했다. 그들은 캐주얼 브랜드 갭GAP의 CEO였던 미키 드렉슬러Mickey Drexler를 이사회 이사로 영입했다. 이사회 사람들에게 비행기 격납고를 구입하고 몇 가지 다른 매장 디자인들을 시제품으로 만들어보라고 한 사람도, 그런 다음 어떤 것들을 일반에 공개할지 결정하기에 앞서 실제 고객 입장에서 직접 설명해준 사람도 바로 그였다(제3.1장 '당신의 제품은 그냥 제품이 아닌 사용자 경험 그 자체다' 참조).

가장 뛰어난 이사회 이사들은 무엇보다 멘토 역할을 한다. 그들은 당신 회사 또는 제품 수명 주기에서 아주 중요한 순간에 직면했을 때 건전하면서도 도움이 되는 조언을 해줄 수 있다. 그리고 주는 만큼 받기도 한다. 그들은 당신 회사 이사진에서 활동하는 걸 좋아하는데, 그건 그들 역시 뭔가를 배울 수 있기 때문이다.

그러나 그들이 그렇게 배운 것을 당신을 상대로 반대 목소리를 높이는 데 쓰지 않도록 조심해야 한다.

누구든 이사회에 참여할 때는 자신이 몸담은 회사의 이익을 위해 행동해야 할 법적 의무를 진다. 그걸 '주의 의무'duty of care 또는 '충성 의무'duty of loyalty라 한다. 대개의 사람들은 그 의무에 진지하게 서약한다. 물론 모두가 그렇지는 않다. 어떤 사람들은 때때로 자기 지위를 악용하곤 한다.

그래서 이사회에서 제외시켜야 할 때가 있으며 그 과정에서 많은 우여곡절을 겪기도 한다.

그러나 그런 경우는 아주 드물다. 이사회 재편은 대개 힘들고 불편한 일이지만 그렇게 불가능한 일은 아니다. 당신이 기존 회사의 새로운 CEO가 되어 이사회를 그대로 물려받게 될 때, 또는 회사에 새로운 전문지식을 도입하되 새로운 자리를 만들고 싶지는 않을 때 이사회를 재편해야 하는 경우가 생긴다.

중요한 건 그 일은 단계적으로 그리고 시한을 정해놓고 해야 한다는 것이다. 먼저 특정 이사회 이사로 하여금 두 분기 동안 참관인 역할을 하게 하고, 그런 다음 그 사람을 내보내고 새로운 사람을 받아들이도록 하라. 제대로 하려면 시간도 걸리고 참을성도 필요하다.

늘 그렇듯, 온갖 압박감과 많은 회의들, 1 대 1 면담, 계획 수립 등에도 불구하고 당신 팀을 잊어선 안 된다. 이사회 회의가 열리는 순간은 늘 기업 전체가 큰 스트레스를 받는 순간으로, 모두가 대체 뭐가 어떻게 되어가는지 너무 알고 싶어 하고 또 회의 결과에 대해 불안해하기 시작한다.

그러니 사람들이 그 결과를 기다리면서 이런저런 뜬소문들에 당황하지 않게 하라. 네스트에서는 거의 모든 임원들이 나와 함께 이사회 회의에 참석했기 때문에 어떤 일이 일어나고 있는지 정확히 알았다. 또한 회의가 끝나면 늘 최대한 빨리 직원들에게 회의에서 나왔던 이야기들을 요약해 알려주었다. "우리는 이런 얘기들을 나눴고, 나는 이런 점을 우려하고 있으며, 이사회는 이런 의문들을 갖고 있었고, 우리는 앞으로 이런 조치들을 취할 겁니다." 등등. 직원들은 늘 돌아가는 상황을 잘 알고 있었고, 뜬소문들도 없었다. 또한 어떤 변화가 생기더라도 바로바로 그 변화에 적응해갈 수 있었다.

이처럼 당신 회사에 존경할 만한 이사회가 있으면 이사회 회의는 아주 큰 역할을 한다. 회사 전체는 외부 환경에 잘 적응하고, 당신은 당신대로 생각과 일정과 스토리를 제대로 다듬을 수 있게 된다(제3.5장 그림 3.5.1 참조).

이렇게 심혈을 기울여 이사회와 회사를 이끌어 나가는 일은 분명 매우 가치가 있는 일이다. 하지만 누구나 해볼 만한 일이냐 하면 그렇지 않다. 언젠가 제프 베이조스는 내게 절대 다른 회사의 이사회에는 참여하지 말라는 말을 하기도 했다. "그건 시간 낭비입니다." 그는 말했다. "나는 내 회사와 내 자선 사업과 관련된 이사회에만 참여할 겁니다. 정말입니다!" 나는 다른 회사 이사회 참여를 거절할 때마다 늘 그의 그 말을 떠올린다.

그러나 모든 이사회 참여를 거절하지는 않는다. 첫 본능은 늘 '노!'이지만 아주 가끔 그 '노!'가 '노. 그런데 만일…'로 바뀌기도 한다.

당신이 만일 이사회 자리를 다 채워 가능한 한 최상의 이사회를 꾸리려 한다면, 그것 역시 사람을 상대로 하는 양방향적인 일이라는 걸 잊지 말라. 대부분의 이사회 이사들은 경험 많고 바쁜 사람들이며 여기저기 찾는 데도 많다. 그러므로 그들을 당신 회사의 이사회에 합류시키고자 한다면 인센티브를 주어야 한다.

비단 자사 주식 얘기가 아니다. 급성장 중인 회사의 이사회 이사가 될 때 가장 좋은 점들 중 하나는 새로운 소비자 행동 또는 새로운 트렌드 또는 혁신적인 기술과 제품을 남들보다 일찍 들여다볼 수 있다는 것이다. 예를 들어 2000년대 초 애플 이사회에 속해 있던 사람들은 아이폰을 미리 볼 수 있었다. 그래서 그 제품이 자신들의 기업에 미칠 영향에 대비해 미리 대책을 세울 수 있었다. 이러한 종류의 통찰력을 갖게 된다는 건 잠재적인 이사회 이사들에겐 믿을 수 없을 만큼 흥분되는 일이며, 지금까지도 사람들이 서로 애플 이사회에 들어가려 하는 중요한 이유이기도 하다.

다만 상장 기업 이사회와 비상장 기업 이사회는 아주 다르다는 걸 잊지 말라. 상장 기업 이사회 이사가 되면 훨씬 더 큰 위험과 훨씬 더 많은 일을 해야 하므로 필요로 하는 이사회 이사들을 끌어오려면 그만큼 더 큰 보상을 주어야 한다. 초기 단계의 이사들은 회사가 상장될 때 전부는 아니더라도 대부분 사임할 것이기 때문에 특히 더 그렇다. 상장 기업 이사회 이사들은 주주들에 의해 소송을 당할 수도 있고 감사 위원회나 보상 위원회 또는 관리 위원회 등 많은 위원회 회의에 참석해야 한다. 또한 일이 잘못될 경우 언론으로부터 두들겨 맞을 수도 있다. 상장 기업 이사회 자리에 앉는 것과 초기 단계의 비상장 기업 이사회 자리에 앉는 건 아주 다르다.

한편 어떤 이사회 이사 자리든 어느 정도는 선망의 대상이 된다. 우선 자부심을 가질 수 있고 지갑도 두둑해져 좋다. 그러나 단순히 그런 이유 때문에 이사 자리에 앉고 싶은 사람을 선택하진 마라. 유명인 이사, 그러니까 10여 군데 이상의 이사회에 이름을 올린 이사 또는 순전히 이력을 부풀리기 위해 여기저기 이사회를 찾아다니는 사람은 피하도록 하라. 그런 사람들은 이름뿐인 이사, 따분하고 무관심한 이사가 되기 쉽다. 또는 당신 회사보다는 자신의 이익을 더 중시하는 이사가 되기 쉽다.

당신은 당신이 만들려 하는 것에 진심을 다해 관심을 갖는 이사, 당신이 하려는 일을 너무 알고 싶어 하는 이사를 원할 것이다. 단순히 회의에 참석하기 위해 오는 사람이 아닌, 당신을 돕고 또 당신이 성공할 수 있는 기회들을 찾으면서 매일 당신과 함께하고 싶어 하는 이사를 원할 것이다. 당신은 당신 회사를 사랑하는 이사회를, 또 당신 회사 역시 사랑하는 이사회를 원할 것이다.

제3장

기업 인수하기
그리고 인수당하기

완전히 자리 잡은 두 기업이 하나로 합쳐질 경우, 그 기업들의 문화 역시 하나로 합쳐져야 한다. 세상의 인간관계가 다 그렇듯, 결국 모든 건 사람들이 얼마나 잘 지내는지, 그들의 목표가 무엇인지, 그들의 우선순위는 무엇인지 또 그들이 관심을 두는지 등으로 귀결되기 때문이다. 모든 기업 합병의 50~85퍼센트는 이 문화적 부조화로 실패를 맞는다.

규모가 큰 기업이 규모가 작은 팀, 그러니까 10여 명의 사람들이나 그보다 적은 사람들을 인수할 경우 문화적 부조화는 그리 큰 문제가 되지 않는다. 설령 그런 경우라도 규모가 작은 팀은 자신들이 보다 큰 조직에 어떤 식으로 흡수될지를 아주 조심스레 따져봐야 하며, 그런 다음 자신들을 인수할 기업의 문화를 제대로 이해하기 위해 노력해야 한다.

나는 네스트를 구글에 매각한 것을 후회하지 않는다. 우리의 경영진 역시 마찬가지다. 예전 팀원들과 만날 때면 우리는 늘 그 문제를 생각해 본다. 우리가 후회하는 건 단 하나, 우리가 시작한 일을 우리 손으로 끝내지 못했다는 것뿐이다. 그러나 다 함께 기업 매각 결정을 내렸고 지금도 모두 당시의 그 결정을 지지한다.

그 당시 우리가 갖고 있던 데이터를 감안하자면 아마 과거로 돌아간다 해도 똑같은 결정을 내릴 것이다.

특히 우리의 생각이 옳았기 때문에 더 그렇다. 예상했던 대로 네스트가 일단 스마트 홈 아이디어를 실현에 옮기자, 애플, 아마존, 삼성 같은 거대 기업들도 전부 스마트 홈 기기 시장에 뛰어들었다. 그들은 구글/네스트 연합과 경쟁하기 위해 자체 팀들을 만들었고, 자신들의 스마트 홈 제품들과 플랫폼 및 생태계를 만들었다. 결국 우리는 미리 최악의 상황을 피한 셈이었다.

구글은 어마어마하게 뛰어난 기업이었고 그 사실은 지금도 변함없다. 구글에는 모든 수준에서 뛰어난 인재들이 모여 있으며 그들은 세상을 여러 차례 변화시켜왔다. 확실히 구글의 문화는 인재들을 끌어들인다. 많은 사람이 구글이라는 모험을 절대 떠나지 않는 데는 그럴 만한 이유들이 있다.

그러나 그 문화가 계속 유지되는 데는 구글의 검색 및 광고 사업이 황금알을 낳는 사업이라는 사실에 힘입은 바가 크다. 구글인들조차 검색 및 광고 사업을 '돈 나무'Money Tree라고 부를 정도니 말이다. 그 덕에 구글에는 늘 돈이 차고 넘쳐 그 누구나 무슨 일이든 할 수 있고 때론 전혀 아무 일도 하지 않아도 되는 곳이 되었다. 그들은 워낙 오랫동안 높은 수익성을 누려왔고 기업의 생존을 걱정해야 하는 위협들이 거의 없어 예산을 삭감하거나 규모를 줄여야 할 일이 전혀 없었으며 아등바등 살아야 할 일도 전혀 없었다. 수십 년간 뭔가를 손에 넣기 위해 죽어라 싸워야 할 필요가 없었던 것이다. 정말 운 좋은 사람들이다!

반면 네스트에서 일한 우리는 모두가 '전사'였다. 우리의 문화는 애플에 그 뿌리를 두고 있었다. 40년 넘는 세월 동안 죽을 고비를 여러 차례 넘기면서도 살아남은 애플의 그 끈질긴 문화 말이다. 우리는 우리의 임무와 입지는 물론 우리의 문화와 일하는 방식을 지키기 위해 언제든 싸울 준비가 되어 있었다.

구글에 인수된 지 몇 시간도 지나지 않은 상황에서 우리는 또 우리 고객들을 위해 싸워야 했다. 구글이 네스트를 인수했다는 소식을 들은 고객들은 자신이 갖고 있는 온도 조절기에 이런저런 광고들이 나오게 된다는 걸 알고 패닉 상태에 빠졌다. 게다가 각 신문에서는 끝없는 데이터 수집 욕구를 가진 구글이 고객들의 가정과 반려동물들 그리고 고객들의 일정까지 일일이 다 추적하게 될 거라고 떠들어댔다. 그래서 바로 구글과 네스트는 동시에 성명을 발표했다.

"네스트는 구글과는 별개로 독립적으로 운영될 것입니다. 관리팀과 브랜드는 물론 기업 문화까지. 예를 들어 네스트의 비즈니스 모델은 판매 중심이지만, 구글의 비즈니스 모델은 일반적으로 광고 중심입니다. 우리는 광고 자체를 반대하지 않습니다. 어쨌든 네스트도 많은 광고를 하니까요. 다만 우리는 네스트의 사용자 경험에 광고가 포함되는 건 적절치 않다고 봅니다."

우리 고객들을 위해선 잘한 일이었다. 그러나 구글과의 관계에선 좋은 일이 아니었다.

　우리는 순진하게도 기업 합병 첫날부터 트윗으로 날릴 수 있을 만큼 적은(그러나 아주 공개적인) 단어들로 이제 막 합쳐진 기업과 완전히 거리를 두는 행동을 한 셈이었다. 많은 구글인들이 우리를 자신들과 대적하려 드는 전사로 보았다. 완전 무장을 한 채 전쟁 준비를 마친 전사들, 이미 독립 선언까지 한 전사들, 이미 구글의 핵심 사업과 생각까지 거부한 전사들 말이다. 대체 저 친구들은 뭐야? 전혀 구글인답지 않잖아.

　통합 작업을 거쳐 함께 기술 및 제품 개발을 할 계획이었던 구글 팀들은 우리와 함께 일하길 꺼려했다. 그들은 자신들이 왜 원래 하던 프로젝트까지 뒤로 미뤄가며 우리 일을 도와주어야 하는지 임원들에게 더 자세한 이유를 요구했다. 왜죠? 왜 우리가 구글 팀도 아닌 팀을 도와야 하는데요? 이후 몇 개월간 우리가 고객들에게 네스트는 구글과 별개의 회사라는 걸 다시 밝힐 때마다 구글 내에서 우리 평판은 계속 더 나빠졌다.

　나는 애플에서 우리가 아이팟을 만들기 시작했을 때 처음 몇 개월간 겪었던 일들을 다시 떠올리고 해결 방안을 찾아야 했다. 그런데 어찌 된 영문인지 그 일들이 떠오르질 않았다. 네스트는 내가 이끌었던 아이팟 개발팀보다 규모도 훨씬 더 크고 자리도 훨씬 더 확실히 잡힌 기업이었기 때문에, 전혀 다른 상황이라고 생각했던 것이다. 실은 아주 똑같은 상황이었다. 그때에도 애플인들은 우리를 자신들의 시간을 뺏고, 자신들의 자원을 고갈시키러 온 사람들로 보았고, 그래서 우리가 하는 일을 방해하고 우리의 요청들을 무시하려 들었다.

　그럴 때마다 스티브 잡스가 나타나 우리를 공중 엄호해주었다. 그는 우리 일을 지체시키는 팀들에 폭탄을 쏟아부으며 신속한 결정을 강요했으며, 때론 고함을 쳐서라도 우리가 필요로 하는 것들을 확보할 수 있게 도와주었다. 결국 우리가 성공할 수 있었던 이유는 잡스가 우리를 위해 싸워준 덕이었다.

구글에는 잡스가 없었다. 대신 래리 페이지와 세르게이 브린이 있었는데, 두 사람 다 뛰어나고 기술에 밝은 기업가들이었지만, 죽을 고비를 여러 차례 넘기면서 체득한 잡스 특유의 투지는 갖고 있지 않았다. 그러다가 구글 쪽 사람들이 아예 우리와 약속한 회의에도 모습을 드러내지 않고 우리가 보낸 이메일을 무시하는 등 우리가 계획한 구글과의 통합 작업이 완전히 벽에 부딪혔을 때, 구글 및 알파벳의 CEO인 순드라 피차이는 내게 우리가 함께 일하려 하는 팀들이 모두 너무 바쁘다는 말을 전했다. 모두들 네스트 일에 전념할 시간적 여유가 없다는 것이었다. 그러면서 구글에서는 그 누구도 그들에게 이래라저래라 일방적인 명령을 할 수 없다고 했다. 말인즉 자신들의 시간을 어떻게 쓸 건지는 각 팀이 알아서 결정한다는 얘기였다.

순드라 피차이를 쳐다보던 나는 놀라서 두 눈이 휘둥그레졌다. 눈앞에 별들이 반짝반짝했다. 마치 자동차 사고라도 당한 기분이었다. 시간도 천천히 흘러가는 듯했다. 머릿속에 떠오르는 말은 '오, 이런 젠장!' 한마디뿐이었다.

나는 구글이 애플과는 다르다는 걸 잘 알고 있었고 이 정도 규모의 기업 합병은 당연히 순탄치 않으리라는 것도 알고 있었다. 두 기업이 문화도 다르고 철학도 다르고 리더십 스타일도 다르다는 것 역시 잘 알고 있었다. 그러나 우리가 전혀 다른 '언어'를 쓰고 있다는 걸 깨달은 건 바로 그때였다.

인수 과정에서 래리가 내게 구글 측에서 팀을 통제할 것이며 또 자신들의 우선순위와 우리의 우선순위를 맞추게 될 거라는 말을 했었는데,

그게 결코 빈말이 아니었던 것이다. 구글에 와서 직접 보니, 회사는 각 팀에게 계획의 뼈대만 주고 그 나머지는 알아서 채우게 하는 방식으로 일하고 있었다. 그런 다음 가끔씩 회의를 열어 일이 어떻게 진행되고 있는지 체크하곤 했다. 나는 래리가 한 말을 애플식 관점에서 해석했었다. 만일 스티브 잡스가 팀을 통제할 거라고 말했다면, 그건 그가 작업을 진행하면서 매주 또는 매일 체크를 할 거라는 의미였다. 잡스는 직원들을 한자리에 모아 이렇게 저렇게 하라고 말하고 다 같이 함께 나아가게 만들며 뒤처지는 사람들이 있으면 일일이 다 끌어주었다.

그런데 구글에서는 '전면적인 공격'을 약속해놓고도 누구 하나 폭탄을 투하해주지 않았다. 심지어 그들은 전면적인 공격이란 말의 의미조차 몰랐다. 그 사실을 깨달은 순간, 나는 우리가 처음부터 얼마나 어긋났었는지를 알 수 있었다. 우리는 그런 경우에 대비하질 못했다. 경영진의 공중 엄호가 없는 상황은 계획에 없었다. 장기 이식에 대한 거부 반응 역시 계획에 없던 일이었다.

거의 다른 모든 것들에 대해선 그렇게 세심한 계획들을 세워놓고서 말이다.

대부분의 기업 합병에서 필요한 계약 조건들을 다 적어넣고 합의를 하는 데는 대략 2주에서 8주 정도 걸린다. 네스트의 경우에는 4개월이나 걸렸다. 게다가 우리는 10주가 될 때까지 판매가에 대한 얘기조차 나누지 못했다.

현재 GV로 알려져 있는 구글 벤처스는 투자자였다. 그들은 우리의 재정 상태를 잘 알고 있었고 늘 아주 큰 도움을 주었으므로 나는 수치들에 대해선 걱정을 하지 않았다. 대신 어떤 팀들과 협조하게 되는지, 또 어떤 기술을 공유하게 되는지 그리고 또 어떤 제품들을 만들게 되는지에 대해 걱정했다. 네스트는 돈 때문에 구글과 합병한 게 아니었기 때문이다. 합병의 목적은 우리 임무를 앞당겨 완수하기 위함이었다. 늘 임무가 가장 중요했고 돈은 그다음이었다.

구글과 함께 우리는 마케팅, 홍보, 인사, 판매 등 그야말로 회사의 모든 기능을 용이하게 수행하려 했다. 우리는 시너지 효과를 볼 수 있는 분야와 그럴 수 없는 분야를 파악했고, 어떤 관리자들이 우리에게 오게 될지를 알아봤을 뿐 아니라 직원 채용은 어떻게 해야 하는지, 사람들이 급료 외에 어떤 특전을 받게 되는지, 급여는 어느 정도를 기대할 수 있는지, 어떤 팀들과 긴밀히 손잡고 일하게 될지 그리고 그 팀들과의 관계는 어떻게 설정해야 하는지 등도 알아봤다.

그러자면 많은 시간이 필요했다. 나는 많은 사람이 놀라 두 눈이 휘둥그레지는 걸 보았다. "정말이요, 토니? 지금 당장 이 모든 걸 자세히 알고 싶다고요?" 네, 네, 그래요. 중요한 일들이니까요.

그것들은 정말 중요한 일들이었지만 대부분이 간과됐다.

대부분의 기업 인수는 은행가들이 주축이 되어 추진을 하는데, 그들은 거래가 성사될 때만 돈을 번다. 그래서 그들은 일단 인수 건을 빨리 진행시키고 돈을 받으려 한다. 기업 인수 이후 직원들은 어찌 되는지 같은 세세한 면들에는 관심이 없다. 문화적 조화 같은 부분에는 더더욱 관심이 없다. 전혀 말이다.

기업 인수가 진행될 때는 두 회사 모두 은행가를 고용하고, 은행가들은 세부적인 거래 조건들을 조정하면서 두 회사가 거래 가격 합의에 이를 수 있게 도와준다. 또한 시장과 고객들과 운용상의 시너지 효과들을 자세히 설명해주기도 한다. 그러나 기업 합병 계약서에서 기업 문화 문제까지 거론할 수는 없다. 기업 문화는 서면화할 수도 없고, 계약서에 회사 모든 사람의 서명을 받을 수도 없는 노릇이기 때문이다. 기업 문화는 결국 다 인간관계와 관련된 문제여서 그만큼 까다롭고 민감한 사안이다. 은행가들은 거래에 관심이 있을 뿐, 인간관계에는 전혀 관심이 없다.

따라서 대부분의 은행가는 두 회사가 결혼 전에 데이트를 하면서 천천히 서로를 느끼고 알아가기를 바라지 않는다. 두 회사가 처음 만난 날 밤 바로 약혼까지 하길 바란다. 그들은 두 회사가 교회에서 아주 간소한 결혼식을 올려, 사람들이 술에 취해 서로 너무 많은 질문들을 하지 않길 바란다. 또한 거래 내용은 36시간 동안 비밀에 부쳐 다시 한 번 생각해볼 기회가 없길 바란다. 그래야 결혼 예복을 입은 신랑 신부가 이제 뭘 해야 하지 생각하며 멍하니 서 있을 때 자신들은 수고 많았다며 등 두드려주고 휙 가버릴 수 있으니까. 그 결혼이 파국으로 끝난다 해도 상관없다. 은행가들은 그저 자신이 해야 할 일을 한 것뿐이니까 말이다.

구글과의 합병 거래 막판에 우리가 은행가들을 고용하지 않은 이유도 바로 그 때문이었다. 우리는 은행가들이 우리 팀원들이야 어찌 되든 신경도 안 쓴다는 사실을 알고 있었다. 우리 팀원들과 투자자들은 수년간 얼마나 많은 피와 땀과 눈물을 흘렸던가. 그에 비하면 은행가들은 정말 별로 하는 일도 없이 높은 수익을 챙기려고 끼어든다.

그런데 기업 합병 발표를 하고 난 다음 날 아침, 한 은행가가 네스트 로비에 나타났다.

"어제 발표된 거래에서 귀사 측을 대신하는 은행이 안 보이던데요."

"네. 일부러 그랬습니다." 내가 말했다.

"아시겠지만, 그 문제로 주주들이 소송을 제기할 수 있을 텐데요." 그가 말했다.

나는 그에게 거래는 이미 끝났고 우리는 은행가가 필요 없다고 말했다.

"음, 이번 거래에서 은행가를 고용하지 않고 계신데, 혹 이번 거래에 그냥 우리 은행 이름을 써주시면 안 되겠습니까?"

나는 눈살을 찌푸린 채 빤히 그를 쳐다보다 그 자리를 떠났다. 그 은행가는 발끈했다. 자기 부탁을 거절하다니 믿을 수가 없었던 모양이었다.

대부분의 인수합병 전문 은행가들은 당신 편이 아니다. 나는 정말 많은 소규모 스타트업들, 특히 유럽의 소규모 스타트업들이 자금을 마련하거나 회사를 매각하는 데 도움을 받고자 은행가들을 고용하는 걸 지켜봐왔다. 은행가들은 처음에는 달도 별도 따다 주겠다고 약속하지만 그 약속이 지켜지는 경우란 거의 없다.

그래도 여러 이유로 은행가가 필요할 수도 있고, 물론 거의 없긴 하지만 아주 간혹 좋은 은행가들도 있다. 그렇다 해도 그들이 회사 매각 문제를 좌지우지하거나 제멋대로 일정을 정하게 두어선 안 된다.

회사를 인수하는 경우든 매각하는 경우든, 당신이 할 일은 두 회사의 목표가 잘 조정될 수 있는지, 두 회사의 임무가 서로 조화될 수 있는지 그리고 두 회사의 문화가 잘 융합될 수 있는지를 알아보는 것이다. 두 회사의 규모도 고려해봐야 한다. 한 회사가 다른 회사에 쉽게 흡수될 수 있을까? 상대편은 이제 막 태어난 작은 팀인가 아니면 판매와 마케팅과 인사 기능을 다 갖고 있고 업무 과정도 깊이 뿌리 내린 완전히 성숙한 회사인가? 만일 후자라면, 중복되는 팀들은 어떻게 정리되고, 직원들에게는 어떤 변화가 생기며 당신의 프로젝트와 작업들은 어떤 방식으로 전개될지 등을 제대로 알아야 한다. 그러려면 시간이 좀 필요하다.

구글과의 합병에서는 시간은 별 문제가 아니었지만, 우리는 다음과 같은 몇 가지 중대한 실수들을 저질렀다.

1. 우리는 고객들에게 성명을 발표하면서 그게 구글과의 관계에 어떤 영향을 줄지에 대해 아무 생각도 해보지 않았다.

2. 우리의 거래가 워낙 큰 거래(총 70억 달러가 넘는)였기 때문에 나는 그 거래를 성공으로 이끌기 위해서는 적절한 배려와 책임이 있어야 한다고 생각했다.

3. 나는 구글 창업자 래리 페이지와 내 멘토 빌 캠벨이 변화하는 구글의 기업 문화에 대해 말하는 건 귀담아 들었지만, 네스트의 기업 문화가 얼마나 뿌리 깊은지 또 직원들이 구글 측에 바라는 점은 무언지에 대해서는 많은 얘기를 나누지 못했다.

4. 나는 우리보다 먼저 구글에 인수된 다른 기업들을 찾아가 얘기를 나눠보지 못했다.

5. 우리는 이 프로젝트 저 프로젝트를 옮겨다니는 구글 직원들은 물론 우리의 임무에 별 관심이 없거나 상황이 안 좋아지면 언제든 떠날 직원들까지 오는 대로 다 받아들였다. 그들은 곧 우리 문화를 흐트러뜨리기 시작했으며, 우리가 왠지 구글인같지 않다며 끝없는 불만불평을 늘어놓았다(제5.1장 '언제나 '사람'이 먼저다' 참조).

내가 만일 회사의 다른 부사장들이나 책임자들과 얘기를 해봤더라면, 기업 합병 이후 '구글인' 직원들이 처음 막 네스트로 몰려왔을 때 누구를 채용해야 하는지에 대해 훨씬 더 신중을 기했어야 한다는 사실을 알 수 있었을 것이다. 그런데 나는 6개월이 지나서야 구글에 있는 친구들이 '구글 팀에서 뛰어난 인재들을 끌어오고 싶다면 그걸 위해 싸워야 한다'는 불문율이 있다는 걸 알려줬을 때에야 비로소 그 사실을 깨달았다. 그냥 우리 팀에 흘러들어온 직원들은 친구 따라 강남 간다고 그저 시류에 편승하는 사람들이었던 것이다. 구글에서는 웬만해선 직원들을 해고시키지 않기 때문에 그리 두각을 드러내지 못하는 직원들은 끝없이 이 팀에서 저 팀으로 팀을 옮겨 다닌다.

내가 만일 모토로라와 웨이즈Waze 같이 이미 구글에 인수된 기업들의 리더들과 좀 더 많은 시간을 보냈더라면, 아마 구글이 인수한 기업들을 어떻게 흡수하는지 훨씬 더 잘 알 수 있었을 것이다. 구글은 그간 인수한 큰 기업들 가운데 유튜브 외에는 별 재미를 보지 못했다. 얼마 뒤 알게 된 사실이지만, 구글은 그야말로 상습적으로 여기저기 보물을 찾아다녔으며 네스트에 붙은 가격표가 수십억 달러나 된다는 사실은 문제도 되지 않았다. 우리가 소화될 무렵 그들은 이미 배가 고파졌고, 다음 먹이를 향해 이동하고 있었다. 우리가 구글이라는 짐승의 뱃속에서 제대로 잘 정착하고 있는지 확인할 시간도, 우리 상태를 체크해봐야겠다는 관심도 없었다. 우리는 그저 지난밤의 저녁 식사에 불과했던 것이다.

내가 만일 우리가 통합할 계획이었던 구글 팀 직원들과 얘기를 나눠봤더라면, 아마 그들의 우선순위가 어떻게 되는지 또 그들이 우리와 함께 일하는 데 조금이라도 관심이 있는지 등을 알 수 있었을 것이다. 또한 구글인이 된다는 게 무슨 의미인지 또 우리에게 이런저런 문제들을 해결해나갈 기회가 있는지, 또 우리가 구글인이 된다는 것이 의미하는 바를 바꿀 수 있을지 등도 보다 잘 알 수 있었을 것이다.

문화란 믿을 수 없을 정도로 끈질기다. 나는 그걸 잊지 말았어야 했다. 래리 페이지는 내 멘토 빌 캠벨이 촉구한 대로 네스트를 끌어들여 구글의 사고방식 전체를 바꾸고, 구글에 활력 넘치는 스타트업 정신을 심고 싶어 했다. 그러나 문화란 그런 식으로 움직이지 않는다. 낡은 공장에 페인트 칠을 다시 하고 그 공장 노동자들에게 교육용 비디오를 하나 보여주었다고 해서 그 공장 문화를 바꿨다고 생각할 수는 없는 것이다. 문화를 바꾸려면 그야말로 모든 걸 허물고 다시 지어야 한다.

다시 말해 기업과 그 안에서 일하는 사람들이 제대로 변하려면 죽음 직전까지 가는 경험을 해야 한다.

기업 인수 과정이 자연스럽게 문화 적응 과정으로 이어질 거라고 기대해선 안 된다. 이는 애플이 대규모 팀을 가진 기업들을 인수하지 않는 이유이기도 하다. 애플은 오로지 아직 매출도 나오지 않는 생애 주기 초기 단계에 놓인 특정 팀들이나 기술들만 인수한다. 그래야 애플의 기업 문화에 쉽게 동화되어 문화 충돌 문제로 신경 쓰지 않아도 되기 때문이다. 또한 그래야 재무, 법무, 판매 등 기존 팀들 간의 불가피한 기능 중복도 피할 수 있고, 규모가 큰 한 팀을 다른 팀에 통합시켜야 하는 고통스런 과정도 피할 수 있다. 그 유명한 음향기기 회사 비츠Beats 인수 건은 예외지만, 애플은 새로운 기업을 통째 인수하기보다는 진화 중인 자신들의 제품이 안고 있는 기술적 문제들을 해결해줄 전문적이고 작은 팀들을 인수하는 데 집중해왔다.

모든 기업 인수의 핵심은 결국 '무엇을 얻고자 이 기업을 사들이는가'이다. 기술? 특허? 제품? 고객층? 아니면 사업(즉, 매출)? 어떤 브랜드? 아니면 다른 어떤 전략적 자산들? 반대로 기업을 매각할 때도 같은 질문들이 적용된다. 대체 무얼 손에 넣기 위해서인가? 어떤 기업들은 보다 큰 기업의 자산을 활용해 자신들의 임무를 앞당겨 완수하고 싶어 한다. 또 어떤 기업들은 금전적 이익을 얻기 바란다. 또 어떤 기업들은 이런저런 문제를 안고 있어서 자신의 가치를 믿어주는 누군가에게 매각되길 바란다. 빌 캠벨은 이런 말을 즐겨 했다. "위대한 기업들은 팔리는 게 아니라 사는 것이다." 당신이 만일 기업을 매각하는 입장이라면 당신이 판매자가 되어 어떻게든 팔려고 애쓰기보다는 사려는 쪽에서 어떻게든 사려고 애쓰길 바랄 것이다. 반면에 당신이 기업 인수를 고려하고 있는 상황이라면 어떻게든 자기 기업을 팔려고 죽어라 매달리는 사람을 조심해야 할 것이다.

그러나 바람직한 기업 인수의 매뉴얼 같은 건 없다. 조심해야 할 사안이 엄청나게 많지만 그건 회사에 따라, 또 거래에 따라 다 다르다. 단지 다루기 힘들다는 이유만으로 힘든 일을 무시하진 말라. 또한 기업 문화에 대해선 그 누구도 똑 부러지는 해답을 갖고 있지 않다는 이유만으로 기업 문화에 대한 얘기를 건너뛰지도 말라.

유감스럽게도, 기업 문화는 당신이 직접 그 안에 들어가보기 전엔 제대로 알 수가 없다. 이는 남녀 관계와 비슷해서 두 사람이 서로 관심이 있을 때는 서로 좋은 인상을 주려 애쓰며 겉모습에도 신경을 쓴다. 그러나 결혼을 해 함께 살게 되면 그야말로 적나라한 민낯이 다 드러난다. 아내가 며칠이고 접시들을 계속 싱크대 안에 넣어두고 때를 불린다는 사실을 알게 된다. 남편이 발톱을 깎은 뒤 늘 뒷정리를 하지 않고 내버려둔다는 사실을 알게 되는 것이다.

그래서 어떤 잠재적 기업 인수 과정에서든 이러한 '데이트 기간'을 꼭 가져야만 한다. 혹 싱크대에 지저분한 접시들을 잔뜩 담가놓는 습관이 있진 않은지 확인해봐야 한다. 혹 식탁 근처에 발톱들이 나뒹굴지는 않는지 살펴봐야 한다. 보고서를 작성하는 방식을 봐야 하고, 직원들을 채용하고 해고하는 방식도 봐야 한다. 직원들이 급여 외에 어떤 특전들을 누리고 있는지도 자세히 들여다봐야 한다. 경영 철학에 대해서도 얘기를 나눠보라. 판매 후에 정확히 어떤 조치들을 취하나 보고 적절한 계획들을 세워라. 당신의 팀 문화나 기업 문화를 상대 문화에 통합시킬 것인가 아니면 독립시킬 것인가? 중복되는 부문들은 어떻게 할 것인가? 이 팀은 어디로 가게 되는가? 이 제품은 누가 작업할 것인가?

미래는 결코 예측할 수 없다는 걸 잊지 말라. 모든 건 변할 것이다. 당신에게 유리하게든 아니면 불리하게든. 그러니 결국 그냥 진행시켜야 한다. 계약서에 서명을 하라. 모든 게 잘될 거라고 믿어라.

내가 해주고 싶은 조언이 있다면 늘 조심스럽게 낙관하라는 것이다. 믿어라. 그러나 확인하라. 사람들이 선의를 가지고 있다고 가정하되, 그들이 그 선의를 충실히 따르는지 확인하라. 그리고 위험을 무릅써라. 도약하라. 기업을 사들여라. 기업을 팔아라. 아니면 어느 쪽도 하지 말라. 그저 당신의 직감을 따르되, 두려워하진 말라(아니면 두렵더라도 어쨌든 결론을 내려라).

우리가 매각하지 않았다면 네스트는 어떻게 됐을까? 그건 아무도 모른다. 어쩌면 혼자 힘으로 성공했을지도 모르고, 거대 기업들이 뛰어들면서 도산했을지도 모른다. 아니면 다른 거대 기업들이 자신들의 스마트 홈 제품들을 내놓지 않아 스마트 홈 기기 생태계 전체가 무너졌을지도 모를 일이다. 대체 누가 알겠는가? 똑같은 실험을 다시 해볼 수도 없고.

어쨌든 네스트는 죽지 않았다. 그와는 정반대로 아주 힘차게 살아 있다. 우리가 계획했던 대로 구글과 완전히 통합되어, 이제는 구글 네스트Google Nest다. 그들은 여전히 새로운 제품들을 만들고 새로운 고객 경험들을 창출하면서, 그들 버전의 비전을 실현하고 있다. 우리가 원했던 비전과 100퍼센트 같지는 않았지만, 그건 정말 놀라운 학습 경험이었다. 그리고 우리는 70퍼센트까지 갔었다. 네스트는 지금도 나아가고 있고 지금도 제품을 만들고 있기에 그 생각을 하면 행복하다는 말 외엔 달리 할 말이 없다.

나는 2년 전쯤 한 파티에서 현재 알파벳과 구글의 CEO인 순다르 피차이를 만났다. 그때 그는 내게 이런 말을 해주었다. "토니, 이걸 알려드리고 싶은데요. 우리는 네스트라는 브랜드와 그 이름을 계속 살려나갈 겁니다. 네스트는 분명 우리의 미래 전략 사업 중 하나가 될 겁니다." 나는 그가 그 말을 하려고 일부러 나를 찾아준 데 감동을 받았고 활짝 웃으며 고맙다고 대답했다. 순다르는 걸출한 사람이고, 나는 그가 네스트를 잘 지켜주고 있음에 감사할 따름이다.

나는 감사해야 할 일이 정말 많다.

현재 알파벳 사장인 세르게이 브린이 일찍이 구글 측을 설득해 네스트에 투자하게 해준 데 감사한다. 래리 페이지와 세르게이 브린은 구글의 네스트 인수에 결정적 역할을 해주었다. 다른 업계 거물 기업들이 스마트 홈 기술에 많은 관심을 보이며 많은 소규모 스타트업들이 치고 올라오기 위해 애쓰고 있는 것에도 감사한다. 그 덕에 결국 누군가가 우리의 비전을 성취하게 되리라 믿는다.

또 나는 네스트 인수 후에 일어난 모든 일들이 개인적인 일이 아니었다는 걸 잘 안다. 그건 순전히 비즈니스였다. 비즈니스를 하다 보면 늘 안좋은 일들이 생기기 마련이다. 원망 같은 건 없다. 그러기엔 인생은 너무 짧다.

나는 깊이, 그리고 진심으로 그들이 잘되길 바란다.

제4장

빌어먹을 마사지

너무 많은 특전들을 조심하라. 물론 직원 관리는 100퍼센트 당신이 해야 할 일이다. 그러나 직원을 관리하는 것과 직원을 산만하게 만들고 지나치게 애지중지하는 건 다르다. 스타트업들과 거대 기술 기업들이 경쟁적으로 직원들에게 많은 특전을 베풀면서 이젠 많은 기업이 인재를 끌어들이려면 직원들에게 하루에 세 차례 고급 음식을 제공해주고 무료로 머리를 커트해주어야 한다고 생각한다. 그러나 그렇지 않다. 그리고 또 그래선 안 된다.

이걸 잊지 말라. '복리후생'과 '특전'은 다르다.

- **복리후생:** 미국 퇴직연금 401(k), 의료보험, 치과 보험, 직원 저축 제도, 아내와 남편의 육아 휴직 같은 것들. 이런 제도들은 정말 중요하며 직원들의 삶에

큰 영향을 줄 수 있다.

• **특전:** 무료 옷, 무료 음식, 파티, 선물 등 어쩌다 한 번씩 뜻밖에 주어져 사람을 즐겁게 만드는 특별하면서도 새롭고 기분 좋은 일들. 특전은 완전히 무료이거나 회사에서 비용을 보조해준다.

복리후생 제도는 당신의 팀원들과 그 가족들에게 너무도 중요하다. 당신은 함께 일하는 사람들에게 도움을 주고 그들의 삶을 더 낫게 만들어주고 싶을 것이다. 복리후생 제도를 통해 팀원들과 그 가족들은 건강하고 행복할 수 있으며, 금전적으로도 많은 도움을 받을 수 있다. 복리후생이야말로 당신이 돈을 써야 하는 분야다.

특전은 전혀 다른 문제다. 물론 특전 그 자체는 나쁘지 않다. 팀원들에게 기분 좋으면서도 깜짝 놀랄 이벤트를 해준다는 건 멋진 일이며 가끔 필요한 일이기도 하다. 그러나 특전들이 늘 공짜인 데다가 끊임없이 주어지고 복리후생처럼 여겨질 경우, 당신 회사는 어려움에 직면하게 된다. 특전이 남발되면 회사의 재무 상태가 나빠지며, 일반적인 믿음과는 달리 직원들의 사기까지 저하된다. 일부 직원들이 특전을 특권이 아닌 권리로 믿게 되면서, 자신이 할 수 있는 일보다 자신이 받을 수 있은 것에 더 집착할 수도 있기 때문이다. 그러다 회사 상황이 나빠져 특전들이 사라지면 자신의 '권리'를 뺏겼다며 격분한다.

만일 당신이 이러한 특전을 앞세워 인재들을 끌어들인다면 회사는 십중팔구 힘든 시기에 직면하게 될 것이다.

• • •

언젠가 한 친구가 자랑스레 내게 이런 말을 했다. "나는 매주 아내에게 꽃을 사다 안겨줘."

그 친구는 자신의 행동에 내가 감탄할 거라고 기대한 듯하다. 얼마나 로맨틱한 일인가! 얼마나 넉넉한 마음인가!

그러나 나는 말했다. "뭐?! 나라면 절대 그러지 않겠네."

나 역시 가끔 아내에게 꽃을 사다 준다. 그건 늘 깜짝 이벤트다.

당신이 만약 어떤 여성에게 계속 꽃을 안겨준다면, 몇 주 후 그 꽃들은 이제 별로 특별한 것이 아니게 된다. 몇 달 후면 그 여성은 꽃을 받아도 거의 아무 감흥도 느끼지 못한다. 꽃을 받는 게 당연한 일이 되어 관심에서 멀어져버렸기 때문이다. 아마도 당신이 더 이상 꽃을 안겨주지 않을 때까지 그럴 것이다.

물론 당신은 직원들에게 절대적으로 잘해주어야 한다. 그들의 노고에 대해 분명한 보상을 해주어야 한다. 동시에 인간의 뇌가 어떻게 작동되는지를 잊어선 안 된다. 바로 우리 안에 '권한에 대한 심리'psychology to entitlement가 있음을 잘 기억해야 하는 것이다.

만일 직원들에게 어떤 특전을 주려 한다면 다음 두 가지를 명심하라.

1. 사람들은 뭔가를 얻기 위해 돈을 쓸 때 그걸 가치 있게 느낀다. 반대로 뭔가를 공짜로 얻으면 그건 문자 그대로 가치 없게 느껴진다. 그러므로 직원들에게 내내 어떤 특전을 준다면, 그 특전은 무료가 아니라 보조금 지급 형태가 되어야 한다.

2. 어떤 일이 드물게 일어난다면 그 일은 특별해진다. 반면에 그 일이 항상 일어난다면 그 특별함은 사라진다. 어떤 특전을 어쩌다 한 번 준다면, 그건 무료여도 좋다. 그러나 어떤 특전이든 으레 늘 주어지는 것이 되지 않게 하라. 특전을 바꿔 늘 깜짝 놀랄 일이 되게 하라.

사람들에게 항상 무료 음식을 제공하는 것과 가끔 무료 음식을 제공하는 것과 음식 값을 보조해주는 것 사이에는 아주 큰 차이가 있다. 애플이 무료 음식을 제공하지 않고 음식 값을 보조해주는 데는 그만한 이유가 있다. 애플이 직원들에게 자사 제품을 무료로 주지 않고 할인만 해주는 데도 다 그만한 이유가 있는 것이다. 잡스는 직원들에게조차 애플 제품들을 무료로 준 적이 거의 없었다. 그는 직원들이 자신들이 만든 제품을 평가절하하길 원치 않았던 것이다. 그는 애플 제품들이 가질 만한 가치가 있고 중요한 제품이라면, 그에 걸맞은 대우를 해주어야 한다고 믿었다.

반면 구글에서는 전 직원이 매년 구글 제품을 휴가 선물로 받곤 했다. 스마트폰이나 노트북 또는 크롬캐스트Chromecast(스마트폰에서 이용하던 영상, 음악, 사진 등을 TV에서 손쉽게 볼 수 있도록 해주는 조그만 어댑터—옮긴이) 등 하나같이 값이 꽤 나가는 물건들이었다. 그렇게 선물을 받은 직원들은 매년 이에 대해 불만을 토로했다. 이건 내가 원한 게 아닌데, 이건 왠지 싼 제품 같은데, 지난해 제품이 더 나았는데 등. 그러다가 한 해라도 선물을 받지 못하면 분통을 터뜨렸다. 감히 어찌 선물을 주지 않을 수 있지? 늘 선물을 받았는데 말야!

공짜는 늘 사람을 망친다. 뭔가를 갖기 위해 상당 금액을 지불하는 경우와 그걸 공짜로 얻길 기대하는 경우는 마음 자세부터가 완전히 달라진다.

또한 무료로 주기보다는 보조금 지급이 회사 재정 측면에서도 훨씬 더 도움이 된다. 직원들에게 많은 무료 특전을 제공하는 기업들은 대개 근시안적이며, 그런 특전을 계속 유지하는 데 필요한 장기적인 전략이 없거나, 아니면 애초에 핵심 사업에 문제가 많아 그걸 각종 특전들로 덮으려 한다. 메타는 직원들을 아주 잘 챙겨주는 걸로 유명하지만 사실 그 모든 돈은 고객 데이터를 광고주들에게 팔아 번 돈이다. 만일 그들이 비즈니스 모델을 바꾼다면 수익성에 막대한 타격을 입게 될 것이며 그 모든 특전들도 사라지게 될 것이다.

직원들에게 사무실에서 필요로 하거나 원하는 모든 걸 주는 트렌드는 야후와 구글에서 시작됐다. 그리고 그 아이디어는 직원들을 챙겨주고 싶다는 욕구, 회사를 따뜻하고 재미있는 곳으로 만들고 싶다는 충동 등 아주 선하면서도 고결한 동기에서 생겨났다. 그러니까 사무실을 대학같이, 아니 어쩌면 대학보다 더 편안하고 따뜻하게 만들어 사람들이 기꺼이 들어가고 싶은 곳으로 만들자는 취지에서 생겨난 것이다. 구글은 워낙 오랫동안 엄청난 돈을 벌어왔기 때문에(물론 자기 고객들의 정보를 광고주들에게 팔아서), 세상 사람들은 구글의 특전 문화에는 나름 이유가 있다고 생각했다.

이후 그 문화는 다른 기업들로 퍼져나갔다. 이제 실리콘밸리의 스타트업들은 대부분 직원들에게 고급 음식을 제공하고 늘 맥주통을 가득 채워넣고 요가 강좌들을 개설하고 무료 마사지를 제공한다.

그러나 당신 회사가 구글 같은 이윤 성장 및 매출 성장이 없다면 구글이 주는 것 같은 특전들을 주어선 안 된다.

심지어 구글도 그런 특전들을 주어선 안 된다.

구글은 지금 수년째 경비를 줄이려 노력해오고 있으며 심지어 구내식당에서 보다 작은 식판을 내놓아 음식을 덜 덜어가도록(즉, 음식물 쓰레기를 줄이도록) 권장하기 시작했다. 그러나 일단 선례가 생겨 사람들의 기대치가 바뀌고 나면 그걸 되돌리기란 거의 불가능하다.

네스트 초기에 우리는 주방에서 간식(주로 과일)과 음료들을 먹었다.

포장된 정크푸드는 절대 먹지 않았다. 왜 당신의 인재들에게 독약을 먹이겠는가? 1주일에 한두 번은 점심 때 다 같이 타코나 샌드위치 또는 그보다 조금 더 고급스런 음식을 먹었다. 또한 가끔은 누군가가 뒷마당에서 바비큐를 구웠고, 사람들은 그 주변에 모여 저녁 식사 겸 바비큐를 먹곤 했다.

그러나 구글에 인수된 뒤에는 음식을 사 먹을 필요가 없었다. 구글은 아주 커다랗고 멋진 구내식당에서 매일 아침, 점심, 저녁을 무료로 제공했다. 대여섯 군데의 음식 코너에서 서로 다른 음식들이 나왔고, 매일 아침에는 신선한 페이스트리가 나왔다. 사방에 널린 게 쿠키와 케이크였다. 모든 직원이 이를 정말 대단하다고 생각했다. 그러나 정말정말 많은 돈이 들어갔다.

알파벳의 비용이 급증하자 우리는 구내식당의 일부 음식 메뉴를 줄이기로 결정했다. 여전히 놀라운 음식들이 많이 나왔지만 베트남 쌀국수는 더 이상 나오지 않았다. 미니 머핀들도 더 이상 나오지 않았다. 그러자 곧 항의가 터져 나왔다. 주로 "도대체 뭐야? 미니 머핀을 없애다니!" 같은 항의였다.

우리가 여러 명의 직원들이 일도 없으면서 일부러 야근을 한다는 사실을 알고(그들은 당장 처리해야 하는 일도 없으면서 저녁 식사 시간까지 어영부영 시간을 보내다가 가족들에게 갖다 주기 위해 포장 박스에 음식을 잔뜩 담아 가져가곤 했다), 음식을 포장 용기에 싸 가는 일을 금지시켜야 했을 때만큼이나 안 좋은 상황이었다. 이 일이 있기 약 2년 전까지만 해도 사람들은 '타코 먹는 화요일'에 선물로 과일 박스만 나와도 다들 즐거워하곤 했는데 말이다.

이제는 상황이 완전히 달라져 있었다.

그리고 새로운 '권리 의식'sense of entitlement 같은 것도 생겨났다.

언젠가 나는 문자 그대로 수십만 명이 참석하는 구글의 주간 전체 회의 'TGIF'에서 한 직원이 자리에서 일어나 마이크로-키친에서 자신이 즐겨 먹던 요구르트가 더 이상 나오지 않는다며 불만을 토로하는 장면을 목격했다. 구글의 마이크로-키친은 각 사무실들에서 50미터 정도밖에 떨어지지 않아 편리하게 간식을 먹을 수 있도록 만든 스낵 코너다. 그 직원은 말 그대로 구글의 모든 직원이 지켜보는 가운데 직접 CEO에게 불만을 토로하는 게 자신의 권리라고, 아니 자신의 책임이라고 생각했던 듯하다. 요구르트, 그것도 무료 요구르트에 대한 불만을 말이다. 내가 좋아하는 음식이 왜 손이 닿는 곳에 있지 않은 거예요? 언제 다시 내놓을 거예요?

뭔가를 베푸는 착한 사람이 안 좋은 쪽으로 이용당하기 쉽듯, 회사의 선의 역시 마찬가지다. 어떤 직원들은 그저 받고 받고 또 받아, 그게 자신들의 당연한 권리라고 믿는다. 조만간 그 회사의 문화는 그런 분위기를 받아들이는 쪽으로, 아니 심지어 권장하는 쪽으로 발전한다.

내가 '빌어먹을 마사지'라는 말을 한 것도 바로 그 때문이다.

네스트가 구글에 인수됐을 때, 나는 음식 및 버스를 '항상' 무료로 이용하는 제도를 마지못해 승인했다. 그 제도는 구글의 일부나 다름없었고, 이미 모두가 그 제도를 기대하고 있었다. 물론 그 제도는 우리 직원들에게 실제로 큰 도움이 됐다.

그러나 나는 그 제도 때문에 문화적 변화가 일어나리라는 걸 예상하고 있었고, 네스트의 모든 직원이 부디 우리의 뿌리를 잊지 않길 바랐다. 우리가 직원들에게 구글에 인수된다는 소식을 발표할 때, 나는 실제 '변하지 말자.'Don't change라는 글이 쓰인 슬라이드를 보여주기까지 했다. 우리를 그 자리까지 올 수 있게 해준 건 우리의 문화였고, 우리는 그 문화를 계속 이어가야 했다. 우리가 투자자들을 바꾸었다고 해서 우리의 문화와 우리를 성공으로 이끌어준 요인들까지 바꿔야 한다는 의미는 아니었으니까.

기업 인수 이후 구글 측에서 우리에게 고급스럽고 멋진 새 사무실 공간을 내주었을 때 나는 래리 페이지에게 고마움을 표했다. 사무실이 너무 아름답다고 말했다. 동시에 그와 우리 팀원들에게 우리는 아직 그런 사무실을 쓸 자격이 없다고 말했다.

뭔가 잘못된 느낌이었다. 우리는 아직 그런 사무실을 쓸 처지가 아니었다. 그 건물은 이미 자신들의 역량을 입증해 보인 수익성 좋은 회사에 어울리는 건물이었다. 누가 창문 쪽 자리에 앉을지, 또 누가 가장 전망 좋은 자리에 앉을지를 놓고 갑론을박할 수 있는 '여유로운 사람들'에게 어울리는 건물이었다. 하지만 네스트는 아직 그런 처지가 아니었다. 우리는 우리의 임무에 집중해야 했다. 늦게까지 일해야 했고 여러 문제들을 해결해야 했으며 열심히 일하면서 우리 앞에 놓인 장애물들을 헤쳐 나가야 했다.

나는 우리 팀원들이 변치 말고 계속 우리가 만들고 있는 것들에 그리고 우리가 성취하려 애쓰는 비전에 집중해주길 원했다. 각종 특전이나 장식이나 혜택들 말고. 그래서 우리는 회사 돈을 직원들에게 무료 마사지를 제공하는 데 쓸 여유가 없었다.

회사를 키우려면 우리에겐 그 돈이 필요했다. 순이익을 내기 위해서, 더 나은 제품들을 만들기 위해서 그리고 그 무엇보다 우리의 기초 역량을 탄탄히 다져 지금 있는 모든 직원을 계속 고용하기 위해서 그 돈은 꼭 필요했다. 또한 사람들이 직장 밖에서도 원하는 삶을 살 수 있게 돕기 위해서도 돈이 필요했다. 우리는 직원들을 붙잡기 위해 사무실을 고급스럽게 꾸미는 데 돈을 쓰지 않았다. 그보다는 의료 서비스와 직원 및 그 가족들의 삶에 도움이 되는 복리후생에 돈을 썼다.

직원들에게 구글의 각종 특전들을 제공할 때도 나는 그것이 '목적'이 있는 것이었으면 했다. 그래서 직원들을 사무실 내에 가두기보다는 가족들과 함께 외식도 하고 주말 여행도 갈 수 있게 금전적인 지원을 해줌으로써 보상을 해주려 했다. 사람들에게 더 나은 경험을 선사해주는 일, 사람들을 하나로 만들어주는 일, 사람들이 새로운 아이디어와 문화를 접하는 일 그리고 동료를 친구로 만들어주는 일에 상당한 돈을 쓰려 했다. 네스트 직원들은 누구나 다 클럽에 가입할 수 있었다. 뭔가 멋진 일, 예를 들어 전사적인 바비큐 파티, 주차장 절반에 알록달록 색칠을 하는 인도식 홀리 축제Holi celebration, 매주 점점 더 정교해져 갔던 종이비행기 날리기 시합 같은 걸 할 때는 회사에 그 비용을 청구할 수 있었다.

그러나 점점 더 많은 구글인들이 합류하면서 네스트 직원들은 구글이 어떤 종류의 특전들을 제공하는지 알게 되었고, 그 바람에 왜 누구는 어떤 특전을 받고 누구는 특전은 받지 못하는가 하는 문제를 놓고 내부적으로 많은 얘기들이 오가게 되었다. "구글인들은 왜 마사지 서비스를 받는가? 그들은 왜 더 많은 버스를 지원받는가? 그들은 왜 '20퍼센트 시간'을 보장받는가?(구글은 직원들에게 각자의 근무 시간 중 5분의 1, 즉 20퍼센트는 자신이 하고 싶은 구글의 다른 프로젝트들에 참여할 수 있게 허용해주는 것으로 유명하다.) 우리도 20퍼센트 시간을 원한다!"

나는 그런 일은 없을 거라고 잘라 말했다. 당시 우리는 오히려 모두가 120퍼센트의 일을 해야 하는 상황이었다. 우리는 아직 우리의 플랫폼을 구축하고 수익성 좋은 회사로 거듭나기 위해 애쓰는 중이었다. 마침내 그 목표를 달성하게 된다면, 우리 역시 직원들이 20퍼센트의 자유 시간을 갖고 무료 마사지 서비스를 받고 오후 2시 30분에 평일 일과를 마치는 문제를 논의해볼 수 있으리라.

그러나 아직 해야 할 일이 너무도 많은 상황에서 그런 생각을 한다는 건 언감생심이었다. 구글 직원들이 그런 특전들에 익숙해져 있다는 이유만으로 우리 직원들에게도 같은 특전들을 줄 수는 없었다.

구글 직원이 된다는 건 결코 평범한 경험이 아니다. 그건 현실적이지 못한 경험이다. 그건 거대하고 화려한 구글플렉스Googleplex(모회사 알파벳이 들어가 있는 구글 본사 건물—옮긴이)를 지은 건축가 클리브 윌킨슨Clive Wilkinson도 인정한 사실이다. 그는 자신이 설계한 유명한 건물 구글플렉스가 '근본적으로 건강하지 못한 건물'이라면서 이렇게 말했다. "당신의 시간을 몽땅 회사 내에서 보내면서 일과 삶 간의 균형을 찾을 순 없습니다. 그건 현실적이지 못합니다. 그건 대부분의 사람이 세상을 살아가는 방식이 아닙니다."

이는 아주 부유한 사람들, 즉 보통 사람들의 보통 문제들로부터 벗어나 점점 위로 올라가는 사람들이 직면하는 문제이기도 하다. 현실적인 삶을 살지 못할 경우, 그러니까 대중교통을 이용하고 돈 주고 음식을 사먹고 거리를 걸어 다니고 자신의 IT 시스템을 직접 구축하고 1달러의 가치가 어느 정도인지 또 뉴욕이나 위스콘신 또는 인도네시아에서는 1달러로 얼마나 멀리 갈 수 있는지를 알지 못할 경우,* 당신은 당신이 만드는

---

* 세계 각지의 사람들이 한 달에 어느 정도의 돈 벌고 어떤 삶을 사는지 알고 싶다면 www.gapminder.org/dollar-street를 참조하라. 사람들이 얼마나 다른지 또는 얼마나 비슷한지 알게 해줄 더없이 소중한 자료다.

'진통제'를 복용하게 될 사람들이 일상적으로 겪는 고충들을 잊게 된다 (제4.1장 '비타민이 아닌 진통제 같은 아이디어를 찾아라' 참조).

이런저런 특전들이 늘어나면서 우리의 관심에서 멀어지기 시작하는 건 비단 고객들뿐만이 아니다. 직원들이 일을 해야 하는 이유 또한 점차 흐릿해지기 시작한다. 나는 자기 일을 사랑하고, 뭔가를 만드는 것에서 순수한 의미와 기쁨을 찾고, 열심히 일하면서도 자신의 시간을 허비하고 있다고 느끼지 않던 사람들이 구글이나 메타 또는 다른 거대 기업에 들어간 뒤 완전히 방향 감각을 잃고 헤매는 모습을 많이 봐왔다. 그들은 다른 사람들이 무료로 받는 걸 더 많이 볼수록 더 많은 걸 원했다. 그러나 그런 특전들은 받을 때 잠깐의 만족감을 줄 뿐 시간이 지날수록 그 가치가 떨어졌다. 계속 갈증을 느끼는 사람처럼 그들은 계속 더 많은 걸 가지길 원했고 결국 그게 그들의 주요 관심사가 되어버렸다. 그 과정에서 뭔가를 만드는 것, 자신이 하는 일에 전념하는 것, 의미 있는 무언가를 만들어내는 것 그리고 자신의 일을 정말 좋아하는 것 등은 점점 사라져갔다.

그 모든 일은 빌어먹을 마사지에서부터 시작됐다.

분명히 말하지만, 나는 마사지의 열렬한 팬이다. 마사지를 사랑한다. 실제로 늘 마사지를 받는다. 모든 사람은 마사지를 받아야 한다. 그러나 어떤 경우든 '무료 마사지는 직원들의 당연한 권리'라는 생각 위에 기업 문화가 구축되어선 안 된다. 또 어떤 경우든 직원들에게 마사지를 평생 무료로 받게 될 거라는 약속을 해서도 안 된다. 어떤 경우든 각종 특전들이 기업 문화로 굳어지거나 기업 문화를 망치게 두어선 안 된다.

특전들은 케이크 위에 뿌리는 장식용 시럽과 같다. 설탕을 조금 먹는 걸 가지고 뭐라 그럴 사람은 없다. 사람은 누구나 가끔 단 걸 먹고 싶어 하니까. 아침부터 밤까지 계속 설탕을 섭취한다면 그건 건강에 좋지 못하다. 후식이 본 식사보다 중시되면 안 되듯, 특전들 역시 당신이 성취하려는 임무보다 중시되면 안 되는 것이다. 임무가 당신 회사에 에너지를 제공하는 메인 요리이며, 특전은 후식 위에 뿌리는 시럽이 되어야 함을 결코 잊지 말라.

| 제5장 |

정상에서 내려와야 할 때는 언제인가

CEO는 왕도 아니고 여왕도 아니다. 평생 임명직도 아니다. 어느 시점에 이르면 그만두어야 한다. 만약 당신이 다음과 같은 상황에 놓여 있다면 지금이 바로 그 만두어야 할 때다.

1. **회사나 시장에 너무 많은 변화가 있었다.** 어떤 스타트업 창업자들은 회사 규 모가 더 커졌을 때 CEO로서 적합하지 않다. 또 어떤 CEO들은 이런 도전들은 헤쳐 나갈 능력이 있지만 저런 도전들은 헤쳐 나갈 능력이 없다. 만일 모든 게 너무 많이 변해 어찌 대처해야 할지 알 수가 없고 또한 그에 필요한 해결책들 이 완전히 당신 능력 밖에 있다면 지금이 당신이 그만둬야 할 때일 것이다.
2. **당신이 베이비시터형 CEO로 바뀌었다.** 당신은 지금 끊임없이 도전하고 회사

를 키워나가기보다는 현상유지를 하는 데 급급하다.

3. **당신이 베이비시터형 CEO가 될 수밖에 없는 상황이다.** 회사 이사회가 당신에게 큰 모험은 하지 말고 그저 열차를 계속 달리게만 만들라고 요구하고 있다.

4. **당신에겐 확실한 CEO 승계 계획이 있고 회사는 상승세를 타고 있다.** 만일 모든 게 너무 잘 풀리고 있고 임원들 가운데 한두 명이 승진할 준비가 되어 있다고 생각된다면, 그들에게 기회를 줄 시기일 수 있다. 언제든 회사를 뛰어난 사람들에게 맡기고 쿨하게 떠날 준비를 해두어라.

5. **CEO 일이 너무 싫다.** CEO 일은 모든 사람이 할 수 있는 일이 아니다. 더 이상 감당할 수 없다고 해서 실패한 CEO라는 의미는 아니다. 당신은 자신에게 도움이 될 다른 뭔가를 발견했고, 이제 그 발견을 통해 당신이 좋아하는 일을 찾을 수 있게 되었다.

· · ·

언젠가 우리는 한 CEO의 어머니와 통화를 해야 했다.

내가 설립한 투자 회사 퓨처 쉐이프Future Shape는 그 CEO의 회사에 투자를 하고 있었다. 그 회사는 놀라운 비전과 아주 큰 잠재력을 갖고 있었지만 그 CEO는 평생 처음 회사를 설립한 창업주로, 회사를 경영할 준비가 전혀 되어 있지 않았다. 우리가 조언을 해줬지만 그는 잘못을 했고, 다시는 그런 잘못은 없을 거라고 말했지만 결국 또다시 같은 잘못을 저질렀다. 제대로 귀 기울이지도 않았고 제대로 배우지도 못한 것이다. 우리는 18개월 넘게 개인적으로 또 직업적으로 그에게 이런저런 코치를 해주었지만 상황은 점점 더 악화될 뿐이었다. 그는 회의 시간에 임원들에게 모욕적인 말을 했고, 복도에서 말다툼을 했으며, 심지어 고객들과도 말다툼을 벌였다. 더 이상 방치할 수 없는 상황이었다. 결국 이사회는 그 CEO를 해임했다.

그러나 그 CEO는 그만두려 하지 않았다.

우리는 그에게 당근도 주고 때론 채찍질도 해보았다. 그는 꿈쩍도 하지 않았다. 이성에 따르려 하지도 않았다. 그러더니 총부리를 우리 쪽으로 돌렸다. 변호사들을 고용해 자기 회사와 이사회와 투자자들을 상대로 소송 준비에 들어간 것이다.

결국 우리는 그의 어머니에게 전화를 했다. CEO가 다른 사람들은 몰라도 자기 어머니 말에는 귀 기울이지 않을까 싶은 생각에서였다. 우리는 그녀에게 아들이 우리를 상대로 소송을 걸 경우 일어날 일들에 대해 자세히 얘기해주었다. 이사회는 죽기 살기로 맞소송을 걸 거고, 아들이 투자자들에게 한 거짓말들이 세상에 알려지게 되어, 나중에 다시 스타트업을 설립한다 해도 절대 자금 조달을 하지 못할 거라고. 심지어 다른 일자리도 잡지 못할 거라고.

거의 1년간 인정사정없는 싸움을 벌인 끝에, 마침내 그 CEO를 두 손 들게 만든 사람은 그의 어머니였다.

그 싸움의 끝은 너무 참담해, 우리는 그가 회사 건물 안에 들어오지 못하게 막아야 했으며, 회사 일에 더 이상 개입하지 못하게 해야 했다. 엄청난 잠재력을 지닌 그 놀라운 회사를 구해 그들의 임무를 완수하게 해주려면 그렇게 하는 수밖에 없었다.

그런데 또 다른 어떤 회사에서는 같은 대화를 하는 데 2분밖에 걸리지 않았다. 우리는 그 회사 CEO에게 더 이상 CEO 자리에 있어선 안 되겠다고 말했다. 그러자 그는 한숨을 쉬더니 웃으면서 말했다. "고맙습니다. 정말 다행이네요!"

극소수의 '창업자 CEO'들만이 엄청나게 큰돈을 벌고 유명해지기 때문에 마치 그것이 기준처럼 느껴지지만 회사를 '창업'하는 것과 잘되든 안 되든 계속 회사를 '운영'하는 건 당연히 별개의 문제다. 아니 더 정확히 말하면 이건 불가피한 문제다. 물론 스타트업으로 시작해 제대로 된 회사로 키우고 그 회사가 상장까지 될 경우, 계속 그 회사와 함께하고 싶을 것이다.

그러나 똑똑한 사람 다섯 명으로 시작한 스타트업과 직원 수가 100명(1,000명까지는 아니더라도)으로 늘어난 회사는 완전히 다르다. 또한 초기 창업자와 규모가 커진 회사의 CEO는 하는 일도 책임도 완전히 다르다. 모든 창업자가 회사의 매 발전 단계에서 CEO로 적합한 건 아니라는 얘기다.

그들은 규모가 큰 기업은 고사하고 중간 규모의 기업이 어떻게 돌아가는지도 잘 모르는 경우가 많다. 주변에 적절한 멘토들이 없을 수도 있고, 팀을 어떻게 구축하는지 또는 고객들을 어떻게 끌어들이는지 그 방법을 모를 수도 있다. 그들은 대개 모든 문제에 대처해야 하는 순간에 CEO로서의 책임들은 제쳐두고 자신이 개별 기여자 시절에 잘했던 일로 되돌아가며, 이사회의 경고들을 무시한 채 허우적거리다 자멸해간다. 이는 아주 괴로우면서도 소중한 교훈으로, 많은 기업가가 그 교훈에서 많은 걸 배우고 다시 도전해 대개는 더 큰 성공을 거둔다. 나도 그런 기업가들 중 하나였다.

그러나 그런 종류의 쓰라린 경험을 피할 방법이 없지는 않다. 높은 데서 곤두박질치는 순간 당신은 그걸 알 수 있다. 주변을 둘러보라. 세찬 바람이 머리카락 사이로 불어 올라오는 걸 느낄 수 있을 것이다. 그럴 때 스스로 뭔가를 할 수 있다. 현실을 인정하고 CEO 자리에서 내려오는 것이다.

그러나 실패 직전까지 가 있는 CEO들은 이 방법을 택하지 않고 대개 그냥 두 눈을 감고 바닥에 떨어질 때까지 기다리곤 한다. CEO가 된다는 건 자신을 거는 일이기도 하지만, 동시에 아주 많은 시간과 노력을 쏟아야 하는 일이기도 하다. 사람들은 회사를 이끌기 위해 그야말로 일생을 바친다. 그러면서 회사를 자존감과 정체성의 중심으로 삼는다. 따라서 CEO 자리에서 내려온다는 건, 그 회사를 내놓는다는 건 상상하기도 싫은 일일 수 있다.

당신이 난생 처음 창업을 한 경우 또는 수십 년간 회사를 이끌어온 경우라면 특히 더 그렇다. 자존감이라는 건 그렇게 지독한 마약이다.

그러다 보니 일부 CEO들, 심지어는 창업자들은 그런 식으로 바위에 붙은 따개비 같은 존재로 전락하고 만다. 나는 오랜 세월 CEO 자리를 지켜온 사람들이 회사와 일에 대한 열정이 사라졌음에도 계속 회사와 일에 집착하는 모습을 수도 없이 봐왔다. 그들은 부모형 CEO에서 서서히 베이비시터형 CEO로 변질되었고 그 결과 자신이 만들어놓은 것들을 지키고, 자기 자리를 보존하고 현상유지를 하는 것이 유일한 관심사가 되고 말았다(제6.1장 '피라미드의 꼭대기에 선다는 것' 참조). 이런 CEO들은 더 이상 예전 같은 열정이 없어도 괜찮지 않겠냐며 또 그간 열심히 일했으니 이젠 좀 편히 그간의 성과를 즐겨도 되지 않겠냐며 스스로를 속인다.

그러나 세상은 그런 식으로 돌아가지 않는다.

회사를 이끌고 계속 앞으로 나아가고 새로운 아이디어와 프로젝트들을 가지고 회사를 늘 생동감 넘치게 만드는 게 CEO인 당신이 할 일이다. 또 그 새로운 프로젝트들을 위해 열심히 일하고, 초창기 때 그랬던 것처럼 그 프로젝트들에 열정적으로 임하는 것이 당신이 할 일이다. 아울러 당신 팀의 다른 사람들은 이미 만들어놓은 것들을 최적화하는 일을 하면서 당신의 핵심 사업에 전념한다.

만일 그런 일들에 더이상 가슴이 뛰지 않는다면, 또 만일 새로운 아이디어들이 떠오르지 않는다거나 팀원들이 내놓는 과감한 아이디어들을 받아들일 수 없다면, 그건 아주 분명한 증거다. 당신이 베이비시터형 CEO로 변했다는 증거. 그리고 이제 그만두어야 할 때라는 증거.

베이비시터형 CEO가 되면 도전이라는 건 없다. 기쁨도 없다. 가장 문제는 그게 당신 팀에도, 회사에도 좋지 않은 일이라는 사실이다.

그런데 이런 사실이 누구에게나 해당되지는 않는다. 때론 이사회가 CEO를 상대로 COO처럼 행동할 걸 강요하기도 한다. 그저 모든 걸 유지만 하라고 말하는 것이다. "모든 게 잘 돌아가고 있는데, 뭣 때문에 위험을 무릅씁니까? 주주들을 놀라게 하지 말아요. 우리가 가장 잘 압니다. 그러니 그냥 하라는 대로 해요."

구글에서 내가 직면했던 상황이 바로 이런 것이었다. 이게 내가 네스트를 떠난 이유였다.

구글이 네스트를 매각하려 했기 때문만도 아니었고, 그들이 내게 더이상 부모형 CEO처럼 굴지 말라고 바랐기 때문만도 아니었다. 나는 내 팀에게 경고를 해주고 싶었다. 나는 입에 재갈이 물린 처지였기에 팀원들에게 뭔가 심각하게 잘못되어가고 있다는 말을 할 수가 없었다. 그러나 그들에게 보여줄 수는 있었다.

사람들은 말한다. "선장은 배와 운명을 함께해야 한다."고. 내가 보기에 그건 헛소리다. 만일 배가 가라앉고 있다면, 분명 승객들도 눈치 챌 것이다. 그 시점에 선장이 해야 할 일은 모든 사람이 안전하게 구명정에 탈

때까지 배에 머무르는 것이다. 그러나 당신이 만일 CEO나 고위직 임원이라면 다른 그 어떤 사람들보다 먼저 수위가 차오르는 걸 볼 수 있을 테고 그런 경우 당신이 해야 할 일은 목전에 닥친 위험을 팀원들에게 크게 소리쳐 알려주는 것이다. 뭔가 잘못되어가고 있음을 알리는 방법들 가운데 회사를 그만두는 것보다 더 확실한 방법은 없다.

때론 당신이 흔들 수 있는 유일한 경고 깃발이 당신의 사직서인 것이다.

때론 목전에 닥친 위험이 그보다 훨씬 더 클 때도 있다. 당신보다 더 크며 당신 팀이나 당신 회사보다 더 크다. 때론 시장 전체가 변한다. 때론 전 세계의 최우선 목표들이 진화한다. 그런 순간이 바로 어떤 CEO가 운영하던 회사는 더 이상 이 세상에서 통하지 않게 되는 순간이다. 지금 오일 및 석유 관련 기업 CEO들이 그런 순간을 목전에 두고 있다. 자동차 제조업체 CEO들 역시 마찬가지다. 새로운 비즈니스 모델을 모색해야 할 때가 된 것이다.

우리는 '새로운 피'를 필요로 한다.

현명한 CEO들은 그들 개인의 변화든 회사의 변화든 세상의 변화든 조만간 다가올 변화를 인지한다. 그리고 그에 따른 승계 계획을 마련한다. 당신은 언제 위기 상황이 닥칠지 결코 알 수 없다. 당신이 속한 업계 전체가 변할 수도 있고, 당신이 하는 일에 염증을 느낄 수도 있고, 버스에 치일 수도 있다. 유언장을 써놓아야 하는 이유는 바로 이 때문이다. 당신이 마음 놓고 CEO 자리를 내줄 수 있는 다른 임원 또는 가능하면 COO를 고용해야 하는 이유도 바로 이 때문이다.

설사 비상 상황이 닥치더라도 당신은 아마 CEO 자리를 최대한 자연스럽게 또 자신감 있게 다른 사람에게 넘기고 싶을 것이다. 그러나 꼭 비상 상황이 아니더라도 CEO 자리에서 물러나야 할 수도 있다. 성공을 영영 CEO 자리에 있어도 좋다는 보증서로 봐선 안 된다. 주변을 둘러보고 당신이 구축한 더없이 뛰어난 팀과 당신이 키워온 회사를 보면서 '그래. 바로 이거야! 이게 성공이지! 나는 절대 여기서 나가지 않을 거야!'라고 생각해선 안 된다.

아까도 말했듯이 세상은 그런 식으로 돌아가지 않기 때문이다.

당신이 구축한 더없이 뛰어난 팀은 더 위로 올라갈 여지가 있어야 하는데, 지금 그 꼭대기를 당신이 깔고 앉아 있다. 직장생활을 하면서 더 위로 올라갈 가능성이 안 보인다면 팀원들은 다른 기회들을 찾아 떠나기 시작할 것이다.

게다가 좋은 시절이 영원히 지속되진 않는 법, 오르막이 있으면 필히 내리막도 있기 마련이다. 이사회에 의해 쫓겨나 사람들을 충격에 빠뜨리기보다는 모든 게 잘 돌아갈 때 박수받으며 떠나고 싶지 않은가? 그래야 자랑스레 회사를 다음 CEO에게 넘겨줄 수도 있을 테니까.

내가 이 책을 쓰고 있던 때에 틱톡을 만든 기업 바이트댄스ByteDance의 창업자이자 CEO인 장이밍张-鸣이 사임을 발표했다. 지금 틱톡의 인기는 그 어느 때보다 높다. 장이밍은 몇 안 되는 CEO들이 도달한 높은 곳까지 올라가고 있는 중이었다. 그러나 그는 변화가 오는 걸 보고 있었던 듯하다. 이 경우 그건 내부적인 변화다. 그냥 그 자신이 CEO 자리에 더 있고 싶지 않은 것이다. 그는 CEO 자리는 자신에게 어울리지 않는다면서 이런 말을 했다. "사실 저는 이상적인 관리자가 될 역량들이 부족합니다. 그리고 조직 및 시장 원칙들을 분석하는 일에 더 관심이 많습니다."

바로 이런 것이 위대한 리더들이 가진 자기인식이고 합리성이다. 그는 자존심이 아니라 자신의 직감에 따르는 인물로, 지금 올바른 처신을 하고 있는 듯 보인다. 지금 그에게는 몇 가지 옵션이 있다. 우선 바이트댄스를 완전히 그만두고 새로운 회사를 설립하는 것이다. 스스로 바이트댄스 이사회에 합류해 계속 회사 발전에 많은 영향력을 행사하는 방법도 있다. 아니면 회사에 그대로 남아 다른 자리에 앉아 있을 수도 있다. 창업자 CEO에 대한 잘못된 믿음들 가운데 하나는 일단 CEO가 되면 되돌릴 수 없다는 믿음이다. 누구든 일단 CEO 자리에 오르면 그만두려 하지 않는다는 믿음. 그러나 사람은 앞으로 나아갈 수도 있지만 뒤로 물러날 수도 있다.

창업자가 CEO 자리에서 내려와 그대로 회사에 머물 경우, 잘못하면 모든 게 엉망진창이 되어버릴 수도 있다. 창업자가 아주 조심하지 않으면 새로운 CEO와 기존 임원들이 온갖 문제에 휘말릴 수 있기 때문이다. 공동 창업자들의 경우도 마찬가지다. 그들은 서로 다른 의견을 내서 회사 내에 많은 갈등을 야기할 수 있으므로 조심해야 한다. CEO 자리에서 내려온 창업자들은 사람들이 자신을 어떻게 보고 있는지, 자신이 어떤 회의에 참석해야 하는지, 어떤 언어를 써야 하는지, 어떤 제안을 해야 하는지 그리고 그게 지시가 아니라 제안이라는 걸 어떻게 분명히 할 것인지 등 매사에 조심해야 한다. 그렇게 자신의 역할을 아주 분명히 하지 않으면 자신도 모르는 새에, 또는 의도적으로 회사 내에 파벌을 조장하는 꼴이 된다. 어떤 사람들은 창업자를 따르고 또 어떤 사람들은 새로운 CEO를 따르면서 회사 전체가 혼란에 빠지게 된다.

나는 한 회사에서 실제로 그런 일이 일어나는 광경을 목격했다. 창업자가 CEO 자리를 내놓고 후계자 선정까지 마쳤다. 그런데 그 창업자는 회사에 그대로 남아, 회사 내 여기저기를 돌아다니며 직원들에게 닥치는 대로 이런저런 의견을 내놓았다. 그 누구도 그게 지시인지 단순한 제안인지, 또 그의 말을 당장 따라야 하는지 아니면 그냥 친절한 조언으로 받아들여야 하는지 확신할 수 없었다. 'CEO는 언제든 교체될 수 있지만 창업자는 그렇지 않다. 그러니 창업자의 말을 들어야 하는 것 아닐까?'라고 생각하는 직원들이 많아졌다.

그러자 새로운 CEO는 좌절감을 느꼈고, 직원들은 완전한 혼란에 빠졌다. 결국 그 회사는 새로운 원칙을 세웠다. 회사는 전적으로 CEO가 운영하고 창업자는 뒤로 물러나 CEO를 통해서만 직원들과 커뮤니케이션을 한다는 원칙이었다. 다행히 그 원칙은 효과가 있었고 직원들은 안도의 한숨을 쉬었으며 모든 게 잘 풀리기 시작했다.

그러나 그 모든 게 2주 만에 끝났다.

어느 날 창업자가 다시 팀 회의에 모습을 드러낸 것이다. 순간 그 자리에 있던 모든 직원의 얼굴이 굳어졌다. '오, 안 돼! 또다시!' 그들은 완전히 맥이 빠졌다. 찬란했던 2주 동안 그들은 자신이 무슨 일을 하고 있는지 알았고 누구에게 말해야 하는지도 알았으며 계획이 어떤지도 알았다. 그러나 이제 다시 미래가 완전히 불투명해졌다. 사람들은 회사를 그만두기 시작했다. 그럼에도 창업주를 상대로 이런 말을 할 사람은 아무도 없었다. "나가서 들어오지 말아요. 우리는 당신과 당신의 아이디어를 좋아하지만 당신은 지금 모든 걸 악화시키고 있어요."

CEO 자리에서 내려온 창업자는 자신이 현재 CEO와 핵심적인 팀원들이 하는 일을 쉽게 망칠 수도 있으니 늘 조심해야 한다. 또한 이사회의 이사로만 남기로 한다 해도 여전히 조심해야 한다. 더 이상 회사를 이끄는 상황이 아니기 때문이다. 창업자는 코치나 멘토 또는 자문 역할을 맡는 게 좋다. 여러 목소리들 중 하나로만 남는 것이다.

그건 늘 힘든 일이다. 완전히 손을 떼야 하는 상황이 되면 훨씬 더 힘들다. 당신이 애지중지했던 회사가 다른 회사의 손에 넘어갈 경우, 당신이 할 수 있는 일이란 그저 사라져버리는 것밖에 없다. 그것이야말로 참 비통한 일이다.

내 경험상 대부분의 사람은 1년 반 정도 지나야 뭔가 새로운 것에 대한 생각을 해보게 된다. 일부 문화권의 사람들이 가까운 사람을 떠나 보내고 1년 동안 상복을 입는 데는 그만한 이유가 있는 것이다. 사망이라는 손실을 받아들이려면 그 정도의 시간이 필요하다.

회사가 다른 사람들의 손에 넘어간 경우 처음 3개월에서 6개월 정도는 시간이 천천히 간다. 현실을 부정하면서 회사를 인수한 사람들이 애지중지하던 당신 회사를 상대로 벌이는 일들을 보며 이를 갈며 머리를 쥐어뜯는다. 그러다 당신이 꼭 해야겠다고 생각하면서도 그간 일 때문에 하지 못했던 일들을 하나하나 다 하면서 또다시 3개월에서 6개월 정도가 흘러간다. 결국 그 일들을 다 한 뒤에야 비로소 과거를 돌아보는 데 지쳐 더 이상 과거에 연연하지 않게 된다. 이는 꼭 거쳐야 하는 단계다. 과거를 돌아보는 데 지칠 정도가 되어야 비로소 새로운 일들을 할 의욕이 생긴다.

그러고 나서 다시 세상 속으로 뛰어들려면 다시 6개월 정도가 더 지나야 한다. 그쯤 되면 이미 잘못되어버린 일들에 대한 지나친 집착을 중단해야 한다. 새로운 것들을 배우기 시작해야 하며 잃어버린 호기심도 되찾아야 한다.

또 그러고 나면 이후 약 6개월간 새로운 눈으로 자신의 삶을 볼 수 있게 된다. 뭔가에 관심이 가게 될 것이다. 흥분감도 맛보고 다음엔 뭘 해야 하나 하는 생각도 하게 될 것이다. 그렇다고 마지막으로 그만둔 바로 그 자리로 바로 되돌아갈 필요는 없다. 한때 CEO였다는 이유만으로 다시 CEO가 될 필요는 없다. 당신은 언제든 직접 새로운 기회들을 찾을 수도 있고 만들어낼 수도 있다. 당신은 언제든 뭔가를 배우며 성장하고 변화할 수 있다.

당신이 되고 싶은 사람이 되는 데 필요한 시간을 갖도록 하라. 처음 커리어를 쌓기 시작할 때 그랬던 것처럼 그리고 또 그간 갈림길에 놓일 때마다 그랬던 것처럼.

당신 자신을 뛰어넘어라

마지막으로 해야 할 중요한 두 가지 이야기가 있다. 당신이 만드는 것과 그걸 함께 만드는 사람들, 즉 제품과 사람들이 바로 그것이다.

당신이 만드는 것, 다시 말해 당신이 쫓아다니는 아이디어와 당신을 쫓아다니는 아이디어가 결국 당신의 커리어를 규정짓는다. 그리고 당신과 함께하는 사람들이 당신의 삶을 규정짓는다.

어떤 팀과 함께 뭔가를 만들어낸다는 것은 믿을 수 없을 만큼 특별한 경험이다. 무의 상태에서, 혼돈 상태에서, 누군가의 머릿속에서 번쩍인 불꽃 같은 아이디어에서 제품을 만들어내고 기업을 만들어내고 문화를 만들어낸다는 것 말이다.

만일 모든 일이 다 잘 조정되고 타이밍이 적절하며 믿을 수 없을 만큼 운이 따른다면, 당신은 당신이 생각한 제품을 만들기 위해 싸우게 된다. 그리고 당신과 당신 팀의 모든 것이 담긴 그 제품이 세상 사람들에게 팔리게 된다. 널리 퍼져나갈 것이다. 그 제품은 비단 고객들의 고충을 해결해줄 뿐 아니라, 고객들이 초능력을 발휘하게 해준다. 당신이 진정 파괴적이고 진정 영향력 있는 무언가를 만든다면, 그것은 그 자체로 생명력을 갖는다. 새로운 경제, 새로운 상호작용, 새로운 생활 방식을 만들어낸다.

당신의 제품이 설사 온 세상을 변화시키진 못한다 해도, 설사 고객들이 그리 많지 않다 해도, 여전히 한 업계를 바꿀 수 있다. 뭔가 다른 일을 하라. 고객들의 기대치를 바꿔놓아라. 표준을 높여라. 그러면 시장을 나아가 온 생태계를 더 낫게 만들 수 있다.

당신의 제품은, 그러니까 당신이 팀원들과 함께 만든 그 물건은 당신의 기대치들을 뛰어넘을 수도 있다.

혹은 반대로 그러지 못할 수도 있다. 당신의 시도가 완벽한 실패로 끝날 수도 있다.

당신은 당신 버전의 제너럴 매직을 갖게 될 수도 있다. 엄청나게 놀라운 비전과 멋진 아이디어를 갖고 있었지만, 빗나간 타이밍과 미숙한 기술, 고객에 대한 근본적인 오해로 무너진 비운의 회사 제너럴 매직 말이다.

아니면 당신이 만든 제품은 잘 나가는데 당신이 세운 기업이 무너질 수도 있다. 당신은 회사를 만들기 위해 죽어라 일할 것이고, 끝없는 사람들 문제와 끝없이 계속되는 회의에 당신의 삶을 몽땅 쏟아붓게 될 것이다. 그런 다음 그 반짝이는 보석 같은 회사를 다른 사람들에게 넘기게 될 것이다. 그 보석을 아끼고 잘 닦아 늘 빛나게 해줄 거라고 약속하지만 실제로는 더러운 흙 속에 내동댕이쳐버릴 사람들에게 말이다.

그런 일은 종종 일어난다.

성공은 100퍼센트 보장할 수 없는 일이다. 당신 팀이 아무리 뛰어나다 해도, 당신이 정말 좋은 의도를 갖고 있다 해도, 당신의 제품이 아무리 훌륭하다 해도, 때론 그 모든 것에도 불구하고 실패를 경험한다.

설사 당신의 제품이 죽거나 당신의 회사가 죽는다 해도, '당신이 만든 것'은 여전히 중요하다. 여전히 의미가 있다. 당신은 자부심을 느껴도 좋을 만한 걸 만들고 그만두었으니까. 당신에게는 여전히 아이디어가 있고 아직 실현되지 못한 잠재력이 있으니까. 또 여전히 다시 도전해볼 기회가 있으니까.

그리고 당신에게는 여전히 '사람들'이 있으니까.

지금도 나는 여전히 제너럴 매직에서 만난 사람들과 함께 일하고 있다. 필립스에서 만난 사람들, 애플에서 만난 사람들, 네스트에서 만난 사람들과도 함께 일한다.

제품들도 변했고 기업들도 변했지만, 인간관계는 변하지 않았다.

지금 내 삶에서는 인간관계가 가장 중요하다. 지금 내가 만들고 있는 제품은 바로 사람들이다.

네스트 이후 나는 투자 회사 퓨처 쉐이프를 설립했다. 우리는 스스로를 '돈을 가진 멘토들'이라 부른다. 우리는 사회나 환경 또는 인간의 건강을 드라마틱하게 향상시켜줄 거라 전망되는 기업들에 우리의 돈을 투자한다. 그런 다음 그 기업들에게 모든 벤처 기업들이 주겠다고 약속하지만 거의 주지 않는 것, 즉 개인적인 관심을 준다. 그리고 기업들이 정말 필요로 할 때 진정한 도움을 준다. 때론 그 기업들이 그런 도움이 필요하다는 사실을 미처 깨닫기도 전에 말이다.

그런데 내가 멘토 역할을 해준 사람들은 내가 그들에게 가르쳐줄 수 있는 것보다 훨씬 더 많은 걸 내게 가르쳐주었다. 나는 너무도 많은 다양한 분야와 기업들에 대해 배웠고, 농업과 수경재배와 재료과학에 대해 배웠으며, 버섯 가죽과 자전거와 미세 플라스틱 조각들에 대해 배웠다. 내가 멘토 역할을 하고 있는 모든 팀과 창업자들 덕에 내 앞에 새로운 세계가 펼쳐지고 있는 중이다.

이 일은 그간 내가 만들어온 그 어떤 것, 내가 제조해온 그 어떤 제품만큼이나 의미가 있다. 내가 함께하는 이들은 놀랄 만큼 뛰어난 사람들이며, 그 사람들은 모든 혁신의 중심에 서 있다. 그들은 세상을 변화시킬 것이다. 세상을 바로잡을 것이다. 그런 사람들에게 도움을 주고 투자를 하고 그들의 멘토가 되어주는 것은 아마 그간 내가 해온 일들 가운데 가장 중요한 일인지도 모른다.

애플에서 임원으로 또 네스트에서 CEO로 활동하면서 가장 좋았던 점은 사람들을 도울 기회가 많았다는 것이다. 그건 늘 더없이 흐뭇한 경험이었다. 팀원들이 자기 가족을 돌볼 수 있게 도움을 줄 수 있었으니까. 그들이 아프거나 그들의 아이들 혹은 부모가 아플 때 도움을 줄 수 있었으니까. 게다가 우리는 다 함께 공동체 문화, 그러니까 품질과 투지와 혁신의 문화를 만들어냈고, 그 속에서 많은 사람이 자신의 재능을 꽃피웠으며 뛰어난 사람들이 뭔가를 만들고 실패하고 배우면서 함께 성장할 수 있었다. 그들은 네스트에 와서 한 가지 일을 하다가 자신이 100가지 일을 할 수 있다는 사실을 깨닫고 네스트를 떠났다.

그들에게 필요한 건 단 하나, 밀어붙이는 일뿐이었다.

자신의 발목을 잡는 사람은 대부분 자기 자신이다. 우리는 스스로 자신이 무얼 할 수 있는지 또 어떤 사람이 되려 하는지를 잘 안다고 생각해 자신의 한계를 뛰어넘어보려 하지 않는다. 그러다 누군가가 다가와 그들을 밀어붙이면 그들은 스스로 원해서든 아니든, 행복한 마음으로든 아니든, 새로운 일을 하게 된다. 그렇게 자신들 속에 감춰져 있던 창의력의 샘 또는 의지력의 샘 또는 재능의 샘을 발견한다.

이는 버전 1 제품을 밀어젖히고 앞으로 나아가는 것과 흡사하다. 당신은 당신의 모든 시간을 쏟아붓고 당신의 모든 지식을 동원해 버전 1 제품을 만든다. 지칠 대로 지친 상태에서 가까스로 그 제품을 결승선에 올려놓는다. 그러나 그걸 만들기 위해 모든 걸 쏟아부었음에도, 버전 1 제품은 결코 만족스럽지 않다. 물론 그 엄청난 잠재력은 볼 수 있다. 훨씬 더 좋아질 여지가 있다는 것도 안다. 그래서 당신은 버전 1 제품을 결승선에 올려놓은 걸로 끝내지 않는다. 버전 2, 버전 3, 버전 4, 버전 18에 이를 때까지 계속 밀어붙인다. 그걸 위대한 제품으로 만들기 위해 계속 새로운 방법들을 찾아낸다.

사람의 경우도 마찬가지다. 안타깝게도 너무도 많은 사람이 버전 1 인간에 머문다. 일단 자기 자신에게 정착하면, 자신이 어떤 사람이 될 수 있는지 더 이상 고려하지 않는다. 그러나 제품이 절대 완성되지 않듯, 인간 역시 절대 완성되지 않는다. 우리는 끊임없이 변화한다. 끊임없이 진화한다.

그래서 당신은 밀어붙인다. 리더로서, CEO로서 또는 멘토로서 사람들이 당신에게 불만을 쏟아낼 때에도 말이다. 당신 스스로 너무 밀어붙이는 게 아닌가 우려하면서도 밀어붙인다.

그렇게 밀어붙이다 보면 늘 그 보상이 따르는 법이다. 일을 잘해내는 것은 그만한 가치가 있는 일이다. 위대함을 향해 노력하는 것도 그만한 가치가 있는 일이다. 당신 팀과 사람들을 돕는 것 역시 그만한 가치가 있는 일이다.

그렇게 시간이 흐른 뒤 어느 날, 당신은 2년 전, 3년 전 또는 10년 전에 함께 일했던 사람들로부터 이메일을 받는다. 그 이메일에서 그들은 당신에게 고맙다고 말한다. 자신을 밀어붙여줘서 고맙다고, 자신이 뭘 할 수 있는지 깨닫게 해주어서 고맙다고. 그 당시에는 당신을 미워했으며 매 순간 화가 치밀었다고 말할 것이다. 또 자신이 어떻게 그렇게 열심히 일할 수 있었는지 믿을 수가 없다고도. 당신이 어떻게 모든 걸 처음부터 다시 시작하게 만들어주었는지, 또 어떻게 그리 느슨해지지도 않고 계속 밀어붙일 수 있었는지 믿을 수가 없다고 말이다.

결국 그들은 그 순간이 전환점이었고 새로운 출발점이었다는 사실을 깨달았다. 그 순간이 그들의 커리어 전체의 궤적을 바꿔놓았다. 당신과 함께 무언가를 만든 경험이 그들의 삶까지 바꿔놓은 것이다.

그런 식으로 당신은 당신만의 뭔가 의미 있는 일을 했다는 사실을 깨닫게 될 것이다.

당신은 가치 있는 무언가를 만든 것이다.

| 감사의 글 |

이 책을 쓰는 일은 나의 생각보다는 쉬웠다. 그래서 훨씬 더 힘들기도
했다.

아이팟을 만드는 것보다는 확실히 더 힘들었다. 또는 아이폰을 만드
는 것보다. 또는 네스트 학습 온도 조절기를 만드는 것보다.

쉬운 부분은 '무엇에 대해 쓸 것인가'였다. 거의 매일같이 기업가들은
내게 비슷한 질문들을 던졌으니까. 스토리텔링에 대해, 중단점에 대해,
팀을 키워나가거나 이사회를 관리하는 문제에 대해. 나는 그들이 당면한
문제에 대해 얘기를 나누고 조언을 해줬다. 그런 다음 그 모든 이야기를
이 책 속에 집어넣었다.

이 책의 주제들을 정하는 건 간단했다. 마치 무슨 상식같이 느껴졌다.
그러다 보니 이 책이 과연 존재 이유가 있나 하는 의구심도 생겼다. 그러
나 그다음 날이면 또 누군가가 다가와 같은 질문을 했다. 1주일 후에도
같은 일이 일어났다. 그리고 다시, 또다시. 솔직히 나는 같은 이야기를 매
일, 매주, 매달 반복해서 계속하고 또 하는 데 신물이 났다.

내가 이 책을 써야 하는 이유가 분명해졌다. 상식은 흔하지만 골고루
분배되지 않는다. 직접 팀을 구축해보지 않았다면 팀을 구축하기 위한
분명한 접근 방식을 취할 수 없다. 평생 엔지니어 일만 해왔다면 직감적
으로 마케팅을 이해할 수 없다. 당신이 뭔가 새로운 일을 하고 있다면, 난
생 처음 뭔가를 시도하는 중이라면, 나름대로 그 일에 대한 상식을 갖고

감사의 글 533

있어야 한다. 그러나 그건 아주 힘들게 얻을 수 있는 지혜로, 시행착오는 물론 여러 번의 실패도 겪어야 한다. 물론 운이 아주 좋다면 경험 있는 사람과의 대화를 통해 얻을 수도 있다. 또한 당신의 직감이 옳음을 확인시켜주어 자신 있게 그 직감을 좇게 해줄 누군가가 필요한 경우도 많다.

내가 이 책을 쓴 것도 실은 바로 그 때문이다.

또한 빌 캠벨이 절대 책을 쓰지 않는 것도 그 때문이다.

빌은 내가 흉내도 못 낼 만큼 뛰어난 코치이자 멘토였다. 사람들은 늘 그의 지혜를 책으로 써달라며 좇아다녔지만, 그는 늘 거절했다. 내 생각에 그 이유는 멘토나 코치가 된다는 게 결국 믿음으로, 즉 두 사람 간의 '관계에 대한 믿음'으로 귀결되기 때문이 아니었나 싶다. 누군가에게 좋은 조언을 해주기 위해, 빌은 그 사람과 그의 삶, 그 사람의 가족, 그 사람의 회사, 그 사람의 두려움과 포부 등에 대해 알아야 했다. 그는 한 사람이 가장 절실히 도움을 필요로 하는 순간 그 사람을 돕는 데 집중했으며 실제 그 사람의 삶에서 일어나고 있는 일에 대해 맞춤형 조언을 해주었다.

그러나 책에서는 그렇게 할 수가 없다.

그 점이 내가 이 책을 쓰면서 가장 고심한 문제이기도 했다. 독자들이 어떤 사람인지 모른다는 문제. 또 각 독자가 어떤 일을 겪고 있는지 모른다는 문제. 얘기해야 할 것이 정말이지 너무 많았다. 사실 이 책의 버전 1은 그 두께가 무려 700페이지나 됐다. 그럼에도 불구하고 너무 피상적인 수준의 책처럼 느껴졌다. 내가 원하던 것만큼 깊이 파고들어갈 수가 없었기 때문이다. 책 속에는 일반적인 경험 법칙들을 담고 또 내게는 해당되지만 모든 사람들에게 해당되지는 않는 이야기들을 할 수 있을 뿐이다. 그마저도 완전히 잘못된 이야기들인 경우도 많았다.

나는 내가 알고 있는 것들을 쓰기로 마음먹었다. 그러면서 지난 30년 넘게 내가 했던 모든 일과 내가 배운 모든 교훈들을 돌아보았고, 커튼을 젖혀 그 뒤에서 벌어지고 있는 일들을 보여주었다. 힘들지만 카타르시스가 느껴지는 일이었다. 내 사회생활 중에 일어난 많은 일들을 정리하는 데도 도움이 되었다.

나는 내가 종종 틀릴 수도 있다는 걸 인정한다. 종종 사람들을 화나게 만든다는 것도 인정한다. 그러나 누군가를 화나게 만들지 않는다면, 당신은 지금 가치 있는 일을 하고 있는 게 아니다. 실수들을 하지 않는다면, 지금 뭔가를 배우고 있는 게 아니다.

행하고, 실패하고, 배워라.

이 책을 쓰는 것에 대해 많은 생각을 해온 10여 년간, 나는 무엇이 이야기할 가치가 있는지를 알 수 있을 만큼 많이 실패했고 많이 배웠다.

어떤 사람들에게 고마움을 표할 가치가 있는지도 배웠다.

먼저 모든 재수 없는 인간들, 나쁜 상사들, 끔찍한 팀 동료들, 형편없는 기업 문화들, 끔찍한 CEO들, 무능한 이사회 이사들 그리고 끊임없이 학교 친구들을 괴롭히는 인간들에게 심심한 감사를 표한다. 당신들이 없었다면 나는 아마 내 자신이 어떤 인간이 되고 싶지 않은지 절대 알지 못했을 것이다. 그 교훈들이 얼마나 고통스러운 것이었든, 어쨌든 진심으로 고맙다. 당신들은 내가 더 훌륭한 사람이 되게끔 동기를 부여해주었다. 이 책을 쓸 수 있는 사람이 되게끔 말이다.

많은 이들의 놀라운 노력과 믿음이 없었다면 아마 이 책을 쓰기란 불가능했을 것이다.

가장 먼저 내 아내와 아이들. 늘 곁에 있어 준 것에 대해 또 내게 영감을 주고 나를 지지해주고 내 멘토가 되어준 것에 대해(그리고 그 많은 시끄러운 전화 소리를 참아준 것에 대해) 고마움을 전한다.

그리고 공동 집필가 디나 로빈스키에게도 고마움을 전한다. 이 책이 탄생할 수 있었던 건 롤러코스터처럼 무섭게 오르락내리락하는 긍정적인 감정들과 인생사들과 그리 긍정적이지 못한 감정들과 인생사들 덕이다. 하지만 무섭지 않다면 재미도 없다, 안 그런가?

그다음엔 이 책을 내는 데 도움을 준 지칠 줄 모르는 내 팀원들. 알프레도 보티, 로렌 엘리엇, 마크 포티어, 엘리스 호우렌, 조 카르체브스키, 제이슨 켈리, 비키 루, 조나단 라이언스, 앤턴 오에닝, 마이크 퀼리난, 안나 소르키나, 브리젯 빈턴, 마테오 비아넬로, 헨리 바인즈 그리고 펭귄 팀에 고마움을 전한다. 그들은 말도 안 되는 나의 끝없는 요청들과 질문들을 묵묵히 다 견뎌주었다. 그다음엔 내 편집자 홀리스 하임바우치와 그녀의 하퍼콜린스 팀. 나름대로 완벽을 추구한다고 노력했지만, 어쨌든 난생 처음 책을 쓰는 정신 나간 저자를 끌어 안아주고 허구한 날 마감을 못 지키는 걸 참아주어 진심으로 감사하다. 또 내 출판 대리인 맥스 애덤스와 브록먼 팀 그리고 특히 존 브록먼에게도 고마움을 전한다(그는 책을 써보라며 10년 넘게 나를 쫓아다녔다).

다음과 같은 많은 친구들과 독자들로부터 받은 그 모든 격려와 지지와 멋진 아이디어들에 대해서도 감사드린다. 캐머런 애덤스, 데이비드 애드제이, 크리스티아노 아몬, 프레더릭 아르노, 휴고 바라, 줄리엣 드 바우비그니, 이브 베하, 스콧 벨스키, 트레이시 베이어스, 케이트 브링스, 릴리 최, 윌슨 쿠아카, 마르셀로 클라우르, 벤 클라이머, 토니 콘래드, 스콧 쿡, 다니엘 에크, 잭 포스터, 케이스 퍼델, 파스칼 코티에, 말콤 글래드웰, 애덤 그랜트, 허만 하우저, 토마스 헤더윅, 조안나 호프먼, 벨 호로비츠, 필 허천, 월터 아이작슨, 앙드레 카벨, 수전 케어(수많은 작품들 가운데 특히 그 유명한 걸어 다니는 레몬의 디자이너), 스콧 컥, 랜디 코미사, 스와미

코타기리, 토비 크라우스, 하네케 크레켈스, 장 드 로체브로차드, 짐 란 존, 소피 르 구엔, 제니 리, 존 레비, 노암 러빈스키, 칩 러튼, 미키 말카, 존 마크오프, 알렉산드르 마스, 메리 미커, 자비에 닐, 벤 파터, 칼 페이, 이안 로저스, 아이비 로스, 스티브 사라치노, 나렌 샤얌, 쿠날 샤흐, 비닛 샤하니, 사이먼 시넥, 데이비드 슬루와 알라이나 슬루 부부, 휘트니 스틸, 리젯 스와트, 안소니 탄, 미니-리앙 탄, 세브스찬 스런, 마리엘 반 타텐호브, 스티브 바살로, 맥시메 베론, 가베 웨일리, 니클라스 젠스트룀, 앤드류 주커먼. 여러분의 솔직한 의견과 조언은 이 책에 아주 큰 도움을 주었을 뿐 아니라, 우리에게 그 힘겨운 한 주 한 주를 계속 버틸 수 있는 자신감을 주었다.

그다음에는 제너럴 매직 팀, 애플 아이팟 및 아이폰 팀 , 네스트 팀 그리고 우리 퓨처 쉐이프 기업가들에게도 감사드린다. 여러분들이 없었다면 이 책은 결코 탄생하지 못했을 것이다. 여러분들 덕에 정말 많은 걸 배웠고 여러분들 덕에 계속 정직할 수 있었다.

또 세상을 떠난 친구들과 팀 동료들. 수 앳킨슨, 자코 드라가닉, 필 골드먼, 앨런 '스킵' 호그헤이, 블레이크 크리코리안, 리랜드 루. 그리고 스티브 잡스와 빌. 나는 지금도 종종 여러분들을 떠올리면서 우리가 좀 더 오래 함께할 수 있었으면 좋았을 텐데 하는 생각을 한다.

끝으로 바로 여러분, 우리 독자분들. 나에 대한 믿음으로 이 책을 사주신 것에 감사드린다. 단순히 내가 이 책을 열심히 썼기 때문이 아니라, 이 책이 뭔가 더 큰 것을 뒷받침해줄 것이기 때문이다. 우리는 친환경 방식들을 이용해 이 책을 인쇄했고, 그래서 환경에 미치는 영향을 최소화했다. 또한 이 책을 통해 들어오는 모든 수입은 내가 운영 중인 투자 및 자문 기업 퓨처 쉐이프가 관리하는 '기후 펀드'에 투자될 것이다.

좀 더 많은 걸 알고 싶다면 tonyfadell.com으로 가보라.

다시 한 번 더 감사드린다. 이 책이 미력하나마 여러분들에게 도움이 되었길 바란다.

토니 드림

추신: 내가 이 모든 작업을 다시 하면서 또 다른 책을 쓰게 될지 확신하지 못하겠다. 그러나 만일 여러분들의 생각에 내가 더 깊이 파고 들어가야 한다거나 다른 조언들을 해주어야 한다거나 완전히 새로운 뭔가에 대해 책을 써야 한다면, 내게 말을 해달라. 여러분들의 말에 귀 기울이겠다. 그럴 경우 build@tonyfadell.com으로 이메일을 보내주시면 된다.

나와 내 친구들 그리고 멘토들에게 도움을 준 책과 기사 등을 소개한다. (소개 순서는 무작위임)

도서

애덤 그랜트,《기브 앤 테이크: 주는 사람이 성공한다》

랜디 코미사,《승려와 수수께끼: 성공을 위해선 두려워 말고 부딪혀라!》

매슈 워커,《우리는 왜 잠을 자야 할까: 수면과 꿈의 과학》

톰 켈리, 데이비드 켈리,《유쾌한 크리에이티브: 어떻게 창조적 자신감을 이끌어낼 것인가》

에릭 슈미트, 조너선 로젠버그, 앨런 이글,《빌 캠벨, 실리콘밸리의 위대한 코치》

벤 호로위츠,《하드씽: 경영의 난제를 푸는 최선의 한 수》

알리 타마세브,《슈퍼 파운더: 유니콘 기업의 창업과 성공 배경》

대니얼 카너먼,《생각에 관한 생각: 우리의 행동을 지배하는 생각의 반란》

대니얼 카너먼, 올리비에 시보니, 캐스 선스타인,《노이즈: 생각의 잡음: 판단을 조종하는 생각의 함정》

톰 밴더빌트,《일단 해보기의 기술: 할까 말까 망설이다가 인생이 끝나기 전에》

데이비드 엡스타인,《늦깎이 천재들의 비밀: 전문화된 세상에서 제너

럴리스트가 성공하는 이유》

애니 듀크,《인생을 운에 맡기지 마라: 후회를 줄이고 성공 확률을 높이는 선택의 기술》

로버트 I. 서튼,《또라이 제로 조직: 건전한 기업문화의 핵심》

브라이언 그레이저,《큐리어스 마인드: 호기심은 우리의 인생을 어떻게 바꾸는가?》

멕 제이,《인생의 가장 결정적 시기에서: 20대가 중요한 이유와 그 시기를 지금 최대한 활용하는 법》

제임스 수즈먼,《일의 역사》

제프리 무어,《제프리 무어의 캐즘 마케팅: 스타트업을 메인마켓으로 이끄는 마케팅 바이블》

멀린 셸드레이크,《작은 것들이 만든 거대한 세계: 균이 만드는 지구 생태계의 경이로움》

Jun'ichir Tanizaki,《그림자의 찬양》In Praise of Shadows

Scott Belsky,《골치 아픈 중간: 대담한 모험의 가장 힘들고 가장 중요한 시기를 거치며 당신의 길을 찾는 법》The Messy Middle: Finding Your Way Through the Hardest and Most Crucial Part of Any Bold Venture

Steven Levy,《완벽한 것: 아이팟은 어떻게 상업과 문화와 멋을 바꿔놓고 있는가?》The Perfect Thing: How the iPod Shuffles Commerce, Culture, and Coolness

Lanny J. Davis,《위기 이야기들: 비즈니스, 정치 그리고 삶에 대처하는 다섯 가지 원칙들》Crisis Tales: Five Rules for Coping with Crises in Business, Politics, and Life

U.S. Central Intelligence Agency, United States Office of Strategic Services,《단순 공작 필드 매뉴얼》Simple Sabotage Field Manual, 1944 (https://www.gutenberg.org/ebooks/26184)

Eric Standop,《얼굴을 읽어라: 당신의 경력, 인간관계 그리고 건강을 위한 얼굴 읽기》Read the Face: Face Reading for Success in Your Career, Relationships, and Health

기사

〈구글플렉스를 지은 건축가는 지금 그렇게 호화스런 사무실에서 일하는 건 '위험하다'고 말하고 있다〉Architect behind Googleplex now says it's 'dangerous' to work at such a posh office, Bobby Allyn, NPR, https://www.npr.org/2022/01/22/1073975824/architect-behind-googleplex-now-says-its-dangerous-to-work-at-such-a-posh-office

〈창업가들은 왜 그리고 어떻게 자신이 맞닥뜨린 모험들에 유대감을 느끼나? 기업가와 부모들의 유대감 간의 신경적인 상관관계〉Why and how do founding entrepreneurs bond with their ventures? Neural correlates of entrepreneurial and parental bonding, Tom Lahti, Marja-Liisa Halko, Necmi Karagozoglu, and Joakim Wincent. Journal of Business Venturing 34, no. 2 (2019): 368-88.

26p	그림 1.0.1	Marc Porat / Spellbound Productions II
41p	그림 1.1.1	Dwight Eschliman
63p	그림 1.4.1	Matteo Vianello
65p	그림 1.4.2	Matteo Vianello
76p	그림 2.0.1	Dwight Eschliman
77p	그림 2.0.2	Dwight Eschliman
146p	그림 3.0.1	Tony Fadell
150p	그림 3.0.2	Dwight Eschliman
151p	그림 3.0.3	Dwight Eschliman
156p	그림 3.1.1	Matteo Vianello
162p	그림 3.1.2	Manual Creative
162p	그림 3.1.3	Erik Charlton
166p	그림 3.1.4	Dwight Eschliman
199p	그림 3.4.1	Dwight Eschliman
201p	그림 3.4.2	Dwight Eschliman
202p	그림 3.4.3	Dwight Eschliman
211p	그림 3.5.1	Matteo Vianello
214p	그림 3.5.2	Dwight Eschliman
215p	그림 3.5.3	Will Miller

이 책은 최대한 친환경적으로 만들고자 노력했습니다. 저와 지구, 다음 세대를 위해 지금 상태를 넘어서는 것이 중요하기 때문입니다. 제 목표는 나중에 100% 재활용될 수 있는 재료로 책을 만들고, 유해한 화학물질이나 탄소 발자국이 전혀 없으며, 최소한의 천연자원을 사용하는 재료와 인쇄 공정으로 만든, 완전 생분해가 가능한 책이었습니다. 안타깝게도 제 야망에는 미치지 못했습니다. 출판사들은 업계에서 가장 혁신적이고 깨끗한 공정과 소재를 찾기 위해 노력했지만, 충분히 친환경적인 옵션이 존재하지 않거나 어떤 공정으로 진행되었는지 알 수 없는 경우가 많았습니다. 출판계가 100% 친환경적인 비즈니스가 되려면 갈 길이 멉니다. 전 세계의 다른 모든 비즈니스와 마찬가지로 말입니다. 따라서 재료, 인쇄, 제본 또는 재활용 분야에서 혁신할 수 있는 아이디어나 기술이 있다면 언제든 말씀해 주세요. 그리고 자금을 지원하세요. tonyfadell.com으로 연락하세요.

지속가능성 정보
총내용량 1권(548쪽)

겉표지 용지 및 인쇄	FSC 인증 없음, 재활용 불가, 생분해 불가
속표지	FSC 인증 없음, 재활용 가능, 생분해 가능
본문 용지	재활용 가능, 생분해 가능
양장용 하드보드지	재활용 가능, 생분해 가능
속표지 잉크	콩기름 잉크, 생분해 가능
본문 인쇄 잉크	콩기름 잉크, 생분해 가능
면지 종류	재활용 가능, 생분해 가능
제본 풀	열가소성 제본 풀, 생분해 불가
인쇄	오프셋인쇄
인쇄소	탄소 발자국 최소화
재활용 방법	종이류는 재활용 가능, 그외는 재활용 불가능

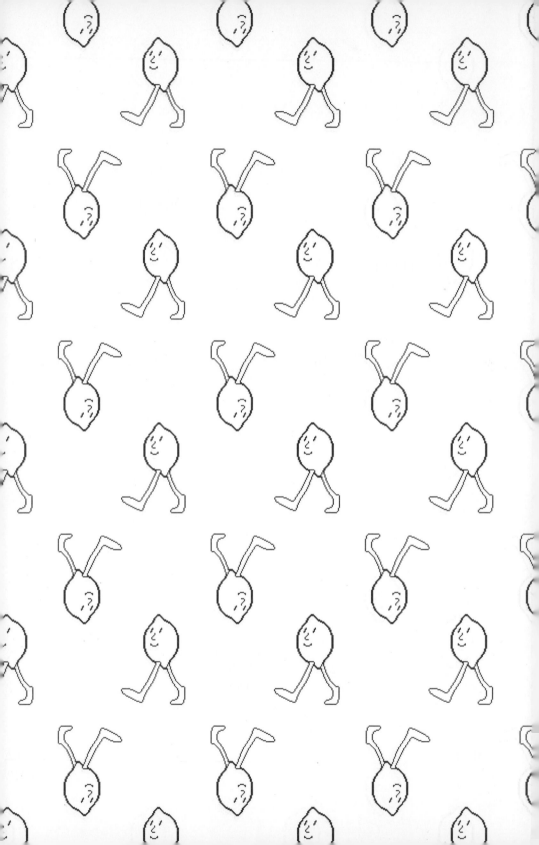